中国证券投资基金业年报（2015）

2015 CHINA SECURITIES INVESTMENT FUND FACT BOOK

中国证券投资基金业协会　编著

中国财经出版传媒集团
中国财政经济出版社

图书在版编目（CIP）数据

中国证券投资基金业年报 . 2015 / 中国证券投资基金业协会编著 . —北京：中国财政经济出版社，2016. 11

ISBN 978 - 7 - 5095 - 6662 - 6

Ⅰ. ①中…　Ⅱ. ①中…　Ⅲ. ①证券投资 - 基金 - 中国 - 2015 - 年报
Ⅳ. ①F832. 51 - 54

中国版本图书馆 CIP 数据核字（2016）第 265164 号

责任编辑：蔺红英　郁东敏　　责任校对：杨瑞琦
封面设计：李运平　　版式设计：董生平

中国财政经济出版社出版

URL：http：//www. cfeph. cn

E - mail：cfeph @ cfeph. cn

社址：北京市海淀区阜成路甲 28 号　邮政编码：100142

营销中心电话：88190406　北京财经书店电话：64033436　84041336

北京时捷印刷有限公司印刷　各地新华书店经销

787 × 1092 毫米　16 开　22 印张　341 000 字

2016 年 12 月第 1 版　2016 年 12 月北京第 1 次印刷

定价：68. 00 元

ISBN 978 - 7 - 5095 - 6662 - 6/F · 5359

（图书出现印装问题，本社负责调换）

打击盗版举报热线：010 - 88190492、QQ：634579818

编　委　会

宋　楠　银河证券基金研究中心

贾　志　天相投资顾问有限公司

李韵朗　金思维投资咨询（上海）有限公司

图1 1月13日，中国证券投资基金业协会召开第一届理事会第五次会议暨第一届监事会第四次会议。

图2 1月24日，中国证券投资基金业协会在北京举办首届私募基金行业“私享汇”。

图3　1月28日-30日，中国证券投资基金业协会在广州举办资产管理业务风险管理与创新高级研讨会。

图4　3月4日，民政部民间组织管理局局长詹成付、副局长（正局级）廖鸿、社团管理一处处长高成运、政策法规处副处长许昀一行到中国证券投资基金业协会调研工作。

图5　3月5日，中国证监会副主席姜洋莅临中国证券投资基金业协会，调研私募基金登记备案相关工作。

图6　2015年3月27日，中国证券投资基金业协会合规与风险管理专业委员会在杭州召开2015年第一次会议。

图7　3月28日，中国证券投资基金业协会与杭州市人民政府、中国证券业协会、中国期货业协会、中国证券金融股份有限公司在杭州未来科技城联合主办“2015中国（杭州）财富管理论坛”，基金业协会党委书记、副会长洪磊发表重要讲话。

图8　4月17日，中国证券投资基金业协会党委书记、副会长洪磊，副会长汤进喜共同会见PIMCO太平洋投资管理公司投资总经理兼首席执运官Douglas.M.Hodge一行。

图9　4月17日，中国证券投资基金业协会秘书长贾红波应邀参加“第二届中国机构投资者峰会暨财富管理国际论坛”，并发表“私募基金黄金时代的基业长青之道”为主题的讲话。

图10　4月22日，中国证券投资基金业协会党委书记、副会长洪磊应邀参加“2015年度中国基金业峰会”，发表“公募基金繁荣发展引领财富管理行业标杆”主题致辞。

图11　5月8日，中国证券投资基金业协会召开加快发展公募基金调研会议。中国证监会主席肖钢同志参加调研。

图12　5月11日，全国人大财经委副主任委员吴晓灵应邀到中国证券投资基金业协会调研。

图13　5月16日，中国证券投资基金业协会党委书记、副会长洪磊出席“2015全球对冲基金西湖峰会”，并发表“专业开创未来”主题致辞。

图14　6月5日，中国证券投资基金业协会在深圳举办内地与香港两地基金互认培训班。

图15　6月11日，中国证券投资基金业协会与百度网讯科技有限公司在北京签署战略合作协议。

图16　6月18日，中国证券投资基金业协会和青岛市人民政府联合举办“财富管理与多层次养老体系”夏季论坛。

图17　6月25日，中国证券投资基金业协会第一届理事会第六次会议在北京钓鱼台国宾馆召开。

图18　6月26日，中国证券投资基金业协会2015年年会暨第一次会员大会临时会议在北京钓鱼台国宾馆召开。

图19　2015年7月24日，中国证券投资基金业协会合规与风险管理专业委员会在大连召开2015年第三次会议。

图20　8月12日，中国证券投资基金业协会天使投资专业委员会成立大会暨第一次工作会议在北京召开。

图21　2015年8月13-14日，中国证券投资基金业协会资产管理业务专业委员会2015年第二次全体会议在贵阳举行，张小艾副会长出席并主持会议。

图22　8月18日，国务院法制办《私募投资基金管理暂行条例》调研座谈会在中国证券投资基金业协会举行。

图23　8月19日，中国证券投资基金业协会党委副书记、纪委书记胡家夫同志主持召开纪委第一次工作会议。

图24　9月15日，中国证券投资基金业协会与银河证券在北京签署关于私募基金数据与客户端的合作协议。

图25　9月17日，中国证监会、法国金管局、中国证券投资基金业协会和法国资产管理协会在北京共同举办中法资产管理论坛。

图26　9月18日，中国证券投资基金业协会党委副书记、纪委书记胡家夫出席在内蒙举办的第四届（2015）“生态文明 · 阿拉善对话”会议，代表协会在会上发布《中国基金业绿色责任倡议书》，向阿拉善生态基金会捐出50万元。

图27　9月22日，中国证券投资基金业协会与中国保险资产管理业协会在北京共同举办“投资者关系管理国际研讨会”。

图28　10月9日，中国证监会副主席李超一行莅临基金业协会调研并听取工作汇报。

图29　10月15日，中国证券投资基金业协会国际会员委员会（IPC）2015年度工作会议在北京召开。

图30　10月28日，中国证券投资基金业协会第一届理事会第九次会议在京召开，洪磊同志当选为中国证券投资基金业协会会长。

图31　11月6日，中国证券投资基金业协会私募证券投资基金专业委员会第四次工作会议在北京召开。

图32　11月6日，中国证券投资基金业协会在无锡举办2015年公募基金管理公司督察长培训班。

图33　11月10日，阿布扎比国际金融服务监管局CEO Richard Teng率团访问中国证券投资基金业协会。

图34　11月20日，中国证券投资基金业协会与中国登记结算公司在北京签署《关于建立资管数据合作机制合作备忘录》。

图35　11月24日，中国证券投资基金业协会与江西赣南金牛金融配套服务有限公司在京签署《关于私募呼叫中心的合作协议》。

图36　12月17日，中国证券投资基金业协会党委书记、会长洪磊参加2015金融界领航中国年度高峰论坛，发表题为“完善私募自律 建设社会公信”重要讲话。

前　言

2015年是“十二五”规划收官之年。在全球经济复苏动力不足、社会矛盾激化、金融市场震荡加剧的背景下，我国也面临传统经济产能过剩、创新发展动力不足、资本市场出现异常波动等严峻挑战。为全面推进创新驱动发展战略，激发供给侧改革活力，国务院相继发布《中国制造2015》和《关于大力推进大众创业万众创新若干政策措施的意见》。在金融领域，利率市场化改革不断推进，互联网金融正式纳入监管框架，注册制改革稳步推进，养老金获准入市，第二批自贸区建设正式启动，“一带一路”建设务实推进，亚洲基础设施投资银行正式成立，丝路基金投入运营，人民币加入国际货币基金组织特别提款权货币篮子，中韩、中澳自贸协定和中国—东盟自贸区升级打开国际多边合作新局面。金融业供给侧结构性改革不断深化，以监管转型和行业自律发展为核心的新的社会治理体系正在形成。

资产管理业与其他金融服务业的区别在于建立在信托关系之上，无国家信用支持，不设保本保收益机制，行业发展完全依赖自身信誉和专业能力，因此投资者的信任和信心是基金业的生命线。建设行业信用、赢得社会公信、推动行业健康发展是中国证券投资基金业协会的核心任务与根本使命。中国证券投资基金业协会正在加快构建“7+2”（7个自律管理办法和2个行为指引）自律管理规则体系，推动良性的市场主体之间的博弈秩序和博弈环境，让基金管理人关注的焦点从监管部门回到自身信用、客户利益和实体经济。

2015年，资产管理业飞速发展，出现若干新特征、新趋势，也面临新的挑战。为全面、客观认识基金行业现状，把握未来发展方向，我们编辑撰写了《中国证券投资基金业年报（2015）》，试图清晰展现基金业发展全景。与2014年年报相比，2015年年报进一步完善了公募基金、非公募资产管理、私募基金、基金管理人、基金个人投资者等相关内容，数据更加丰富、透明。

由于编写时间紧迫，难免有疏漏之处，望业内同仁和广大读者指正。

中国证券投资基金业协会

2016年10月

目　录

第一篇　行业发展篇

第二篇　政策环境篇

第三篇 行业数据篇

第一篇

行业发展篇

第一章

"新常态"下的资产管理业

第一节　资产管理业概览

一、资产管理概述

资产管理（Asset Management）并没有一个得到广泛认可的明确定义。根据国内外行业共识，资产管理是资产管理人受投资者委托，为实现投资者的特定目标和利益，进行证券和其他金融产品投资管理服务，并收取费用的行为。从参与方来看，资产管理包括委托人和受托人。委托人为投资者，是资产所有人和受益人；受托人为资产管理人。在公私募证券投资基金等资产管理形态中，受托人还包括托管机构，形成双受托人制度。从受托资产来看，主要为货币等金融资产，一般不包括房地产、固定资产等实物资产。从管理方式来看，资产管理主要通过投资于证券、期货、基金、保险、银行存款等金融资产、未上市公司股权以及其他可被证券化的资产实现增值。根据以上定义，境内资产管理行业主要包括公募基金、私募投资基金、资金信托计划、券商资产管理、保险资产管理、期货资产管理、银行理财等。

二、资产管理的本质

资产管理的本质是基于信任而履行受托职责，实现委托人利益最大化，通俗地讲，是“受人之托，代人理财”。资产管理人必须尽到“诚实信用，勤勉尽责”的信托责任，恪守忠诚义务与专业义务。忠诚义务要求管理人应当以实现投资人利益为最高目的，将自身利益妥善地置于投资人利益之下，不得与投资人利益发生冲突。专业义务要求管理人应当具备专业的投资管理和运作能力，充分发挥专业投资管理价值。

资产管理的本质具体表现为以下几点：

（一）一切资产管理活动都要求风险与收益相匹配

资产管理提供的是代客理财服务，与储蓄产品有本质区别。首先，对储蓄而言，存款人与银行是债权人和债务人关系，银行必须按照约定到期偿还本金、支付利息。而对资产管理而言，投资人与管理人是委托人和受托人关系，投资人自担风险、自享收益，管理机构只作为管理顾问收取一定比例的管理费。第二，资产管理人对于投资人的根本效用价值在于通过集合资金，组合投资，有效管理风险，获取更合理的风险回报，所获取的收益与其承担的风险相匹配。

（二）管理人必须坚持“卖者尽责”

卖者尽责，是指管理人受人之托，必须忠人之事，在产品设计、投资管理和产品销售的全链条做到诚实守信、勤勉尽责，严格兑现对持有人的法律承诺，始终坚持“持有人利益至上”原则，不能与持有人利益发生冲突，更不能利用自身优势为他人图利，损害投资人的利益。卖者尽责还要求管理机构在销售产品时要实事求是，不弄虚作假，充分履行风险告知，做好信息披露，严格保护投资者利益。

（三）投资人必须做到“买者自负”

买者自负，是指投资人承担最终的收益和风险，不存在保底保收益等“刚性兑付”。投资人要清醒、切实地意识到，如果不承担市场波动带来的风险，就不可能获取投资的收益。作为委托人，投资人要根据自身风险承受能力选择合适的产品，获取与所承担风险相一致的收益。

三、资产管理的外延

从资产管理的外延来看，我国资产管理涉及银行、保险、证券、基金、信托、期货等行业机构。从资产管理的本质特征出发，可以将我国资产管理行业的外延从机构类型和业务两个维度作出界定（见表1－1）。

表1－1　　我国资产管理行业外延

机构类型	资产管理业务
基金管理公司及子公司	公募基金和各类非公募资产管理计划
私募机构	私募证券投资基金、私募股权投资基金、创业投资基金等
信托公司	单一资金信托、集合资金信托
证券资产管理公司	集合资产管理计划、定向资产管理计划、专项资产管理计划
期货资产管理公司	期货资产管理业务
保险公司、保险资产管理公司	万能险、投连险、管理企业年金、养老保障及其他委托管理资产
商业银行	银行理财产品、私人银行业务

注：由中国证券投资基金业协会整理。

四、资产管理行业构成

从资产管理的外延出发，我国资产管理行业构成大致如下：截至2015年底，中国（除港澳台地区）共有公募基金8.40亿元，非公募资产管理计划（包括基金管理公司普通专户、管理全国社保和企业年金、基金子公司资产管理计划、证券公司及其子公司资产管理计划、期货公司及其子公司资产管理计划）24.72亿元，私募投资基金（包括私募证券投资基金、私募股权投资基金、创业投资基金及其他私募投资基金）5.07万亿元（认缴规模），商业银行理财产品23.50万亿元，信托公司资金信托计划14.69万亿元，保险公司万能险、投连险、管理企业年金、养老保障产品及其他委托管理资产2.71万亿元，合计达79.10万亿元[①]（见图1－1）。

① 不同金融机构资产管理业务规模按各自公开的口径简单加总。

图 1－1　资产管理行业规模构成

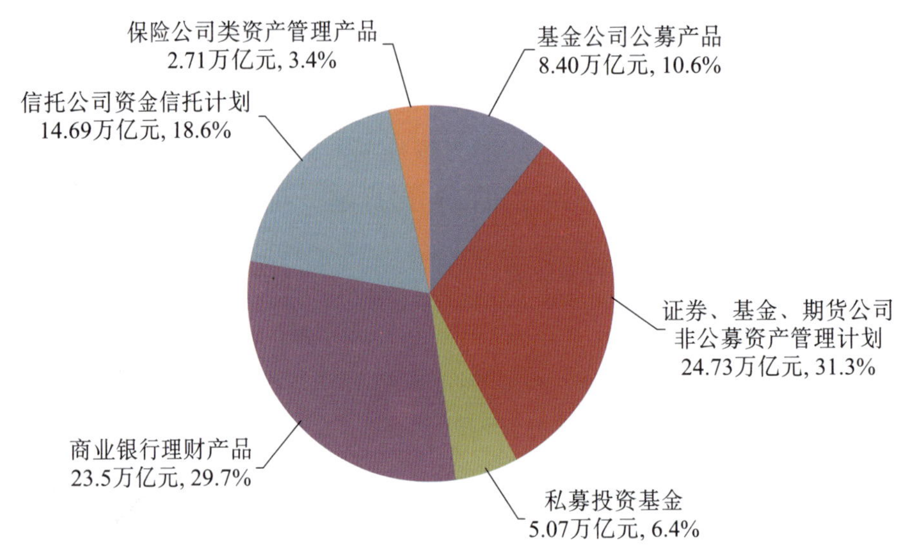

资料来源：中国证券投资基金业协会整理。

统计表明，公募基金、私募投资基金和各类非公募资产管理计划合计资产管理规模达 38.20 万亿元，占可统计资产管理规模总量的 48.3%。

第二节　公募基金概览

一、公募基金的发展

截至 2015 年底，共有公募基金管理人 112 家，其中基金管理公司 101 家，取得公募基金管理资格的证券公司或证券公司资管子公司共 10 家，保险资管公司 1 家；管理公募基金产品 2 722 只，较 2014 年末增加 43.4%；公募基金份额 76 674.13 亿份，较 2014 年末增长 82.4%；公募基金资产规模 83 971.83 亿元，较 2014 年末增长 85.1%（见图 1－2）。

图 1－2 公募基金发展情况

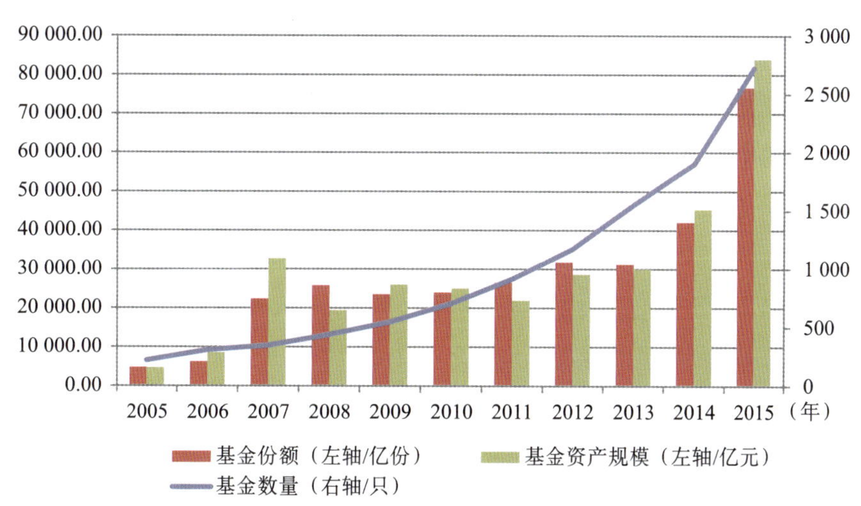

资料来源：中国证券投资基金业协会整理。

二、在宏观经济金融中的地位

公募基金是宏观经济、金融和资本市场的重要组成部分。2015 年，公募基金业在经济、金融和资本市场中的规模占比稳步上升。

截至 2015 年底，公募基金资产规模为 8.4 万亿元，相当于当年 GDP 总量的 12.4%，相当于当年 M2 总量的 6.0%，相当于年末金融机构存款余额的 6.0%，相当于年末金融业总资产的 3.0%，相当于年末股市总市值的 15.8%，相当于年末债券市场余额的 17.2%（见表 1－2）。

表 1－2 公募基金在宏观经济金融部门中的规模占比

年份	项目	公募基金	宏观经济	货币金融			资本市场	
			GDP	M2	金融机构存款余额	金融业总资产	股市总市值	债券余额
2015	资产（万亿元）	8.40	67.67	139.23	139.78	283.33	53.13	48.78
	占比（%）	100.00	12.41	6.01	6.01	2.96	15.81	17.22
2014	资产（万亿元）	4.54	63.64	122.84	117.37	235.13	37.11	29.41
	占比（%）	100.00	7.13	3.70	3.87	1.93	12.23	15.44

注：金融业总资产包括银行业金融机构总资产 194.17 万亿元，证券公司总资产 6.42 万亿元，资产管理业总规模 70.38 万亿元，保险公司总资产 12.36 万亿元。

资料来源：中国银监会、中国证券业协会、中国证券投资基金业协会、中国信托业协会、中国保监会。

三、在家庭金融资产中的地位

公募基金是家庭理财的重要投资工具，家庭部门投资于公募基金的水平在一定程度上反映了金融业的发展水平。至2015年末，家庭部门银行存款为55.19万亿元，个人直接持有的股票市值为16.31万亿元，个人持有的公募基金净值为3.20万亿元（见图1-3）。此外，银行理财产品余额23.50万亿元，其中13.3万亿元由个人持有。因此，从家庭部门的主要金融资产构成看，公募基金管理的家庭金融资产占比约为3.7%，银行存款和银行理财两项合计则达到77.8%。公募基金作为专业化投资管理服务远未符合居民财富增长需要，未来有很大发展空间。

图1-3　2015年家庭主要金融资产投资结构

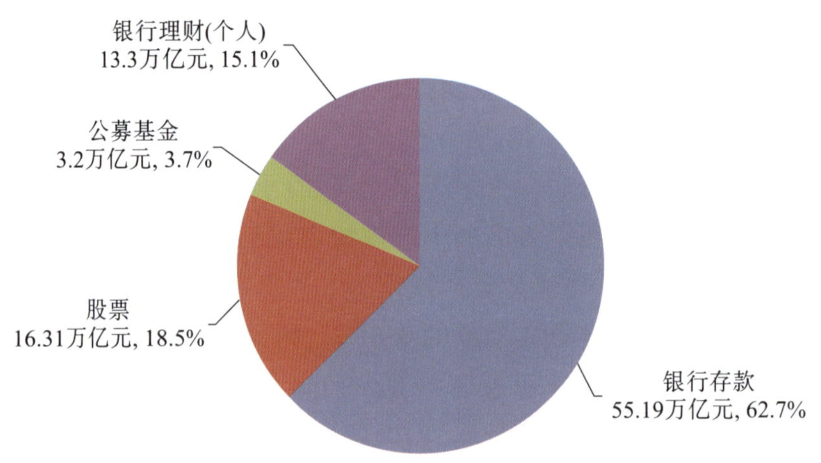

资料来源：银行理财来自全国银行业理财信息登记系统，银行存款来自中国人民银行“金融机构本外币信贷收支统计表”，个人持有股票、基金数据来自中国证监会。

四、在世界的地位

2015年末，我国开放式基金（共同基金）资产规模排在全球第9位，占全球共同基金总规模的比重为3.4%，较2014年末提升1.1个百分点；占亚太地区共同基金规模的比重为26.7%，较2014年末提升7.3个百分点。美国共同基金资产规模占到全球总规模的47.7%，卢森堡为9.6%（见

图1－4)。与我国世界第二的经济总量相比，共同基金发展仍处于较低水平，发展潜力巨大。

图1－4　2015年共同基金资产规模全球排名前十位的国家

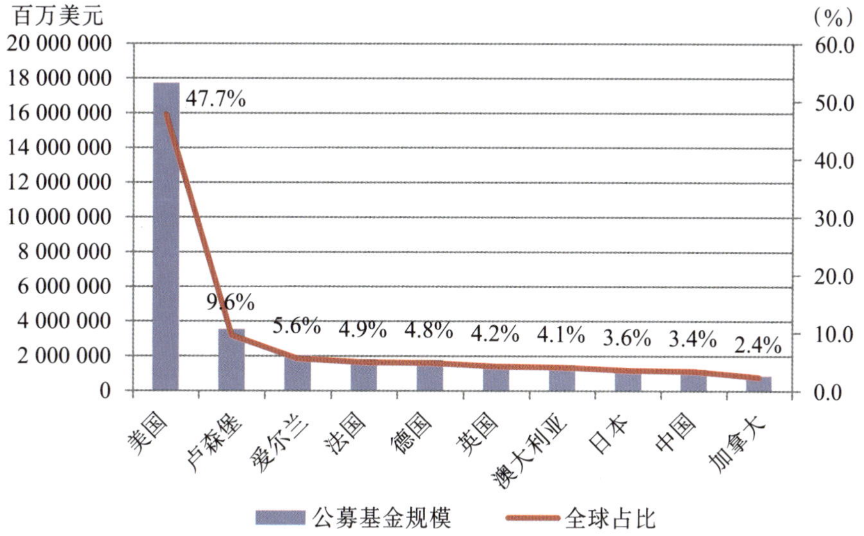

资料来源：美国投资公司协会（ICI）。

第三节　非公募资产管理业务概览

一、规模构成

截至2015年底，各类非公募资产管理业务发展迅猛，总规模达到29.81万亿元。其中，基金公司专户产品管理人100家，管理普通专户产品规模29 879亿元，管理全国社保基金8 111亿元，管理企业年金3 642亿元；基金管理子公司79家，管理特定客户资产管理计划规模85 728亿元；有私募资产管理业务的证券公司及其子公司94家，管理资产规模118 948亿元；有私募资产管理业务的期货公司及其子公司104家，管理规模1 045亿元；已在中国证券投资基金业协会完成登记的私募投资基金管理人25 065家，管理资产规模50 723亿元（认缴规模），其中各类私募投资基金管理人管理的私募证券投资基金 17 142 亿元，各类私募投资基金管理人管理的私募股权投资基金 25 660 亿元，各类私募投资基金管理人管理的创业投资基金 2 653 亿元，各类私募投资基金管理人管理的其他私募投资基金 5 268 亿元（见图 1－5）。

图 1－5　非公募资产管理业务规模构成

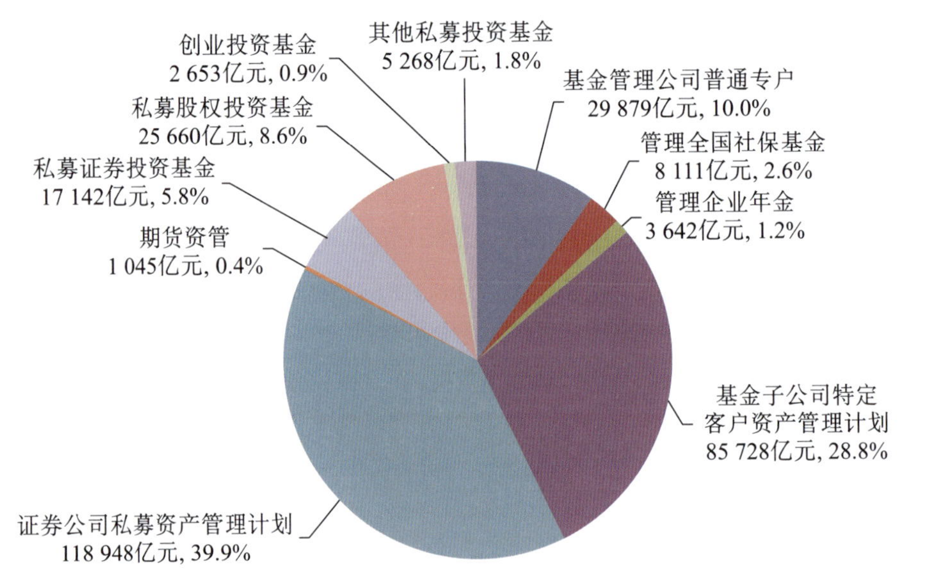

资料来源：中国证券投资基金业协会整理。

二、在宏观经济金融中的地位

私募投资基金和各类非公募资产管理业务是现代资产管理业的重要组成部分。2014 年以来，私募投资基金和各类非公募资产管理业务发展迅猛，已经成为资产配置和实体经济发展的重要支持性力量。截至 2015 年底，私募投资基金和各类非公募资产管理业务规模达 29.81 万亿元，相当于当年 GDP 总量的 44.1%，相当于当年广义货币 M2 的 21.4%，相当于年末金融机构存款余额的 21.3%，相当于年末金融业总资产的 10.5%，相当于年末股市总市值的 56.1%，相当于年末债券市场余额的 61.1%。详见表 1－3。

表 1－3　私募投资基金和各类资产管理业务在宏观经济金融部门中的规模占比

年份	项目	私募基金	宏观经济	货币金融			资本市场	
			GDP	M2	金融机构存款余额	金融业总资产	股市总市值	债券余额
2015	资产（万亿元）	29.81	67.67	139.23	139.78	283.33	53.13	48.78
	占比（%）	100.00	44.05	21.41	21.33	10.52	56.11	61.11
2014	资产（万亿元）	15.88	63.64	122.84	117.37	235.13	37.11	29.41
	占比（%）	100.00	24.95	12.93	13.53	6.75	42.79	54.00

资料来源：中国银监会、中国证券业协会、中国证券投资基金业协会、中国信托业协会、中国保监会。

三、在养老金中的地位

养老金是资本市场重要的机构投资者，而且基金是养老金资产保值、增值的重要工具。我国养老金资产包括全国社保基金和企业年金，分别归全国社保基金理事会和人力资源与社会保障部管理。全国社保基金理事会于2002年、2004年和2010年进行过三次社保基金委托投资管理人资格公开征选，共有16家基金公司和2家证券公司获得该资格。人力资源和社会保障部发布的企业年金基金投资管理人共计20家，其中基金管理公司11家，保险公司6家，证券公司3家。

截至2015年底，全国社保基金管理资产总额19 138.21亿元，其中基金管理公司管理的社保基金规模为8 111.32亿元，占42.4%，规模比2014年底增长2 026.15亿元，占比上升2.6个百分点。

截至2015年底，外部专业机构管理的企业年金组合数共计2 993个，管理的企业年金资产为9 260.30亿元。其中，基金管理公司管理的企业年金组合数902个，管理的企业年金资产为3 641.98亿元，占比从2014年的31.7%和40.2%分别下降到2015年的30.1%和39.3%；保险公司管理的企业年金资产为4 701.38亿元，占比从2014年的49.8%上升到50.8%；证券公司管理的企业年金资产为916.94亿元，占比从2013年的10.0%下降到9.9%（见表1－4及表1－5）。

表 1－4　企业年金委托投资管理情况

受托机构类别	2014 年		2015 年	
	组合数	资产管理规模（亿元）	组合数	资产管理规模（亿元）
基金管理公司	869	2 972.75	902	3 641.98
保险公司	1 648	3 689.01	1 854	4 701.38
证券公司	223	741.09	237	916.94
合计	2 740	7 402.86	2 993	9 260.30

资料来源：人力资源和社会保障部。

表 1－5　企业年金委托投资管理情况　（单位:%）

受托机构类别	2014 年		2015 年	
	组合数占比	资产管理规模占比	组合数占比	资产管理规模占比
基金管理公司	31.7	40.2	30.1	39.3
保险公司	60.1	49.8	61.9	50.8
证券公司	8.1	10.0	7.9	9.9
合计	100.0	100.0	100.0	100.0

资料来源：人力资源和社会保障部。

第二章

公开募集证券投资基金

第一节 概 况

一、封闭式基金和开放式基金

2015 年末，公开募集证券投资基金产品数量达到 2 722 只，比 2014 年增加了 43.4%。其中，封闭式基金 164 只，比 2014 年增加了 21.5%；开放式基金 2 558 只，比 2014 年增加了 45.1%（见图 2－1A）。公开募集证券投资基金总规模达到 83 971.83 亿元，比 2014 年增加了 85.1%。其中，封闭式基金和开放式基金资产规模分别为 1 947.72 亿元和 82 024.11 亿元，比 2014 年分别增长了 42.5% 和 86.4%（见图 2－1B）。2015 年公开募集证券基金产品数量和规模双双大幅增长，大众投资需求上升、资本市场投资收益率上行是主要原因。

2015 年，封闭式基金数量持续增长，份额、规模有所回升。与 2014 年相比，封闭式基金数量从 135 只增加到 164 只，增长了 21.5%；基金份额从 1 256.71 亿份增加至 1 669.54 亿份，基金资产规模从 1 366.81 亿元增加到 1 947.72 亿元，分别增加了 32.9% 和 42.5%（见图 2－2）。

图2－1　公开募集证券投资基金构成：按运作方式分类

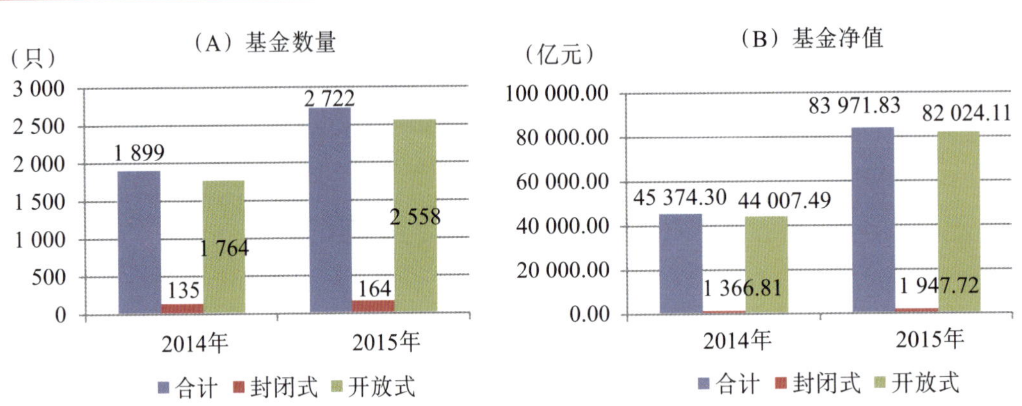

资料来源：中国证券投资基金业协会（AMAC）。

图2－2　封闭式基金发展情况

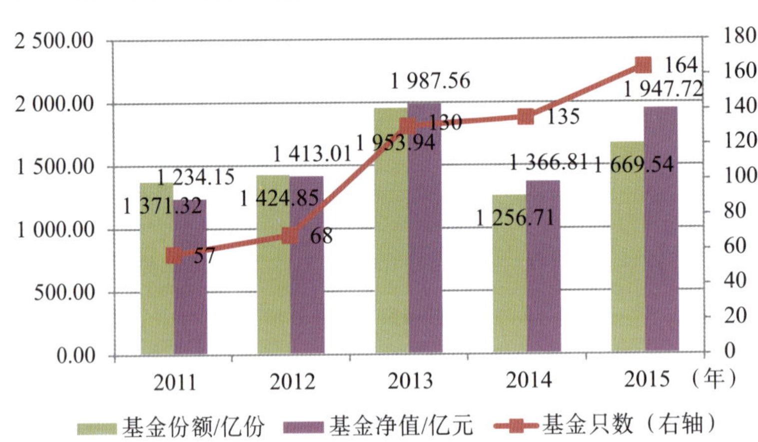

资料来源：中国证券投资基金业协会（AMAC）。

2015年，开放式基金数量、规模继续高速增长，达到历史新高。与2014年相比，开放式基金数量从1 764只增加到2 558只，基金份额从40 776.00亿份增加到75 004.59亿份，基金资产规模从44 007.49亿元增加到82 024.11亿元，分别增长45.1%、83.9%和86.4%（见图2－3）。

与2014年相比，2015年公募基金管理公司管理的各类开放式基金资产中，货币市场基金增长继续保持首位，份额增长达23 567.01亿份，净值增长达23 580.69亿元；其次是混合型基金，份额增长达12 423.03亿份，

图 2－3 开放式基金发展情况

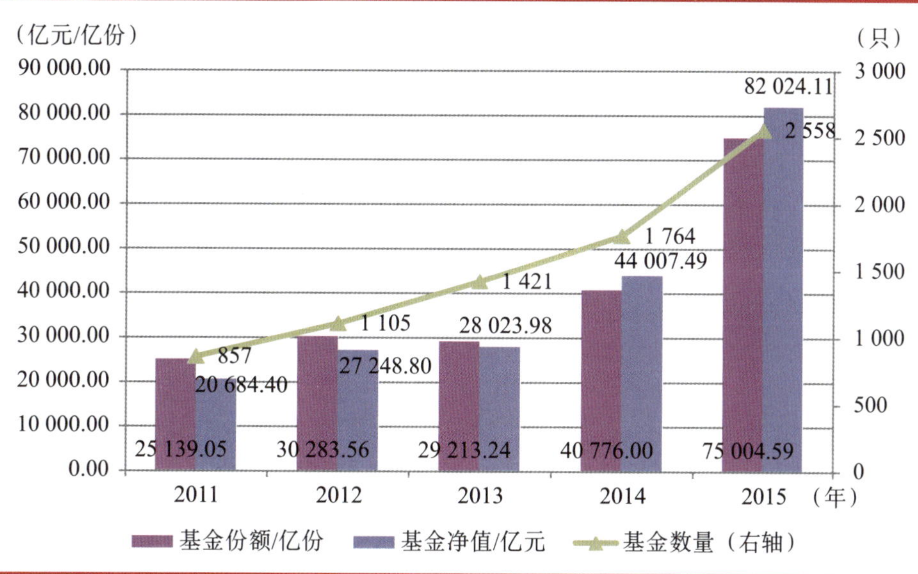

资料来源：中国证券投资基金业协会（AMAC）。

净值增长达 16 262.02 亿元；QDII 基金增长较慢，份额和净值分别增长 175.38 亿份和 166.99 亿元；股票型基金出现负增长，份额规模减少 4 784.33 亿份，净值规模减少 5 484.89 亿元（见图 2－4）。2015 年货币市场基金和混合型基金新发产品增长较快，两类基金资金净流入分别达到 10 362.89 亿元和 9 686.41 亿元，推动了公募基金资产规模大幅增长。

图 2－4 2015 年各类公募基金份额、净值变化

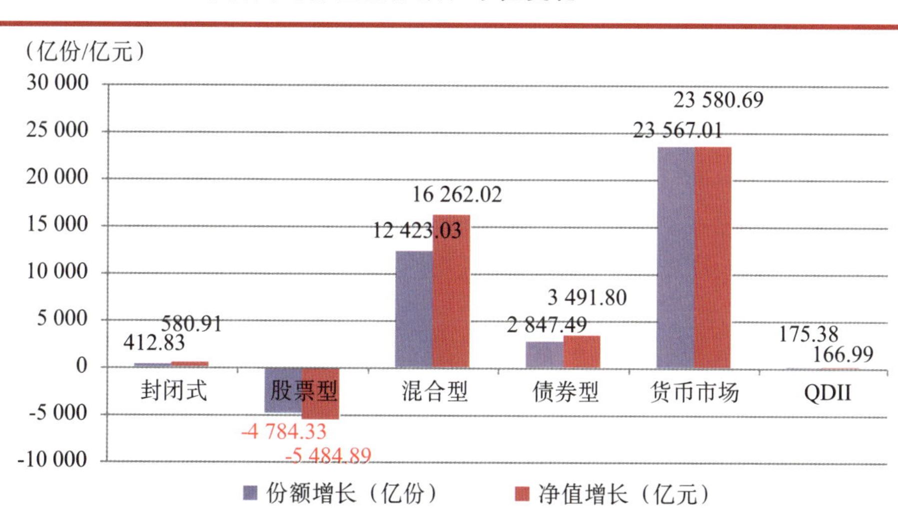

资料来源：中国证券投资基金业协会（AMAC）。

二、交易型开放式指数基金（ETF）和上市开放式基金（LOF）

在 ETF 和 LOF 方面，截止到 2015 年底，共有 124 只 ETF 和 156 只 LOF 成立，资产份额规模分别为 2 684.83 亿份和 1 231.72 亿份。2015 年新成立的 ETF 共 26 只，共募集份额规模 255.42 亿份，平均募集份额规模 9.82 亿份（见表 2－1）。

表 2－1　上海证券交易所、深圳证券交易所 ETF、LOF 概览

年份	ETF		LOF	
	数量（只）	份额（亿份）	数量（只）	份额（亿份）
2004	1	101.56	1	10.91
2005	1	101.56	13	672.87
2006	5	185.86	17	875.41
2007	5	185.86	26	1 240.51
2008	5	185.86	28	1 252.46
2009	9	228.46	37	1 397.28
2010	20	270.14	55	1 443.55
2011	37	301.32	80	1 525.31
2012	50	817.06	94	1 582.40
2013	87	1 031.95	106	1 671.49
2014	105	1 082.55	121	1 818.37
2015	124	2 684.83	156	1 231.72

资料来源：上海证券基金评价研究中心、Wind 资讯。

第二节　开放式基金

一、数量与规模：按产品类型

按产品类型分，2015 年包括股票型基金和混合型基金在内的偏股型基金的数量占全部开放式基金的比例明显增长。份额和净值尽管也呈现增长态势，但仍不及货币市场基金的增张，从而导致偏股型基金份额和净值占比反而小幅回落。与2014年相比，股票型基金的数量、份额、净值分别下降了16.0%、44.4%和41.7%，占全部开放式基金的比例分别为23.0%、8.0%、9.3%；混合型基金的数量、份额、净值分别增长了199.7%、224.8%和269.9%，占全部开放式基金的比例分别为46.3%、23.9%、27.2%。股票型基金和混合型基金合计的偏股型基金数量、份额、净值分别增长了61.9%、46.9%和56.3%，占全部开放式基金的比例分别为69.2%、31.9%和36.5%；债券型基金数量、份额和净值分别上涨了14.2%、93.4%和100.3%，占全部开放式基金的比例分别为18.2%、7.9%和8.5%。QDII基金数量、份额和净值分别上涨了11.2%、28.0%和33.7%，占全部开放式基金的比例分别为3.9%、1.1%和0.8%。货币市场基金继续保持良好的增长势头，数量、份额和净值增幅分别达到27.9%、113.3%和113.0%，占全部开放式基金的比例分别为8.6%、59.2%和54.2%。在份额和净值上，货币市场基金受益于2014年底的庞大基数，以及2015年快速增长率，连续第二年成为第一大类基金（见图2－5）。

图2－5　开放式基金数量与规模：按产品类型

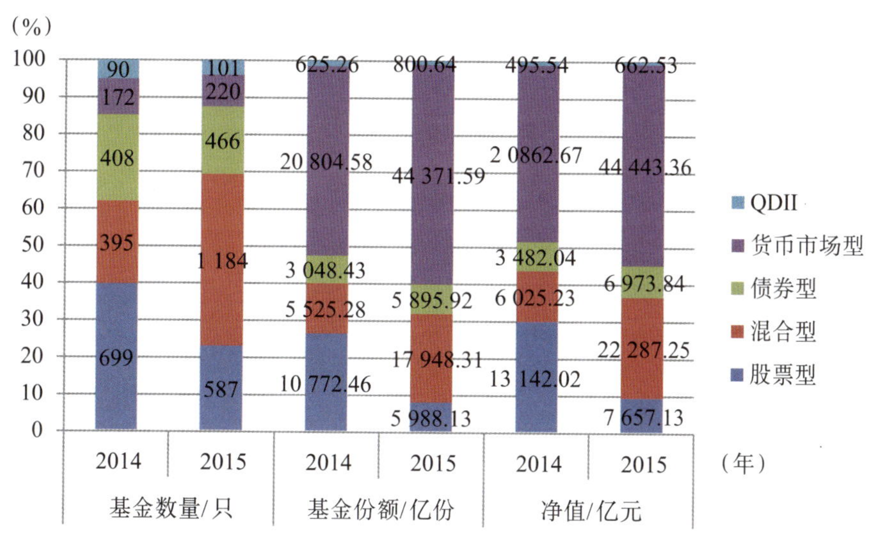

资料来源：中国证券投资基金业协会。

《公开募集证券投资基金运作管理办法》的实施显著改变了基金的行业

结构。该办法将股票型基金最低股票投资比例由60%提高到80%，2015年8月8日正式实施后，受该办法约束需要作出调整的基金共有391只，其中389只原股票型基金调整至混合型基金，这对股票型基金和混合型基金的市场结构产生了较大影响。

二、新发基金数量与规模

2015年，新基金发行节奏加快，偏股型基金发行数量遥遥领先。在2015年新成立的840只基金中，混合型基金385只，占比近五成；股票型基金307只，占比近四成；债券型和货币市场基金新成立数量均出现萎缩，分别为75只、54只；QDII基金新成立数量略有回升，但仍只有11只（见图2－6）。

图2－6　2001～2015年各类型新成立基金数量

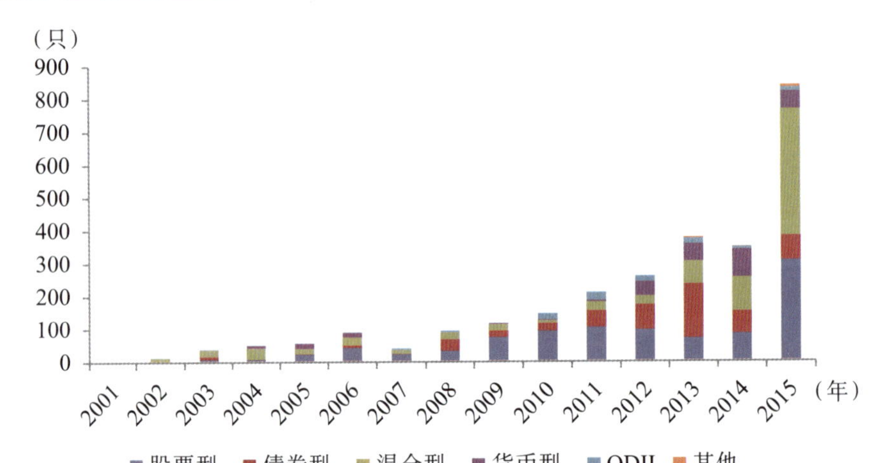

资料来源：上海证券基金评价研究中心、Wind资讯。

2009年以前，新基金数量增长较为稳定。2010年后，基金设立门槛降低，新基金分类审批制度开始实施，基金发行成立节奏加快。2013年常规产品实行报备制后，基金发行成立节奏进一步加快。2014年受市场行情影响，基金发行成立节奏有所放缓。随着2015年上半年市场行情转暖以及基金销售渠道进一步丰富，偏股型基金带动新发基金数量呈爆发式增长。

在新基金募集规模方面，2015年基金首发规模与基金数量同步增长，新基金发行份额较 2012 年的阶段性高点上涨了 155.0%。分类型来看，混合型和股票型基金分别发行了 11 534 亿份和 3 549 亿份，合计占比超过九成；债券型基金首发规模为 646 亿份；货币市场基金首发规模仅为 517 亿份，较 2014 年大幅缩水；QDII 和其他类型首发规模较少，合计发行份额均在 100 亿份左右（见图 2－7）。

图 2－7　2001～2015 年各类型新成立基金发行份额

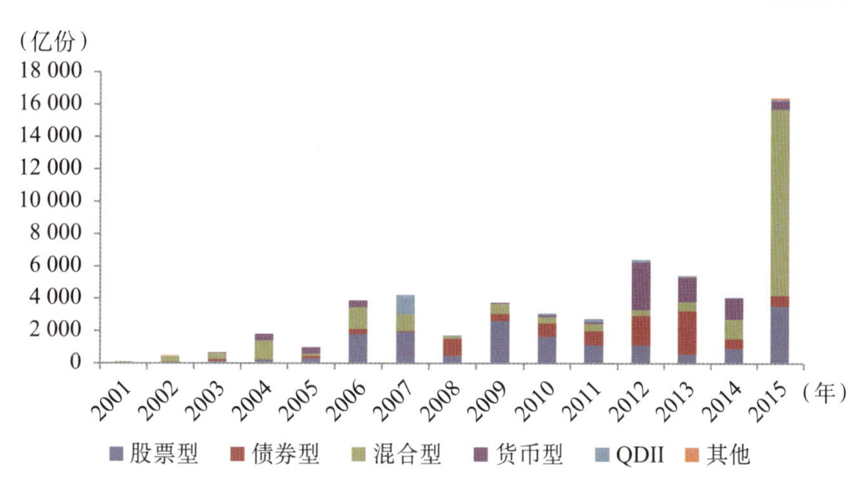

资料来源：上海证券基金评价研究中心、Wind 资讯。

从单只基金的平均募集规模来看，高风险高收益的偏股型基金最受投资者青睐。其中，混合型基金 2015 年平均募集份额为 29.96 亿份，居各类型之首，较 2014 年 11.76 亿份的平均水平明显提升；股票型基金平均募集份额为 11.56 亿份，较 2014 年小幅提升。此外，低风险的债券型和货币市场基金平均每只产品募集份额不足 10 亿份；QDII 的平均募集份额变化不大，稳定在 7 亿份左右。整体来看，2015 年新发行基金风险偏好出现明显提升。

三、开放式基金持有人结构

2015 年，开放式基金持有人按有效账户数计，个人有效账户占有效账户总数的 99.96%，与 2014 年末相比略有提升；机构有效账户数占比仅为 0.04%（见图 2－8A）。按持有净值计，个人有效账户持有净值占所有账户持有净值的 44.1%，占比较 2014 年末下降 26.2 个百分点；机构账户持有净值占比为55.9%，首次超过50%（见图2－8B）。

图2－8　开放式基金持有人结构

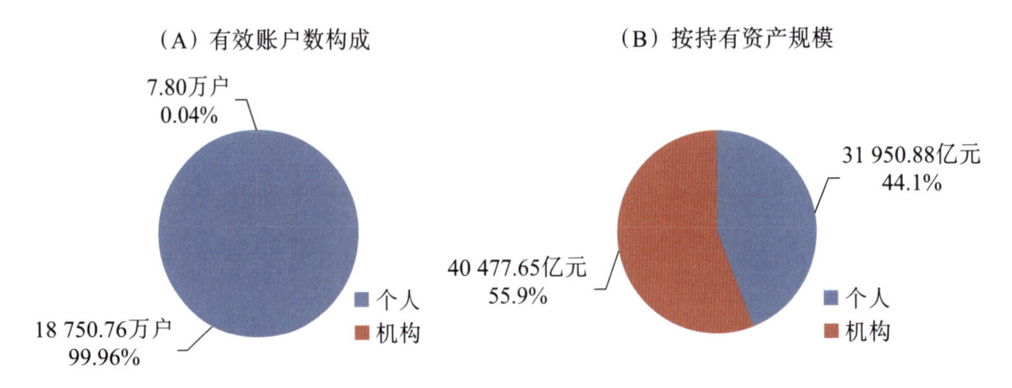

资料来源：中国证券投资基金业协会（AMAC）。

表2－2　开放式基金持有人结构（2014～2015年）

年份	有效账户数（万户）		按持有资产规模（亿元）	
	个人	机构	个人	机构
2014	12 734.55	7.71	28 593.64	12 097.14
2015	18 750.76	7.80	31 950.88	40 477.65

资料来源：中国证券投资基金业协会（AMAC）。

四、公募基金持有A股市值占总市值比

2009～2015年，公募基金持有A股总市值占比持续下降，从2009年的7.9%跌至2015年末的3.5%（见图2－9）。基金持股规模占比不断下降的主要原因是，2008年之后基金净值贬损未得到根本恢复，基金对投资者的吸引力降低，股票型基金资金净流入缓慢；2009年A股迎来限售股解禁高峰；2014年行情好转，资金净流入推动A股市值大涨；2015年持续了2014年的增长势头，A股总市值再创新高。

五、（认）申购与赎回

2015年各季度，开放式基金除股票型基金外，其他类型基金均出现资

图 2－9　各类投资者持有 A 股总市值情况（2005～2015 年）

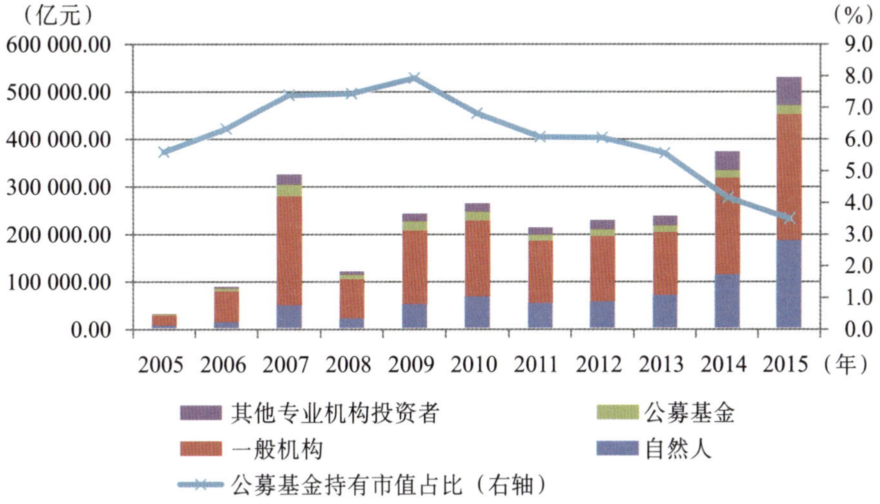

资料来源：中国证券投资基金业协会（AMAC）。

金净流入，全年资金净流入达 22 220.68 亿元。而在 2011 和 2012 年，资金净流入仅为 2 253 亿元和 5 645 亿元。分别来看，股票型基金净流出 1 714.87 亿元，混合型基金净流入 9 686.41 亿元，债券型基金净流入3 501.42 亿元，货币市场基金净流入 10 362.89 亿元，QDII 基金净流出 384.82 亿元。整体来看，货币市场基金仍是推动公募基金规模增长的最重要原因。

图 2－10　开放式基金认/申购与赎回（季度）

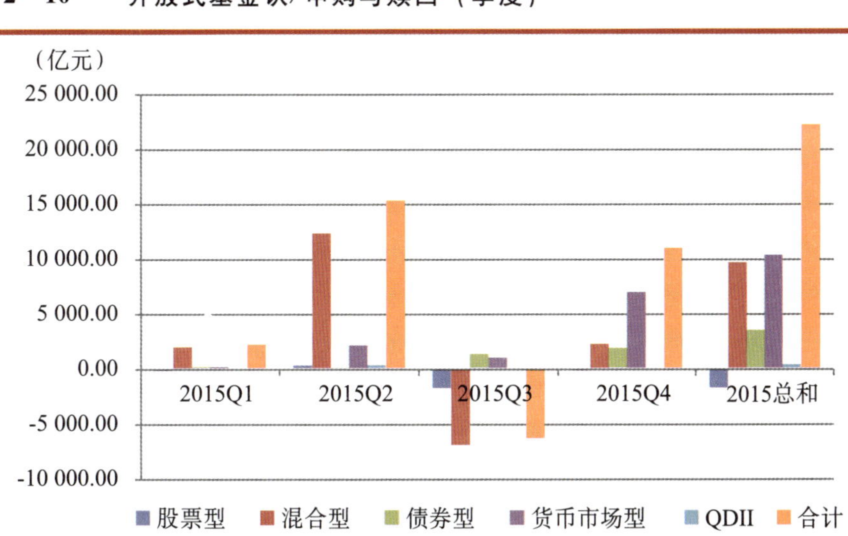

资料来源：中国证券投资基金业协会（AMAC）。

值得指出的是，2015 年货币市场基金的超常发展得益于互联网金融在基金领域的成功实践，以余额宝为代表的货币市场基金极大地拓展了公募基金服务人群，激活了数以亿计的互联网场景下潜在客户资源，为普惠金融服务树立了典范。

六、行业偏好度

本文使用行业偏好度指标来衡量公募基金对不同行业的投资偏好情况①。2015 年 4 季度末，全部开放式基金持有市值居前三位的行业分别是制造业、金融业以及信息传输、软件和信息技术服务业，三大行业持有市值占开放式基金全部持股市值的 76%（见图 2－11）。在前三大市值行业（流通市值在 3 万亿元以上）中，开放式基金对制造业保持了 130% 以上的行业偏好，对金融业和采掘业依然保持极低的配置偏好，分别仅有 30% 和 12%。

在前九大市值行业中，开放式基金对信息服务业的配置偏好超过 250%，制造业和批发零售业略超配，交通运输和电力保持低配，偏好度小幅下降，房地产行业和建筑业维持低配，偏好度略有上升。

图 2－11　　前九大行业配置偏好度

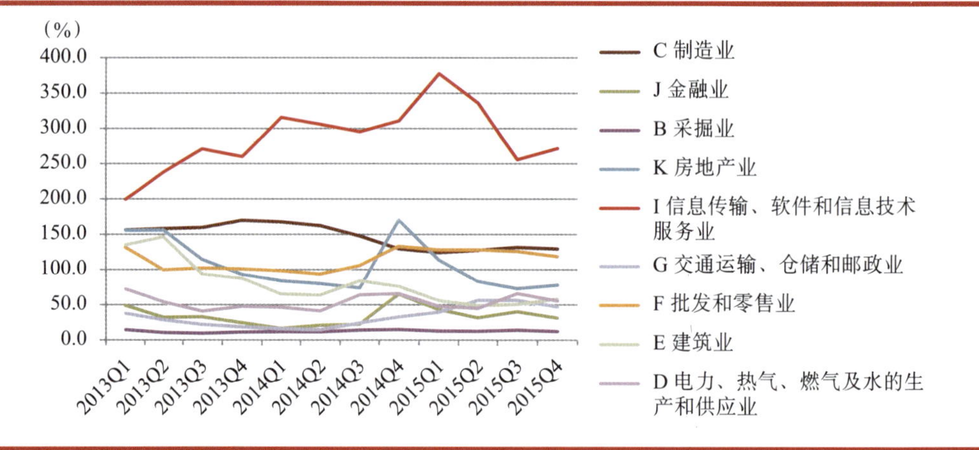

资料来源：中国银河证券基金研究中心。

① 行业偏好度的计算方式：如某行业的流通市值占市场总流通市值比为 5%，而公募基金投资该行业的市值占基金股票投资市值的 10%，表明公募基金将更大比例的资金投向该行业，此时该行业偏好度为 200%；反之亦然。将行业偏好度在 80% ~120% 之间视为标配，高于 120% 的视为超配，值越高，偏好越强；低于 80% 的视为低配，值越低，偏好越弱。

在中小市值（流通市值在万亿元以下）的九个行业中，开放式基金仅对综合类行业低配，对住宿餐饮标配，其余行业均处于超配或者强烈超配状态（见图2－12）。行业配置结构表明，近年来，公募基金有高成长偏好，对价值蓝筹股配置不足。

图2－12　后九大行业配置偏好度

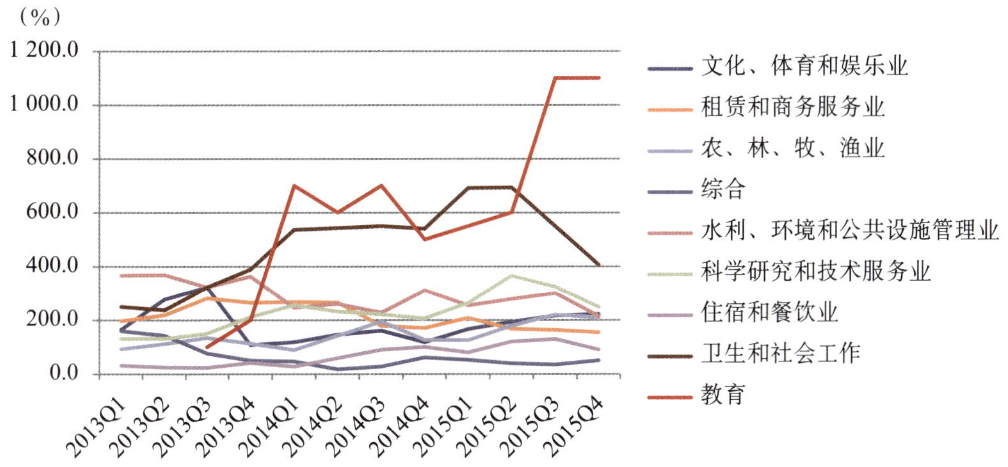

资料来源：中国银河证券基金研究中心。

七、资产配置：按市场类别

全部开放式基金持有上海证券交易所股票市值占总持股市值比例自2010年以来大幅下降，持有深圳证券交易所股票市值占比则大幅上升。顶峰之时，基金持股市值中有75%是上海证券交易所的股票，且绝大部分是主动持有。而截至2015年末，基金持股市值中仅有41%是上海证券交易所股票，其中主动持有的为26%，被动持有的为15%；基金持股市值中有59%是深圳证券交易所股票，其中主动持有的为50%，被动持有的为9%（见图2－13）。

图 2－13 按市场类别的资产配置比例变化

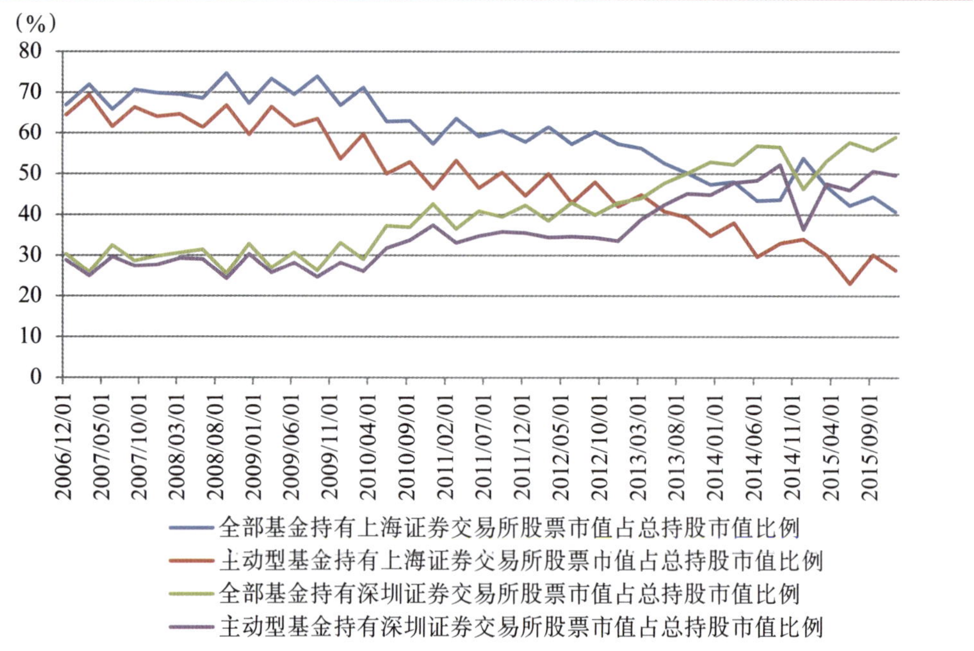

注：6 月 30 日和 12 月 31 日根据全部持股数据统计，3 月 31 日和 9 月 30 日根据季报披露的前十大重仓股统计。

资料来源：中国银河证券基金研究中心。

2015 年 4 季度末，全部开放式基金持有中小板市值占总持股市值的比例达到 26%，其中，主动型基金持有中小板市值占总持股市值的比例达到 22%，均创历史新高。在创业板方面，2015 年第 3 季度末，全部开放式基金持有创业板市值占总持股市值的比例达到 21%，其中，主动型基金持有创业板市值占总持股市值的比例达到 19%，创历史新高，2015 年第 4 季度末略有下降（见图 2－14）。

八、债券型基金杠杆率

2015 年，债券型基金杠杆率整体呈下降态势，全部债券型基金平均杠杆率由 2014 年末的 1.48 倍降到 2015 年末的 1.31 倍。其中，标准债券型基金杠杆率下降幅度最大，由 2014 年末的 1.55 倍下降到 2015 年末的 1.24 倍（见图 2－15）。2015 年下半年，债券型基金份额及净值迅速增长稀释了杠杆率，这可能是杠杆率下降的一个重要原因。

图 2－14　按市场类别的资产配置比例变化（中小板及创业板）

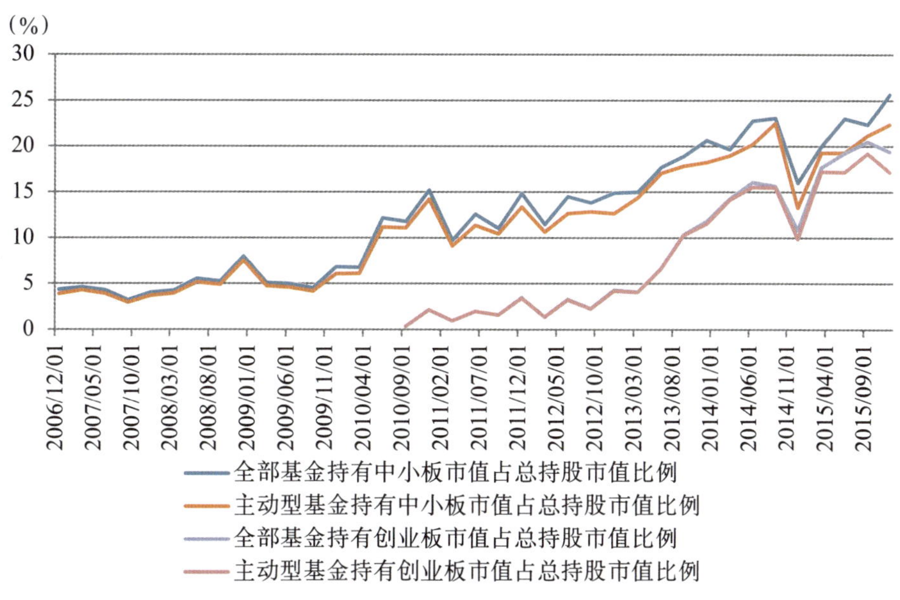

注：6 月 30 日和 12 月 31 日根据全部持股数据统计，3 月 31 日和 9 月 30 日根据季报披露的前十大重仓股统计。

资料来源：中国银河证券基金研究中心。

图 2－15　债券型基金杠杆率

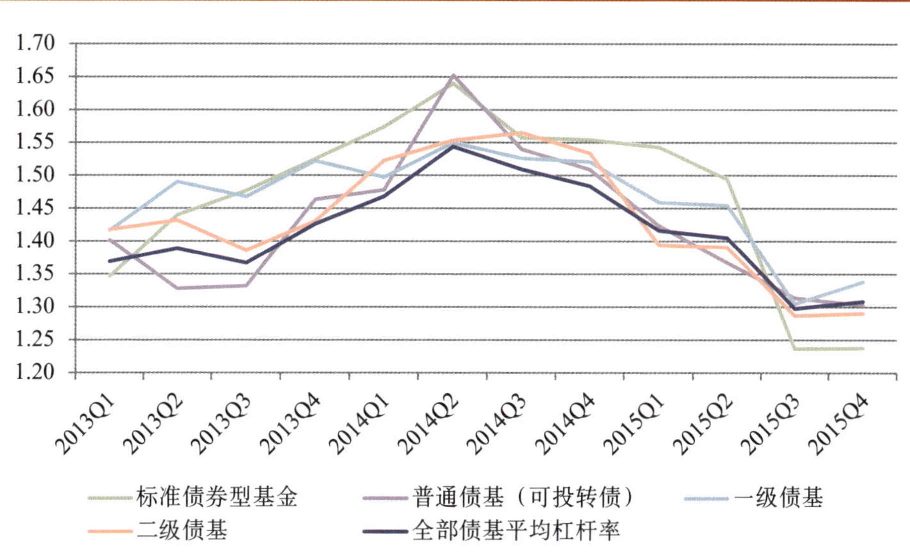

资料来源：中国银河证券基金研究中心。

九、债券型基金的券种配置

在券种配置方面，从长周期看，债券型基金对央票、国债、金融债等利率债配置比例逐渐下降，而企业债配置比例迅速提高（见图 2－16）。这一变化的主要原因，一是从 2010 年开始，企业债、金融债发行提速，国债相对平稳，可转债体量较小，迅速扩大的企业债市场给债券基金提供了标的；二是企业债到期收益率远高于利率债（包括国债、金融债），企业债体现出明显的高利率、“低风险”特点，对债券基金有很强的吸引力。2015 年，受股市波动及信用风险影响，企业债配置比例有明显下降。

图 2－16　债券型基金券种配置

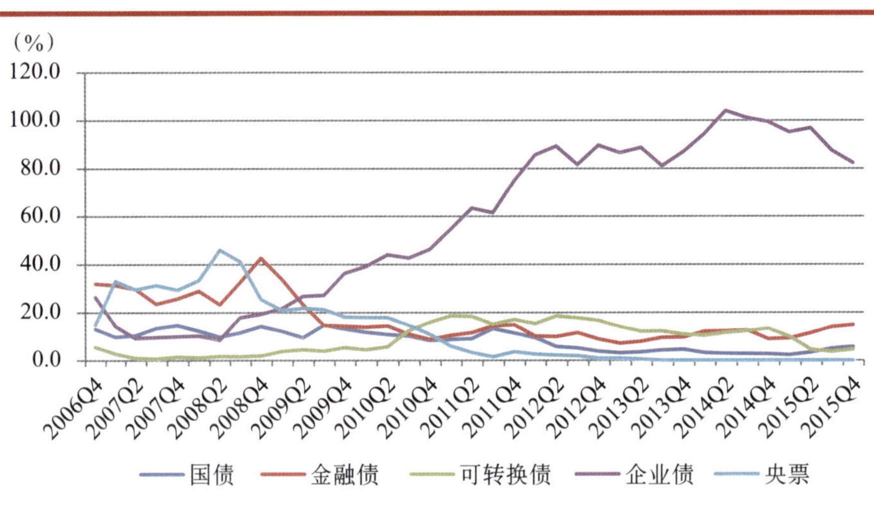

资料来源：中国银河证券基金研究中心。

第三节　专　业　化

一、基金的主动投资管理能力

公募基金是个人投资者低成本参与资本市场、间接分享经济发展成果的重要渠道。以主动管理型股票基金为代表，基金的专业化管理能力体现为在波动市场中的主动管理能力，在市场景气时期能够获得与市场一致的投资回报，在市场不景气时期能够有效管理市场下行风险。

衡量基金主动投资管理能力的一个可行指标是5年滚动年化收益率①。2007年以来主动管理股票型基金5年滚动年化收益率持续保持在沪深300指数之上（见图2－17）。其含义是，在上述期间任一时点上，如果持有主动管理股票型基金在5年以上，投资者通过基金实现的平均年化收益率都要好于同期沪深300指数收益率。

图2－17　主动管理股票型基金和沪深300指数5年滚动年化收益（2007～2015年）

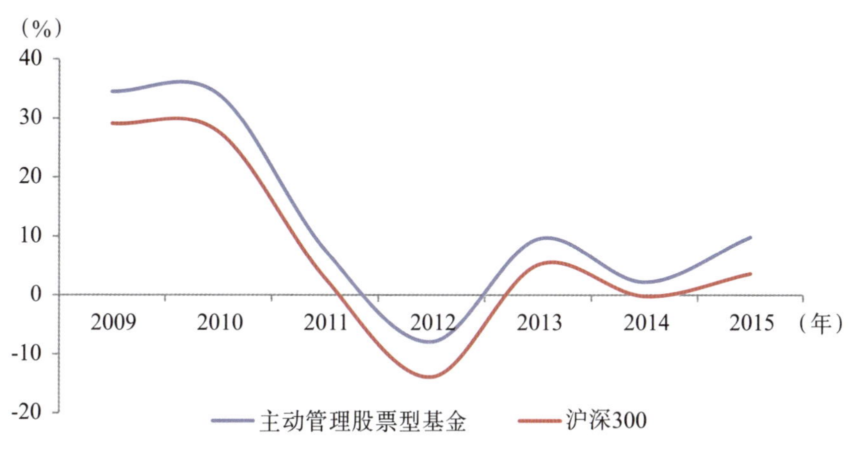

资料来源：上海证券基金评价研究中心。

分类型看，国内开放式长期主动管理股票型基金、混合型基金和债券型基金能力突出，2006年至2015年，累计收益率均超越市场基准指数。分年度和从5年滚动收益率情况来看，各类型主动管理基金均表现出较好的管理能力，在多数情况下能够为投资者实现优于市场基准的业绩回报率（见图2－18）。主动管理股票型基金虽然在市场景气时期受流动性管理需要不能满仓股票，收益率略逊于股票市场，但在市场下行阶段，风险控制良好，业绩亏损幅度远小于股票市场，使其长期累积收益率明显高于股票市场。主动管理混合型基金收益率表现说明混合型基金实质性资产持有比例，没有趋于股债平衡配置的倾向，对于股票市场的参与度相对高于债券市场，

① 即在任一时点上计算的过去5年平均年化收益率。

在股票市场景气阶段积累的收益相对较高，长期累积收益率也明显高于其市场基准指数。主动管理债券型基金，因部分基金不时参与股票等权益市场投资，未能精确表征债券市场特征。但近年来随着债券型基金投资方向在债市领域内多元化、精细化的发展，主动管理债券型基金收益率与债券市场的联动性加强，超额回报效应明显。

图 2－18　各类开放式主动管理基金指数和基准指数分年度及 5 年滚动收益率情况（2006～2015 年）

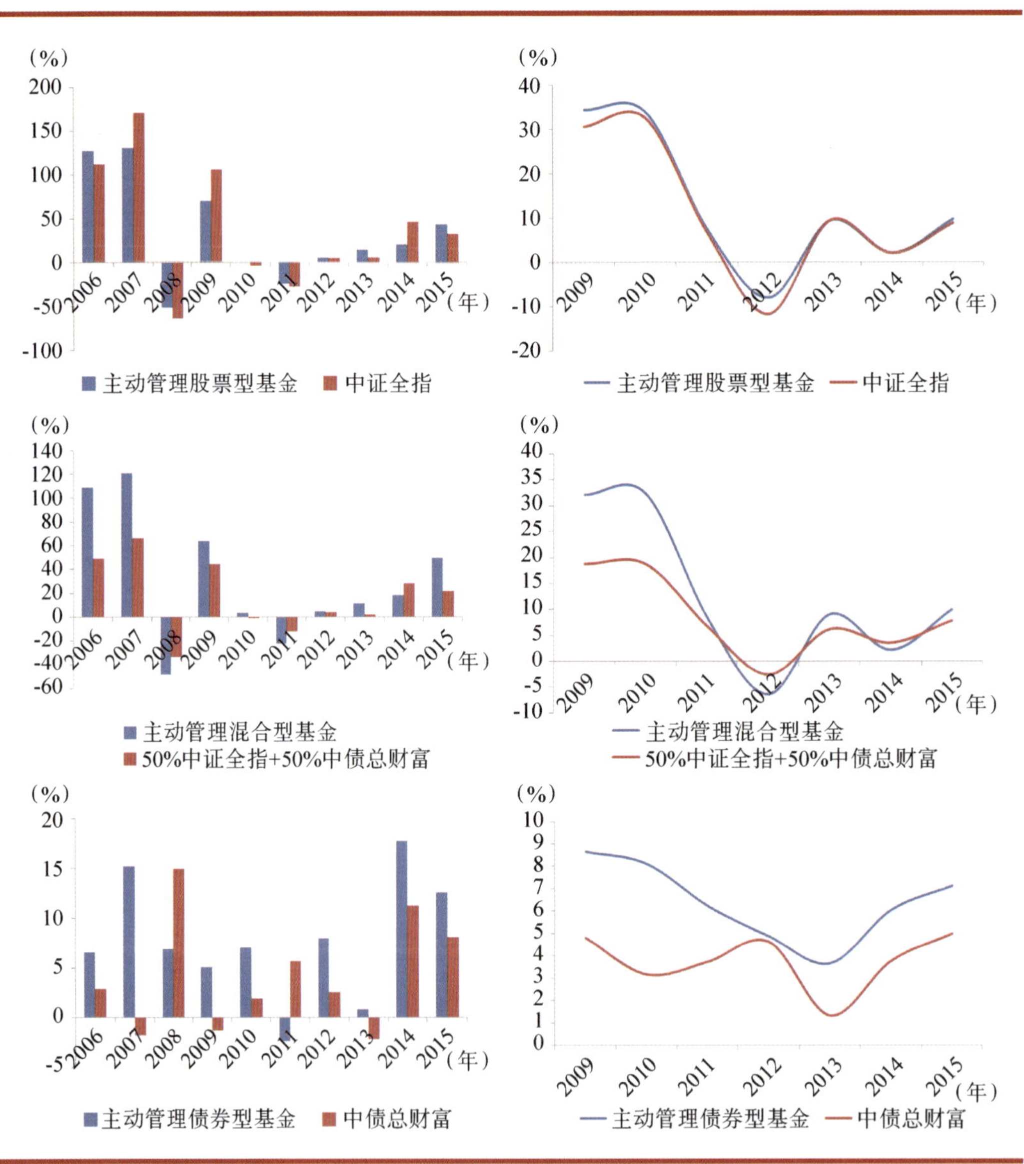

资料来源：上海证券基金评价研究中心。

二、基金与个人投资者的投资能力比较

对于个人投资者而言，基金可以实现高效率的分散化投资，降低个人投资者因为信息不足和非理性投资而导致的资源浪费，有效实现社会分工，是个人投资者低成本参与资本市场、分享经济增长的理想途径。近三年个人投资者与基金投资收益率的分布数据显示基金比个人投资者表现出了更强的投资管理能力。

2013 年，沪深 300 指数下跌 7.65%，超过七成股票型基金实现盈利；而个人投资者不足三成，且 46% 的个人投资者亏损在 20% 以上，超过二成投资者亏损超过 50%（见图 2－19）。

图 2－19　2013 年基金与个人投资者投资能力对比

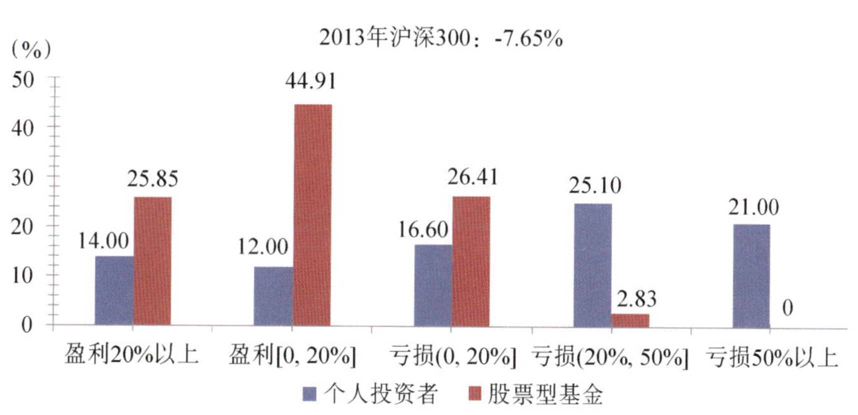

资料来源：上海证券基金评价研究中心整理。

2014 年，沪深 300 指数上涨 51.66%，超过 95% 的股票型基金实现盈利；而个人投资者为 83%，且 7.44% 的个人投资者亏损在 20% 以上（见图 2－20）。

2015 年，沪深 300 收益率为 5.58%，80% 以上基金实现盈利，且 40% 以上基金盈利幅度超过 20%，仅 3.4% 基金亏损幅度超过 20%；同期实现盈利的个人投资者比率为 49.7%，25.10% 的个人投资者亏损幅度超过 20%，11.70% 的个人投资者亏损幅度甚至超过 50%（见图 2－21）。

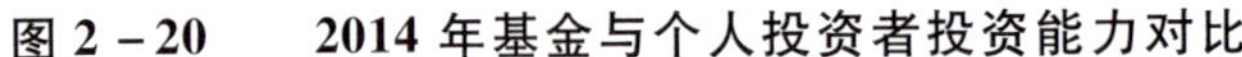

图 2－20　2014 年基金与个人投资者投资能力对比

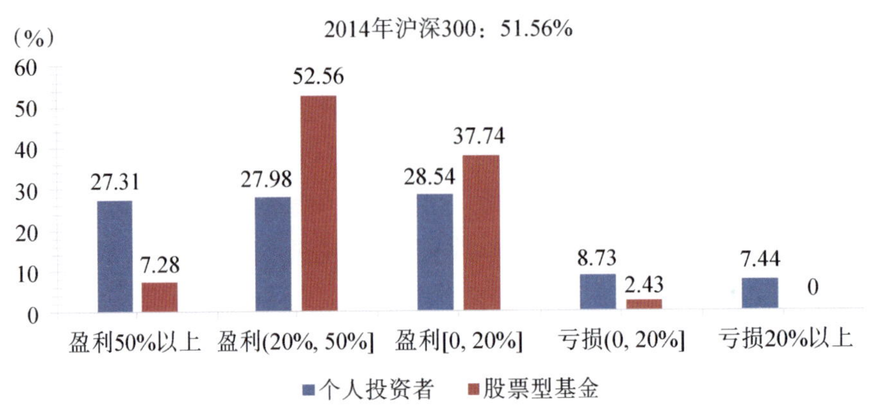

资料来源：上海证券基金评价研究中心整理。

图 2－21　2015 年基金与个人投资者投资能力对比

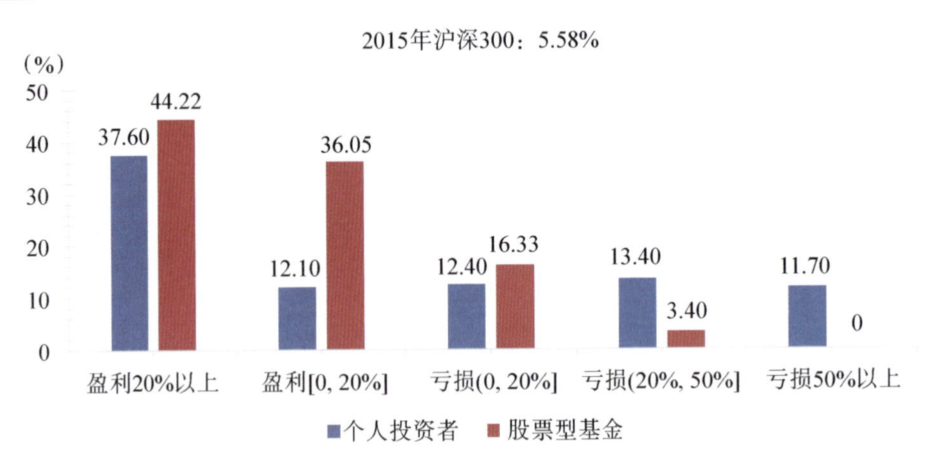

资料来源：上海证券基金评价研究中心整理。

第四节　基金销售

一、累计（认）申购

2015 年通过基金管理公司直销、银行、券商渠道（认）申购累计额达

273 278.41 亿元，较 2014 年增加了 119.3%，基金管理公司直销渠道占比为 67.1%，银行和券商渠道分别下降到 16.4% 和 16.5%。基金管理公司直销渠道占比的增长主要得益于各类货币市场基金规模的增长以及货币市场基金直销的增长。相关资料见图 2 - 22。

图 2 - 22　基金（认）申购渠道

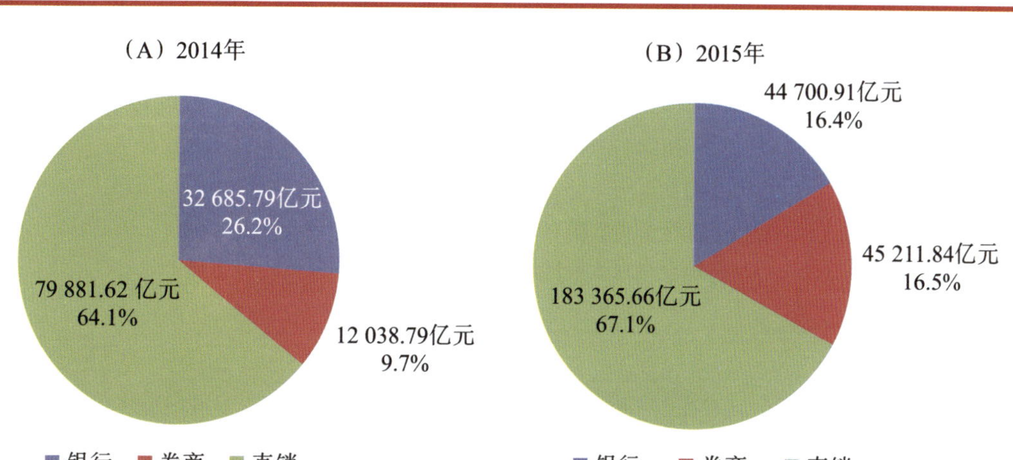

资料来源：中国证券投资基金业协会。

二、销售保有量

截至 2015 年末，开放式基金销售保有量基金公司直销首次超过银行渠道，成为销售保有量最高的渠道，占比为 62.6%，其次是银行的 26.5% 和券商渠道的 9.4%，第三方专业销售机构和证券投资咨询机构销售保有量占比仅为 1.2% 和 0.3%（见图 2 - 23）。

基金管理公司直销渠道当年销售量和保有量大幅增长，其原因主要是货币市场基金增长迅猛，直销渠道贡献了主要份额。

图 2－23　各类机构基金销售保有量

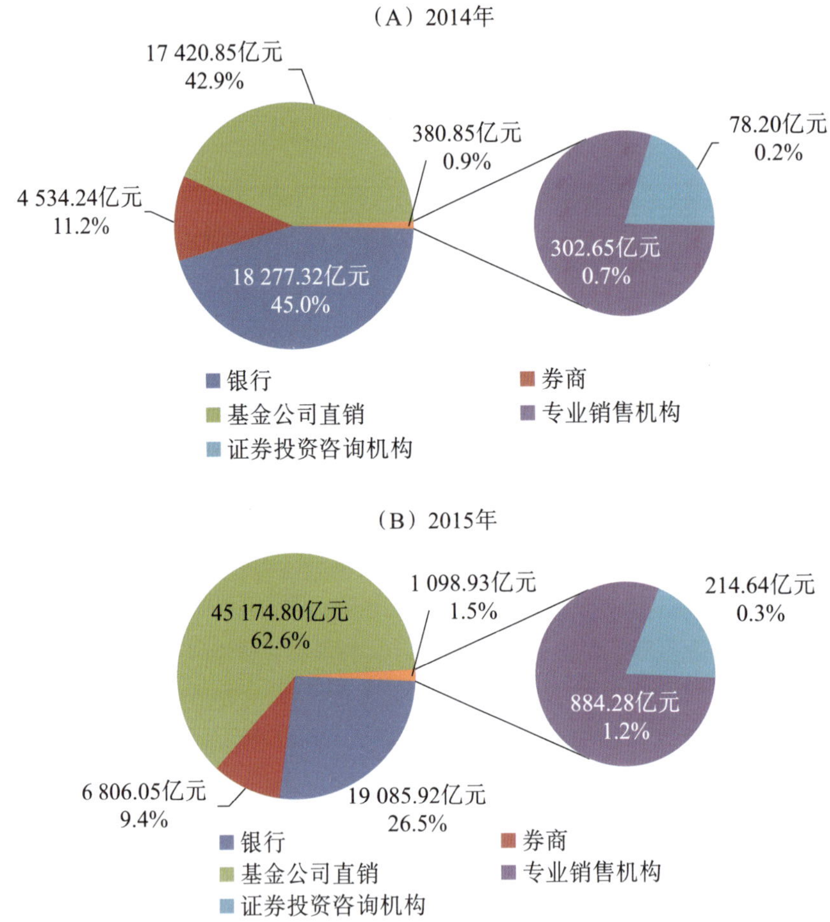

资料来源：中国证券投资基金业协会（AMAC）。

第三章

基金管理公司特定客户资产管理业务

基金管理公司特定客户资产管理业务包括普通专户、管理全国社保基金和管理企业年金三个部分。

第一节 普通专户

一、整体情况

截至2015年底，共有100家基金公司开展普通专户业务，存续产品5 139只，管理资产规模2.99万亿元，较2014年底增加1.76万亿元，增长143.1%。

（一）专户理财发展迅速

2015年，基金公司普通专户在股票市场大幅波动、债券供给较大、债券市场向好和利率下行的环境下，呈现出业务规模快速增长、产品管理能力有所提升、投资运作整体平稳、产品收益普遍较高、行业收入大幅增长等特点（见图3－1）。

（二）一对一专户占主导

从产品类型来看，截至2015年底，基金公司一对一专户存续产品2 015只，管理资产规模2.25万亿元，占比75.2%，较2014年底增加1.37万亿

图 3－1　2015 年 1～12 月基金公司专户存续产品情况

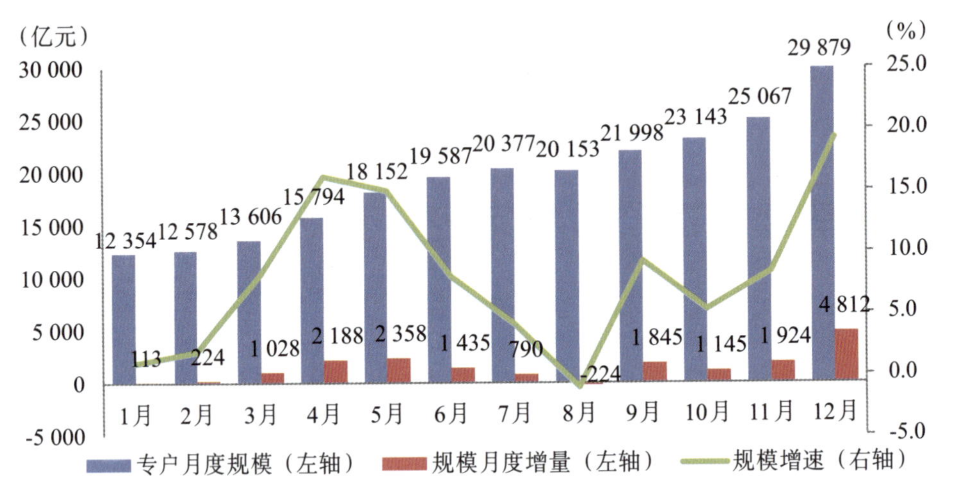

资料来源：中国证券投资基金业协会（AMAC）。

元，增长 157.4%；一对多专户存续产品 3 124 只，管理资产规模 7 396 亿元，占比 24.8%，较 2014 年底增加 3 892 亿元，增长 111.1%。

（三）主动管理能力稳步提升

从管理方式来看，基金公司专户主动管理产品资产规模 2.28 万亿元，占比 76.3%，与去年同期相比上升 1.7 个百分点，较 2014 年底增加 1.37 万亿元，增长 149.8%；通道产品规模 7 079 亿元，占比 23.7%，较 2014 年底增加 3 967 亿元，增长 127.5%。其中，银基合作、信基合作、私募合作、证基合作的通道规模分别为 4 559 亿元、777 亿元、714 亿元、471 亿元。

二、新设情况

新设产品中混合类产品比重过半。2015 年，基金公司新设专户产品 4 121 只，新设规模 1.02 万亿元。其中，混合类产品规模 5 193 亿元，占比 50.7%；债券类产品规模 2 096 亿元，占比 20.5%；股票类产品规模 1 875 亿元，占比 18.3%；现金管理类产品规模 302 亿元，占比 3.0%；QDII 类产品规模 386 亿元，占比 3.8%；其他产品规模 389 亿元，占比 3.8%。从月度新设的情况看，月度新设规模在股票市场大幅波动的影响下，呈现前高后低、年末冲量的态势（见图 3－2）。

图 3－2　　2015 年 1～12 月基金公司专户新设产品情况

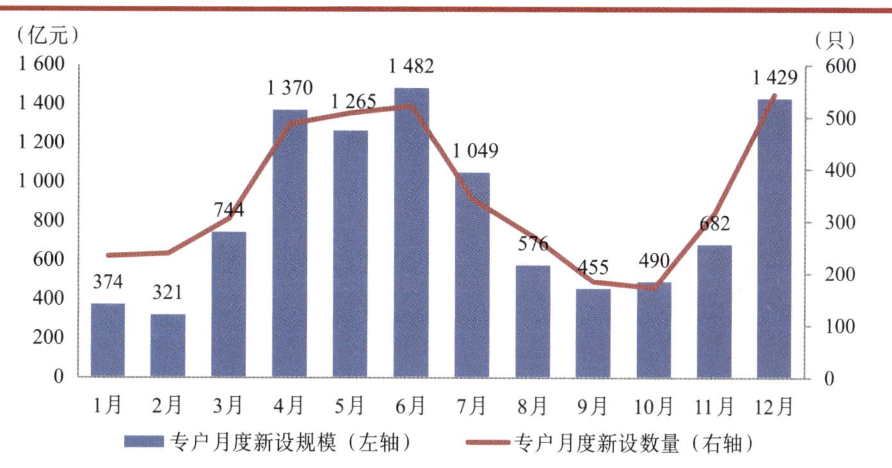

资料来源：中国证券投资基金业协会（AMAC）。

三、投向情况

（一）债券类产品比重居高

基金公司存续专户产品中，债券类产品规模 1.40 万亿元，占比 46.7%；混合类产品规模 8 560 亿元，占比 28.6%；股票类产品规模 3 782 亿元，占比 12.7%；现金管理类产品规模 1 933 亿元，占比 6.5%；QDII 类产品规模 1 259 亿元，占比 4.2%（见图 3－3）。

图 3－3　　2015 年底基金公司专户产品规模占比情况

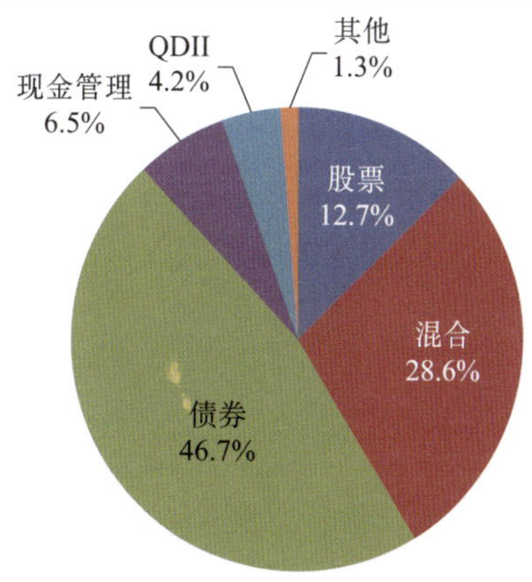

资料来源：中国证券投资基金业协会（AMAC）。

（二）债券投资为主

从产品投向来看，基金公司专户产品投资债券规模 1.92 万亿元，占比 62.7%；投资股票规模 6 451 亿元，占比 21.1%；投资基金规模 4 800 亿元，占比 15.7%；投资期货规模 141 亿元，占比 0.5%。

四、集中度情况

竞争加剧，集中度降低。2015 年，专户规模前五位的基金公司管理资产规模合计 9 318 亿元，占基金公司专户规模的 31.2%，较 2014 年底下降 7.4 个百分点；专户规模前十位的基金公司的管理资产规模合计 14 555 亿元，占基金公司专户规模的 48.7%，较 2014 年底下降约 6 个百分点；专户规模前二十位的基金公司管理资产规模合计 20 736 亿元，占基金公司专户规模的 69.4%。

五、投资者情况

银行委托资金为主要资金来源的地位上升。截至 2015 年底，基金公司专户资金来源主要有，银行委托资金 1.72 万亿元，占比 61.0%，较 2014 年底占比上升 4.0 个百分点；信托公司委托资金 2 249 亿元，占比 8.0%，较 2014 年底占比下降 2.2 个百分点；个人委托资金 2 441 亿元，占比 8.7%，较 2014 年底占比下降 1.3 个百分点。资金来源及占比情况详见图 3－4。

图 3－4　2015 年底基金公司专户投资者委托资金情况

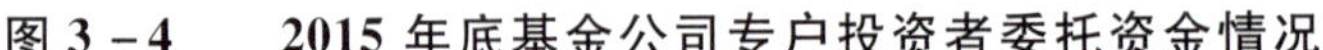

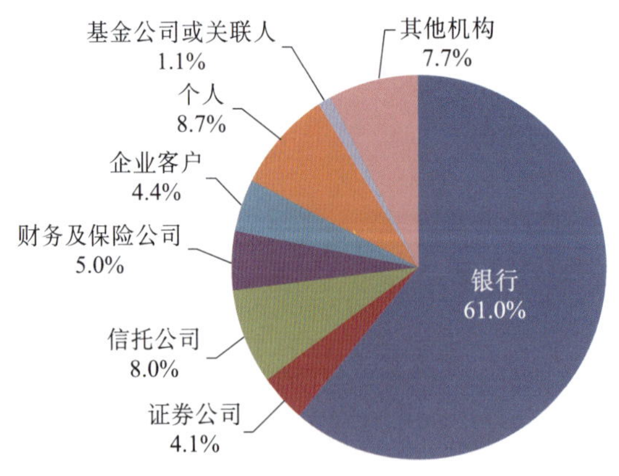

资料来源：中国证券投资基金业协会（AMAC）。

六、销售渠道情况

自身销售渠道进一步加强。截至2015年底，基金公司直销规模的占比为82%，较2014年底提高近7个百分点；通过银行代销的规模占比为14%，下降1个百分点；证券公司、第三方机构的代销渠道占比也有小幅下降。基金公司自身销售渠道进一步加强，减少对银行券商、第三方等外部机构的依赖，销售体系逐步完善。

七、收入情况

基金公司专户管理能力、经营业绩整体上得到较大提升。2015年，基金专户业务管理费收入101.75亿元，较上年增加78亿元。其中，管理费68.24亿元，较上年增加51.13亿元；业绩报酬33.51亿元，较上年增加27.47亿元。受管理规模的增加、上半年股票市场大幅上涨、产品业绩表现较好等多因素影响，管理费收入、业绩报酬收入均大幅提升。业绩报酬收入占总收入的33%，较2014年提高近7个百分点。基金专户2015年平均管理费率为0.53%，较2014年提高0.26个百分点。

第二节　管理全国社保基金

2015年，由基金管理公司管理的全国社保基金资产规模达8 111.32亿元，较2014年增长33.3%。2011年以来，由基金管理公司管理的全国社保基金规模稳步增长，2015年末已占到全国社保基金总规模的42.4%，占全国社保基金委托投资规模的78.3%（见图3－5）。在18家全国社保基金外部委托投资管理人中，基金管理公司占据了16席，成为全国社保基金最为倚重的专业投资管理力量。

图 3－5　基金管理公司管理全国社保基金情况

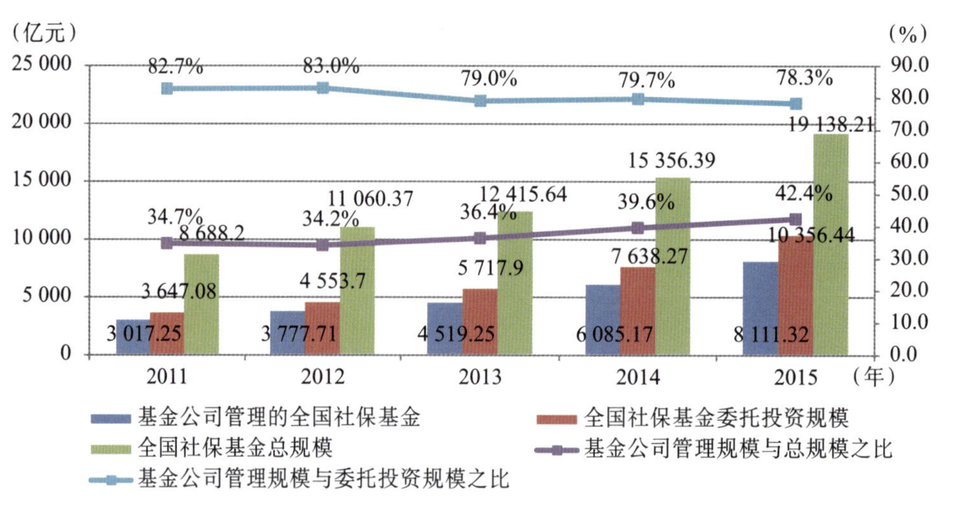

资料来源：全国社保基金理事会。

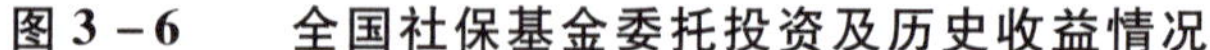

2003 年起全国社保基金开始委托基金管理公司进行投资管理，2007 年后委托投资规模占社保基金资产总额的比重稳定在 40% 以上，2015 年达到 54.1%（见图 3－6）。2008 年以来，社保基金的历史年化平均收益率在 8%～10% 之间，2015 年投资收益率为 8.8%。基金管理公司管理的全国社保基金平均投资收益率高于委托管理投资收益的平均水平，为全国社保基金资产保值增值做出了贡献。

图 3－6　全国社保基金委托投资及历史收益情况

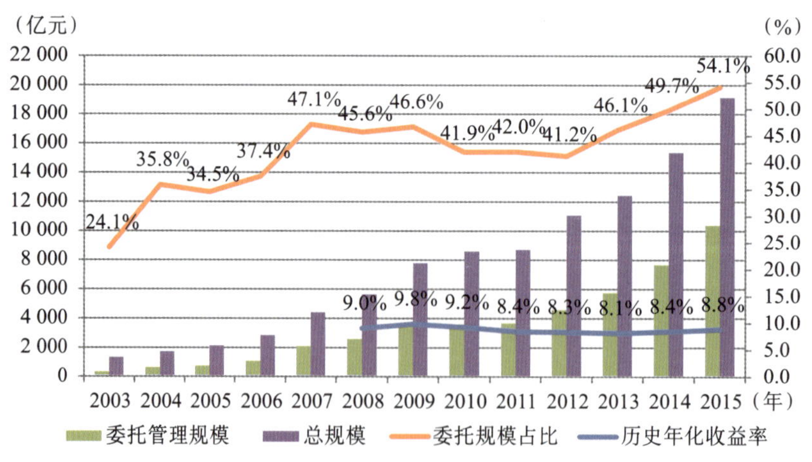

资料来源：全国社保基金理事会。

第三节　管理企业年金

2015 年末，由基金管理公司管理的企业年金规模为 3 641.98 亿元，与 2014 年末相比增长 22.4%，占全部企业年金委托投资规模的 39.3%，与 2014 年末相比下降 0.9 个百分点（见图 3－7）。

图 3－7　基金管理公司管理企业年金情况

资料来源：中国证券投资基金业协会（AMAC）。

第四章

基金子公司特定客户资产管理业务

第一节 概　　述

截至 2015 年底，基金子公司特定客户资产管理计划（简称“专户业务”）存续产品 16 092 只，管理资产规模 8.57 万亿元，较 2014 年底增加 4.83 万亿元，增长 129.3%，全年月均增长 4 027 亿元（见图 4－1）。2015 年，基金子公司在发展表外贷款、票据资产出表等通道业务的同时，主动参与国企混合所有制改革，加强与产业资本合作，持续发力定向增发、股票质押、新三板、员工持股计划、与私募管理人合作证券投资等业务，产品类型更加丰富。整体上，基金子公司专户业务呈现规模大幅增长、主动管理能力逐步增强、收入大幅提升、行业集中度小幅下降等特点。

（一）一对一产品为主导

从产品类型看，截至 2015 年底，一对一专户业务存续产品 7 674 只，管理资产规模 6.13 万亿元，占比 71.5%，较 2014 年底增加 3.79 万亿元，增长 162.7%；一对多专户存续产品 8 418 只，管理资产规模 2.44 万亿元，占比 28.5%，较 2014 年底增加 1.04 万亿元，增长 73.8%。

（二）通道业务仍居主要地位

从管理方式看，基金子公司主动管理类和合作管理类产品管理资产规模合计 3.20 万亿元，占比 37.3%；通道产品管理资产规模 5.37 万亿元，

图 4-1　2015 年 1~12 月基金子公司特定客户资产管理业务存续产品情况

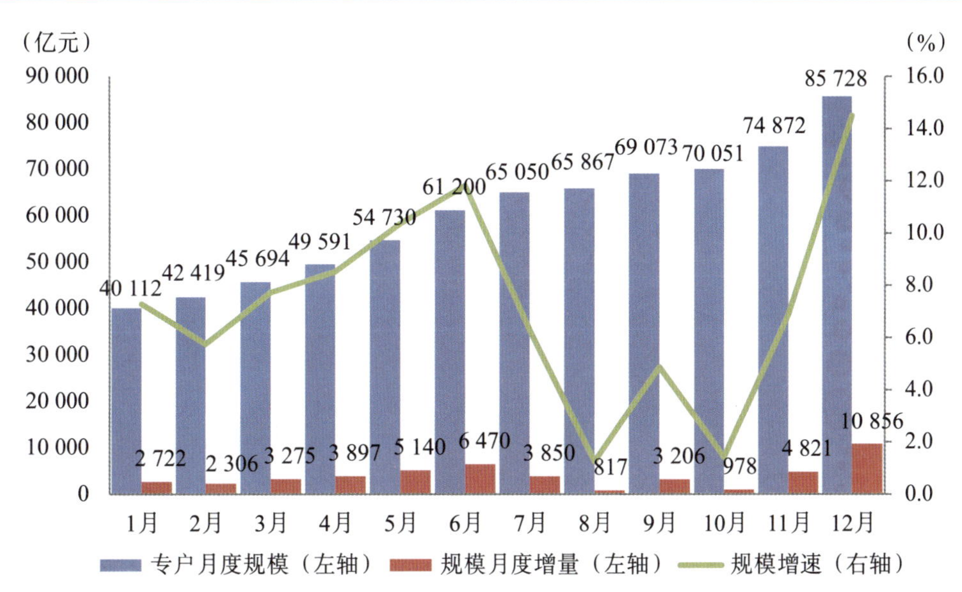

资料来源：中国证券投资基金业协会（AMAC）。

占比 62.7%。

（三）非标市场为主要投资标的

从投资标的看，基金子公司专户主要投向非标市场，规模为 7.23 万亿元，占比 84.4%；投向交易所、银行间市场标准化证券规模 8 839 亿元，占比 10.3%；其余为少量现金。

第二节　运 作 情 况

（一）新设情况

新设规模有所增长，一对一为主导。2015 年，基金子公司专户业务新设产品 13 423 只，新设规模 5.02 万亿元，月均新设产品规模 4 183 亿元，月均新设规模较 2014 年增长 67.6%。其中，新设一对一产品规模 3.03 万亿元，占比 60.3%，新设一对多产品 1.99 万亿元，占比 39.7%。基金子公司一方面不断扩容，另一方面竞争力增强，规模优势初步形成。年中、年末受银行资产出表需求加大等多种因素影响，新设规模显著上升。相关资料见图4－2。

图4－2　2015年1～12月基金子公司特定客户资产管理计划月度新设情况

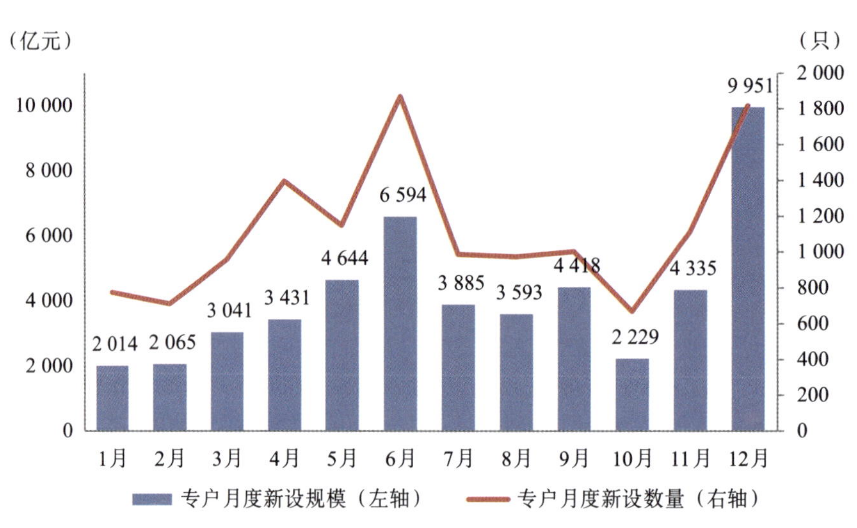

资料来源：中国证券投资基金业协会（AMAC）。

（二）投向情况

投向依然以财产收益权融资和债权融资为主。基金子公司专户以融资、银行出表资产业务为主，在方式上主要采用债权融资和财产收益权融资。截至2015年底，债权融资和财产收益权融资规模分别为2.73万亿元、3.56万亿元，分别占比31.8%、41.5%（见表4－1）。证券投资规模较2014年底增长270.5%，占比上升约6个百分点；而债权融资规模占比较2014年底下降9个百分点。

投资结构有所变化。截至2015年底，基金子公司专户最终投向信贷、票据、信用证等金融机构资产的规模3.81万亿元，占比44.4%；投向房地产的规模1.24万亿元，占比14.5%；投向一般工商企业的规模1.44万亿元，占比16.8%；投向地方融资平台的规模5 278亿元，占比6.2%；投向基础产业的规模4 897亿元，占比5.7%。受市场因素及监管因素的影响，投向房地产、地方融资平台的规模占比从年初22.9%、8.9%降至年底14.5%、6.2%；而投向金融机构资产的规模占比则从年初27.1%大幅上升

表 4－1　2015 年底基金子公司特定客户资产管理计划投资方式情况（I）

投资方式	2015 年底		2014 年底		增长率（%）
	投资金额（亿元）	占比（%）	投资金额（亿元）	占比（%）	
财产收益权投资	35 603	41.5	14 559	38.9	144.5
债权融资	27 253	31.8	15 257	40.8	78.6
证券投资	13 478	15.7	3 638	9.7	270.5
股权投资	5 992	7.0	2 542	6.8	135.7
现金规模	2 128	2.5	1 257	3.4	69.3
其他	1 273	1.5	138	0.4	822.7
合计	85 728	100	37 390	100	129.3

资料来源：中国证券投资基金业协会（AMAC）。

至 44.4%（见表 4－2）。

表 4－2　2015 年底基金子公司特定客户资产管理计划投资方式情况（II）

投资方式	2015 年底		2014 年底		增长率（%）
	投资金额（亿元）	占比（%）	投资金额（亿元）	占比（%）	
金融机构	38 061.29	44.4	10 127.68	27.1	275.8
一般工商企业	14 363.39	16.8	7 153.85	19.1	100.8
房地产	12 401.87	14.5	8 543.76	22.9	45.2
地方融资平台	5 277.82	6.2	3 323.93	8.9	58.8
基础产业	4 897.49	5.7	2 398.83	6.4	104.2
其他	10 726.14	12.5	5 842.02	15.6	83.6
合计	85 728.0	100.0	37 390.07	100.0	129.3

资料来源：中国证券投资基金业协会（AMAC）。

（三）行业集中度情况

行业集中度降低。2015 年末，共有 79 家基金子公司开展专户业务，较 2014 年底新增 10 家。专户规模前五位的基金子公司管理资产规模合计 2.77 万亿元，占基金子公司专户规模的 32.3%，较 2014 年底下降 3.5 个百分点；专户规模前十位的基金子公司管理资产规模合计 4.16 万亿元，占基金子公司专户规模的48.5%，较2014年底下降近5个百分点；专户规模前二十位的基金子公司管理资产规模合计5.99万亿元，占基金子公司专户规模的69.9%。

银行系基金子公司异军突起。截至2015年底，银行系基金子公司共13家，银行系基金子公司充分与股东银行合作，业务规模居于行业前列，专户规模合计3.34万亿元，占子公司专户总规模的39%，有6家银行系基金子公司进入行业规模前十位。

（四）投资者情况

过半数的资金来源为银行资金，且比重进一步上升。截至2015年底，基金子公司专户资金来源主要有：银行委托资金5.29万亿元，占比63.2%；个人客户委托资金7 938亿元，占比9.5%；企业委托资金7 720亿元，占比9.2%；基金子公司及关联人委托资金4 723亿元，占比5.6%；信托公司委托资金3 737亿元，占比4.5%；证券公司委托资金2 490亿元，占比3.1%；财务及保险公司委托资金103亿元，占比0.1%；其他机构委托资金4 124亿元，占比4.9%（见图4－3）。2015年，个人客户资金小幅增长，但占比大幅下降，较2014年底下降9.8个百分点。银行资金仍占基金子公司业务资金来源的较大比重，较2014年底上升6.9个百分点。

图4－3　2015年底基金子公司特定客户资产管理计划投资者委托资金情况

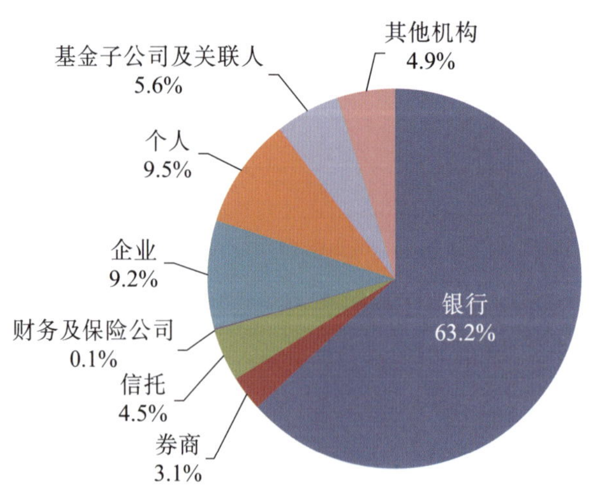

资料来源：中国证券投资基金业协会（AMAC）。

（五）收入情况

平均管理费率小幅下降，管理费总收入实现快速增长。2015 年，基金子公司专户业务管理费收入快速增长，全年累计达 104.72 亿元，为 2014 年收入的 2.4 倍。其中，固定管理费收入合计 79.32 亿元；计提的业绩报酬合计 10.78 亿元。基金子公司专户全年平均管理费率为 0.17%，较 2014 年的 0.2% 略有下降，反映了市场竞争的进一步加剧。基金子公司专户管理费率与证券公司资管业务管理费率基本一致，但与信托业 0.51% 的综合信托报酬率相比仍有较大差距。

第五章

证券公司资产管理业务

第一节　概　　述

截至2015年底，证券公司资产管理业务存续产品21 236只，管理资产规模11.89万亿元，较2014年底增加3.95万亿元，增长49.7%。受货币环境宽松、居民理财需求增强、证券公司主动管理能力进一步提升等因素影响，证券公司资产管理业务规模全年月均增长3 290亿元，较2014年增长44.0%，其中以资本市场投资、股票质押为主的主动管理产品规模及占比增长显著，风险资产进一步调整结构，资产管理业务总体运行平稳，收入增长幅度较大（见图5－1）。

（一）各类资产管理产品均有所增长

从产品类型看，截至2015年底，集合计划存续产品3 242只，管理资产规模15 574亿元，较2014年增加9 019亿元，增长137.6%；定向资产管理存续合约14 830份，资产规模10.16万亿元，较2014年增加2.91万亿元，增长40.1%；专项资产管理计划存续产品156只，资产规模1 794亿元，较2014年增加1 428亿元，增长390.2%。

（二）通道产品仍为主导

从管理方式看，存续的主动管理产品5 916只，管理资产规模3.04万亿元，较2014年增加1.70万亿元，增长126.87%。存续的通道产品12 312

图 5－1　2015 年证券公司资管业务规模月度增长情况

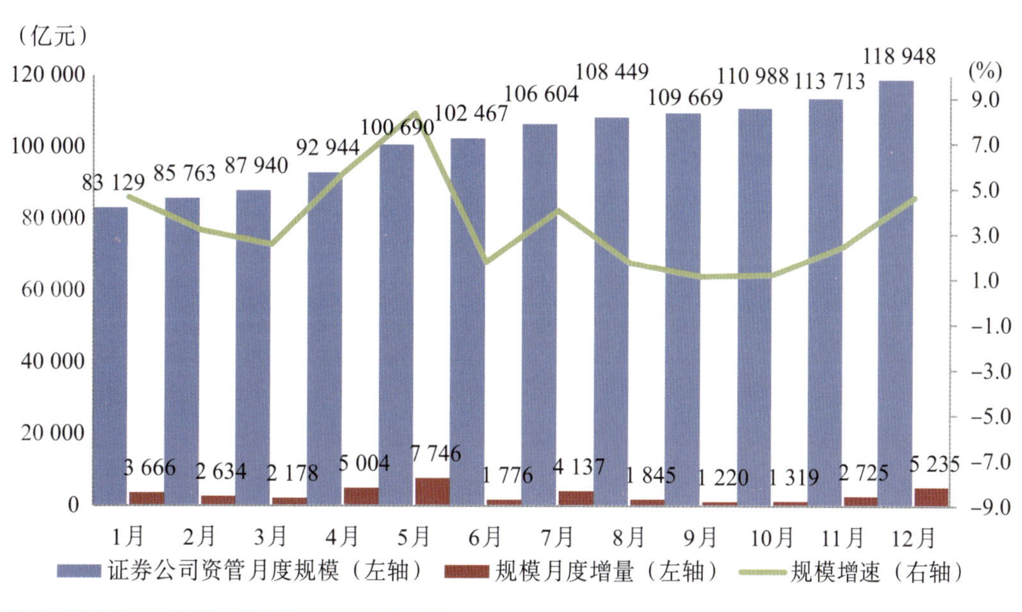

资料来源：中国证券投资基金业协会（AMAC）。

只，管理资产规模 8.85 万亿元，较 2014 年增加 2.25 万亿元，增长 34.1%。

（三）非标产品为主要投资标的

从投资标的看，存续产品投向交易所、银行间市场的规模约 3.38 万亿元；其他投向各类非标资产的规模约 7.6 万亿元，包括委托贷款 1.49 万亿元、信托贷款 1.22 万亿元、票据 1.51 万亿元、资产收益权 9 901 亿元等。

第二节　运 作 情 况

一、新设情况

新设产品主要为定向合约产品。2015 年，证券公司新设资产管理产品 8 301 只，规模 2.65 万亿元。新设集合计划 1 894 只，规模 3 871 亿元，

52%为结构化产品。其中，混合类产品676只，规模1 295亿元；固定收益类产品608只，规模1 287亿元；权益类209只，规模440亿元；基金宝类25只，规模189亿元；其他类型376只，规模660亿元。新签订定向合约6 380份，规模2.11万亿元。其中，主动管理定向合约1 504份，规模1 734亿元；被动管理定向合约4 876份，规模1.93万亿元。新设专项资产管理计划27只，规模1 528亿元，其中资产证券化产品20只。2015年资产管理计划月度新设情况见图5-2。

图5-2　2015年1~12月资产管理计划月度新设情况

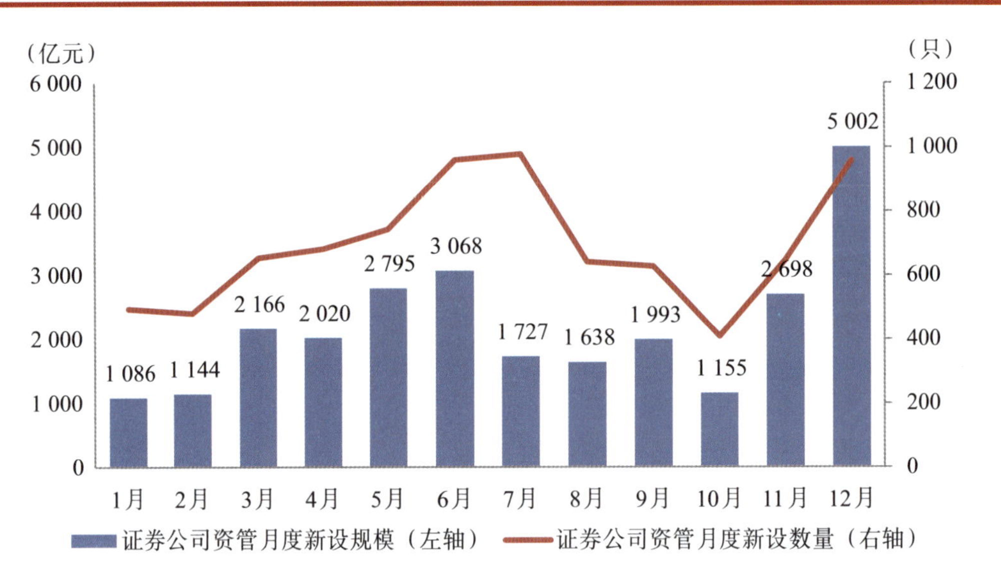

资料来源：中国证券投资基金业协会（AMAC）。

二、投向情况

集合计划中债券类资产占较大比重。截至2015年底，集合计划主要投向债券、基金、股票、协议或定期存款、信托计划，分别占总投资规模的37.5%、20.7%、9.7%、9.2%和7.3%（见图5-3）。2015年，债券市场持续向好，债券供给加大，集合计划优先配置债券类资产，占比较2014年底提升6.5个百分点。受下半年股票市场大幅波动、基准利率下降、融资类项目兑付风险事件多发等因素影响，股票、协议存款、信托计划占比较2014年分别减少4.9个百分点、6.1个百分点、3.8个百分点。

图 5－3　2015 年集合计划主要投资类型占比情况

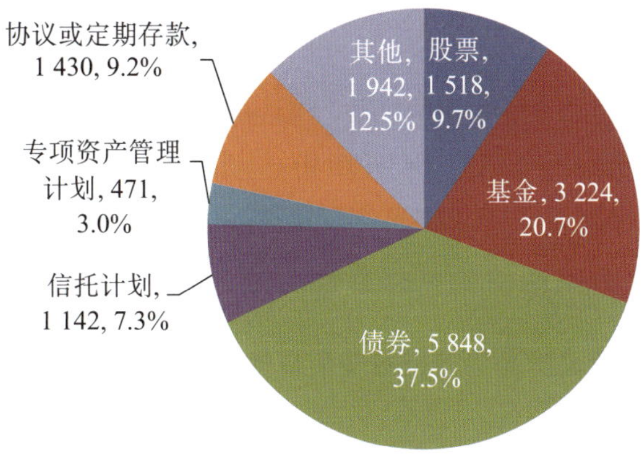

资料来源：中国证券投资基金业协会（AMAC）。

主动管理定向业务中债券投资比重进一步增加。主动管理定向业务以债券、信托计划、股票投资为主，分别投资 7 168 亿元、1 727 亿元、1 613 亿元，占比合计为 66.7%（见表 5－1）。其中，债券市场投资规模占比大幅提升 10.7 个百分点，而信托计划、股票市场投资规模占比分别下降 5.1 个百分点、4.5 个百分点。投资同业存款、汇票、现金等商业银行产品占比达 4.0%，较 2014 年底减少 13.0 个百分点；投向证券投资基金、证券公司资产管理计划等同业机构产品占比 10.2%；以资产收益权、私募股权、私募债等方式直接投向实体经济的资金占 3.4%。

表 5－1　2015 年证券公司主动管理定向业务投资情况

投资类别	2015 年底		2014 年底		增长率（%）
	投资金额（亿元）	占比（%）	投资金额（亿元）	占比（%）	
债券	7 168	45.5	2 668	34.8	168.7
信托计划	1 727	11.0	1 232	16.1	40.2
股票	1 613	10.2	1 129	14.7	42.9
券商集合计划	889	5.6	151	2.0	489.4
证券投资基金	642	4.1	60.6	0.8	958.6
债券逆回购	474	3.0	200	2.6	137.3
股票质押回购	438	2.8	195.7	2.6	124.0
资产收益权	420	2.7	94.9	1.2	342.4
同业存款	281	1.8	1 115	14.5	-74.8
其他	2 109	13.4	822	10.7	156.5

资料来源：中国证券投资基金业协会（AMAC）。

定向通道业务资产结构有所调整。截至2015年底，定向通道业务投向委托贷款的规模达到1.49万亿元，占比16.8%，较2014年减少9.1%；投向信托贷款规模达到1.22万亿元，占比13.8%，较2014年减少11.6%；票据类资产投资规模达1.51万亿元，占比17.1%，较2014年增长77.8%；以债券投资为主的证券类资产规模达1.42亿元，占比16.0%，较2014年增长104.2%（见表5－2）。2015年，证券公司加强风险控制，调整定向通道资产结构，减少中长期信贷资产投资，增加短期票据和债券资产投资。

表5－2 2015年证券公司通道业务投资情况

投资类别	2015年底		2014年底		增长率（%）
	投资金额（亿元）	占比（%）	投资金额（亿元）	占比（%）	
票据	15 139	17.1	8 514	12.7	77.8
银行委托贷款	14 903	16.8	16 395	24.4	－9.1
证券投资	14 195	16.0	6 953	10.4	104.2
信托贷款	12 236	13.8	13 840	20.6	－11.6
资产收益权	9 901	11.2	7 444	11.1	33.0
同业存款	3 583	4.0	3 169	4.7	13.1
股权质押融资	2 196	2.5	649	1.0	238.6
债券逆回购	693	0.8	321	0.5	115.7
其他	15 659	17.7	9 801	14.6	59.8

资料来源：中国证券投资基金业协会（AMAC）。

从最终投向看，定向通道业务主要投向一般工商企业、房地产、基础产业及地方融资平台，截至2015年底，投资规模分别为1.43万亿元、7 294亿元、5 450亿元及4 136亿元。

三、集中度情况

集中度小幅提高。2015年，证券公司资产管理业务集中度小幅上升，排名前五的证券公司资产管理业务合计35 506亿元，占资产管理业务总规模的29.8%；排名前十的证券公司资产管理业务规模合计59 927亿元，占资产管理业务总规模的50.4%，较2014年增加了5个百分点；排名前二十的证券公司资产管理业务规模合计82 550亿元，占比为69.4%，较2014年增加了 2 个百分点。

四、投资者情况

机构投资者在集合计划中的投资地位稳步上升，占比过半。截至 2015 年底，持有证券公司集合计划份额的个人投资者共计 299.48 万户，机构投资者 1.82 万户。其中，个人投资者委托资产规模为 7 195 亿元，占集合计划资产规模的 48.2%；机构投资者委托资产规模为 7 725 亿元，占集合计划资产规模的 51.8%。2015 年，机构投资者委托规模占比较 2014 年上升 12.1 个百分点（见图 5－4）。

图 5－4　2015 年证券公司集合计划客户数量月度变化情况

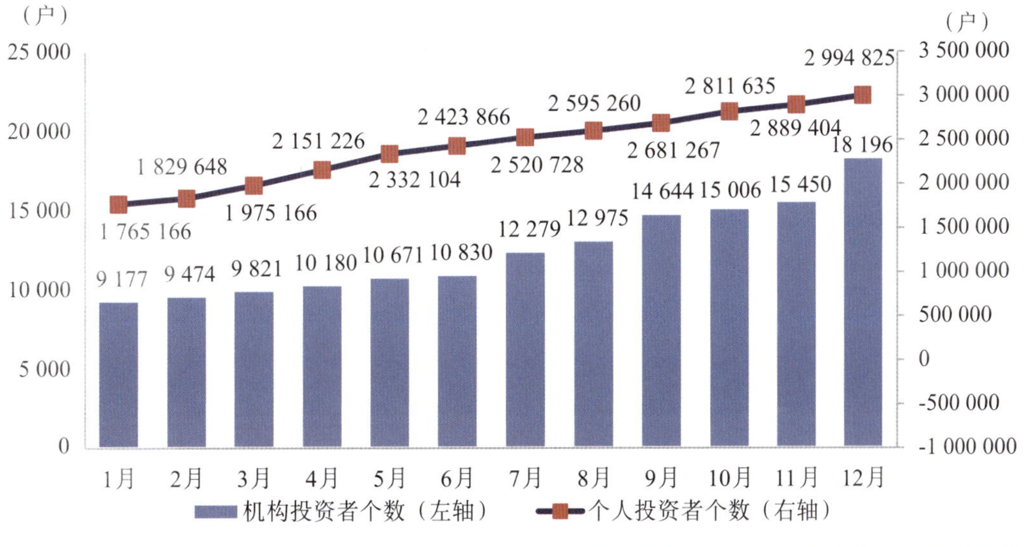

资料来源：中国证券投资基金业协会（AMAC）。

机构投资者为定向资产管理计划的主体，银行和信托公司占比下降。截至 2015 年底，持有定向资产管理计划的投资者总量 1.19 万户。其中，个人投资者 1 126 户，委托规模 321 亿元，占定向资产管理计划资产规模 0.3%；机构投资者 1.08 万户，委托规模 10.13 万亿元，占定向资产管理计划资产规模 99.7%。定向资产管理计划投资者中，银行和信托公司合计 8 089 户，委托规模 9.14 万亿元，占定向资产管理计划资产规模 89.9%，较 2014 年底下降 3.1 个百分点。

五、集合计划收益情况

2015 年存续的集合计划中，61.0% 的产品实现正收益，10.8% 的产品收益持平，其余 28.2% 的产品亏损。从全年收益看，权益类产品和基金宝产品在各类集合计划中表现较好，平均净值收益率分别为 22.9% 和 21.6%；混合类产品平均净值收益率 13.8%；固定收益类产品平均净值收益率 5.3%（见表 5－3）。

表 5－3　2015 年证券公司存续集合计划净值收益率情况

产品类型	平均净值收益率（%）
权益类	22.9
混合类	13.8
基金宝	21.6
固定收益类	5.3
QDII	9.9
其他	5.5

资料来源：中国证券投资基金业协会（AMAC）。

六、收入情况

资产管理业务收入取得较大增长，但对证券公司收入的贡献率小幅下降。2015 年，证券公司资产管理业务收入受益于规模增长及主动管理能力提升而大幅增长，全年收入 184.06 亿元，较 2014 年增加 59.71 亿元，增长 48.0%。资产管理业务收入对证券公司收入的贡献度达 3.2%，较 2014 年下降 1.6 个百分点（见表 5－4）。

表 5－4　2015 年证券公司资产管理业务收入

产品类型	收入（亿元）	资产管理规模（亿元）	平均管理费率（%）
集合计划	76.20	15 532	0.49
定向资产管理	102.51	101 580	0.10
专项资产管理	5.35	1 794	0.30
合计	184.06	118 906	—

资料来源：中国证券投资基金业协会（AMAC）。

第六章

私募投资基金

第一节　私募投资基金概览

一、私募投资基金管理人概况

截至2015年末，中国证券投资基金业协会已登记的私募投资基金管理人25 065家，其中，私募证券投资基金管理人数量占比为43.6%，私募股权投资基金管理人数量占比为47.5%，创业投资基金管理人数量占比为5.9%，其他私募投资基金管理人数量占比为3.0%。

2015年当年，在基金业协会新注册的私募投资基金管理人数量为20 252家。其中，私募证券投资基金管理人占比为46.4%，私募股权投资基金管理人占比为45.5%，创业投资基金管理人占比为5.0%，其他私募投资基金管理人占比为3.1%。

二、私募投资基金概况[①]

截至2015年末，已备案私募投资基金19 474只，其中，私募证券投资基金占比达51.5%，私募股权投资基金占比为33.2%，创业投资基金和其

① 本章如无明确注明，所有“管理规模”“资产规模”均为实缴口径。

他私募投资基金占比分别为7.4%和7.9%。

截至2015年末，已备案各类私募投资基金实缴规模达34 758.79亿元，其中，私募证券投资基金占比为27.4%，私募股权投资基金规模占比达51.7%，创业投资基金和其他私募投资基金规模占比分别为6.8%和14.0%（见图6－1）。

图6－1　私募投资基金概况（2015年累计）

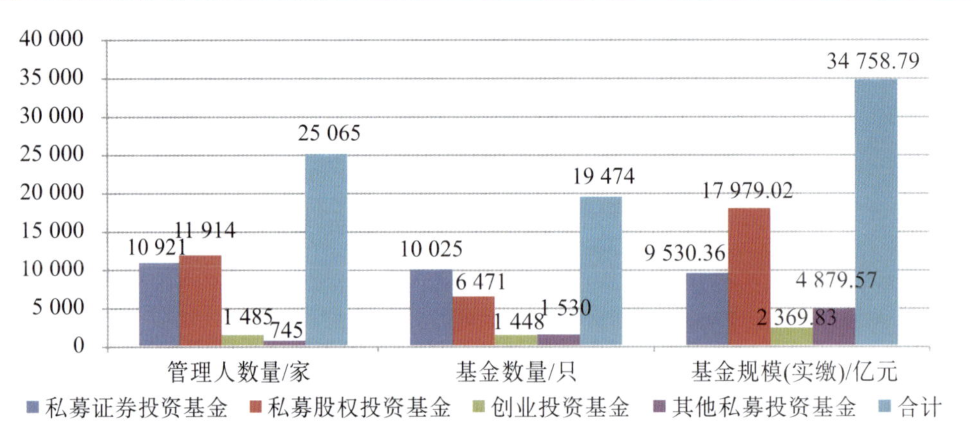

资料来源：中国证券投资基金业协会（AMAC）。

2015年当年，新备案基金15 072只。其中，私募证券投资基金占比达59.6%，私募股权投资基金占比为26.9%，创业投资基金和其他私募投资基金占比分别为5.1%和8.3%。

2015年当年，新备案各类私募投资基金实缴规模达21 706.78亿元，其中，私募证券投资基金占比为37.5%，私募股权投资基金规模占比达41.2%，创业投资基金和其他私募投资基金规模占比分别为4.8%和16.4%（见图6－2）。

三、私募投资基金行业集中度

截至2015年末，管理有私募证券投资基金的管理人3 539家[①]。其中，

① 包括在管基金中有私募证券投资基金的登记为私募证券投资基金管理人、私募股权投资基金管理人、私募创业投资基金管理人和其他私募投资基金管理人，以其所管理的各类基金资产进入各自类别的行业集中度计算。

图 6－2　私募投资基金概况（2015 年新增）

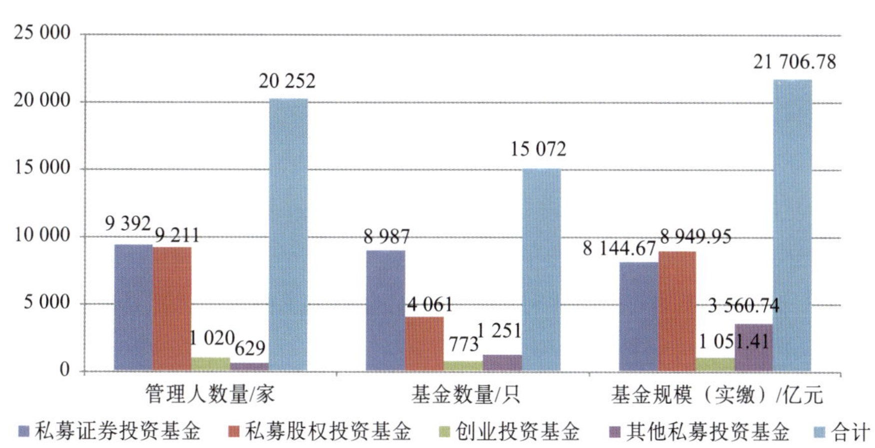

资料来源：中国证券投资基金业协会（AMAC）。

行业前五管理规模占比 24.46%，行业前十管理规模占比 29.94%，行业前二十管理规模占比 37.29%；管理有私募股权投资基金的管理人 3 124 家，其中，行业前五管理规模占比 8.03%，行业前十管理规模占比 12.71%，行业前二十管理规模占比 21.27%。管理有创业投资基金的管理人 904 家，其中，行业前五管理规模占比 15.83%，行业前十管理规模占比 22.87%，行业前二十管理规模占比 29.13%（见表 6－1）。

表 6－1　私募投资基金行业集中度

业务类型	开展业务的机构数量（家）	行业前五管理规模占比（%）	行业前十管理规模占比（%）	行业前二十管理规模占比（%）
证券投资基金	3 539	24.46	29.94	37.29
股权投资基金	3 124	8.03	12.71	20.27
创业投资基金	904	15.83	22.87	29.13
其他投资基金	454	27.09	42.47	59.60

注：管理规模为该类基金资产的实缴规模。

资料来源：中国证券投资基金业协会（AMAC）。

第二节　私募证券投资基金

截至2015年末，在中国证券投资基金业协会登记在册的私募证券投资基金管理人共10 921家，管理的各类别私募投资基金共10 323只，管理规模9 479.23亿元；其中，管理私募证券基金共8 898只，管理规模7 051.04亿元；从业人员达213 434人。

私募证券投资基金管理机构、私募股权投资基金管理机构、创业投资基金管理机构和其他私募投资基金管理机构合计管理的私募证券投资基金共10 025只，管理规模为9 530.36亿元。

一、机构概况

（一）股权性质

截至2015年末，已登记私募证券投资基金管理人中，内资企业有10 888家，占99.7%；中外合资企业21家，占0.2%。此外，还有外商独资企业10家，中外合作企业1家，政府机构1家，占比均不足0.1%。

（二）组织形式

依据我国相关法律，在境内设立的私募投资基金管理机构可以采取股份有限公司、有限责任公司、普通合伙企业、有限合伙企业等组织类型。截至2015年末，已登记私募证券基金管理机构中，公司制10 097家，占92.5%。其中，股份有限公司850家，占7.8%；有限责任公司9 247家，占84.7%。合伙制794家，占7.3%。其中，普通合伙企业42家，占0.4%；有限合伙企业752家，占6.9%。此外，还有30家私募证券投资基金管理人以其他形式设立，占比0.3%。

（三）控股类型

我国私募证券投资基金管理人控股类型主要分为国有控股、社团集体控股、自然人及其所控制民营企业控股、外商控股、其他等，其中自然人及其所控制民营企业控股占大多数，达到91.6%（见图6－3）。

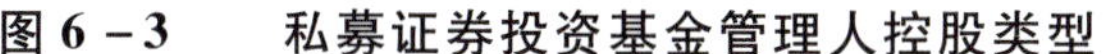

图6－3　私募证券投资基金管理人控股类型

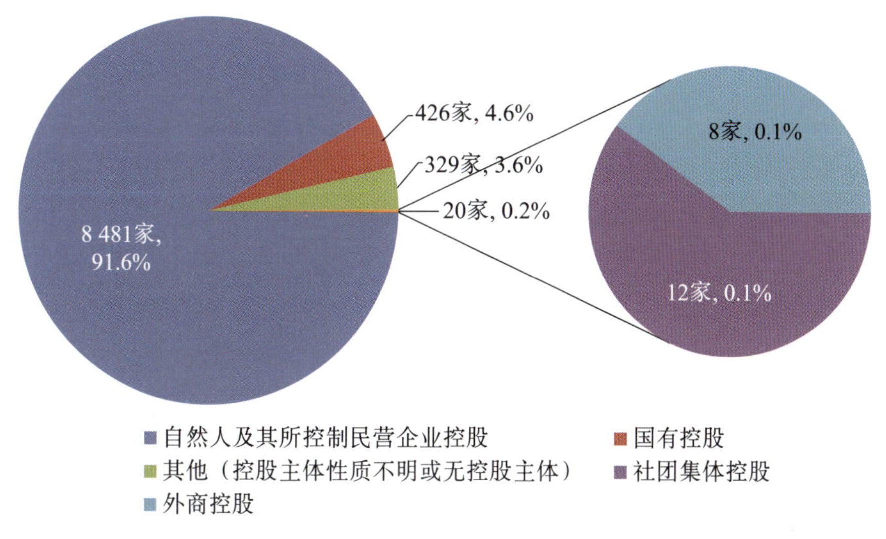

注：因剔除无效数据项等因素，各类合计与总数略有差异。

资料来源：中国证券投资基金业协会（AMAC）。

（四）股东数量分布

截至2015年末，股东数量为1人的私募证券投资基金管理人有2 022家，占比18.5%；股东数量为2～5人的私募证券投资基金管理人有8 258家，占比75.6%；股东数量为6～9人的私募证券投资基金管理人有506家，占比4.6%；股东数量为10人以上的私募证券投资基金管理人有135家，占比1.2%（见图6－4）。

（五）单一最大股东持股比例

在全部10 921家私募证券投资基金管理人中，单一最大股东持股比例为[0，25%]的数量为2 206家，占比20.2%；单一最大股东持股比例为(25%，50%]的数量为2 310家，占比21.2%；单一最大股东持股比例为(50%，75%]的数量为2 507家，占比23.0%；单一最大股东持股比例为75%以上的数量为3 898家，占比35.7%。

图6－4　　私募证券投资基金股东数量分布

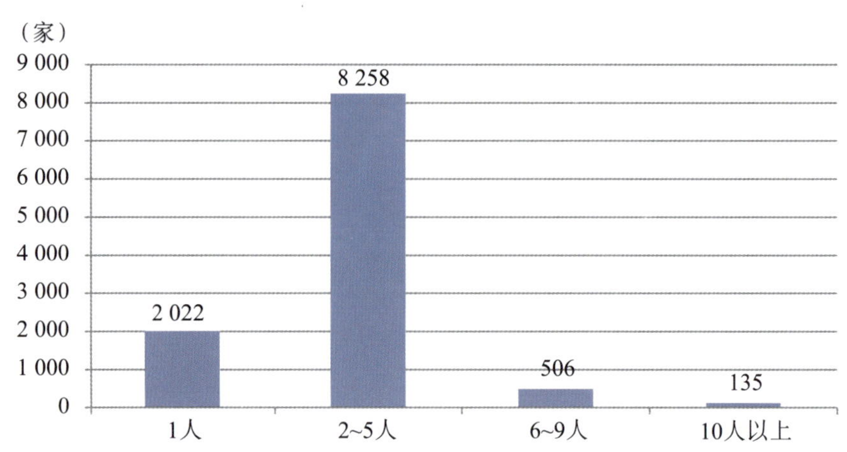

资料来源：中国证券投资基金业协会（AMAC）。

（六）注册资本

截至2015年末，私募证券投资基金管理人注册资本规模为［0，100万元］的有1 726家，占比15.8%；注册资本规模为（100万元，500万元］的有2 063家，占比18.9%；注册资本规模为（500万元，1 000万元］的有762家，占比7.0%；注册资本规模为（1 000万元，5 000万元］的有5 276家，占比48.3%；注册资本规模为5 000万元以上的有1 094家，占比10.0%（见图6－5）。

图6－5　　私募证券投资基金注册资本

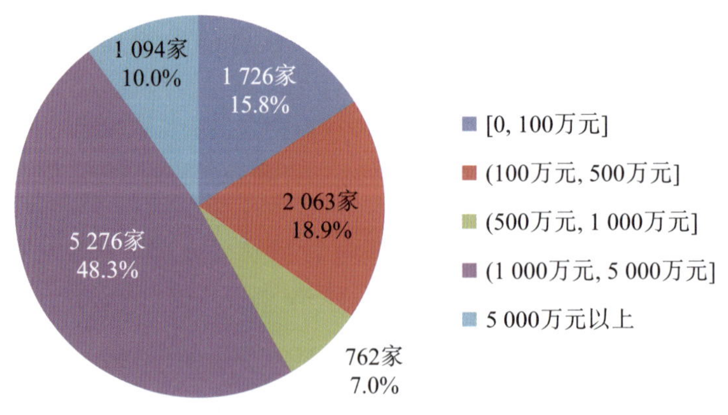

资料来源：中国证券投资基金业协会（AMAC）。

（七）管理基金数量分布

截至 2015 年末，已登记私募证券投资基金管理机构中，管理基金数量为 0 的机构 7 758 家，占 71.0%；管理 1 只基金的机构 1 738 家，占 15.9%；管理 2～3 只基金的机构 591 家，占 5.4%；管理 4～9 只基金的机构 638 家，占 5.8%；管理 10 只及以上基金的机构 196 家，占 1.8%（见图 6－6）。在实际管理有基金的 3 164 家私募证券投资基金管理机构中，平均单个机构管理 3～4 只基金。

图 6－6　私募证券投资基金管理基金数量分布

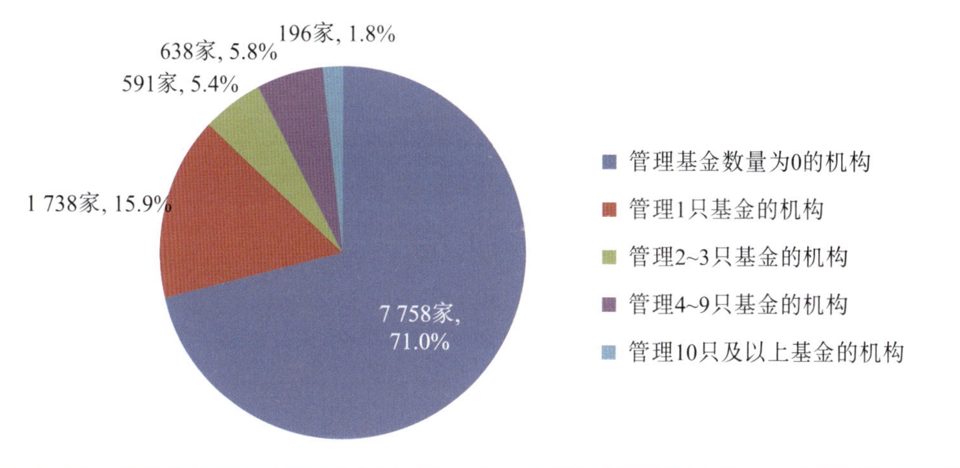

资料来源：中国证券投资基金业协会（AMAC）。

（八）管理基金规模（认缴）分布

截至 2015 年末，在全部有管理规模的私募证券投资基金管理机构中，管理规模（认缴）在 1 亿元及以下的 2 259 家，占 71.4%；管理规模（认缴）在（1 亿元，10 亿元］之间的 728 家，占比 23.0%；管理规模（认缴）在 10 亿元以上的私募证券投资基金管理机构有 176 家，占比 5.6%（见图 6－7）。实际管理有基金的 3 163 家私募证券投资基金管理机构中，平均单个机构管理规模（认缴）为 3.20 亿元。

（九）机构行业集中度

截至 2015 年末，实际开展业务的私募证券投资基金管理人有 2 975 家，

图 6-7　按管理规模（认缴）分类的私募证券投资基金管理机构数量分布

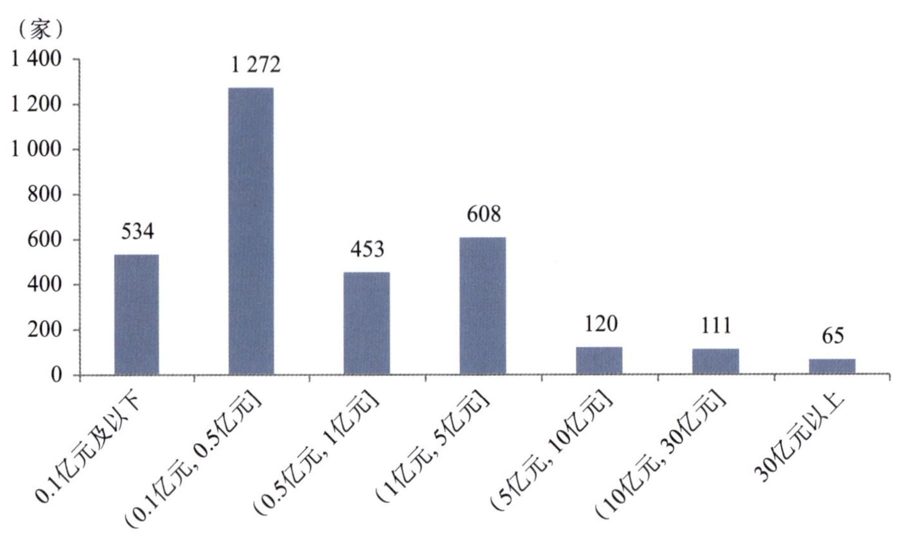

资料来源：中国证券投资基金业协会（AMAC）。

其中，管理规模（包括其管理的全部基金）为行业前五的机构管理规模占比为 16.0%，行业前十的机构管理规模占比 22.4%，行业前二十的机构管理规模占比 30.1%。

（十）地域分布

截至 2015 年末，私募证券基金管理机构的地区分布差异仍然较大，主要集中在一线城市和东南沿海经济发达地区，中西部地区发展较为缓慢。

1. 按机构注册地分布。

从注册地分布看，广东、上海、北京、浙江、江苏的私募证券管理机构数量最多，占比分别为 27.5%、26.4%、19.3%、6.9%、3.3%，合计占私募证券基金管理机构数量的 83.4%（见表 6-2）。

表 6-2　私募证券投资基金管理机构注册地地域分布*　（单位：家）

序号	省市区	机构数量	序号	省市区	机构数量	序号	省市区	机构数量	序号	省市区	机构数量
1	广东	2 997	9	天津	133	17	陕西	65	25	宁夏	21
2	上海	2 876	10	湖南	125	18	河北	65	26	山西	20
3	北京	2 102	11	湖北	122	19	云南	47	27	甘肃	15

续表

序号	省市区	机构数量	序号	省市区	机构数量	序号	省市区	机构数量	序号	省市区	机构数量
4	浙江	755	12	辽宁	109	20	河南	46	28	内蒙古	12
5	江苏	365	13	西藏	92	21	广西	45	29	海南	11
6	福建	253	14	江西	89	22	黑龙江	40	30	贵州	6
7	山东	138	15	重庆	85	23	吉林	28	31	青海	4
8	四川	134	16	安徽	71	24	新疆	28			

* 因剔除无效数据项等因素，跟总数略有差异。

资料来源：中国证券投资基金业协会（AMAC）。

从管理规模看，排名前五位的是上海、北京、广东、浙江、江苏，占比分别为37.3%、27.3%、18.9%、7.0%、2.3%，合计占私募证券基金管理机构管理总规模的92.8%（见表6－3）。

表6－3　私募证券投资基金管理机构管理基金规模注册地地域分布*（单位：亿元）

序号	省市区	机构规模	序号	省市区	机构规模	序号	省市区	机构规模	序号	省市区	机构规模
1	上海	3 533.55	9	重庆	69.52	17	湖北	11.65	25	青海	1.75
2	北京	2 585.04	10	福建	37.23	18	吉林	10.54	26	河南	1.73
3	广东	1 794.39	11	安徽	24.98	19	云南	6.54	27	甘肃	0.69
4	浙江	658.53	12	辽宁	21.72	20	贵州	6.49	28	宁夏	0.43
5	江苏	217.88	13	四川	21.48	21	陕西	5.26	29	海南	0.15
6	天津	168.90	14	江西	20.56	22	山西	5.06	30	内蒙古	0.10
7	西藏	116.90	15	黑龙江	16.15	23	新疆	3.29	31	广西	0.04
8	山东	113.39	16	湖南	15.80	24	河北	2.30			

* 因剔除无效数据项等因素，跟总数略有差异。

资料来源：中国证券投资基金业协会（AMAC）。

2. 按机构办公地分布。

从办公地点分布看，广东、上海、北京、浙江、江苏私募证券管理机构数量最多，占比分别为25.0%、24.8%、21.1%、6.7%、3.4%，合计占私募证券基金管理机构数量的80.9%（见表6－4）。

表 6－4　私募证券投资基金管理机构办公地地域分布*　（单位：家）

序号	省市区	机构数量	序号	省市区	机构数量	序号	省市区	机构数量	序号	省市区	机构数量
1	广东	2 722	9	湖南	149	17	安徽	80	25	宁夏	21
2	上海	2 701	10	湖北	145	18	江西	74	26	新疆	20
3	北京	2 301	11	辽宁	133	19	云南	55	27	甘肃	17
4	浙江	728	12	天津	114	20	广西	53	28	内蒙古	13
5	江苏	370	13	河南	111	21	黑龙江	45	29	海南	12
6	福建	275	14	陕西	107	22	山西	30	30	贵州	7
7	四川	199	15	重庆	98	23	吉林	30	31	青海	3
8	山东	178	16	河北	94	24	西藏	22	32	香港	1

＊ 因剔除无效数据项等因素，跟总数略有差异。

资料来源：中国证券投资基金业协会（AMAC）。

从管理规模看，办公地点在北京、上海、广东、浙江、江苏的私募证券管理机构管理资产规模位居前五位，占比分别为37.2%、35.6%、17.1%、3.2%、1.9%，合计占私募证券基金管理机构管理总规模的95.0%（见表6－5）。

表 6－5　私募证券投资基金管理机构管理基金规模办公地地域分布*

（单位：亿元）

序号	省市区	机构规模	序号	省市区	机构规模	序号	省市区	机构规模	序号	省市区	机构规模
1	北京	3 529.68	9	福建	39.80	17	陕西	9.33	25	黑龙江	1.08
2	上海	3 369.45	10	天津	34.82	18	山西	6.96	26	甘肃	0.69
3	广东	1 621.87	11	辽宁	28.78	19	江西	6.91	27	宁夏	0.43
4	浙江	304.22	12	湖南	22.61	20	云南	6.66	28	西藏	0.16
5	江苏	177.41	13	湖北	22.45	21	河南	6.62	29	内蒙古	0.10
6	山东	115.67	14	安徽	22.21	22	贵州	6.49	30	新疆	0.06
7	重庆	59.54	15	河北	17.28	23	青海	1.75	31	广西	0.04
8	四川	52.67	16	吉林	10.54	24	海南	1.66	32	香港	0

＊ 因剔除无效数据项等因素，跟总数略有差异。

资料来源：中国证券投资基金业协会（AMAC）。

二、私募证券投资基金[①]运作状况

（一）基金组织形式

从组织形式看，截至2015年末，契约型私募证券基金的数量和资产规模分别为9 277只和8 668.05亿元，占比分别为92.6%和91.0%；公司型私募证券投资基金的数量和资产规模为46只和149.82亿元，占比分别为0.5%和1.6%；合伙型私募证券投资基金的数量和资产规模为697只和709.14亿元，占比分别为7.0%和7.4%；合作制私募证券投资基金的数量和资产规模为3只和2.7亿元，占比均不足0.1%（见图6-8）。

图6-8　私募证券投资基金组织形式*

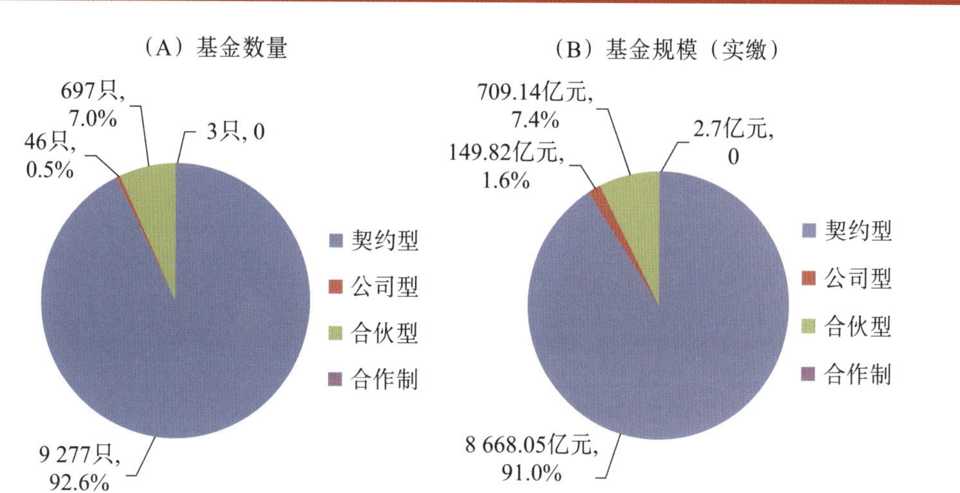

* 因剔除无效数据项等因素，跟总数略有差异。

资料来源：中国证券投资基金业协会（AMAC）。

（二）基金管理模式

私募证券投资基金的管理模式主要包括自我管理、受托管理。截至2015年末，自我管理型基金数量和资产规模占比仅为0.9%和1.9%；受托

---

① 统计口径为各类私募基金管理人管理的全部私募证券投资基金，实缴口径。

管理的基金数量和资产规模占比分别为99.1%和98.1%。

（三）基金管理资产规模分布

整体来看，私募证券投资基金呈现“基金数量多，但平均规模小；小型基金数量占比高，大型基金数量占比低”的特点。截至2015年末，管理资产规模在1亿元及以下的基金8 114只，占全部私募证券投资基金数量的80.9%；管理规模合计为2 083.74亿元，占全部私募证券投资基金管理规模的21.9%。管理资产规模在（1亿元，10亿元］的基金1 804只，占全部数量的18.0%；管理规模合计为4 322.48亿元，占总规模的45.4%（见图6－9）。资产规模在10亿元以上的基金107只，占全部数量的1.1%；管理规模合计为3 124.14亿元，占总规模的32.8%。

图6－9　私募证券投资基金按资产规模分类的数量及资产分布

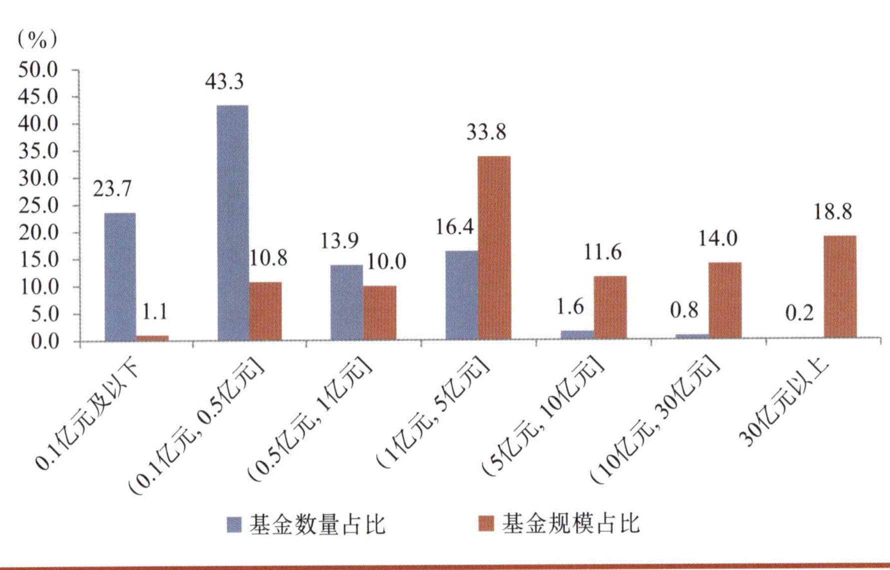

资料来源：中国证券投资基金业协会（AMAC）。

（四）基金投资者出资状况

私募投资基金的投资者类型可划分为长期资金、金融类投资机构、非金融类机构、自然人和外资。其中，长期资金包括各类养老金、保险资金、慈善捐赠基金、政府引导基金；金融类投资机构包括银行、信托、投资基金类计划、管理人跟投；自然人包括外部自然人和员工跟投。截至2015年末，备案私募证券投资基金投资者中，自然人投资者出资比例最高，占比为54.9%，金融类投资机构出资比例为36.1%，非金融类机构出资比例为8.7%，长期资金出资比例极低仅为0.3%（见图6－10）。

图6－10　私募证券投资基金投资者出资状况*

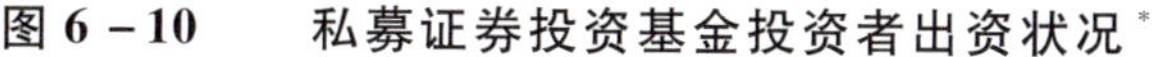

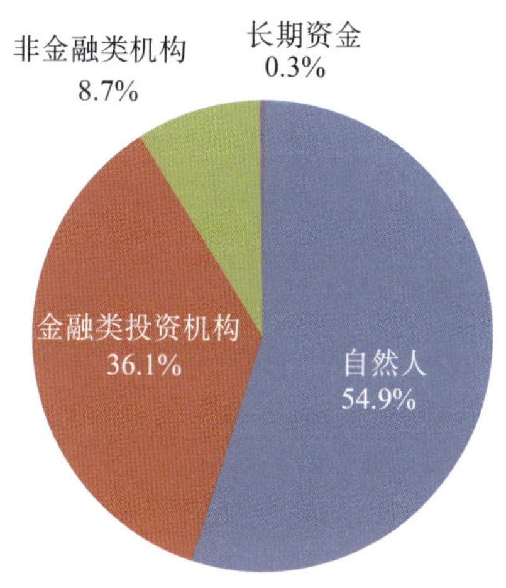

* 因剔除无效数据项等因素，跟总数略有差异。

资料来源：中国证券投资基金业协会（AMAC）。

（五）基金投资状况

截至2015年末，自主发行的私募证券基金中，股票类基金规模3 725.34亿元，占比39.1%；基金的基金（FOF）规模1 931.54亿元，占比20.3%；债券类基金规模1 433.70亿元，占比15.0%；混合类基金规模1 340.01亿元，占比14.1%；上市公司定向增发基金规模224.11亿元，占比2.4%；期货期权衍生品基金规模105.38亿元，占比1.1%；货币市场基金规模37.69亿元，占比0.4%；资产证券化基金规模1.19亿元，占比不足0.1%；此外，其他类型证券投资基金规模731.13亿元，占比7.7%（见图6－11）。

图 6－11　私募证券投资基金投资状况*

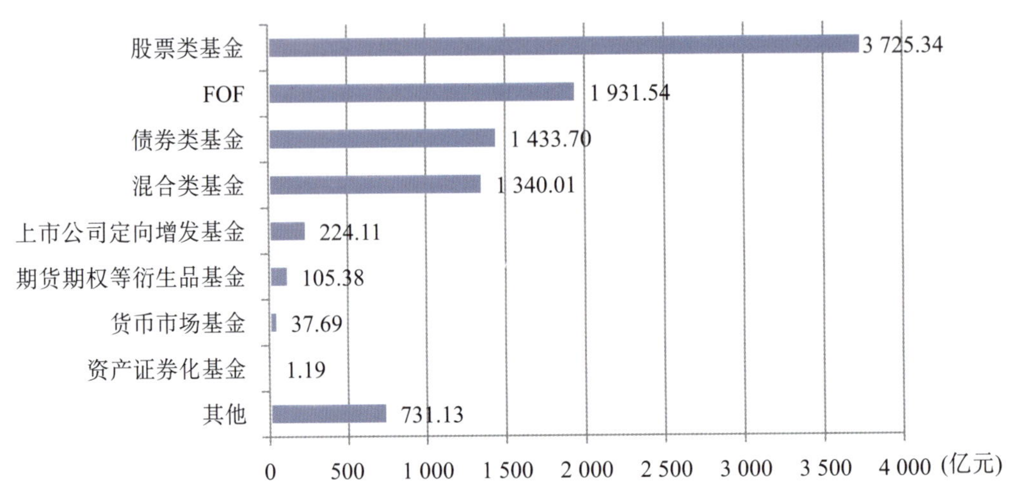

＊ 因剔除无效数据项等因素，跟总数略有差异。

资料来源：中国证券投资基金业协会（AMAC）。

第三节　私募股权投资基金

截至 2015 年末，已登记私募股权投资基金管理机构共 11 914 家，管理的各类型私募投资基金共 6 893 只，实缴资本规模合计 20 584.80 亿元；其中，私募股权投资基金共 5 125 只，实缴资本规模 15 376.31 亿元。

私募证券投资基金管理机构、私募股权投资基金管理机构、创业投资基金管理机构管理和其他私募投资机构管理的全部私募股权投资基金共 6 471 只，实缴资本规模 17 979.02 亿元。从业人员达 179 857 人。

一、机构基本状况

（一）股权性质

截至 2015 年末，已登记私募股权投资基金管理人中，中资管理机构共

11 750 家，占 98.6%；外商独资 93 家，占 0.8%；中外合资 67 家，占 0.6%。此外，还有中外合作 3 家，境外机构 1 家，占比均不足 0.1%。

（二）组织形式

依据我国相关法律，在境内设立的私募投资基金管理机构可以采取股份有限公司、有限责任公司、普通合伙企业、有限合伙企业的组织类型。截至 2015 年末，已登记私募股权投资基金管理机构中，公司制 10 521 家，占比 88.3%，其中，股份有限公司 700 家，占比 5.9%；有限责任公司 9 821 家，占比 82.4%；合伙制 1 345 家，占比 11.3%，其中，普通合伙企业 61 家占比 0.5%，有限合伙企业 1 284 家占比 10.8%。此外，其他组织类型共 48 家，占比 0.4%。从登记状况看，公司制私募股权投资基金管理机构数量占比最高，其中绝大部分采取有限责任公司。

（三）控股类型

我国私募股权投资基金管理人控股类型主要分为国有控股、社团集体控股、自然人及其所控制民营企业控股、外商控股、其他等。其中，自然人及其所控制民营企业控股占大多数，达到 83.1%（见图 6－12）。

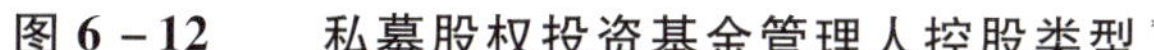

图 6－12　私募股权投资基金管理人控股类型*

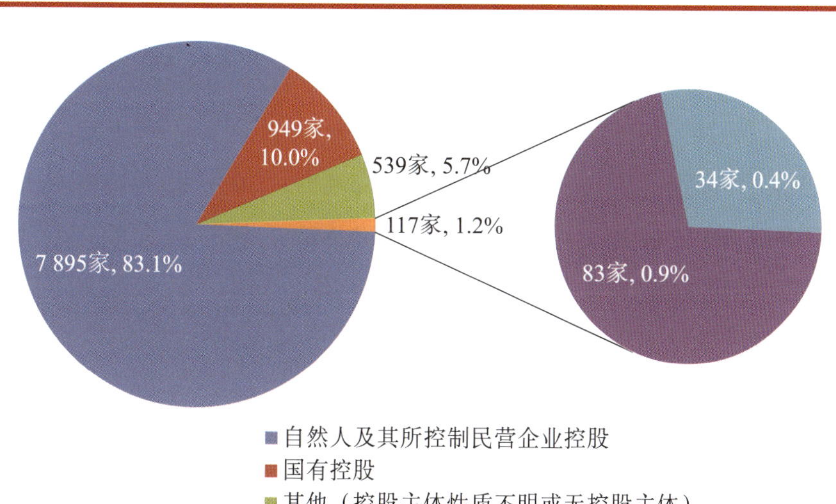

* 因剔除无效数据项等因素，各类合计与总数略有差异。

资料来源：中国证券投资基金业协会（AMAC）。

（四）股东数量分布

截至2015年末，私募股权投资基金管理人股东数量为1人的有2 262家，占比19.0%；股东数量为2～5人的有8 756家，占比73.5%；股东数量为6～9人的有579家，占比4.9%；股东数量为10人以上的有317家，占比2.7%（见图6－13）。

图6－13 私募股权投资基金管理人股东数量分布

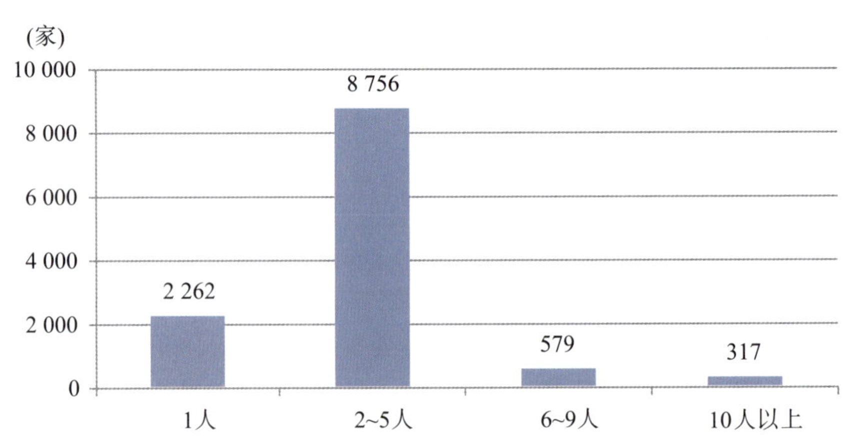

资料来源：中国证券投资基金业协会（AMAC）。

（五）单一最大股东持股比例

在全部11 914家私募股权投资基金管理人中，单一最大股东持股比例为（0，25%］的数量为2 628家，占比22.1%；单一最大股东持股比例为（25%，50%］的数量为2 450家，占比20.6%；单一最大股东持股比例为（50%，75%］的数量为2 580家，占比21.7%；单一最大股东持股比例为75%以上的数量为4 256家，占比35.7%。

（六）注册资本

截至2015年末，私募股权投资基金管理人注册资本为［0，100万元］的有2 165家，占比18.2%；注册资本为（100万元，500万元］的有2 060家，占比17.3%；注册资本为（500万元，1 000万元］的有1 141家，占比9.6%；注册资本为（1 000万元，5 000万元］的有4 406家，占比37.0%；

注册资本为5 000万元以上的有2 142家，占比18.0%（见图6－14）。

图6－14 私募股权投资基金管理人注册资本*

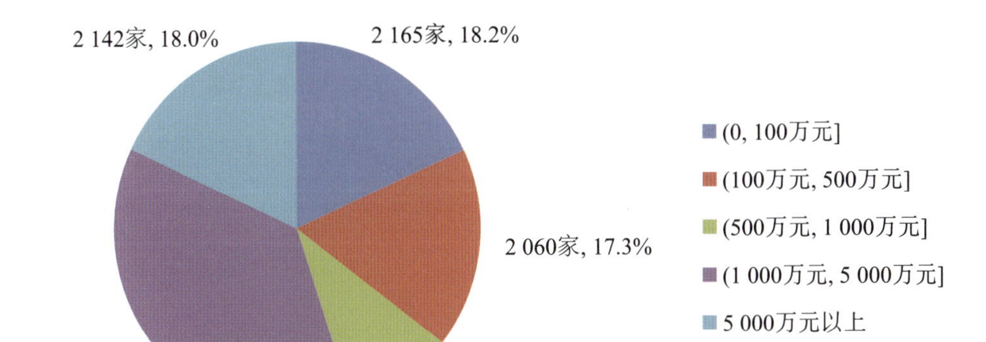

＊ 本图中注册资本口径为实缴资本。

资料来源：中国证券投资基金业协会（AMAC）。

（七）管理基金数量分布

截至2015年末，已登记私募股权投资基金管理机构中，管理基金数量为0的机构8 885家，占比74.6%；管理1只基金的机构1 925家，占比16.2%；管理2～3只基金的机构485家，占比4.1%；管理4～9只基金的机构543家，占比4.6%；管理10只以上基金的机构76家，占比0.6%（见图6－15）。在实际管理有基金的3 029家私募股权投资基金管理机构中，平均单个机构管理2～3只基金。

（八）管理基金规模（认缴）分布

截至2015年末，管理规模（认缴）在1亿元以下的私募股权投资基金管理机构1 039家，占34.3%；管理规模（认缴）在（1亿元，10亿元]之间的1 544家，占比51.0%；管理规模（认缴）在10亿元以上的私募股权投资基金管理机构有446家，占比14.7%（见图6－16）。实际管理有基金的3 029家私募股权投资基金管理机构中，平均单个机构管理规模（认缴）为9.35亿元。

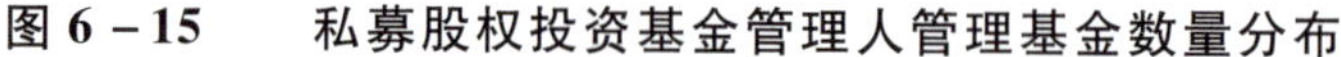

图 6－15 私募股权投资基金管理人管理基金数量分布

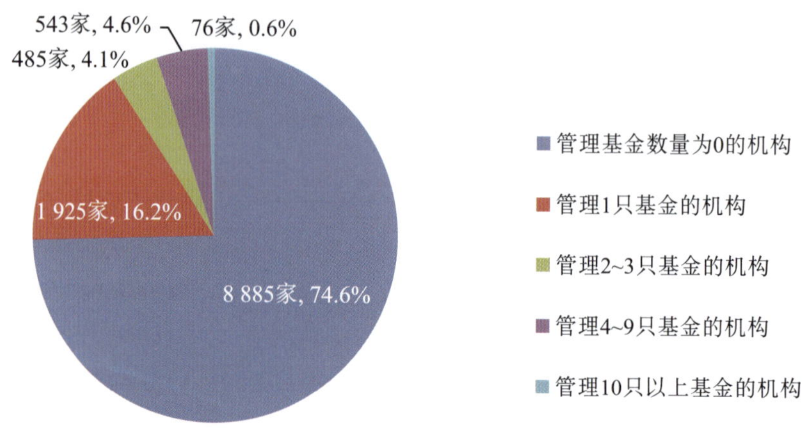

资料来源：中国证券投资基金业协会（AMAC）。

图 6－16 按管理规模（认缴）分类的私募股权投资基金管理机构数量结构

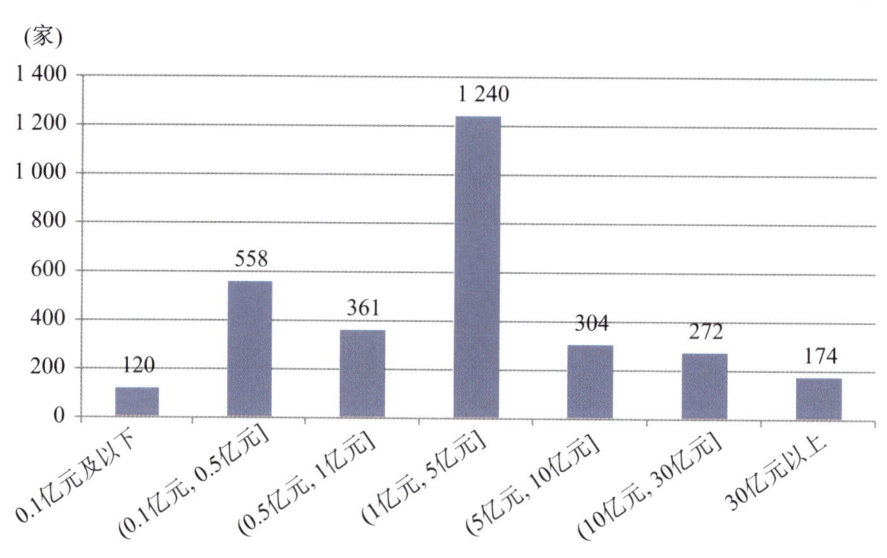

资料来源：中国证券投资基金业协会（AMAC）。

（九）机构行业集中度

截至 2015 年末，实际开展业务的私募股权投资基金管理人有 2 569 家，其中，管理规模（包括其管理的全部基金）为行业前五的机构管理规模占比 9.3%，管理规模为行业前十的机构管理规模占比 14.4%，管理规模为行业前二十的机构管理规模占比22.1%。

（十）地域分布

1. 按机构注册地分布。

按注册地统计，北京、广东、上海、浙江、江苏注册的私募股权投资机构数量最多，占比分别为24.8%、22.1%、17.9%、6.7%、4.2%，合计占私募股权投资基金管理机构数量的75.6%（见表6-6）。

表6-6　私募股权投资基金管理机构注册地地域分布*　（单位：家）

序号	省市区	机构数量	序号	省市区	机构数量	序号	省市区	机构数量	序号	省市区	机构数量
1	北京	2 945	9	山东	236	17	辽宁	93	25	黑龙江	39
2	广东	2 632	10	湖北	201	18	云南	93	26	贵州	32
3	上海	2 123	11	重庆	194	19	江西	88	27	宁夏	26
4	浙江	791	12	新疆	168	20	陕西	86	28	内蒙古	24
5	江苏	494	13	河北	157	21	吉林	77	29	甘肃	23
6	天津	308	14	湖南	128	22	河南	71	30	海南	22
7	四川	290	15	西藏	116	23	山西	43	31	青海	12
8	福建	236	16	安徽	99	24	广西	43			

* 因剔除无效数据项等因素，跟总数略有差异。

资料来源：中国证券投资基金业协会（AMAC）。

从管理规模看，排名前五位的是上海、广东、北京、天津、江苏，规模占比分别为22.1%、19.8%、17.6%、13.8%、5.2%，合计占私募股权投资基金管理机构规模的78.6%（见表6-7）。

表6-7　私募股权投资基金管理机构管理基金规模注册地地域分布*（单位：亿元）

序号	省市区	管理规模	序号	省市区	管理规模	序号	省市区	管理规模	序号	省市区	管理规模
1	上海	4 547.74	9	四川	407.59	17	江西	72.68	25	内蒙古	14.20
2	广东	4 074.56	10	西藏	372.97	18	陕西	56.87	26	甘肃	13.10
3	北京	3 619.34	11	福建	339.10	19	广西	55.70	27	山西	10.43
4	天津	2 836.17	12	新疆	264.04	20	吉林	50.10	28	宁夏	8.07
5	江苏	1 062.18	13	云南	182.67	21	河北	48.48	29	海南	3.78
6	浙江	998.62	14	湖北	163.93	22	河南	28.37	30	黑龙江	2.92
7	安徽	530.38	15	山东	151.18	23	辽宁	17.12	31	青海	0.05
8	重庆	465.32	16	湖南	134.16	24	贵州	14.62			

* 因剔除无效数据项等因素，跟总数略有差异。

资料来源：中国证券投资基金业协会（AMAC）。

2. 按机构办公地分布。

按办公地统计，广东、上海、北京、浙江、江苏的私募股权投资机构数量最多，占比分别为29.3%、19.3%、18.0%、5.6%、3.8%，合计占私募股权投资基金管理机构总数的75.9%（见表6-8）。

表6-8 私募股权投资基金管理机构办公地地域分布* （单位：家）

序号	省市区	机构数量	序号	省市区	机构数量	序号	省市区	机构数量	序号	省市区	机构数量
1	北京	3 481	9	湖北	215	17	安徽	100	25	贵州	33
2	广东	2 298	10	重庆	199	18	云南	96	26	西藏	33
3	上海	2 137	11	河北	177	19	新疆	93	27	海南	25
4	浙江	662	12	天津	162	20	吉林	75	28	甘肃	24
5	江苏	447	13	湖南	153	21	江西	67	29	内蒙古	23
6	四川	332	14	河南	152	22	山西	53	30	宁夏	23
7	山东	268	15	陕西	124	23	黑龙江	43	31	青海	9
8	福建	230	16	辽宁	112	24	广西	39	32	香港	3

* 在统计过程中存在误差与无效数据项已剔除，因此跟总数略有差异。

资料来源：中国证券投资基金业协会（AMAC）。

从管理规模看，办公地点在北京、上海、广东、江苏、浙江的机构管理资产规模位居前五，占比分别为41.0%、23.3%、19.0%、2.2%、2.2%，合计占私募股权投资基金管理机构管理总规模的87.8%（见表6-9）。

表6-9 私募股权投资基金管理机构管理基金规模办公地地域分布* （单位：亿元）

序号	省市区	管理规模	序号	省市区	管理规模	序号	省市区	管理规模	序号	省市区	管理规模
1	北京	8 438.74	9	重庆	197.81	17	陕西	55.83	25	甘肃	12.03
2	上海	4 797.89	10	云南	197.15	18	广西	55.33	26	内蒙古	11.87
3	广东	3 920.48	11	四川	176.97	19	河北	48.62	27	山西	11.13
4	江苏	458.37	12	湖南	150.34	20	吉林	48.30	28	宁夏	3.98
5	浙江	456.54	13	湖北	140.77	21	江西	35.15	29	黑龙江	2.92
6	天津	391.77	14	山东	127.64	22	辽宁	21.83	30	海南	1.27
7	福建	330.00	15	新疆	107.90	23	贵州	14.78	31	青海	0
8	安徽	282.29	16	河南	69.81	24	西藏	13.87	32	香港	0

* 在统计过程中存在误差与无效数据项已剔除，因此跟总数略有差异。

资料来源：中国证券投资基金业协会（AMAC）。

二、私募股权投资基金[①]运作状况

（一）组织形式

从组织形式看，截至2015年末，契约型私募股权投资基金的数量和资产规模分别为1 069只和1 509.08亿元，占比分别为16.5%和8.4%；公司型私募股权投资基金的数量和资产规模为381只和2 051.45亿元，占比分别为5.9%和11.4%；合伙型私募股权投资基金的数量和资产规模为5 011只和14 383.35亿元，占比分别为77.4%和80.0%；合作制私募股权投资基金的数量和资产规模为10只和35.15亿元，占比分别为0.2%和0.2%（见图6－17）。

图6－17　私募股权投资基金组织形式*

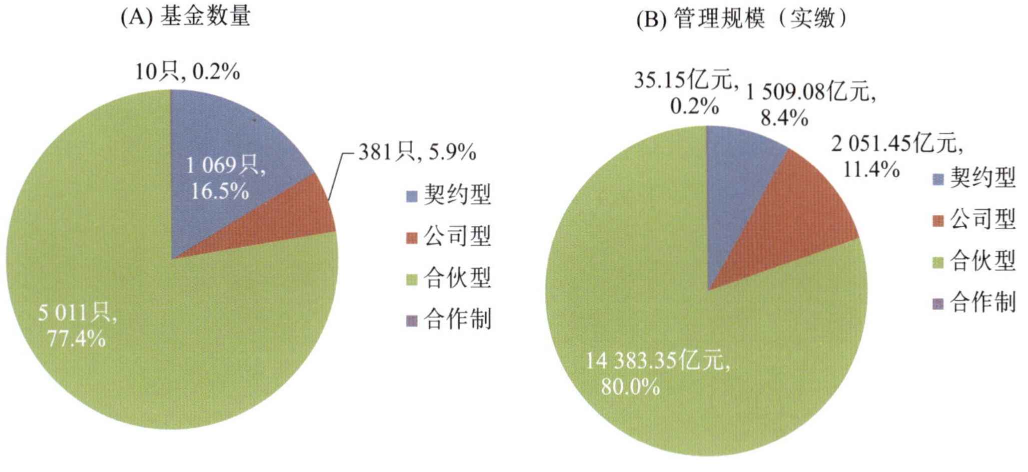

(A) 基金数量
10只, 0.2%
1 069只, 16.5%
381只, 5.9%
5 011只, 77.4%
契约型
公司型
合伙型
合作制

(B) 管理规模（实缴）
35.15亿元, 0.2%
1 509.08亿元, 8.4%
2 051.45亿元, 11.4%
14 383.35亿元, 80.0%
契约型
公司型
合伙型
合作制

＊ 因剔除无效数据项等因素，跟总数略有差异。

资料来源：中国证券投资基金业协会（AMAC）。

（二）管理模式

私募股权投资基金的管理模式主要包括自我管理、受托管理。截至

① 统计口径为各类私募基金管理人管理的全部私募股权投资基金，实缴口径。

2015 年末，自我管理型基金数量和资产规模占比仅为 5.3% 和 3.8%；受托管理的基金数量和资产规模占比分别为 94.7% 和 96.2%。

（三）管理资产规模分布

截至 2015 年末，管理资产规模在 1 亿元以下的基金 2 970 只，占全部私募股权投资基金数量的 45.9%；管理规模合计为 1 347.78 亿元，占全部私募股权投资基金管理规模的 7.5%。管理资产规模在（1 亿元，10 亿元］的基金 2 971 只，占全部数量的 45.9%；管理规模合计为 6 510.6 亿元，占总规模的 36.2%。资产规模在 10 亿元以上的基金 530 只，占全部数量的 8.2%；管理规模合计为 10 120.66 亿元，占总规模的 56.3%。相关资料见图 6－18。

图 6－18　私募股权投资基金按资产规模分类的数量及资产分布*

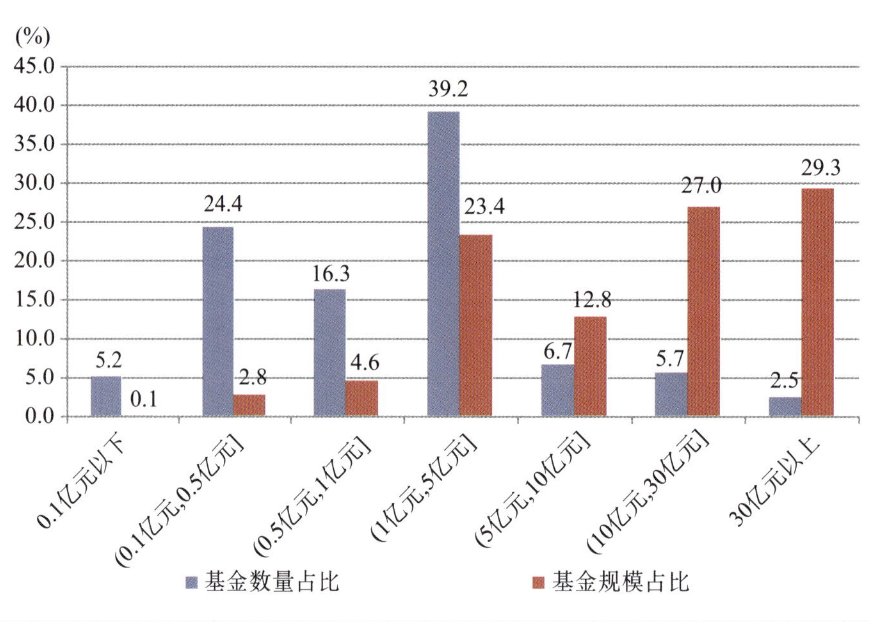

＊ 因剔除无效数据项等因素，跟总数略有差异。

资料来源：中国证券投资基金业协会（AMAC）。

（四）投资者出资状况

截至 2015 年末，备案私募股权投资基金的投资者中，金融类投资机构出资比例最高，占比为 44.4%；非金融类机构出资比例为 30.8%；自然人投资者出资比例为 16.2%；长期资金出资比例为 8.1%；外资出资比例极低，仅为 0.4%（见图 6－19）。

图 6－19　私募股权投资基金投资者出资状况分布*

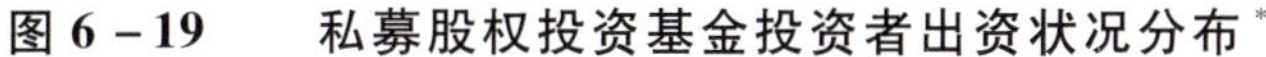

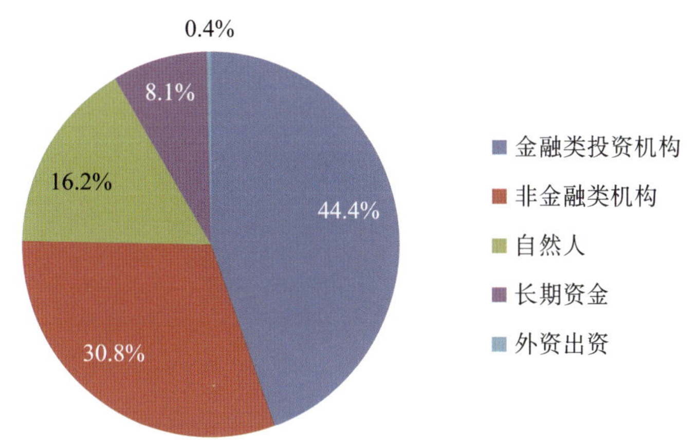

* 因剔除无效数据项等因素，跟总数略有差异。

资料来源：中国证券投资基金业协会（AMAC）。

（五）基金投资类型

从基金类型看，成长基金 3 479 只，实缴规模 6 827.26 亿元，数量和规模占比分别为 59.2% 和 39.6%；并购基金 325 只，实缴规模 1 681.10 亿元，占比分别为 5.5% 和 9.8%；夹层基金 75 只，实缴规模 466.26 亿元，占比分别为 1.3% 和 2.7%；房地产基金 505 只，实缴规模 2 366.54 亿元，占比分别为 8.6% 和 13.7%；基础设施基金有 159 只，实缴规模 1 649.06 亿元，占比分别为 2.7% 和 9.6%；基金的基金（母基金、FOF）493 只，实缴规模 1 265.12 亿元，占比分别为 8.4% 和 7.3%（见图 6－20 和图 6－21）。作为典型私募股权投资基金的并购基金，目前国内还处于发展初期，备案数量和规模占比都很小。作为长期投资的成长基金占比逐年增加。

（六）投资案例行业分布

截至 2015 年末，6 471 只备案私募股权投资基金累计投资案例数 10 139 个。投资金额 11 808.43 亿元，投资金额占实缴资本规模的 68.5%。

1. 普通项目投资案例行业分布。

图 6－20　私募股权投资基金按投资类型分类的基金数量分布*

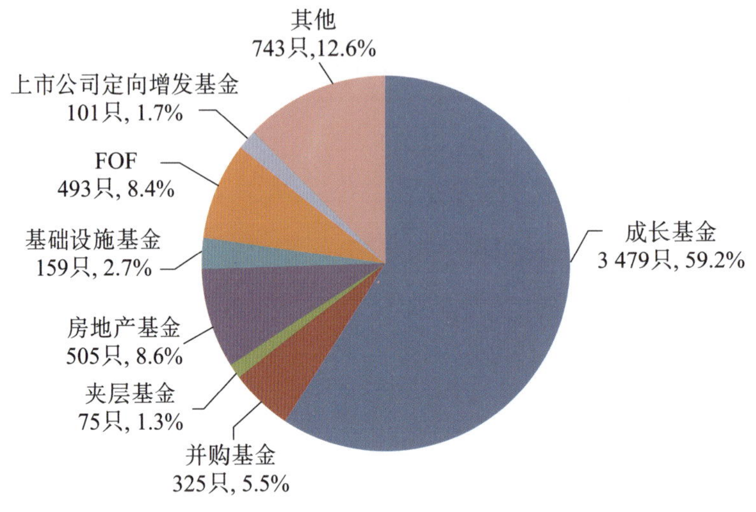

＊ 因剔除无效数据项等因素，跟总数略有差异。

资料来源：中国证券投资基金业协会（AMAC）。

图 6－21　私募股权投资基金按投资类型分类的规模分布*

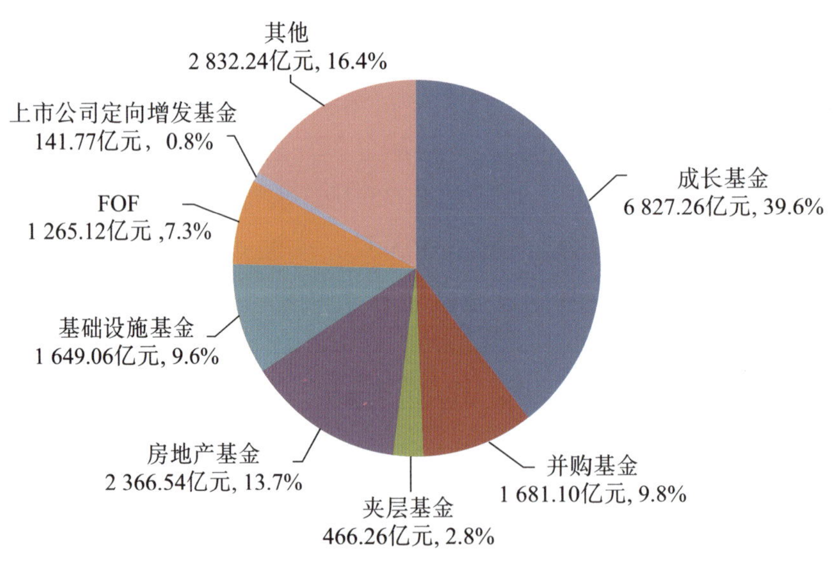

＊ 因剔除无效数据项等因素，跟总数略有差异。

资料来源：中国证券投资基金业协会（AMAC）。

从普通项目的投资案例数量看，截至 2015 年末，私募股权投资基金累计投资在前十的行业分别是房地产业，制造业，综合类，信息传输、软件和信息技术服务业，金融业，农、林、牧、渔业，文化、体育和娱乐业，采矿业，电力、热力、燃气及水生产和供应业，卫生和社会工作，投资案例数量合计 1 916 个，占普通项目股权投资案例数量的 88.4%（见图 6－22A）。其中，前五大行业投资案例数量合计 1 478 个，占比 68.2%；前三大行业投资案例数量合计 1 107 个，占比 51.1%。

从普通项目的投资案例数量看，2015 当年，私募股权投资基金当年投资在前十的行业分别是：房地产业，制造业，信息传输、软件和信息技术服务业，综合类，农、林、牧、渔业，金融业，文化、体育和娱乐业，建筑业，采矿业，科学研究和技术服务业，投资案例数量合计 581 个，占普通项目股权投资案例数量的 87.6%（见图 6－22B）。其中，前五大行业投资案例数量合计 464 个，占比 70.0%；前三大行业投资案例数量合计 1 107 个，占比 52.3%。

图 6－22　普通股权投资案例数量分布*

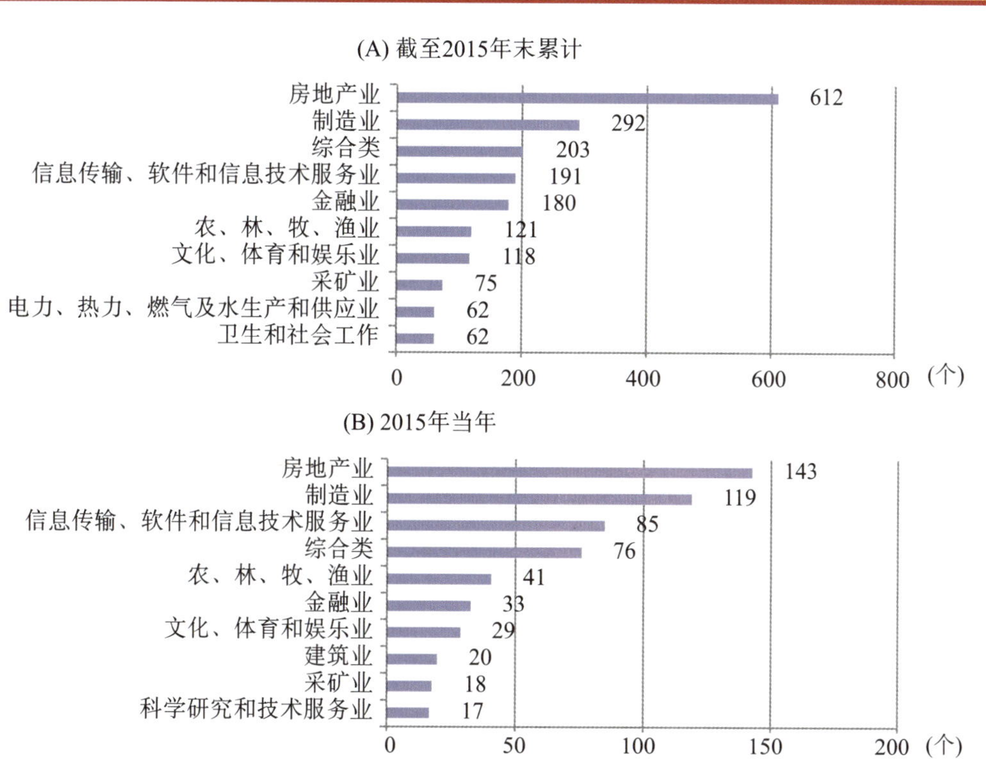

* 因剔除无效数据项等因素，跟总数略有差异。

资料来源：中国证券投资基金业协会（AMAC）。

从普通项目的投资发生金额看，截至2015年末，私募股权投资基金投资规模在前十的行业分别是：房地产业，制造业，综合类，金融业，租赁和商务服务业，采矿业，信息、传输软件和信息技术服务业，电力、热力、燃气及水生产和供应业，文化、体育和娱乐业，交通运输、仓储和邮政业，投资规模合计3 608.35亿元，占普通项目股权投资总规模的91.3%（见图6－23A）。其中，前五大行业投资规模合计2 739.12亿元，占比69.3%；前三大行业投资规模合计2 269.7亿元，占比57.4%。

图6－23　普通股权投资案例规模分布*

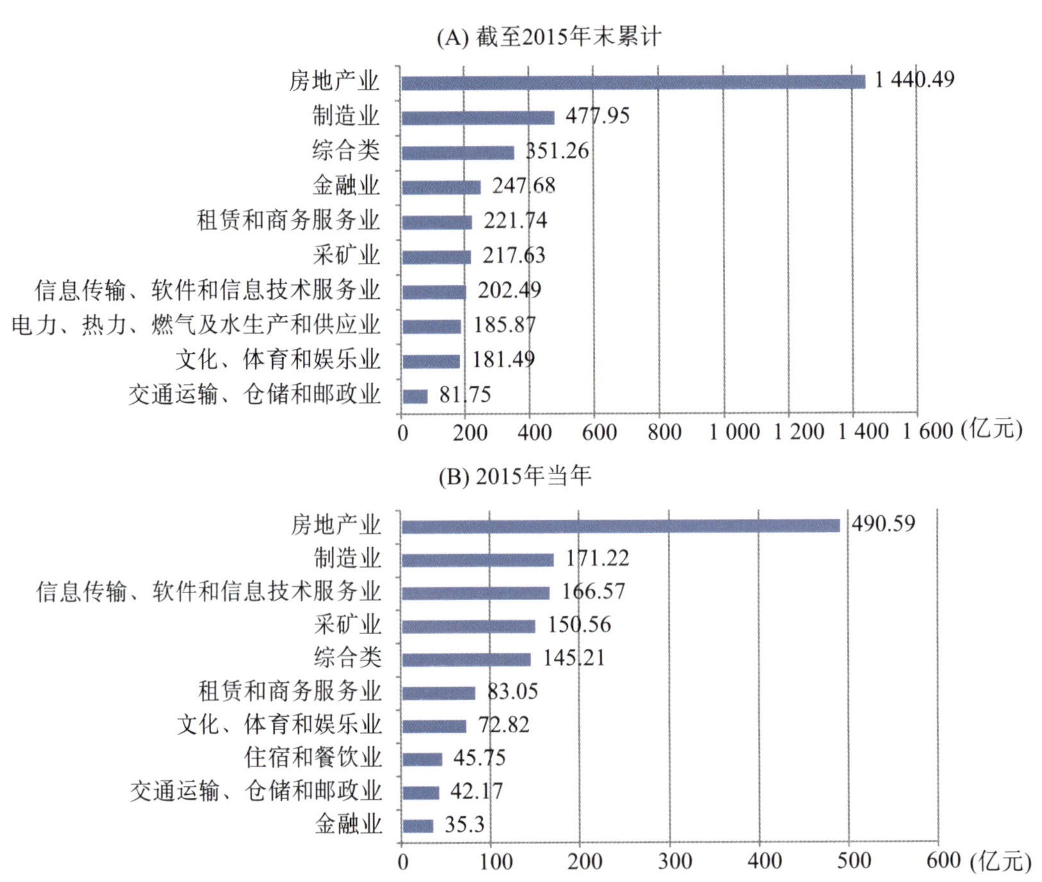

* 因剔除无效数据项等因素，跟总数略有差异。

资料来源：中国证券投资基金业协会（AMAC）。

从普通项目的投资发生金额看，2015当年，私募股权投资基金投资规模在前十的行业分别是房地产业，制造业，信息传输、软件和信息技术服务业，采矿业，综合类，租赁和商务服务业，文化、体育和娱乐业，住宿和餐饮业，交通运输、仓储和邮政业，金融业，投资规模合计1 403.24亿元，占普通项目股权投资总规模的91.6%（见图6－23B）。其中，前五大行业投资规模合计1 124.15亿元，占比73.4%；前三大行业投资规模828.38亿元，占比54.1%。

2. 中小、创新型项目股权投资案例行业分布。

从中小、创新型项目的投资案例数量看，截至2015年末，私募股权投资基金投资案例数量在前十的行业分别是软件产业、传统制造业、医药保健、农业、消费产品与服务、网络产业、媒体与娱乐业、新材料工业、新能源高效节能技术、金融服务，投资案例数量合计5 649个，占中小、创新型项目投资案例数量的72.7%（见图6－24A）。其中，前五大行业投资案例数量合计4 100个，占比52.7%；前三大行业投资案例数量合计3 350个，占比43.1%。

图6－24　中小、创新型项目投资案例数量分布*

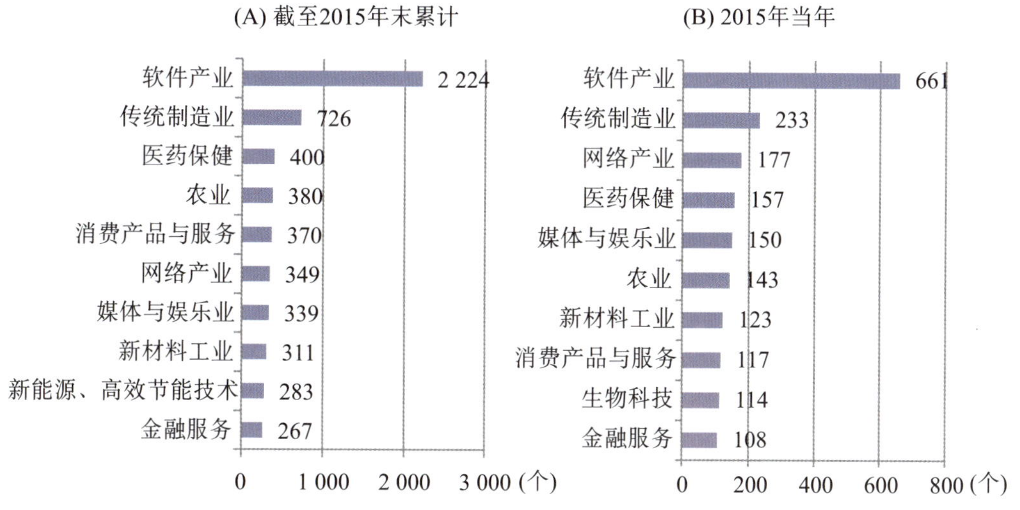

(A) 截至2015年末累计

行业	数量（个）
软件产业	2 224
传统制造业	726
医药保健	400
农业	380
消费产品与服务	370
网络产业	349
媒体与娱乐业	339
新材料工业	311
新能源、高效节能技术	283
金融服务	267

(B) 2015年当年

行业	数量（个）
软件产业	661
传统制造业	233
网络产业	177
医药保健	157
媒体与娱乐业	150
农业	143
新材料工业	123
消费产品与服务	117
生物科技	114
金融服务	108

* 因剔除无效数据项等因素，跟总数略有差异。

资料来源：中国证券投资基金业协会（AMAC）。

从中小、创新型项目的投资案例数量看，2015当年，私募股权投资基金投资案例数量在前十的行业分别是软件产业、传统制造业、网络产业、医药保健、媒体与娱乐业、农业、新材料工业、消费产品与服务、生物技术、金融服务，投资案例数量合计1 983个，占中小、创新型项目投资案例总数的71.1%（见图6－24B）。其中，前五大行业投资案例数量合计1 378个，占比49.4%；前三大行业投资案例数量合计1 071个，占比38.4%。

从中小、创新型项目的投资规模看，截至2015年末，私募股权投资基金投资规模在前十的行业分别是传统制造业、医药保健、软件产业、网络产业、金融服务、其他IT行业、消费产品与服务、媒体与娱乐业、农业、新能源高效节能技术，投资规模合计5 519.36亿元，占中小、创新型项目投资总规模的73.7%（见图6－25A）。其中，前五大行业投资规模合计4 358.74亿元，占比58.2%；前三大行业投资规模合计3 296.22亿元，占比44.0%。

从中小、创新型项目的投资规模看，2015当年，私募股权投资基金投资规模在前十的行业分别是传统制造业、医药保健、其他IT行业、网络产业、媒体与娱乐业、软件产业、消费产品与服务、金融服务、新能源高效节能技术、新材料工业，投资规模合计3 649.04亿元，占中小、创新型项目投资总规模的75.0%（见图6－25B）。其中，前五大行业投资规模合计3 168.28亿元，占比65.1%；前三大行业投资规模合计2 642.2亿元，占比54.3%。

图6－25　中小、创新型项目投资案例规模分布*

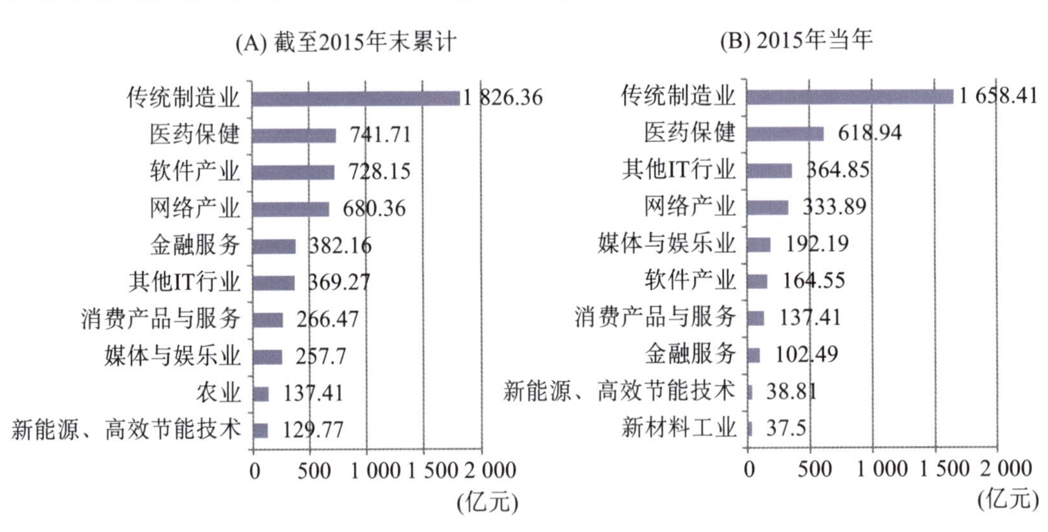

* 因剔除无效数据项等因素，跟总数略有差异。

资料来源：中国证券投资基金业协会（AMAC）。

（七）投资案例地域分布

截至2015年末，全国各省（市、自治区）私募股权投资案例分布多集中在一线城市与东南沿海（见表6－10）。其中，北京、上海、深圳、江苏、宁波位居前五位，分别占比17.4%、13.6%、12.7%、9.0%、5.1%，合计占总投资案例数量的57.8%。

表6－10　私募股权投资基金投资案例数量地域分布状况　（单位：个）

序号	省市区	案例数量	序号	省市区	案例数量	序号	省市区	案例数量	序号	省市区	案例数量
1	北京	1 768	10	天津	238	19	大连	145	28	福建	59
2	上海	1 378	11	湖南	238	20	云南	135	29	黑龙江	57
3	深圳	1 286	12	安徽	223	21	新疆	132	30	海南	46
4	江苏	910	13	广东	214	22	江西	114	31	广西	43
5	宁波	520	14	河南	210	23	吉林	105	32	西藏	40
6	青岛	348	15	厦门	205	24	内蒙古	97	33	辽宁	25
7	浙江	308	16	陕西	201	25	山东	77	34	甘肃	22
8	四川	287	17	重庆	158	26	山西	67	35	宁夏	18
9	湖北	249	18	河北	147	27	贵州	61	36	青海	13

注：1. 按中国证监会派出机构所在辖区划分各省市区。

2. 排名中如遇到两个以上排名相同的，按行政区划排列；下一名次相应跳过再接排。

3. 在统计过程中存在误差与无效数据项已剔除，因此跟总数略有差异。

资料来源：中国证券投资基金业协会（AMAC）。

从投资金额看，截至2015年末，深圳、上海、北京、湖北、江苏位居私募股权投资境内前五位，分别占比21.4%、19.5%、12.5%、9.3%、4.0%，合计占总投资金额的66.7%（见表6－11）。

表6－11　私募股权投资基金投资金额地域分布　（单位：亿元）

序号	省市区	投资金额	序号	省市区	投资金额	序号	省市区	投资金额	序号	省市区	投资金额
1	深圳	2 479.50	10	广东	215.58	19	河北	125.68	28	吉林	55.05
2	上海	2 261.78	11	浙江	192.95	20	重庆	109.97	29	黑龙江	47.62
3	北京	1 445.29	12	云南	186.38	21	湖南	109.04	30	广西	34.56
4	湖北	1 081.56	13	厦门	180.10	22	大连	108.32	31	甘肃	30.58
5	江苏	463.33	14	四川	173.49	23	河南	90.10	32	贵州	21.61

续表

序号	省市区	投资金额	序号	省市区	投资金额	序号	省市区	投资金额	序号	省市区	投资金额
6	福建	425.41	15	内蒙古	160.87	24	江西	77.39	33	辽宁	13.89
7	天津	312.12	16	陕西	154.37	25	山东	68.08	34	青海	13.27
8	宁波	308.40	17	新疆	141.90	26	山西	63.66	35	西藏	11.79
9	青岛	222.30	18	安徽	128.55	27	海南	61.39	36	宁夏	8.53

注：1. 按中国证监会派出机构所在辖区划分各省市区。

2. 排名中如遇到两个以上排名相同的，按行政区划排列；下一名次相应跳过再接排。

3. 在统计过程中存在误差与无效数据项已剔除，因此跟总数略有差异。

资料来源：中国证券投资基金业协会（AMAC）。

在不同类型的私募股权投资基金中，成长基金具有价值投资、长期持有的特征，在一定程度上说明了地区经济发展的潜力。截至2015年末，从案例数量来看，北京、上海、深圳、江苏、宁波位居前五位，分别占比18.6%、13.5%、12.7%、9.4%、5.1%，合计占总投资案例数量的59.3%（见表6－12）。

表6－12　成长基金投资案例数量地域分布状况　（单位：个）

序号	省市区	案例数量	序号	省市区	案例数量	序号	省市区	案例数量	序号	省市区	案例数量
1	北京	1 448	10	河南	181	19	河北	110	28	福建	44
2	深圳	1 046	11	湖南	181	20	新疆	107	29	黑龙江	41
3	上海	989	12	厦门	159	21	云南	85	30	海南	29
4	江苏	728	13	安徽	155	22	江西	80	31	广西	24
5	宁波	398	14	陕西	146	23	吉林	78	32	甘肃	20
6	青岛	277	15	广东	145	24	山东	63	33	宁夏	15
7	浙江	229	16	天津	142	25	内蒙古	62	34	西藏	12
8	四川	226	17	重庆	114	26	山西	49	35	青海	11
9	湖北	205	18	大连	113	27	贵州	47	36	辽宁	10

注：1. 按中国证监会派出机构所在辖区划分各省市区。

2. 排名中如遇到两个以上排名相同的，按行政区划排列；下一名次相应跳过再接排。

3. 在统计过程中存在误差与无效数据项已剔除，因此跟总数略有差异。

资料来源：中国证券投资基金业协会（AMAC）。

从投资金额看，截至2015年末，深圳、上海、湖北、北京、福建位居成长基金境内投资前五位，分别占比27.1%、21.8%、13.7%、10.4%、

4.7%，合计占总投资金额的77.7%（见表6－13）。

表6－13 成长基金投资金额地域分布状况

（单位：亿元）

序号	省市区	投资金额	序号	省市区	投资金额	序号	省市区	投资金额	序号	省市区	投资金额
1	深圳	1 980.5	10	浙江	73.97	19	安徽	55.45	28	甘肃	25.55
2	上海	1 593.61	11	天津	72.97	20	重庆	46.99	29	海南	24.34
3	湖北	997.57	12	河南	67.72	21	内蒙古	42.79	30	黑龙江	14.34
4	北京	762.20	13	厦门	65.80	22	新疆	42.35	31	贵州	12.81
5	福建	341.92	14	广东	65.63	23	江西	37.66	32	青海	11.87
6	江苏	246.07	15	湖南	63.80	24	吉林	34.74	33	西藏	7.06
7	宁波	138.10	16	河北	62.63	25	山西	34.06	34	广西	6.93
8	四川	105.05	17	陕西	60.05	26	云南	30.00	35	宁夏	4.53
9	青岛	83.39	18	大连	56.41	27	山东	29.02	36	辽宁	3.20

注：1. 按中国证监会派出机构所在辖区划分各省市区。

2. 排名中如遇到两个以上排名相同的，按行政区划排列；下一名次相应跳过再接排。

3. 在统计过程中存在误差与无效数据项已剔除，因此跟总数略有差异。

资料来源：中国证券投资基金业协会（AMAC）。

（八）股本退出状况

私募股权投资基金退出方式包括上市股票转让、协议转让、被整体收购、被投企业回购和清算五种主要类型。截至2015年末，备案私募股权投资基金累计实现股本退出项目2 313个，累计实现股本退出金额977亿元。

从股本退出案例数量看，截至2015年末，上市股票转让退出544个，占23.5%；协议转让退出793个，占34.3%；被整体收购73个，占3.2%；被投企业回购退出668个，占28.9%；清算退出235个，占10.2%（见图6－26A）。

从股本退出金额看，截至2015年末，上市股票转让退出199.79亿元，占20.4%；协议转让退出260.48亿元，占26.7%；被整体收购31.08亿元，占3.2%；被投企业回购退出319.81亿元，占32.7%；清算退出165.84亿元，占17.0%（见图6－26B）。

图 6－26　私募股权投资基金股本退出案例及金额分布

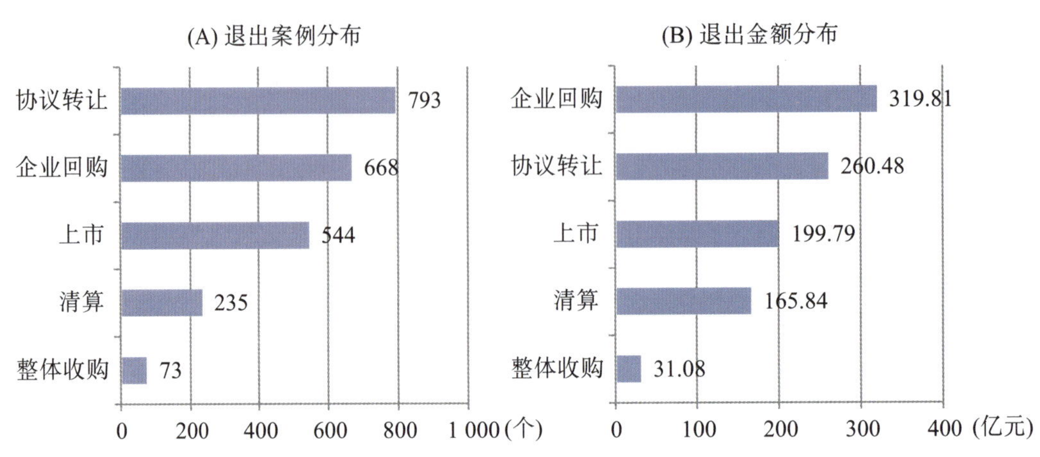

资料来源：中国证券投资基金业协会（AMAC）。

第四节　创业投资基金

截至 2015 年末，在中国证券投资基金业协会登记在册的创业投资基金管理机构共 1 485 家，所管理的各类私募投资基金共 1 416 只，管理规模 2 623.11 亿元，其中，创业投资基金共 1 075 只，管理规模 1 881.63 亿元；从业人员达 18 273 人；证券投资基金管理机构、私募股权投资基金管理机构、创业投资基金管理机构和其他私募投资机构合计管理的全部创业投资基金共 1 448 只，实缴资本规模 2 369.83 亿元。

一、机构概况

（一）股东性质

截至 2015 年末，已登记创业投资基金管理人中，中资企业有 1 444 家，占 97.2%；外商独资 29 家，占 2.0%；中外合资 10 家，占 0.7%；政府机构 2 家，占 0.1%。从登记情况看，中资创业投资基金管理机构的数量占绝对比重。

(二) 组织形式

按照我国相关法律，在境内设立的创业投资基金管理机构可以采取有限责任公司、股份有限公司、普通合伙企业、有限合伙企业的组织类型。截至2015年末，登记创业投资基金管理机构中，公司制基金管理机构共1 207家，占81.3%。其中，有限责任公司1 151家，占77.5%；股份有限公司56家，占3.8%。合伙制基金管理机构共275家，占18.5%。其中，普通合伙企业14家，占0.9%；有限合伙企业261家，占17.6%。此外，其他组织形式的管理机构共3家，占0.2%。从登记情况看，公司制创业投资基金管理机构数量占比最高，其中绝大部分是有限责任公司。

(三) 控股类型

创业投资基金管理人控股类型主要分为国有控股、社团集体控股、自然人及其所控制民营企业控股、外商控股、其他等，其中自然人及其所控制民营企业控股占大多数，达到72.4%（见图6－27）。

图6－27　创业投资基金管理人控股类型*

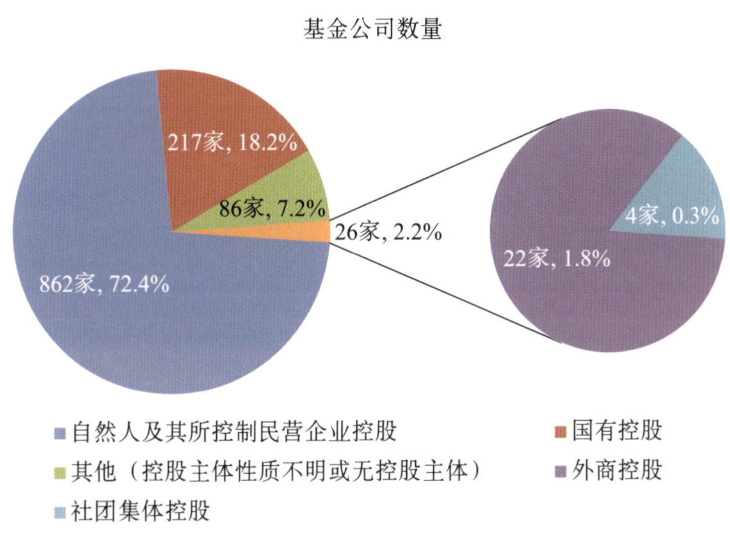

＊ 因剔除无效数据项等因素，各类合计与总数略有差异。

资料来源：中国证券投资基金业协会（AMAC）。

（四）股东数量分布

截至2015年末，创业投资基金管理人股东数量为1人的有237家，占比16.0%；股东数量为2～5人的有1 053家，占比70.9%；股东数量为6～9人的有133家，占比9.0%；股东数量为10人以上的有62家，占比4.2%（见图6－28）。

图6－28　创业投资基金管理人股东数量分布

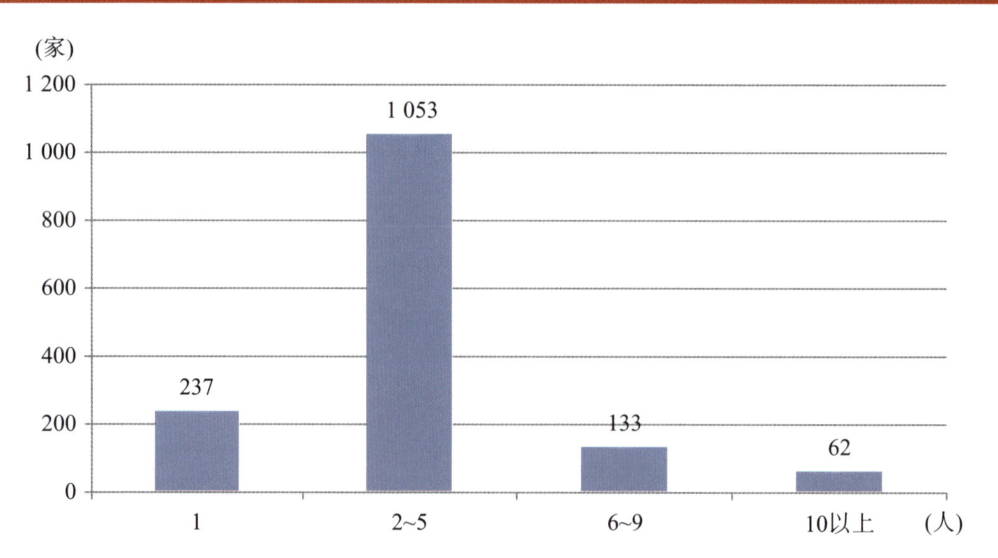

资料来源：中国证券投资基金业协会（AMAC）。

（五）单一最大股东持股比例

在全部1 485家创业投资基金管理人中，单一最大股东持股比例为（0，25%］的机构数量为244家，占比16.4%；单一最大股东持股比例为（25%，50%］的机构数量为408家，占比27.5%；单一最大股东持股比例为（50%，75%］的机构数量为363家，占比24.4%；单一最大股东持股比例为75%以上的机构数量为470家，占比31.6%。

（六）注册资本

截至2015年末，创业投资基金管理人注册资本为［0，100万元］的有210家，占比14.1%；注册资本为（100万元，500万元］的有465家，占比 31.3%；注册资本规模为（500 万元，1 000 万元］的有 177 家，占比 11.9%；注册资本为（1 000 万元，5 000 万元］的有 395 家，占比 26.6%；注册资本为 5 000 万元以上的有 238 家，占比 16.0%（见图 6－29）。

图 6－29　创业投资基金管理人注册资本分布（实缴）

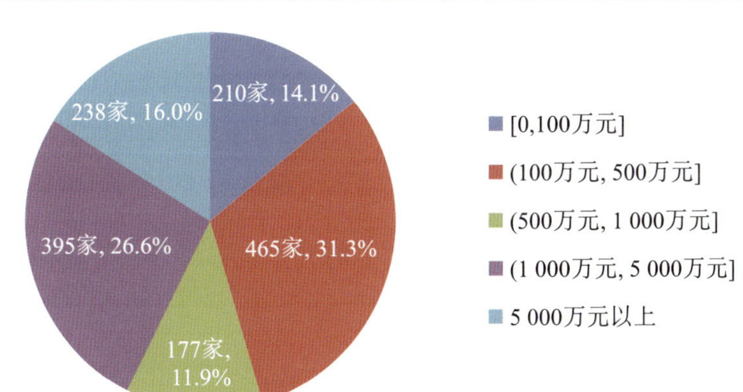

资料来源：中国证券投资基金业协会（AMAC）。

（七）管理基金数量分布

截至 2015 年末，已登记创业投资基金管理机构中，管理基金数量为 0 的机构 684 家，占 46.1%；管理 1 只基金的机构 579 家，占 39.0%；管理 2～3 只基金的机构 112 家，占 7.5%；管理 4～9 只基金的机构 100 家，占 6.7%；管理 10 只以上基金的管理机构 10 家，占 0.7%（见图 6－30）。在实际管理有基金的 801 家创业投资基金管理机构中，平均单个机构管理 1～2 只基金。

（八）管理基金规模（认缴）分布

截至 2015 年末，在有管理规模的 801 家创业投资基金管理机构中，管理规模在 1 亿元以下的 218 家，占 27.2%；管理规模（1 亿元，10 亿元］的 530 家，占 66.2%；管理规模 10 亿元以上的 53 家，占 6.6%；平均单个机构管理规模 3.79 亿元（见图 6－31）。

（九）行业集中度

截至 2015 年末，实际开展业务的创业投资基金管理人有 664 家，其中，

图 6-30 创业投资基金管理基金数量分布

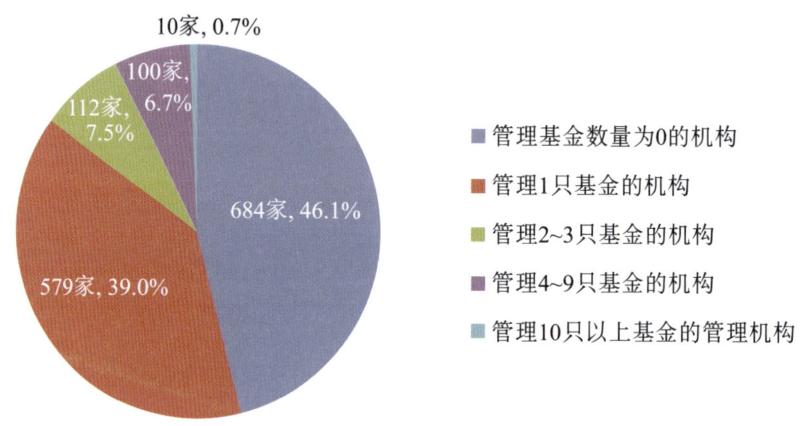

资料来源：中国证券投资基金业协会（AMAC）。

图 6-31 按管理规模（认缴）分类的创业投资基金管理机构数量分布

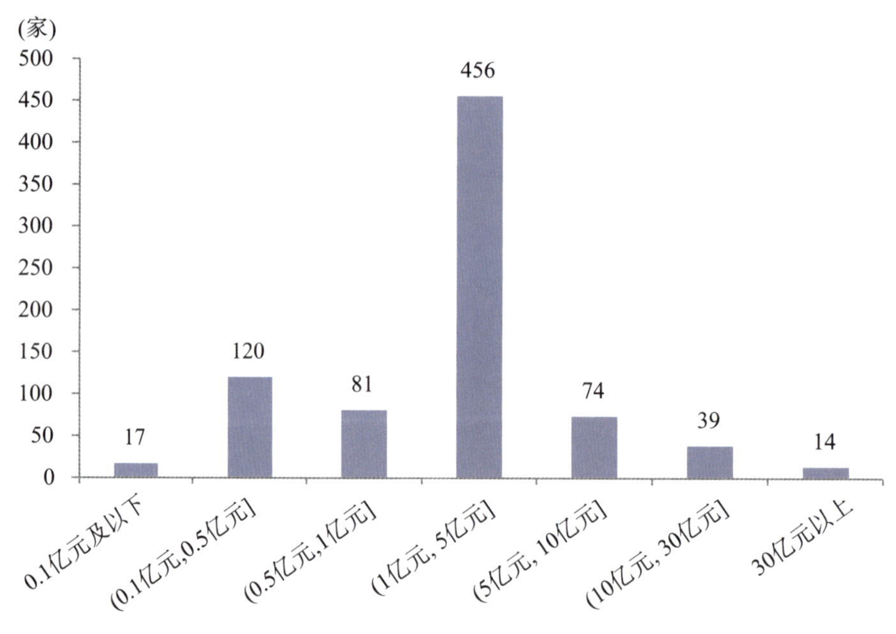

资料来源：中国证券投资基金业协会（AMAC）。

管理规模（包括其管理的全部基金）在行业前五的机构管理规模合计占全部创业投资基金管理人管理总规模的19.93%，管理规模在行业前十的机构管理规模占比26.72%，管理规模在行业前二十的机构管理规模占比33.72%。

（十）地域分布

1. 按机构注册地分布。

从机构数量看，创业投资基金管理机构注册地主要集中在北京、上海、江苏、广东、浙江，数量占比分别为18.8%、17.3%、13.7%、13.6%、9.0%，合计占创业投资基金管理机构数量的72.5%（见表6-14）。

表6-14　创业投资基金管理机构注册地域分布状况　（单位：家）

序号	省市区	机构数量	序号	省市区	机构数量	序号	省市区	机构数量	序号	省市区	机构数量
1	北京	279	9	四川	29	17	辽宁	16	25	黑龙江	5
2	上海	257	10	天津	26	18	重庆	13	26	海南	4
3	江苏	203	11	陕西	26	19	贵州	12	27	甘肃	2
4	广东	202	12	湖南	25	20	新疆	11	28	广西	2
5	浙江	134	13	安徽	24	21	河北	10	29	吉林	2
6	山东	46	14	山西	20	22	云南	7	30	宁夏	2
7	福建	40	15	河南	18	23	内蒙古	6	31	青海	1
8	湖北	39	16	西藏	17	24	江西	5			

注：1. 按中国证监会派出机构所在辖区划分各省市区。

2. 排名中如遇到两个以上排名相同的，按行政区划排列；下一名次相应跳过再接排。

3. 在统计过程中存在误差与无效数据项已剔除，因此跟总数略有差异。

资料来源：中国证券投资基金业协会（AMAC）。

从管理规模看，创业投资基金管理机构主要集中在江苏、北京、广东、上海、浙江，管理规模占比分别为29.0%、18.2%、12.2%、11.9%、7.1%，合计占创业投资基金管理机构管理总规模的78.4%（见表6-15）。

表6-15　创业投资基金管理机构管理规模地域分布状况　（单位：亿元）

序号	省市区	实缴规模	序号	省市区	实缴规模	序号	省市区	实缴规模	序号	省市区	实缴规模
1	江苏	760.02	9	安徽	43.08	17	辽宁	18.77	25	云南	3.90
2	北京	477.46	10	湖南	42.44	18	山西	10.31	26	吉林	2.50
3	广东	319.69	11	四川	39.62	19	河南	8.99	27	甘肃	1.25
4	上海	312.69	12	湖北	37.88	20	内蒙古	8.76	28	青海	1.00
5	浙江	186.28	13	西藏	29.20	21	河北	6.55	29	宁夏	0.75
6	福建	118.65	14	陕西	25.56	22	海南	5.63	30	广西	0.25
7	山东	62.81	15	贵州	24.80	23	新疆	5.52	31	江西	0.22
8	天津	43.95	16	重庆	19.95	24	黑龙江	4.62			

注：1. 按中国证监会派出机构所在辖区划分各省市区。

2. 排名中如遇到两个以上排名相同的，按行政区划排列；下一名次相应跳过再接排。

3. 在统计过程中存在误差与无效数据项已剔除，因此跟总数略有差异。

资料来源：中国证券投资基金业协会（AMAC）。

2. 按机构办公地分布。

从机构数量看，办公地点在北京、上海、广东、江苏、浙江的创业投资机构数量最多，占比分别为21.4%、19.1%、13.2%、12.3%、8.4%，合计占全部创业投资基金管理机构数量的74.4%（见表6－16）。

表6－16　创投基金管理机构办公地地域分布*　（单位：家）

序号	省市区	机构数量	序号	省市区	机构数量	序号	省市区	机构数量	序号	省市区	机构数量
1	北京	317	9	四川	29	17	重庆	13	25	内蒙古	4
2	上海	283	10	湖南	24	18	贵州	12	26	海南	4
3	广东	195	11	陕西	24	19	河北	10	27	甘肃	2
4	江苏	183	12	河南	23	20	云南	6	28	宁夏	2
5	浙江	125	13	天津	21	21	黑龙江	5	29	广西	1
6	山东	45	14	安徽	21	22	西藏	5	30	吉林	1
7	福建	41	15	山西	20	23	新疆	4	31	青海	1
8	湖北	39	16	辽宁	18	24	江西	4			

＊ 在统计过程中存在误差与无效数据项已剔除，因此跟总数略有差异。

资料来源：中国证券投资基金业协会（AMAC）。

从管理规模看，办公地点在江苏、北京、上海、广东、浙江的创业投资基金管理机构占据前五位，占全部创业投资基金管理机构管理总规模的比例分别为27.8%、20.2%、13.3%、12.6%、6.9%，合计占比80.8%（见表6－17）。

表6－17　创投基金管理机构管理基金规模办公地地域分布*　（单位：亿元）

序号	省市区	管理规模	序号	省市区	管理规模	序号	省市区	管理规模	序号	省市区	管理规模
1	江苏	727.97	9	天津	38.63	17	河南	10.34	25	甘肃	1.25
2	北京	530.14	10	四川	38.62	18	山西	10.31	26	新疆	1.00
3	上海	349.51	11	湖北	36.67	19	内蒙古	6.26	27	青海	1.00
4	广东	329.46	12	安徽	35.49	20	海南	5.63	28	宁夏	0.75
5	浙江	180.13	13	贵州	24.80	21	黑龙江	4.62	29	广西	0.25
6	福建	118.65	14	陕西	24.56	22	河北	3.55	30	江西	0
7	山东	59.36	15	辽宁	18.77	23	云南	2.45	31	吉林	0
8	湖南	39.93	16	重庆	18.48	24	西藏	2.03			

＊ 在统计过程中存在误差与无效数据项已剔除，因此跟总数略有差异。

资料来源：中国证券投资基金业协会（AMAC）。

二、创业投资基金[①]运作状况

（一）基金组织形式

从组织形式看，截至2015年末，契约型创业投资基金的数量和资产规模分别为59只和238.25亿元，占比分别为4.1%和10.1%；公司型创业投资基金的数量和资产规模为434只和735.58亿元，占比分别为30.0%和31.0%；合伙型创业投资基金的数量和资产规模为932只和1 340.24亿元，占比分别为64.4%和56.6%；合作制创业投资基金的数量和资产规模为23只和55.77亿元，占比分别为1.6%和2.4%（见图6-32）。

图6-32 创业投资基金组织形式*

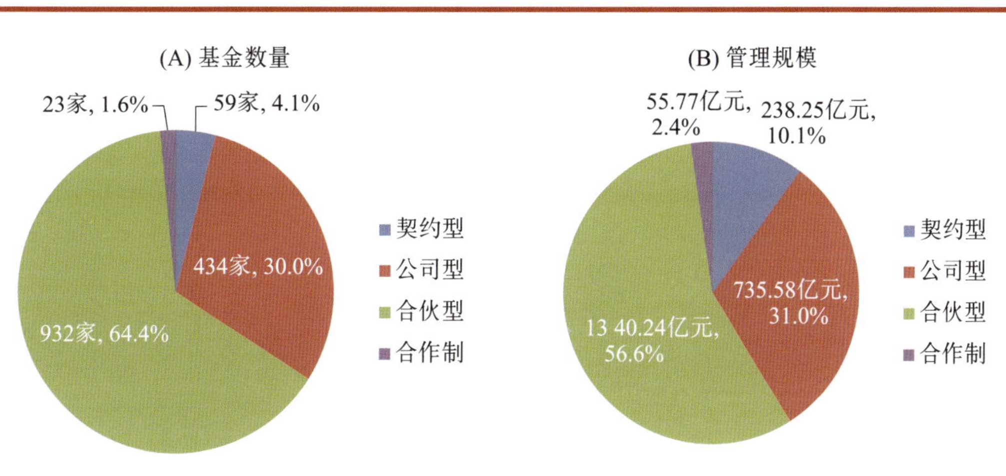

* 因剔除无效数据项等因素，跟总数略有差异。

资料来源：中国证券投资基金业协会（AMAC）。

（二）基金管理模式

创业投资基金的管理模式主要包括自我管理、受托管理。截至2015年末，自我管理型基金数量和资产规模占比仅为9.3%和16.1%；受托管理的基金数量和资产规模占比分别为90.7%和83.9%。

① 统计口径为各类私募基金管理人管理的全部创业投资基金，实缴口径。

（三）基金资产规模分布

截至2015年末，管理资产规模在1亿元以下的基金543只，占全部创业投资基金数量的37.5%；管理规模合计为287.09亿元，占全部创业投资基金管理规模的12.1%。管理资产规模在（1亿元，10亿元］的基金880只，占全部数量的60.8%；管理规模合计为1 531.36亿元，占总规模的64.6%。资产规模在10亿元以上的基金25只，占全部数量的1.7%；管理规模合计为551.39亿元，占总规模的23.3%（见图6－33）。

图6－33 创业投资基金按资产规模分类的数量及资产分布*

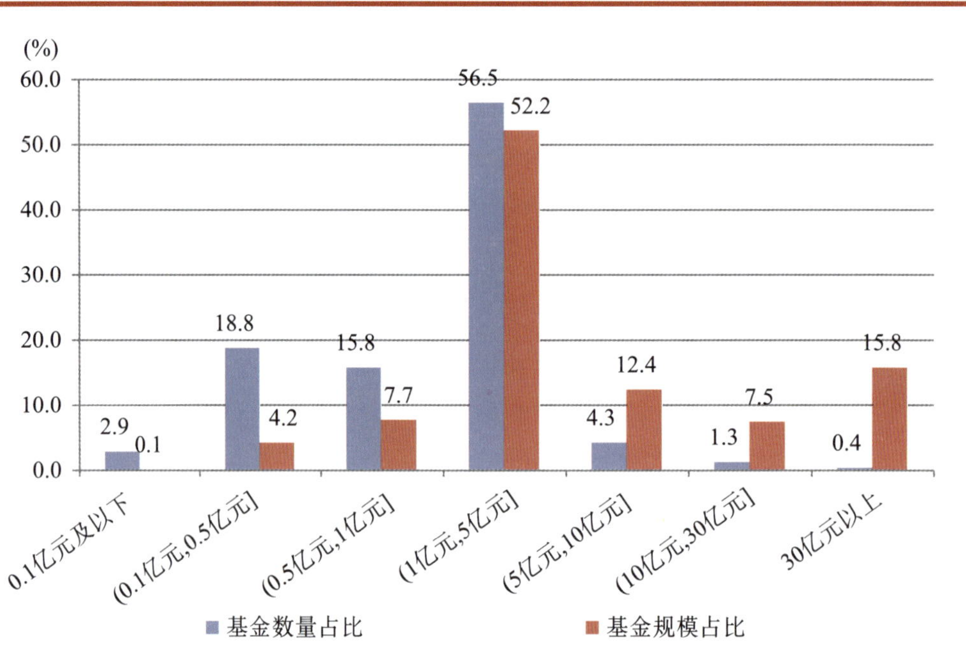

* 因剔除无效数据项等因素，跟总数略有差异。

资料来源：中国证券投资基金业协会（AMAC）。

（四）投资者出资状况

截至2015年末，已备案的创业投资基金的投资者中，金融类投资机构出资比例最高占比为36.8%，非金融类机构出资比例为31.5%，自然人投资者出资比例为18.6%，长期资金出资比例为11.4%，外资出资比例极低仅为1.7%（见图6－34）。

图 6－34　创业投资基金投资者出资状况分布*

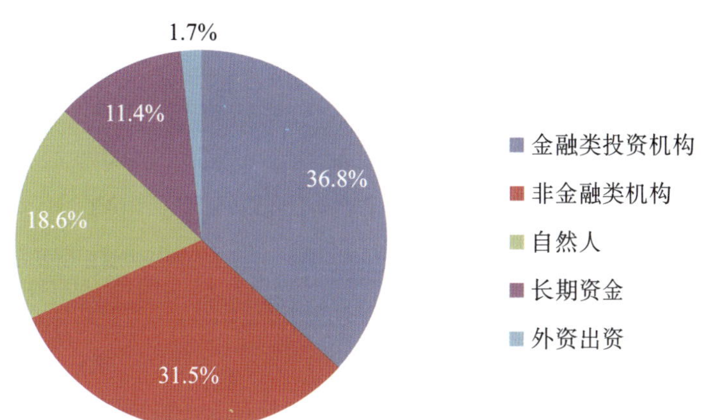

* 因剔除无效数据项等因素，跟总数略有差异。

资料来源：中国证券投资基金业协会（AMAC）。

（五）基金类型

从基金类型看，成长基金 11 只，实缴规模 12.18 亿元，数量和规模占比分别为 0.9% 和 0.5%；早中期成长型基金 1 021 只，实缴规模 1 742.8 亿元，占比分别为 80.1% 和 81.4%；基金的基金（母基金、FOF）18 只，实缴规模 81.82 亿元，占比分别为 1.4% 和 3.8%；天使基金 143 只，实缴规模 143.19 亿元，占比分别为 11.2% 和 6.7%（见图 6－35 及图 6－36）。

（六）投资案例行业分布

截至 2015 年末，1 448 只备案创业投资基金累计投资案例数 6 159 个，投资金额 2 726.22 亿元。

1. 普通创业投资案例行业分布。

截至 2015 年末，普通创业投资基金投资案例数量在前五的行业分别是：信息传输、软件和信息技术服务业，制造业，农、林、牧、渔业，水利、环境和公共设施管理业，文化、体育和娱乐业，投资案例数合计 58 个，占普通创业投资案例总数的 71.6%（见图 6－37A）。其中，前三大投资行业投资案例数合计 48 个，占比 59.3%。

2015 当年，普通创业投资基金投资案例数量在前五大的行业分别是：

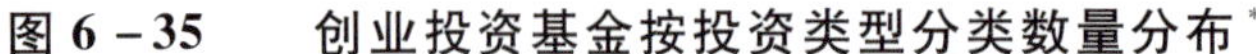

图 6－35　创业投资基金按投资类型分类数量分布*

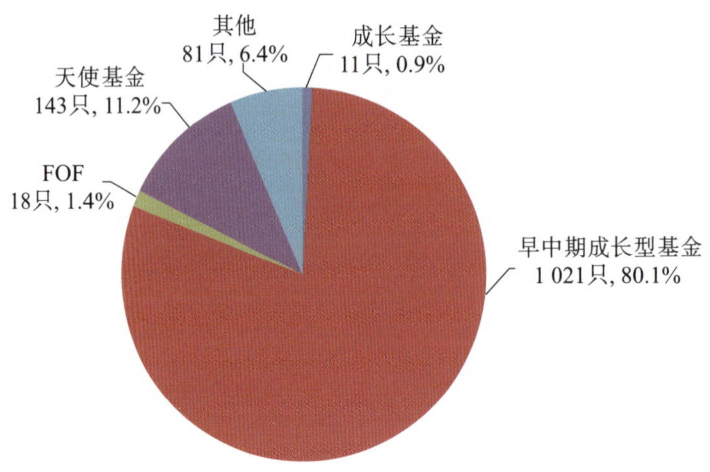

＊ 因剔除无效数据项等因素，跟总数略有差异。

资料来源：中国证券投资基金业协会（AMAC）。

图 6－36　创业投资基金按投资类型分类规模分布*

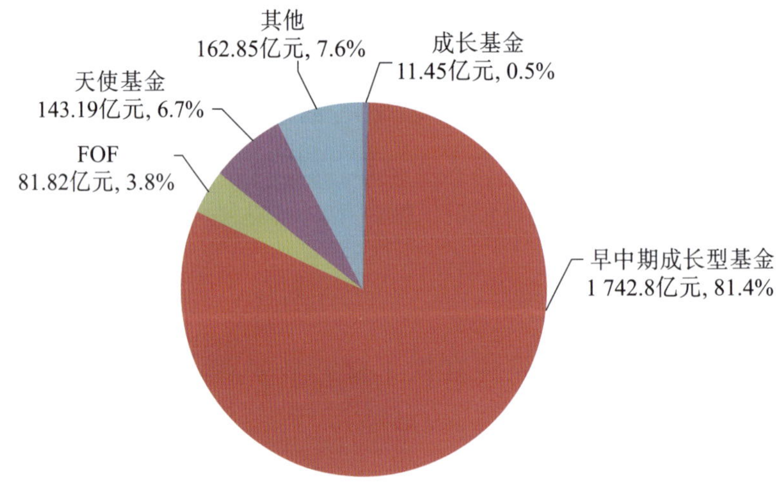

＊ 因剔除无效数据项等因素，跟总数略有差异。

资料来源：中国证券投资基金业协会（AMAC）。

信息传输、软件和信息技术服务业，制造业，文化、体育和娱乐业，农、林、牧、渔业，居民服务、修理和其他服务业，投资案例数合计 29 个，占普通创业投资案例总数的 78.4%（见图 6－37B）。其中，前三大行业投资案例数合计24个，占比64.9%。

图6-37 普通创业投资案例数量分布*

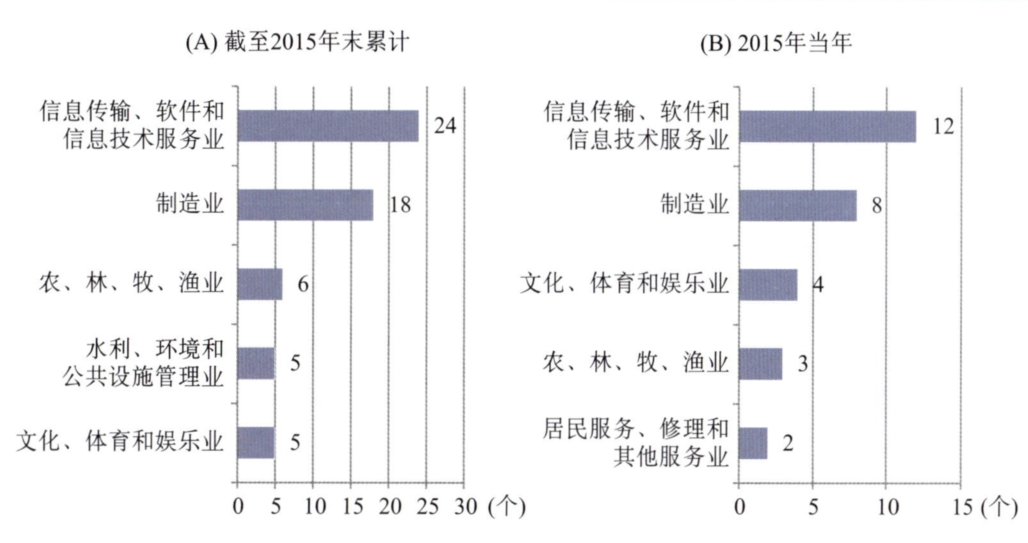

* 因剔除无效数据项等因素，跟总数略有差异。

资料来源：中国证券投资基金业协会（AMAC）。

截至2015年末，普通创业投资基金投资规模在前五的行业分别是制造业，农、林、牧、渔业，信息传输、软件和信息技术服务业，交通运输、仓储和邮政业，水利、环境和公共设施管理业，投资规模合计9.81亿元，占普通创业投资基金投资案例总规模的72.8%（见图6-38A）。其中，前三大行业投资规模合计7.74亿元，占比57.4%。

2015当年，普通创业投资基金投资规模在前五的行业分别是：制造业，农、林、牧、渔业，信息传输、软件和信息技术服务业，电力、热力、燃气及水产和供应业，水利、环境和公共设施管理业，投资规模合计4.6亿元，占普通创业投资基金投资案例总规模的81.7%（见图6-38B）。其中，前三大行业投资规模合计3.79亿元，占比67.3%。

2. 中小、创新型投资项目案例行业分布。

截至2015年末，创业投资基金投资于中小、创新型项目的案例数量在前十的行业分别是：软件产业，其他，传统制造业，医药保健，农业、消费产品与服务，网络产业，媒体与娱乐业，新材料工业，新能源、高效节能技术，投资案例数量合计4 643个，占中小、创新型项目投资案例数量的

图 6－38 普通创业投资案例规模分布*

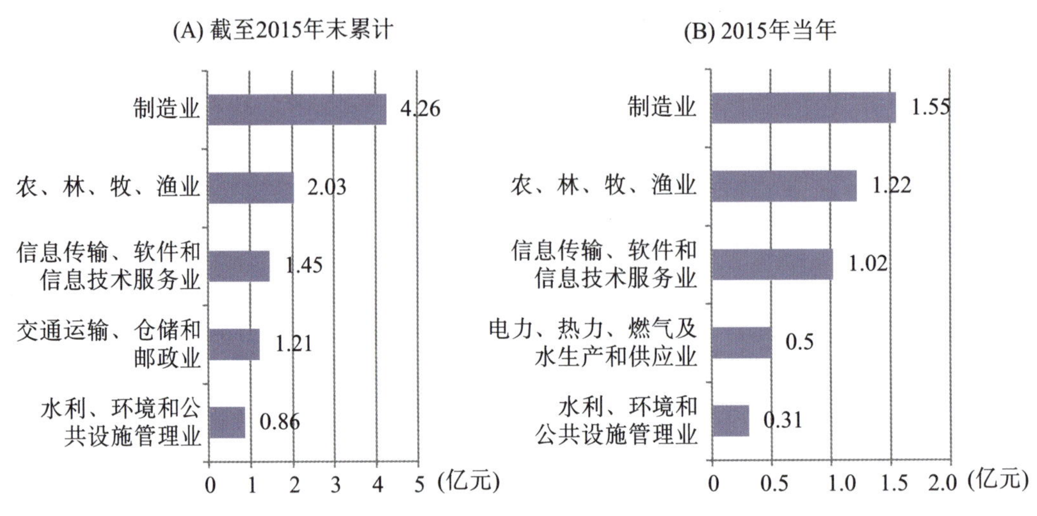

＊ 因剔除无效数据项等因素，跟总数略有差异。

资料来源：中国证券投资基金业协会（AMAC）。

76.0%（见图 6－39A）。其中，前五大行业投资案例数量合计 3 513 个，占比 57.5%；前三大行业投资案例数量合计 2 793 个，占比 45.7%。

图 6－39 中小、创新型项目投资案例数量分布*

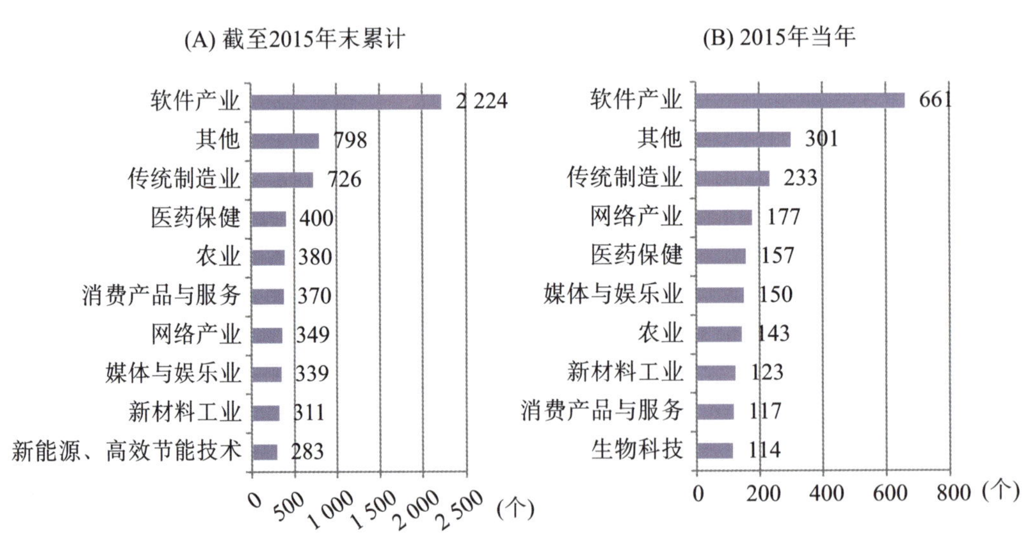

＊ 因剔除无效数据项等因素，跟总数略有差异。

资料来源：中国证券投资基金业协会（AMAC）。

2015 年当年，创业投资基金投资于中小、创新型项目的案例数量在前十的行业分别是：软件产业，其他，传统制造业，网络产业，医药保健，媒体与娱乐业，农业，新材料工业，消费产品与服务，生物科技，投资案例数量合计 1 845 个，占全部中小、创新型项目投资案例数量的 75.4%（见图 6－39B）。其中，前五大行业投资案例数量合计 1 392 个，占比 56.9%；前三大行业投资案例数量合计 1 098 个，占比 44.9%。

截至 2015 年末，创业投资基金投资于中小、创新型项目的投资规模在前十的行业分别是：新材料工业，医药保健，软件产业，科技服务，传统制造业，新能源、高效节能技术，网络产业，消费产品与服务，环保工程，农业，投资规模合计 2 405.79 亿元，占全部中小、创新型项目投资规模的 89.0%（见图 6－40A）。其中，前五大行业投资规模合计 2 206.82 亿元，占比 81.6%；前三大行业投资规模合计 1 932.36 亿元，占比 71.5%。

图 6－40　中小、创新型的投资项目案例规模分布*

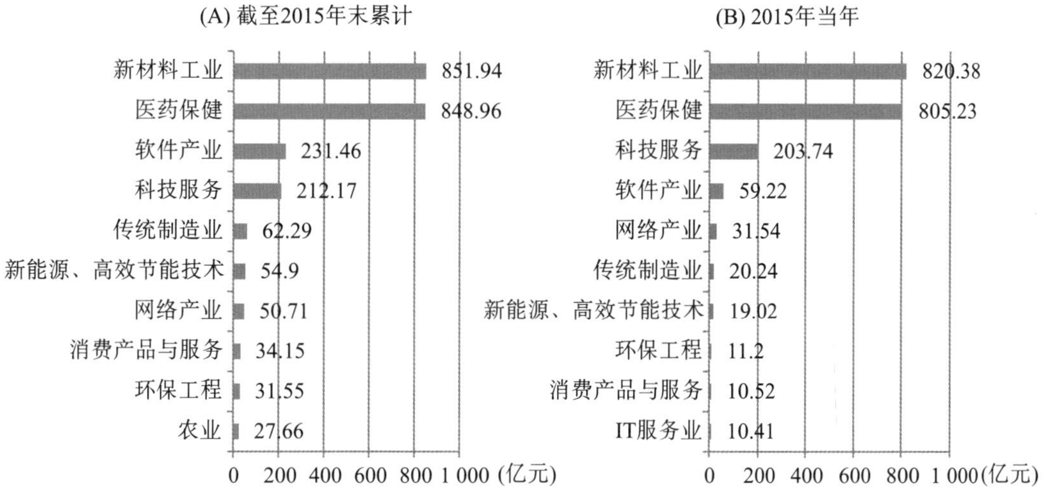

(A) 截至2015年末累计
新材料工业 851.94
医药保健 848.96
软件产业 231.46
科技服务 212.17
传统制造业 62.29
新能源、高效节能技术 54.9
网络产业 50.71
消费产品与服务 34.15
环保工程 31.55
农业 27.66
0 200 400 600 800 1 000 (亿元)

(B) 2015年当年
新材料工业 820.38
医药保健 805.23
科技服务 203.74
软件产业 59.22
网络产业 31.54
传统制造业 20.24
新能源、高效节能技术 19.02
环保工程 11.2
消费产品与服务 10.52
IT服务业 10.41
0 200 400 600 800 1 000(亿元)

* 因剔除无效数据项等因素，跟总数略有差异。
资料来源：中国证券投资基金业协会（AMAC）。

2015 年当年，创业投资基金投资于中小、创新型项目的投资规模在前十的行业分别是：新材料工业，医药保健，科技服务，软件产业，网络产业，传统制造业，新能源、高效节能技术，环保工程，消费产品与服务，IT 服务业，投资规模合计 1 991.5 亿元，占全部中小、创新型项目投资规模的 93.5%（见图 6－40B）。其中，前五大行业投资规模合计 1 920.11 亿元，占比 90.1%；前三大行业投资规模合计 1 829.35 亿元，占比 85.8%。

（七）投资案例地域分布

截至 2015 年末，北京、江苏、上海、深圳、宁波位居创业投资案例数量分布的前五位，分别占比 20.4%、17.2%、14.4%、9.6%、5.9%，合计占总投资案例数量的 67.4%（见表 6－18）。

表 6－18 创业投资基金投资案例数量地域分布状况（单位：个）

序号	省市区	案例数量	序号	省市区	案例数量	序号	省市区	案例数量	序号	省市区	案例数量
1	北京	1 273	10	四川	140	19	大连	56	28	辽宁	20
2	江苏	1 074	11	广东	131	20	贵州	38	29	云南	20
3	上海	898	12	安徽	121	21	黑龙江	36	30	内蒙古	17
4	深圳	601	13	厦门	116	22	江西	35	31	广西	16
5	宁波	368	14	陕西	89	23	新疆	35	32	海南	12
6	浙江	194	15	天津	87	24	吉林	33	33	甘肃	12
7	湖北	171	16	河南	87	25	山西	30	34	宁夏	8
8	湖南	167	17	山东	78	26	河北	29	35	青海	7
9	青岛	150	18	重庆	77	27	福建	24	36	西藏	3

注：1. 按中国证监会派出机构所在辖区划分各省市区。

2. 排名中如遇到两个以上排名相同的，按行政区划排列；下一名次相应跳过再接排。

3. 在统计过程中存在误差与无效数据项已剔除，因此跟总数略有差异。

资料来源：中国证券投资基金业协会（AMAC）。

从投资金额看，截至 2015 年末，江苏、上海、深圳、北京、宁波位居创业投资规模的前五位，分别占比 36.5%、33.9%、10.0%、5.1%、2.2%，合计占总投资金额的 87.7%（见表 6－19）。

表 6－19 创业投资基金投资金额地域分布（单位：亿元）

序号	省市区	投资金额	序号	省市区	投资金额	序号	省市区	投资金额	序号	省市区	投资金额
1	江苏	989.87	10	厦门	21.4	19	重庆	10.46	28	河北	4.42
2	上海	919.14	11	青岛	18.93	20	云南	9.03	29	贵州	4.15
3	深圳	270.54	12	浙江	18.54	21	江西	8.87	30	吉林	3.78
4	北京	139.31	13	广东	17.13	22	黑龙江	6.44	31	甘肃	3.48
5	宁波	59.93	14	陕西	15.50	23	青海	5.44	32	海南	2.70

续表

序号	省市区	投资金额	序号	省市区	投资金额	序号	省市区	投资金额	序号	省市区	投资金额
6	湖南	29.58	15	天津	14.82	24	山西	5.30	33	广西	2.23
7	安徽	24.99	16	河南	13.68	25	内蒙古	4.88	34	福建	2.18
8	四川	24.64	17	山东	13.14	26	新疆	4.82	35	宁夏	1.64
9	湖北	23.91	18	大连	11.33	27	辽宁	4.60	36	西藏	0.16

注：1. 按中国证监会派出机构所在辖区划分各省市区。

2. 排名中如遇到两个以上排名相同的，按行政区划排列；下一名次相应跳过再接排。

3. 在统计过程中存在误差与无效数据项已剔除，因此跟总数略有差异。

资料来源：中国证券投资基金业协会（AMAC）。

（八）股本退出状况

创业投资基金退出方式包括上市股票转让、协议转让、被整体收购、被投企业回购和清算五种主要类型。截至2015年末，备案创业投资基金累计实现股本退出项目1 341个，累计实现股本退出金额207.19亿元。

从股本退出案例数量看，截至2015年末，上市股票转让退出232个，占17.3%；协议转让退出585个，占43.6%；被整体收购68个，占5.1%；被投企业回购退出344个，占25.7%；清算退出112个，占8.4%（见图6－41A）。

图6－41　创业投资基金股本退出案例及金额分布

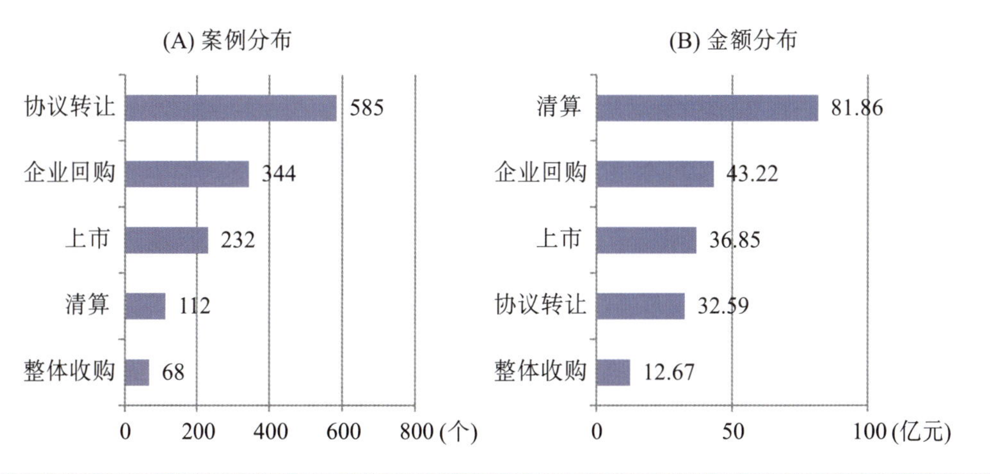

资料来源：中国证券投资基金业协会（AMAC）。

从股本退出金额看，截至2015年末，上市股票转让退出36.85亿元，占17.8%；协议转让退出32.59亿元，占15.7%；被整体收购12.67亿元，占6.1%；被投企业回购退出43.22亿元，占20.9%；清算退出81.86亿元，占39.5%（见图6-41B）。

第七章

基金和基金管理公司财务

第一节 基金费率

一、不同产品类型基金各项费率

不同产品类型基金除赎回费率、销售服务费率有所上升外，其余类型费率均趋于稳定。2015 年，由于股市的大范围波动，积极股票型基金与股票型基金的赎回费率、销售服务费率波动最为明显。

（一）管理费率

从管理费率方面看，货币市场基金平均管理费率稳定，仍为 0.30%，与 2014 年持平；股票型基金和指数型基金平均管理费率略有上升，分别为 1.16% 和 0.83%，较 2014 年分别上升 0.02 和 0.04 个百分点；积极股票型、混合型、债券型、QDII 基金平均管理费率分别为 1.49%、1.30%、0.64% 和 1.29%，较 2014 年分别下降 0.01、0.10、0.01 和 0.01 个百分点（见图 7－1）。

2015 年，证券市场出现了大幅起落，权益类产品的规模迅速做大，同时也有 300 多只的股票型基金集体转型为混合型基金，管理费率出现了比较明显的下降。同时，由于市场的异常波动以及良性竞争的加剧，更多的基金公司选择主动降低管理费。从长期来看，权益类产品管理费的逐步下降也是市场发展的方向。2015 年，债券市场继续走牛，随着机构投资者的比重继

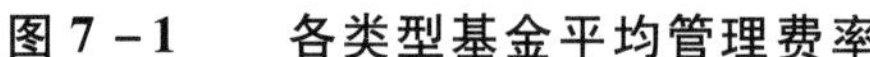

图 7－1　各类型基金平均管理费率

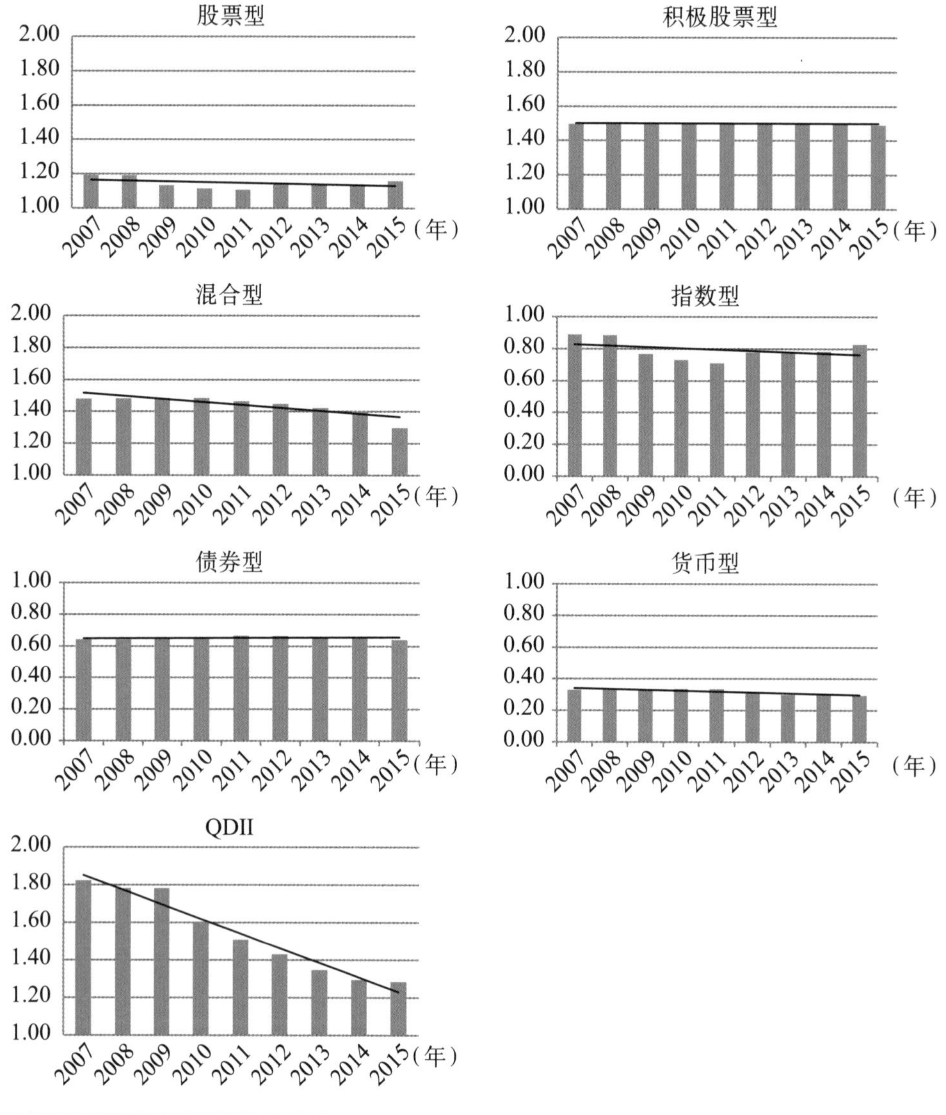

资料来源：天相投资顾问有限公司。

续扩大，新发纯债基金的继续增加，债券型基金的管理费率出现小幅下跌。

（二）托管费率

托管费率整体来看比较稳定。除股票型、混合型和指数型基金外，各类型基金平均托管费率与2014年相比没有变化。QDII型基金托管费率最高，但有小幅下降的趋势；股票型、积极股票型和混合型基金托管费率相对较高，指数型和债券型基金托管费率较低，货币市场基金托管费率最低（见图7-2）。

图7-2 各类型基金平均托管费率

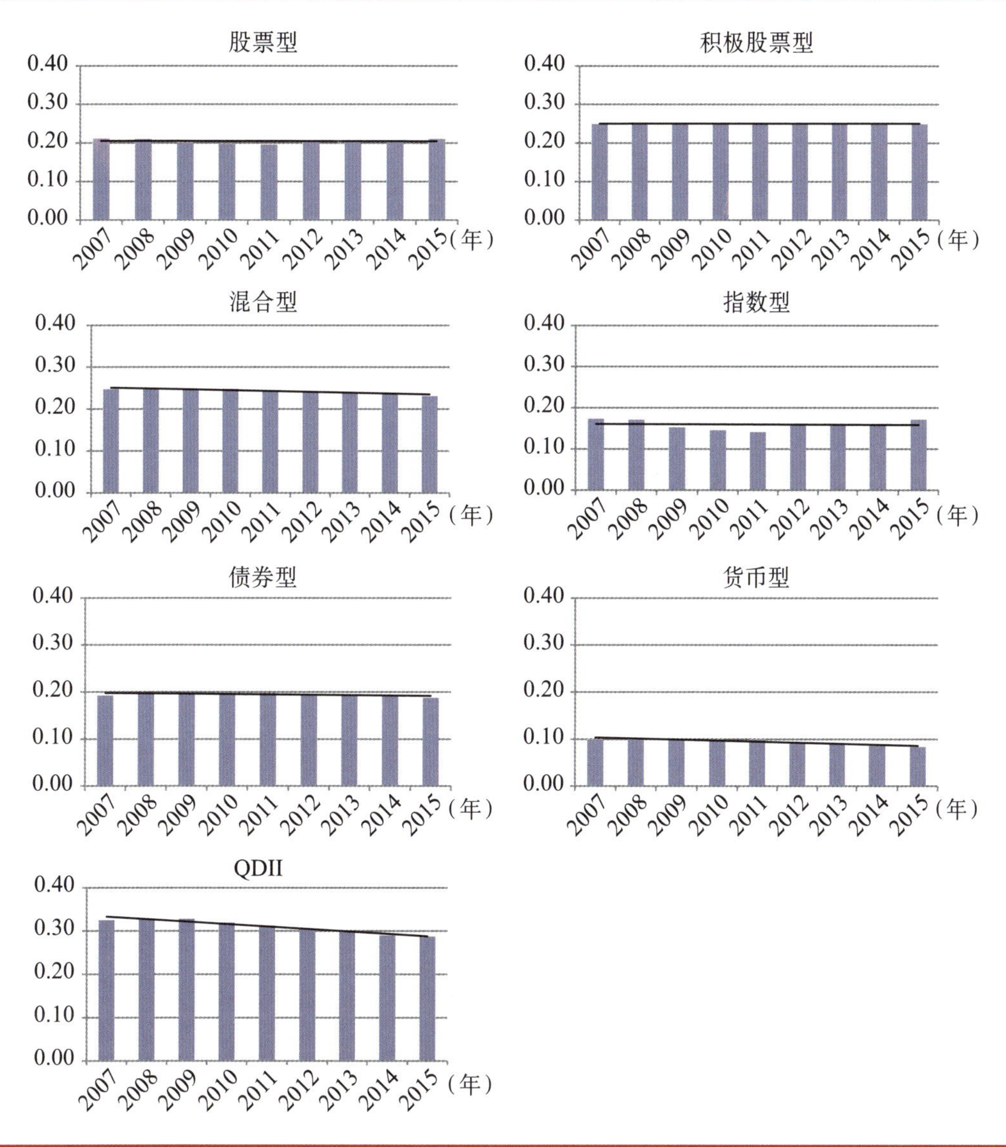

资料来源：天相投资顾问有限公司。

（三）销售服务费率

销售服务费是指基金管理人根据基金合同的约定及相关法律法规的规定，从开放式基金财产中计提一定比例的费用，用于支付销售机构佣金、基金的营销费用以及基金份额持有人服务费等。与2014年相比，2015年债券型、货币型和 QDII 基金平均销售服务费率保持不变；混合型、指数型基金平均销售服务费率略有增加，分别增加了 0.01 个和 0.04 个百分点；股票型、积极股票型平均销售服务费率大幅下降，与 2014 年相比分别下降了 0.15 个和 0.33 个百分点，其中股票型基金平均销售服务费率降至 0.09%，而积极股票型基金平均销售服务费已降至约 0（见图 7－3）。

图 7－3　各类型基金平均销售服务费率

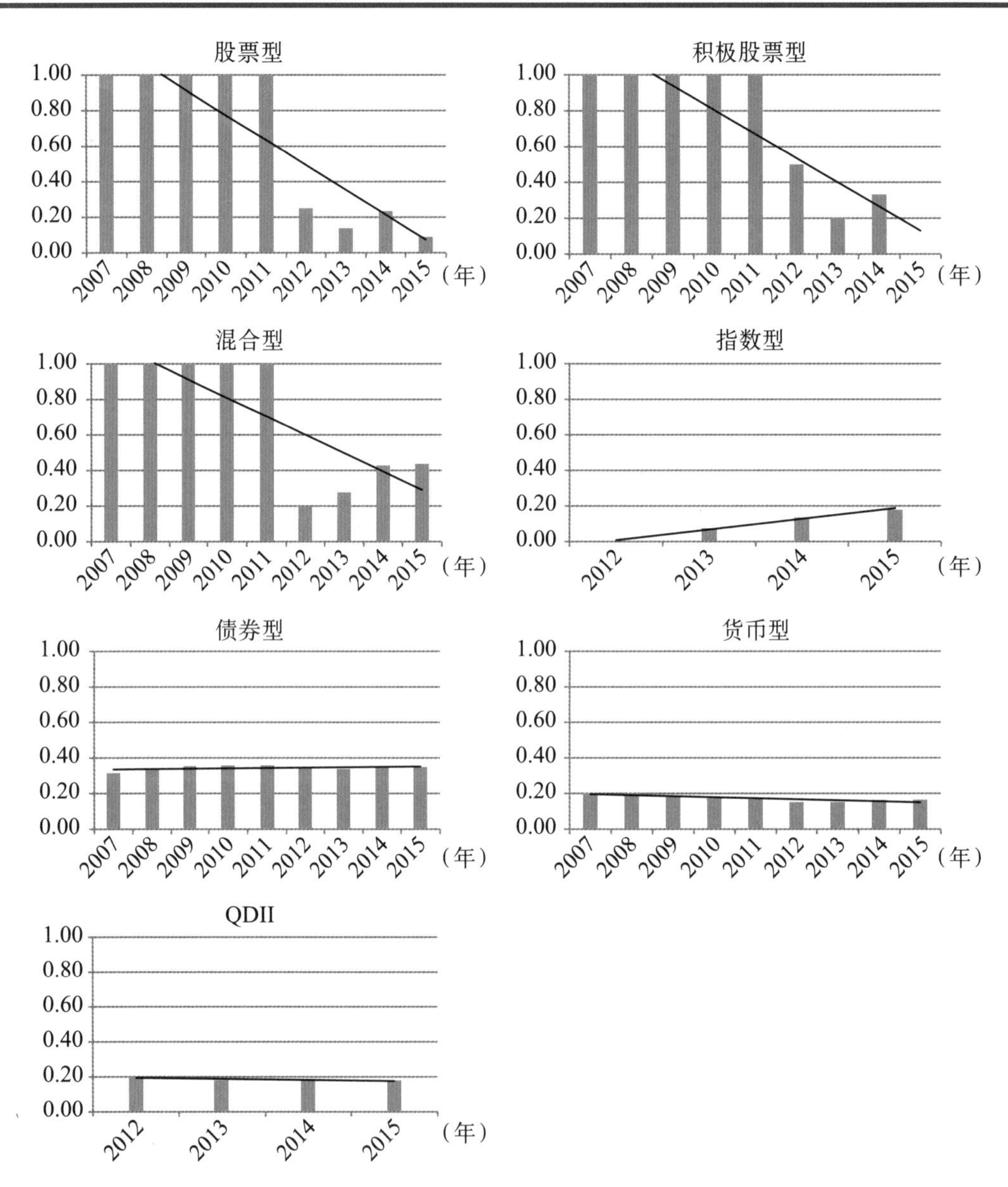

资料来源：天相投资顾问有限公司。

（四）认购费率

从认购费率来看，货币市场基金依旧不收取认购费；积极股票型基金认购费率最高，相比2014年没有变化，仍为1.18%；QDII、混合型、股票型基金次之，但相比2014年均有所下降，分别下降了0.03、0.02和0.02个百分点。指数型基金和债券型基金认购费率较低，与2014年相比，指数型基金下降了0.04个百分点，债券型基金增加了0.01个百分点（见图7－4）。可见，整体而言，2015年认购费率呈下降趋势，投资者的认购成本逐年下降，基金公司为了争取更多的投资者而让出了自身的利益。

图7－4　各类型基金平均认购费率

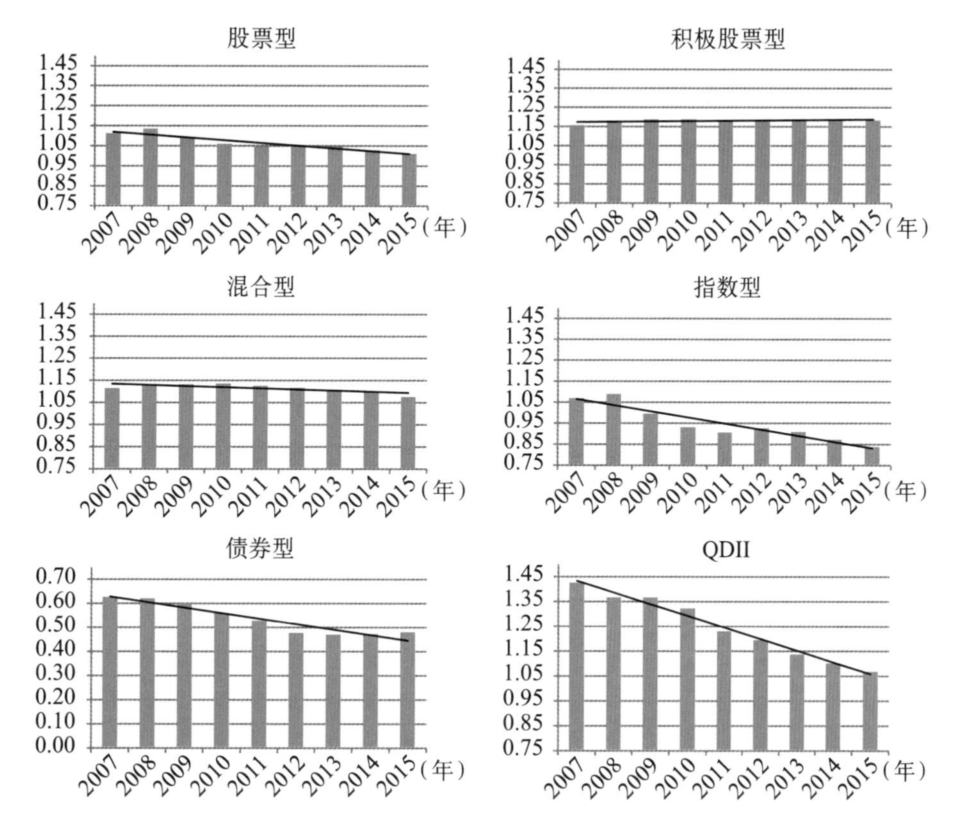

资料来源：天相投资顾问有限公司。

（五）申购费率

货币市场基金不收取申购费，除此之外，积极股票型基金申购费率最高，其次是混合型、QDII、股票型、指数型和债券型基金（见图 7－5）。2015 年申购费率较 2014 年整体变化不大，其中变化最大的为 QDII 基金，其申购费率下降了 0.02 个百分点。

图 7－5　各类型基金平均申购费率

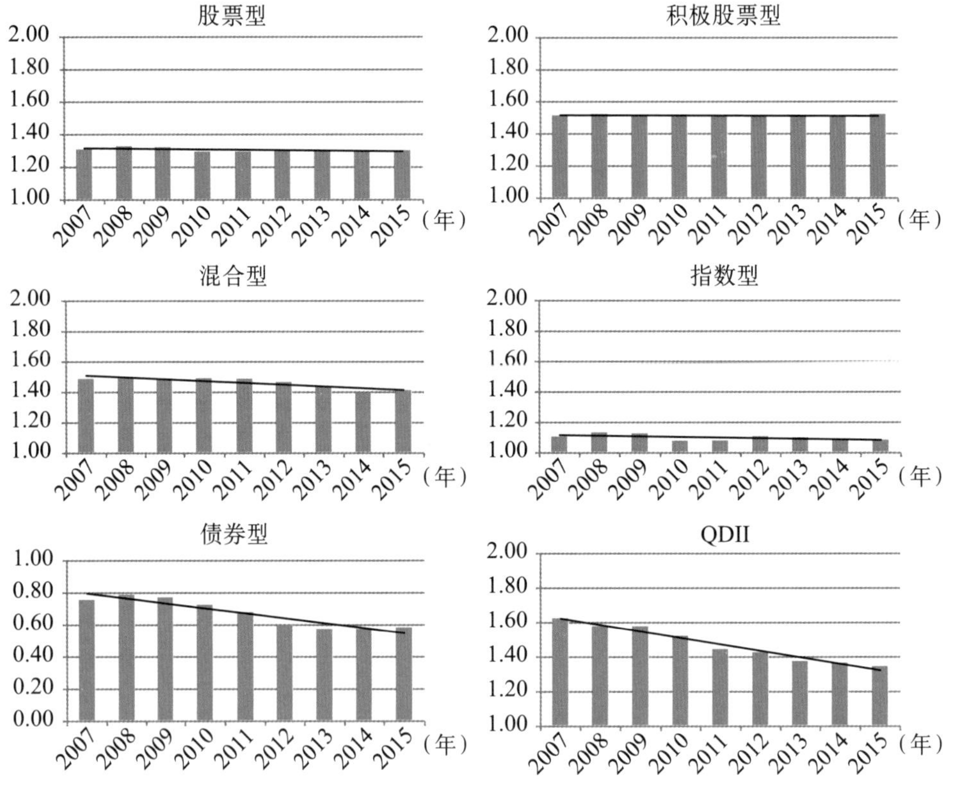

资料来源：天相投资顾问有限公司。

（六）赎回费率

从赎回费率来看，货币市场基金不收取赎回费，积极股票型基金赎回费率大幅上涨成为最高，混合型基金次之，股票型基金位居第三，债券型基金赎回费率最低；从变化趋势来看，积极股票型和股票型上涨趋势明显，分别上涨了 0.71 个和 0.36 个百分点，指数型、债券型和 QDII 基金略有提高，混合型基本持平（见图 7－6）。

除积极股票型和股票型基金外，赎回费率整体变化不大。高赎回费率主要是鼓励投资者长期持有，获取长期收益，当持有年限足够长时，基金赎回费率很低直至为零。然而，2015 年，由于股票市场剧烈变动，暴跌引发的踩踏式赎回使得积极股票型基金和股票型基金的赎回费率都出现了大幅提升。

图 7－6　各类型基金平均赎回费率

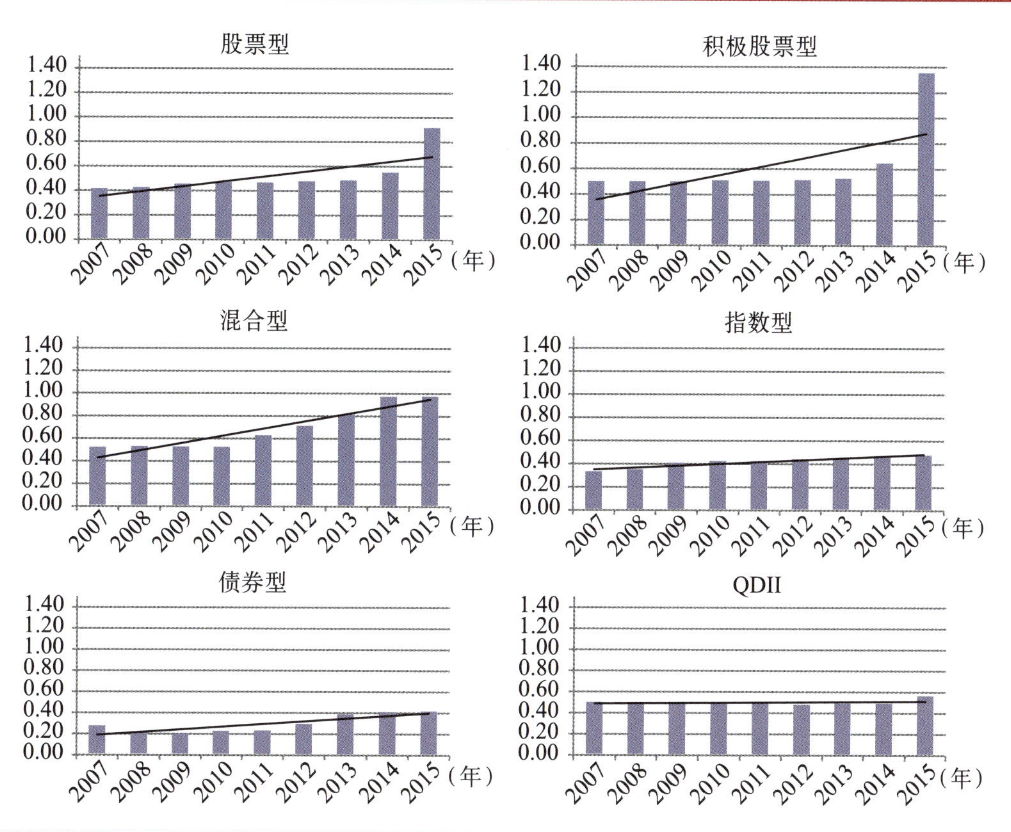

资料来源：天相投资顾问有限公司。

整体来看，除了赎回费在市场大幅波动的情况下出现了较大上升外，其他费率都稳中有降。随着机构投资者的增加，基金公司也会主动降低费率以满足投资者的需求。第三方基金代销机构的积极加入打破了以往以银行为主的代销格局。第三方代销机构扬长避短，充分利用互联网的优势，让利于投资者，弯道超车，是基金代销机构市场化竞争的主要力量。纵观 2015 年基金产品的费率情况，基金产品费率的下降体现了基金行业的市场化程度在不断提高，也降低了投资者的申赎成本，为基金行业的发展壮大和行业创新营造了更好的环境。

二、不同投资策略基金各项平均费率

整体上，主动管理的股票型基金（相当于图中积极股票型基金）各项费率明显高于被动管理的指数型基金，部分费率分化程度有所加大。造成这种现象的原因是市场越来越重视基金的管理水平。相对而言，主动管理的股票型基金更能凸显基金经理的管理能力，对基金管理能力要求更高，因此费率水平保持不变或小幅上扬，但被动管理基金对于基金管理能力要求不是太突出。随着产品的逐步增多，同业竞争压力加大，往往通过降低费率水平来吸引投资者。

（一）管理费率

管理费率方面，积极股票型基金没有变化，指数型基金在2012年之前不断下降，2012年后略有回升。2015年积极股票型和指数型基金平均管理费率分别为1.49%和0.83%（见图7－7）。

图7－7　积极股票型基金和指数型基金平均管理费率

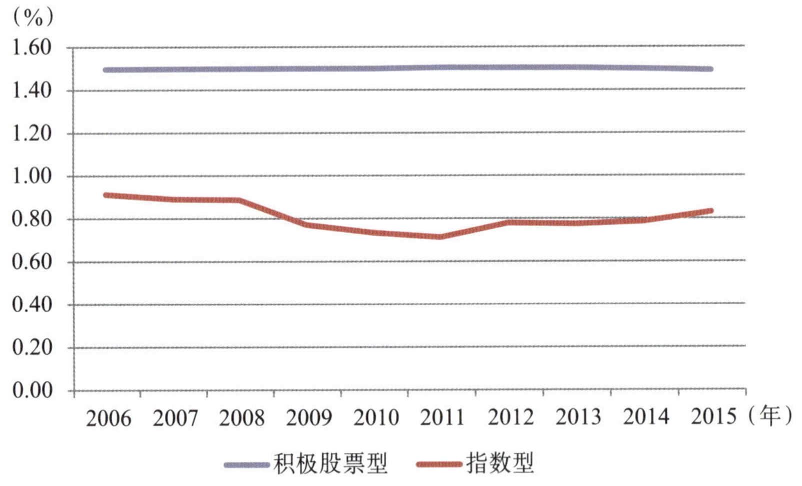

资料来源：天相投资顾问有限公司。

（二）托管费率

托管费率方面，积极股票型基金没有变化；指数型基金2012年之前持续下降，2012 年后有所提高，2015 年达到 0. 17%（见图 7 –8）。

图 7 –8　积极股票型基金和指数型基金平均托管费率

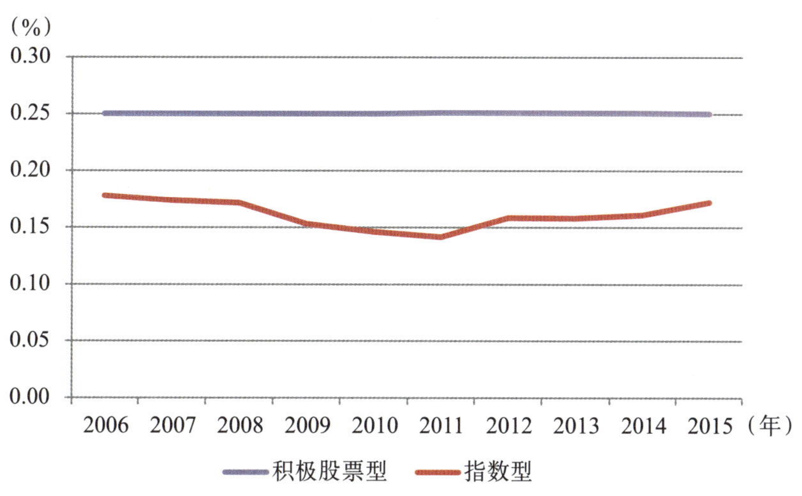

资料来源：天相投资顾问有限公司。

（三）认购费率

认购费率方面，积极股票型基金在过去 5 年里基本稳定，平均为 1. 18%；指数型基金自 2008 年以来缓慢下降，2015 年降至 0. 84%（见图 7 –9）。

图 7 –9　积极股票型基金和指数型基金平均认购费率

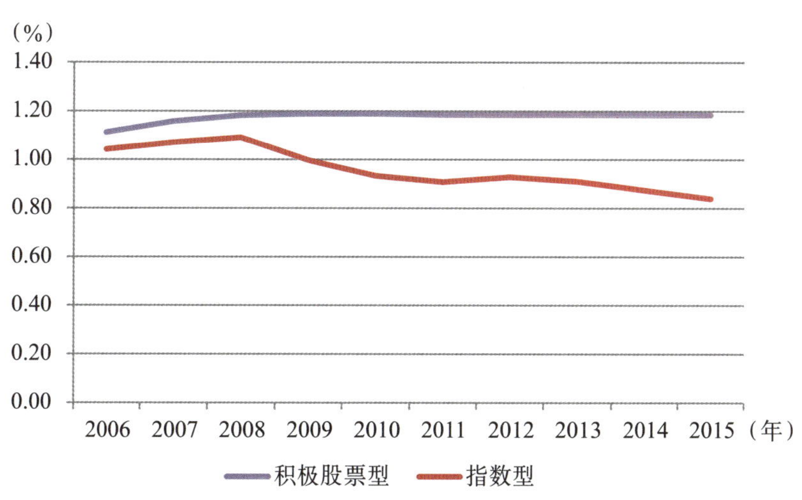

资料来源：天相投资顾问有限公司。

（四）申购费率

申购费率方面，积极股票型基金在过去3年里没有太大变化，2015年略有上升，平均费率为1.52%；指数型基金自2012年起缓慢下降，2015年平均费率为1.08%（见图7－10）。

图7－10　积极股票型基金和指数型基金平均申购费率

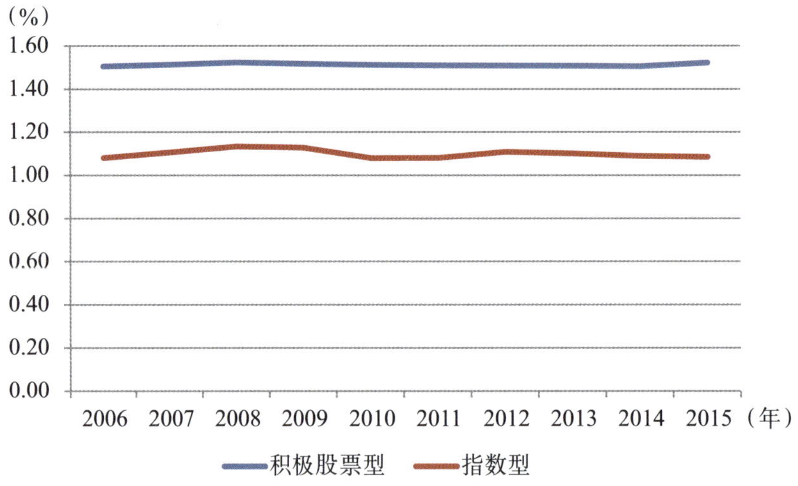

资料来源：天相投资顾问有限公司。

（五）赎回费率

赎回费率方面，由于2015年的股市波动，积极股票型基金平均赎回费率上升了0.71个百分点，高达1.35%；指数型基金平均赎回费率也略有增长，达到0.48%（见图7－11）。

图 7－11　积极股票型基金和指数型基金平均赎回费率

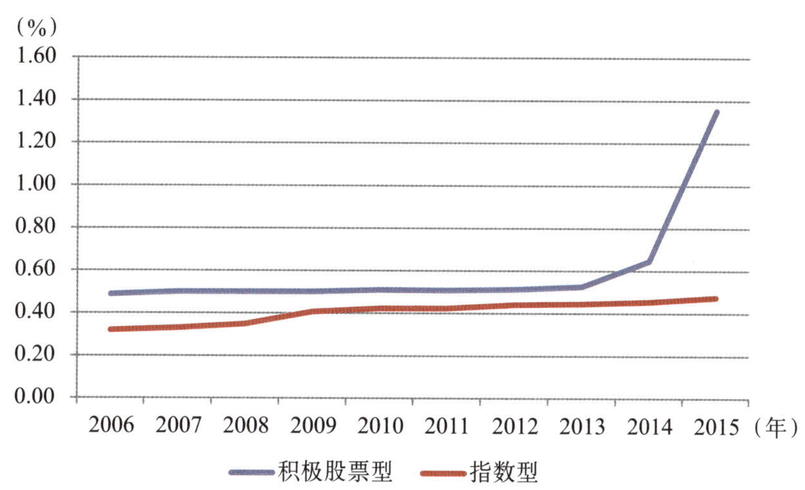

资料来源：天相投资顾问有限公司。

第二节　基金管理公司财务分析

截至 2015 年底，按照中国证监会批复口径，全国共有 101 家[①]基金管理公司（以下简称“基金公司”），较 2014 年底增加了 6 家；全国共有 79 家专户子公司，相比 2014 年底增加了 6 家；全国共有 25 家[②]香港子公司，相比 2014 年底增加了 3 家。

总体看，基金行业整体资产、负债和净资产规模增长较快，截至 2015 年底，101 家基金管理公司合并总资产 1 373.60 亿元，较 2014 年底增长了

① 富荣基金管理有限公司于 2015 年 12 月 29 日收到中国证监会核准设立的批复，不在本次财务分析报告统计范围内。本书以实际收到的 100 家基金公司截至 2016 年 4 月 30 日上报的数据进行统计和分析。

② 易方达基金于 2015 年设立香港子公司—易方达国际控股，原易方达基金的香港子公司易方达（香港）成为易方达国际控股的子公司，由于易方达国际控股 2015 年的主营业务均在易方达（香港），为避免数据重复计算，我们用易方达（香港）的公司数据进行分析，易方达国际控股不在本次统计范围内。另外，中邮创业国际资管于 2015 年 9 月成立，未发生实际业务，也不在本次统计范围内。本文以实际收到的 23 家香港子公司截至 2016 年 4 月 30 日上报的数据进行统计和分析。

43.51%；合并负债总额464.99亿元，较2014年底增长了56.28%；合并净资产总额908.61亿元，较2014年底增长了37.75%。收入和利润连续两年稳固增长，2015年度营业收入899.81亿元，较2014年度增加403.61亿元，增长81.34%；2015年度净利润262.01亿元，较2014年度增加138.32亿元，增长111.83%。

2015年度，85%的基金公司（合并层面）实现盈利，盈利面有所扩大。行业资产管理规模大幅增长，2015年底基金行业资产管理规模已逾20万亿元，同比翻一番。其中，基金公司旗下资产管理规模12.42万亿元，较2014年底的6.67万亿元增长了86.21%，2015年公募基金资产净值8.36万亿元，专户资产规模2.89万亿元，其余为社保和年金产品；专户子公司管理的专户产品规模8.57万亿元，较2014年底的3.74万亿元增长了129.27%。另外，行业资产、收入和利润的集中度依然较高。

按照管理费收入多少，可将基金管理公司分为第一、第二、第三梯队。管理费收入排名前10名的公司为第一梯队，管理费收入排名在第11名至第34名的公司为第二梯队（管理费收入在3亿元以上），管理费收入排名在第35名及以后的公司为第三梯队（管理费收入低于3亿元）。上述排名方法与之前4年基本保持一致。不同规模的基金管理公司经营状况差距依然明显，管理费收入排名前10名的第一梯队公司的营业收入、税前利润及净利润分别占整个行业的41.13%、42.93%、42.68%，第一梯队公司的盈利能力要明显高于规模较小的基金管理公司。

一、基金管理公司

（一）资产

截至2015年底，100家基金公司的总资产合计为1 189.79亿元，较2014年底增长了44.24%。其中，新成立的5家基金公司资产合计6.16亿元，13家基金公司在2015年完成增资，增资额合计16.89亿元。扣除上述资产后，通过经营过程实现的总资产增长为341.87亿元。

从规模来看，2015年10家第一梯队公司平均每家总资产达49.21亿元，拥有全行业41.36%的资产；26家第二梯队公司平均每家总资产为

17.67 亿元，拥有全行业 38.60% 的资产；64 家第三梯队公司平均每家总资产为 3.72 亿元，仅拥有全行业 20.04% 的资产，反映出行业资产高度集中的特征（见表 7-1）。

表 7-1　　不同规模基金管理公司总资产比较

公司类型	2015 年底资产（亿元）	2014 年底资产（亿元）	资产变动率（%）	2015 年底资产占总资产比（%）	公司数量（家）	数量占比（%）	2015 年底平均每家公司资产（亿元）
第一梯队	492.09	361.70	36.05	41.36	10	10	49.21
第二梯队	459.32	298.83	53.71	38.60	26	26	17.67
第三梯队	238.38	164.34	45.05	20.04	64	64	3.72
合计	1 189.79	824.87	44.24	100.00	100	100	11.90

资料来源：中国证券投资基金业协会（AMAC）。

从资产变化分析，2015 年底，100 家基金公司的货币资金总额为 451.02 亿元，较 2014 年底增加 79.96 亿元，增长 21.55%；但货币资金占总资产的比重为 37.91%，较 2014 年底的 44.98% 下降了 7.07 个百分点，主要原因为 2015 年基金公司运用固有资金投资股票型基金以及偏股混合型基金的力度加大。

2015 年底，100 家基金公司自有资金投资余额（包括以公允价值计量且其变动计入当期损益的金融资产、可供出售金融资产和持有至到期投资，下同）合计为 394.28 亿元，较 2014 年底增加 195.35 亿元，增长 98.20%。自有资金投资占总资产比重也由 2014 年底的 24.12% 增长至 2015 年底的 33.14%，在资产总额中占比第二。从 2015 年底自有资金投资构成来看，可供出售金融资产占比 77.29%，以公允价值计量且其变动计入当期损益的金融资产占比 20.11%，持有至到期投资占比 2.6%（见图 7-12）。

（二）负债

截至 2015 年底，100 家基金公司的负债总规模为 335.47 亿元，较 2014 年底的 189.80 亿元，增长了 76.75%。

在基金管理公司的负债结构中，应付职工薪酬 142.53 亿元，在负债中占比最大，达 42.29%；其次是应付账款、应交税费、其他负债和短期借款，金额分别为 55.01 亿元、51.86 亿元、47.24 亿元、4.55 亿元，占比分

图 7－12　　2015 年底基金管理公司自有资金投资构成

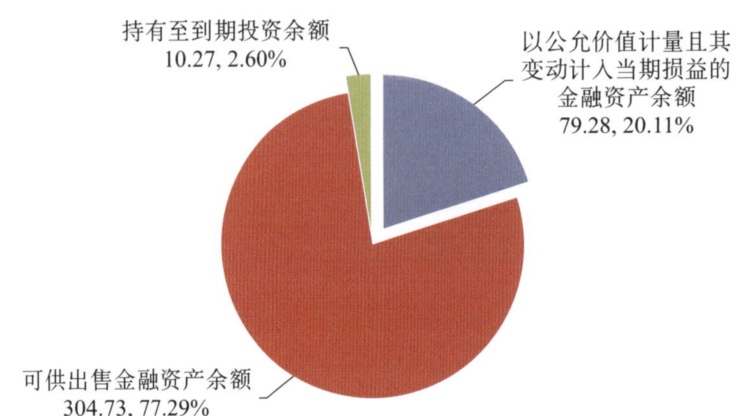

资料来源：中国证券投资基金业协会（AMAC）。

别为 16.40%、15.46%、14.07% 和 9.88%（见图 7－13）。从增减变动来看，余额增加最多的科目为应付职工薪酬，较 2014 年底增加 74.68 亿元，增长了 110.06%；其次为应交税费、应付账款和其他负债，分别较 2014 年底增加 30.95 亿元、20.15 亿元和 15.53 亿元，增幅分别达 147.96%、57.80% 和 48.95%。2015 年底全行业总体资产负债率为 28.20%，与 2014 年底的 23.01% 相比有所上升。

图 7－13　　2015 年底基金管理公司负债构成

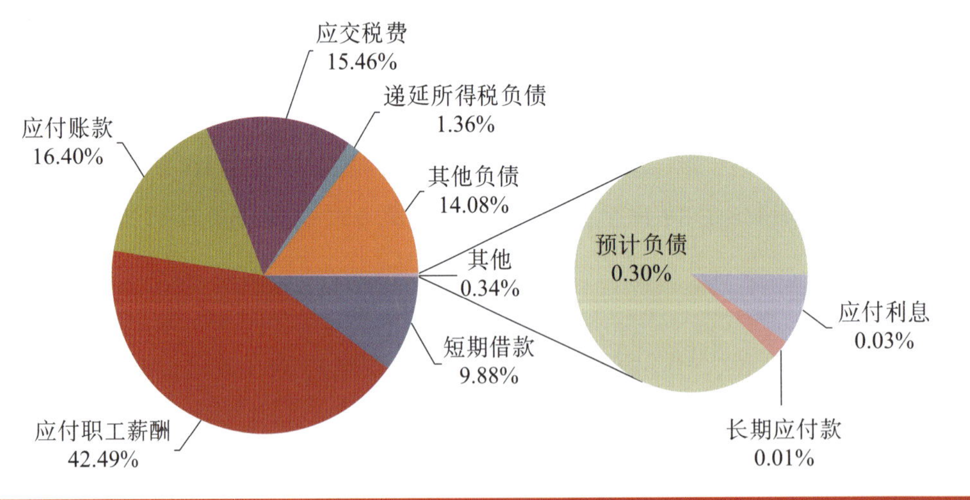

资料来源：中国证券投资基金业协会（AMAC）。

（三）净资产

截至2015年底，100家基金公司净资产总额达854.32亿元，较2014年底增加219.26亿元，增长了34.53%。2015年新成立5家基金公司净资产合计约5.73亿元，去除新成立公司的影响，基金公司净资产总额较上年增长了33.62%。

从净资产各项目的增减变动来看，增加金额较大的依次是未分配利润、一般风险准备和实收资本。2015年底，未分配利润总额227.75亿元，较2014年底增加121.00亿元，增长了113.35%，主要原因是本年度100家基金公司净利润总额较2014年有所上升。一般风险准备总额303.41亿元，较2014年底增加52.95亿元，增长了21.14%。实收资本余额合计202.44亿元，较2014年底的179.35亿元增长了12.87%，主要原因是本年度新成立了5家基金公司及13家公司增资。资本公积总额26.79亿元，较2014年底增加2.03亿元，增长了8.20%。其他综合收益26.35亿元，较2014年底的13.85亿元增长了90.25%，主要原因是本年度基金公司持有的可供出售金融资产总体公允价值上升。盈余公积总额达67.58亿元，较2014年底增加7.69亿元，增长了12.84%。

从净资产的构成来看，占比最大的仍然是一般风险准备，达35.51%；其次是未分配利润、实收资本和盈余公积，分别占26.66%、23.70%和7.91%。与2014年底相比，其他综合收益和未分配利润占净资产的比重略有上升，实收资本、资本公积、盈余公积和一般风险准备占净资产比重则出现小幅下降。

从规模来看，2015年家数占比仅为10.00%的第一梯队公司平均每家净资产达34.02亿元，净资产总额占全行业的39.82%；家数占比26.00%的第二梯队公司平均每家净资产为12.75亿元，净资产总额占全行业的38.78%；而家数占比达64.00%的第三梯队公司平均每家净资产为2.86亿元，净资产总额仅占全行业的21.40%（见表7-2）。

（四）收入

2015年度，基金管理公司共实现营业收入791.13亿元，较2014年度的431.37亿元增加359.76亿元，增长了83.40%。

表 7－2　2015 年不同规模基金管理公司净资产比较

公司类型	2015 年家数	家数占比（%）	2015 年净资产规模（亿元）	占行业总净资产比重（%）	2015 年平均每家净资产额（亿元）
第一梯队	10	10	340.15	39.82	34.02
第二梯队	26	26	331.38	38.78	12.75
第三梯队	64	64	182.79	21.40	2.86
全行业	100	100	854.32	100.00	8.54

资料来源：中国证券投资基金业协会（AMAC）。

从营业收入构成来看，管理费收入为 604.03 亿元，占营业收入的 76.35%，依然是最主要的营业收入来源。其次是手续费收入和销售服务费收入，分别为 75.55 亿元和 37.11 亿元，占营业收入的比重分别为 9.55% 和 4.69%。2015 年度手续费收入超过销售服务费收入，重新成为行业第二大收入来源，其中，69 家基金公司手续费收入较 2014 年度增长超过 1 倍。

2015 年度管理费收入 604.03 亿元，与 2014 年度比，占比由 2014 年度的 80.44% 下降到 76.35%；但收入金额增加 257.02 亿元，增长了 74.07%。行业管理费收入依旧保持分化格局，总体行业趋势没有改变，已树立品牌效应的基金公司占据相对优势。2015 年度第一梯队公司管理费收入占行业的比重为 39.74%，排名前 3 的 3 家公司管理费收入占行业的比重合计约为 14.34%；第二梯队公司的 26 家基金公司管理费收入占行业的比重为 43.48%，而第三梯队公司的 64 家基金公司管理费收入仅占行业的 16.78%。总体来看，虽然 2015 年度市场大起大落，但是基金行业的管理费收入整体仍呈上升趋势，其中第一、第二、第三梯队的增幅分别为 54.83%、86.77% 和 97.34%（见表 7－3）。

表 7－3　2015 年基金管理公司管理费收入两年变动情况

公司类型	2015 年度管理费收入（亿元）	2014 年度管理费收入（亿元）	差异（亿元）	变动率（%）
第一梯队	240.05	155.04	85.01	54.83
第二梯队	262.65	140.63	122.02	86.77
第三梯队	101.33	51.34	49.99	97.34
总计	604.03	347.01	257.02	74.07

资料来源：中国证券投资基金业协会（AMAC）。

从管理费收入性质构成来看，一般将管理费收入分为固定费率管理费收入和业绩报酬管理费收入。2015 年度固定费率管理费收入与业绩报酬收入比为 10.12，而 2014 年为 28.61，反映出在市场环境大起大落的情况下，投资业绩提高为管理费收入的增长贡献的助力增大。固定费率管理费收入仍是管理费收入的主要来源，占比达 91.00%（见表 7－4），但是这一比重较 2014 年度的 96.62% 略有下降。从绝对金额上看，第一、第二、第三梯队 2015 年度业绩报酬管理费收入较 2014 年度均出现了成倍增长，涨幅分别为 368.83%、362.67% 和 354.12%。

表 7－4　不同费率结构类型的管理费收入分析

2015 年度	固定费率管理费收入（亿元）	业绩报酬管理费收入（亿元）	固定费率占管理费收入总额比重（%）
第一梯队	216.84	23.21	90.33
第二梯队	242.22	20.43	92.22
第三梯队	90.63	10.70	89.44
合计	549.69	54.34	91.00
2014 年度	**固定费率管理费收入（亿元）**	**业绩报酬管理费收入（亿元）**	**固定费率占管理费收入总额比重（%）**
第一梯队	150.09	4.95	96.81
第二梯队	136.21	4.42	96.86
第三梯队	48.99	2.35	95.41
合计	335.29	11.72	96.62

资料来源：中国证券投资基金业协会（AMAC）。

从产品构成来看，2015 年度公募证券投资基金管理费收入占比为 78.36%，相比 2014 年度有所下降；而专户管理费收入占比由 8.89% 上升至 16.56%，专户管理费收入数额由 31.21 亿元上升至 100.06 亿元，增幅高达 220.60%，反映出 2015 年度专户业务发展迅猛，专户管理费收入仍然是各个梯队基金公司非公募业务的最大管理费收入来源，且占比进一步增大（详见表 7－5）。

表 7－5　公募基金与非公募基金管理费收入　（单位：亿元）

年份	公募基金	专户	社保	年金
2015 年度	473.29	100.06	18.31	12.37
2014 年度	296.00	31.21	10.86	8.94
变动率（%）	59.90	220.58	68.51	38.40

资料来源：中国证券投资基金业协会（AMAC）。

第一、第二、第三梯队公司非公募基金管理费收入占管理费收入总额的比重分别为 19.19%、21.95% 和 26.66%。第一梯队公司在公募基金、社保基金和企业年金产品收入上占优势，而第三梯队公司的专户产品收入占比仍然高于第一梯队和第二梯队（详见表 7－6）。

表 7－6　各个梯队公司公募基金和非公募基金管理费收入占总管理费收入的比重　（单位：%）

2015 年度	公募基金	社保基金	企业年金	专户
第一梯队	80.81	3.68	3.74	11.77
第二梯队	78.05	3.43	1.29	17.23
第三梯队	73.34	0.46	—	26.20
合计	78.36	3.03	2.05	16.56
2014 年度	公募基金	社保基金	企业年金	专户
第一梯队	85.41	4.52	4.30	5.77
第二梯队	88.29	2.74	1.62	7.35
第三梯队	76.78	—	—	23.22
合计	85.30	3.13	2.58	8.99

资料来源：中国证券投资基金业协会（AMAC）。

2015 年度销售服务费收入为 37.11 亿元，相比 2014 年度上升了 68.02%（见表 7－7）。继 2014 年度“宝宝”类产品的热销带来的销售服务费收入的爆发式增长，2015 年“宝宝”类产品继续受到投资者青睐，销售服务费稳步增长。2015 年度，天弘余额宝货币市场基金的规模继续保持稳健增长，从年初的 5 790 亿元增加至年底的 6 207 亿元，为天弘带来了 16.10 亿元的销售服务费收入，占全行业销售服务费收入的 43.37%。

表 7－7　2015 年度基金管理公司销售服务费收入两年变动情况

公司类型	2015 年度销售服务费收入（亿元）	2014 年度销售服务费收入（亿元）	变动率（%）
第一梯队	23.91	17.17	39.27
第二梯队	9.37	2.85	228.88
第三梯队	3.83	2.07	85.13
总数	37.11	22.09	68.02

资料来源：中国证券投资基金业协会（AMAC）。

（五）支出

2015 年度基金公司营业支出总额为 485.79 亿元，较 2014 年度增加 193.43 亿元，增长了 66.16%，其整体支出结构与 2014 年度相比变化较小。

从费用构成分析，业务及管理费仍是支出最大的构成项目，占营业支出总额的 89.32%，与 2014 年基本一致。2015 年度业务及管理费支出总额 433.91 亿元，较 2014 年增加 168.20 亿元，增长 63.30%。

从业务及管理费用的构成上看，开支最大的仍为人力资源开支。2015 年人力资源开支达到 219.64 亿元，较 2014 年度的 120.65 亿元增长 82.05%，占业务及管理费用支出的比重为 50.02%，较 2014 年度的 45.41% 有一定增长。第二大项开支依旧为营销开支，2015 年全行业营销开支 153.53 亿元，较 2014 年度增长 56.78%，在业务及管理费中所占比重由 2014 年度的 36.85% 下降至 35.38%。

1. 人力资源支出。

从梯队分类看，第一梯队公司的人力资源开支占管理费收入的比重仅为三成；而第三梯队公司人力资源费用占管理费收入的比重高达 84.37%，承担着较大的人力成本压力。可见，第一梯队公司在人力资源开支上面的优势。从工资、奖金及其他人力资源支出类别来看，第一、第二梯队基金管理公司的情况较为接近，人力资源开支的整体结构上基本保持并驾齐驱的态势，这与大中型基金公司之间加剧的人才竞争态势保持一致。其中，第一梯队公司的奖金占收入的比重较第二梯队公司略大，而工资占收入比则略小，第三梯队公司的各项人力资源支出占收入比均高于第一、第二梯队（见表 7－8）。

表 7-8　2015 年度各个梯队基金公司人力资源开支情况

公司类型	工资			奖金			其他		
	2015 年度（亿元）	2014 年度（亿元）	变动率（%）	2015 年度（亿元）	2014 年度（亿元）	变动率（%）	2015 年度（亿元）	2014 年度（亿元）	变动率（%）
第一梯队	25.18	16.69	50.91	51.96	24.10	115.56	8.34	7.54	10.55
第二梯队	28.42	18.91	50.26	48.22	17.67	172.91	8.74	6.85	27.59
第三梯队	17.13	13.92	23.08	25.75	10.56	143.75	5.89	4.39	34.08

资料来源：中国证券投资基金业协会（AMAC）。

第一、第二、第三梯队公司 2015 年度总体人均薪酬分别达到 178.89 万元、147.21 万元和 82.46 万元，第一梯队公司人均奖金与工资比约为 2.06，第二梯队公司为 1.70，第三梯队公司为 1.50，反映出第一梯队基金公司采用更具业绩激励的薪酬安排（见表 7-9）。

表 7-9　2015 年各个梯队基金公司人均薪酬情况　（单位：亿元）

公司类型	人均工资	人均奖金	人均福利	合计
第一梯队	53.41	110.20	15.28	178.89
第二梯队	49.48	83.97	13.76	147.21
第三梯队	29.43	44.23	8.80	82.46

资料来源：中国证券投资基金业协会（AMAC）。

2. 营销支出。

2015 年度营销开支总额上涨，但占管理费收入百分比有所下降，整体费用结构并无明显变化。2015 年全行业营销开支总额为 153.53 亿元，占业务及管理费总额的 35.38%，占管理费收入总额的 25.42%，两项比重较 2014 年度的 36.85% 和 28.22% 均有所下降。

从营销开支构成上看，最大的营销开支仍然是客户维护费，2015 年度总额为 98.00 亿元，占比 63.83%，较 2014 年度占比上涨 7.59%；相比之下，第二大支出仍是其他类营销开支，总额为 24.47 亿元，占 15.95%，但较 2014 年度出现一定比例下滑。此外，营销培训会议费、招待费、对外宣传广告费、业务招待费、手续费、营销目的差旅费和销售奖励费用占比相对较小且与 2014 年度基本相似（详见表 7-10）。

表 7-10　2015 年基金公司营销开支构成一览表

项目	2015 年度		2014 年度	
	金额（亿元）	占比（%）	金额（亿元）	占比（%）
客户维护费	98.00	63.83	55.08	56.24
营销培训会议费	8.89	5.79	5.57	5.68
对外宣传广告费	8.68	5.65	7.34	7.50
业务招待费	4.89	3.18	3.76	3.84
前端支付销售机构后端认、申购手续费	3.92	2.55	1.97	2.01
营销目的差旅费	2.69	1.75	2.30	2.35
销售奖励	1.99	1.30	0.37	0.38
其他	24.47	15.95	21.53	22.00
合计	153.53	100.00	97.92	100.00

资料来源：中国证券投资基金业协会（AMAC）。

通过不同梯队之间的比较，2015 年度各梯队基金公司营销开支情况较 2014 年度无明显变化。就客户维护费占管理费收入比重而言，尽管各梯队的比重趋于一致，但是依然能够看出第一梯队公司可以维持相对较低的客户维护费比重。就营销培训会议费、业务招待费、营销目的差旅费及宣传广告费等合计占管理费收入比重而言，各梯队的比重均小幅下降，其中第一梯队维持最低的比重。可见，互联网金融的发展使基金公司的营销模式更趋于多元化，对第一梯队营销支出的影响最为明显。就其他类营销支出占管理费收入比重而言，第一梯队公司的比重较上年度有所下降，但由于天弘“余额宝”产品，仍大大高出第二和第三梯队公司（见表 7-11）。

（六）利润

2015 年度基金行业盈利状况明显提高，行业净利润合计 235.17 亿元，较 2014 年度的 107.90 亿元增加 127.27 亿元，增幅 117.95%。全行业共 83 家公司盈利，17 家公司发生亏损（见表 7-12）。

2015 年度，排名前十名的公司净利润总额为 100.37 亿元，占全行业的比重为 42.68%，较 2014 年度 51.85% 的占比有所下降，但盈利的集中程度依然较高。

表 7－11　各个梯队基金公司营销开支情况分析

年份	梯队	总营销开支		客户维护费		营销培训会议费、业务招待费、营销目的差旅费及宣传广告费等合计		其他	
		金额（亿元）	占管理费收入比重（%）	金额（亿元）	占管理费收入比重（%）	金额（亿元）	占管理费收入比重（%）	金额（亿元）	占管理费收入比重（%）
2015年度	一	69.83	29.09	37.93	15.80	10.66	4.44	21.24	8.85
	二	58.60	22.31	43.03	16.38	13.54	5.15	2.03	0.77
	三	25.09	24.76	17.03	16.81	6.86	6.77	1.20	1.18
2014年度	一	49.76	32.09	21.90	14.13	8.14	5.25	19.71	12.71
	二	32.50	23.11	22.94	16.32	8.50	6.04	1.06	0.75
	三	15.66	30.51	10.23	19.92	4.68	9.11	0.76	1.48

资料来源：中国证券投资基金业协会（AMAC）。

表 7－12　2015 年度基金管理公司盈利情况　（单位：家）

净利润金额区间	2015 年度	2014 年度
5 亿元以上	17	6
(1 亿元，5 亿元]	33	27
(5 000 万元，1 亿元]	11	10
(0，5 000 万元]	22	26
净亏损	17	26

资料来源：中国证券投资基金业协会（AMAC）。

从公司个体来看，2015 年度行业内大部分公司的盈利能力较 2014 年度有所提高。95 家 2015 年以前成立的基金公司中，有 80 家 2015 年度营业利润率相比 2014 年度有所增长，79 家 2015 年度税前利润率相比 2014 年度有所增长，这些盈利能力增长的公司营业收入占行业总营业收入比重超过七成。

从不同规模基金管理公司盈利指标的比较看，尽管第三梯队公司盈利能力与第一、第二梯队公司仍存在差距，但该差距已经显著缩小。2015 年度，三个梯队的 ROA 分别为 23.45%、27.17%、16.24%，而 2014 年度分别为 17.50%、17.21%、4.88%；2015 年度，三个梯队的营业利润率分别为 39.45%、42.62%、27.48%，而 2014 年度分别为 36.09%、37.37%、9.08%。同时，ROE 和税前利润率也呈现类似特征，说明基金行业各个梯队公司之间盈利能力分化程度正在逐渐缩小（见表 7－13）。此外，从总体上看，三个梯队的盈利指标均较 2014 年度有所上升；第二梯队的各项指标均高于第一梯队。

表 7－13　2015 年度基金管理公司盈利指标比较　（单位:%）

年度 / 公司类型	ROE		ROA		营业利润率		税前利润率	
	2015	2014	2015	2014	2015	2014	2015	2014
第一梯队	33.06	23.24	23.45	17.50	39.45	36.09	40.00	36.89
第二梯队	36.50	21.42	27.17	17.21	42.62	37.37	43.09	38.03
第三梯队	20.58	5.89	16.24	4.88	27.48	9.08	28.31	11.03
合计	31.77	18.94	23.46	14.90	38.60	32.23	39.17	33.16

注：（1）行业 ROE＝行业 2015 年度净利润总额/行业平均净资产×100%，行业 ROA＝行业 2015 年度净利润总额/行业平均总资产×100%，行业营业利润率＝行业营业利润总额/行业营业收入总额×100%，行业税前利润率＝行业利润总额/行业营业收入总额×100%。

（2）由于当年新成立的基金公司没有净资产、总资产的年初数，故在计算 2015、2014 年度的 ROE、ROA 时分别将 2015 年新成立的 5 家、2014 年新成立的 7 家剔除。

资料来源：中国证券投资基金业协会（AMAC）。

二、基金管理子公司

截至 2015 年底，79 家基金管理子公司总资产合计 157.29 亿元，较 2014 年底的 90.36 亿元增长了 74.07%。平均每家基金管理子公司总资产为 1.99 亿元，较 2014 年底增长了 60.85%。负债总额合计约 62.66 亿元，较 2014 年底增加 29.67 亿元，增长了 89.94%。净资产总额合计约 94.63 亿元，较 2014 年底增加 37.26 亿元，增长了 64.95%。

2015 年度，基金管理子公司全年营业收入合计 104.02 亿元，较 2014 年度增加 45.18 亿元，增长了 76.79%；其中，管理费收入 88.58 亿元，较 2014 年度增加 43.90 亿元，增长了 98.25%，2015 年度基金管理子公司的产品数量由 2014 年度的 0.93 万只增加到 1.61 万只，是管理费收入增加的一个重要推动因素。营业支出总额 64.00 亿元，较 2014 年度增加 24.86 亿元，增长 63.51%，上涨幅度小于营业收入。净利润总额为 30.74 亿元，较

2014 年度的 15.59 亿元增加 15.15 亿元，增长了 97.18%。2015 年度共有 69 家公司盈利，10 家公司发生亏损。从整体看，基金管理子公司业务规模和盈利能力继续保持爆发式增长，营业收入、产品数量和净利润都有了可观的成绩。

按照营业收入的多少，可以将基金管理子公司分为第一梯队、第二梯队和第三梯队。营业收入排名前十的公司为第一梯队，营业收入排名在第十一至第三十为第二梯队，其他公司为第三梯队。不同规模的基金管理子公司经营状况差距依旧明显，第一梯队公司的总资产、营业收入和净利润分别占整个行业的 45.68%、49.36%、60.59%，行业集中度依旧很高，第一梯队公司的盈利能力明显高于规模较小的基金管理子公司。

（一）资产

截至 2015 年底，基金管理子公司的总资产合计 157.29 亿元，较 2014 年底增长了 74.07%。其中，16 家基金管理子公司在 2015 年内完成了增资，增资额为 9.79 亿元，另扣除新成立的 6 家基金管理子公司的总资产 2.25 亿元，经营过程实现总资产增长 145.25 亿元。

从规模来看，2015 年底第一梯队公司平均每家总资产达 7.19 亿元；第二梯队公司平均每家总资产为 1.93 亿元，为第一梯队公司的 26.86%；第三梯队公司平均每家总资产为 0.96 亿元，为第一梯队公司的 13.30%。占总数 12.66% 的第一梯队公司总资产占据了全行业总资产的 45.68%，占总数 25.32% 的第二梯队公司占据了全行业总资产的 24.54%，占总数 62.02% 的第三梯队公司占据了全行业总资产的 29.78%（见表 7－14）。

表 7－14　不同规模基金管理子公司总资产比较

公司规模	2015 年资产（亿元）	2014 年资产（亿元）	资产变动率（%）	2015 年资产占总资产比（%）	公司数量（家）	数量占比（%）	2015 年平均每家公司资产（亿元）
第一梯队	71.85	37.20	93.16	45.68	10	12.66	7.19
第二梯队	38.60	23.03	67.61	24.54	20	25.32	1.93
第三梯队	46.84	30.13	55.44	29.78	49	62.02	0.96
总计	157.29	90.36	74.07	100.00	79	100.00	1.99

资料来源：中国证券投资基金业协会（AMAC）。

从资产变化分析，货币资金余额较 2014 年底增加 9.36 亿元，增长了 27.52%，占资产总额比例为 27.56%，该占比较 2014 年底的 37.63% 下降了 10.07 个百分点。货币资金的增长一方面来自于全行业收入和盈利能力的上升，另一方面来自于 2015 年新成立的 6 家基金管理子公司的资本金投入及 16 家子公司的股东增资。2015 年底自有资金投资合计为 66.12 亿元，较 2014 年底增长了 110.01%；自有资金投资占资产总额的比例为 42.04%，较 2014 年底的 34.84% 上升了 7.20 个百分点。从自有资金投资构成来看，2015 年底可供出售金融资产占比 63.80%，以公允价值计量且其变动计入当期损益的金融资产占比 33.36%，持有至到期投资占比 2.84%（见图 7 - 14）。

图 7 - 14 2015 年底基金管理子公司自有资金投资构成

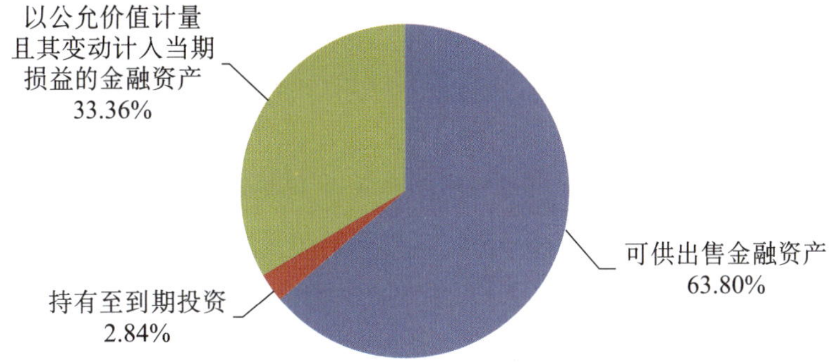

资料来源：中国证券投资基金业协会（AMAC）。

（二）负债

截至 2015 年底，基金管理子公司的负债总规模为 62.66 亿元，较 2014 年底增加 29.67 亿元，增长了 89.94%。

在基金管理子公司的负债结构中，应付职工薪酬、其他负债、应交税费、应付账款、卖出回购金融资产款为最主要的 5 项负债。其中，应付职工薪酬 20.42 亿元，占全部负债的 32.59%；其他负债 18.09 亿元，占全部负债的 28.86%，主要为直销和清算账户应付客户的款项；应交税费 7.87 亿元，占全部负债的 12.56%；应付账款 4.71 亿元，占全部负债的 7.52%；卖出回购金融资产款 4.69 亿元，占全部负债的 7.48%（见图 7 - 15）。

图 7－15　2015 年底基金管理子公司负债构成

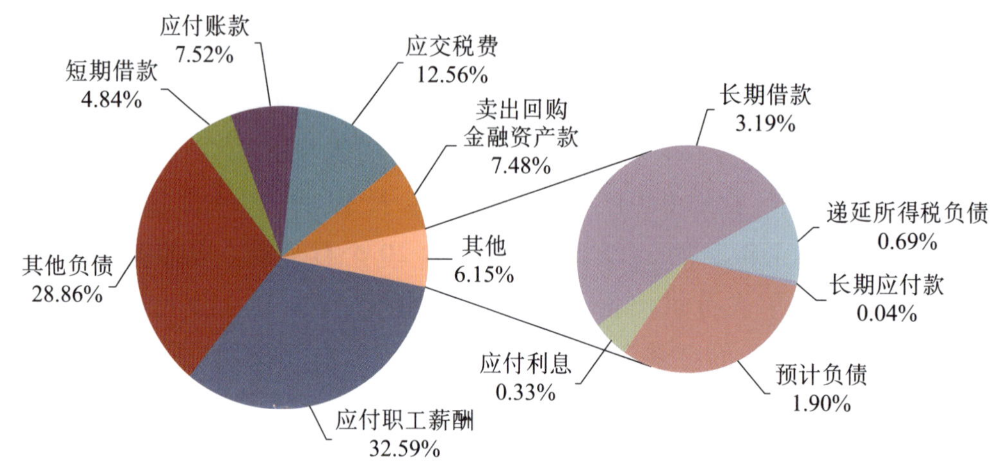

资料来源：中国证券投资基金业协会（AMAC）。

（三）净资产

截至 2015 年底，基金管理子公司净资产总额为 94.63 亿元，较 2014 年底增加 37.26 亿元，增长了 64.95%。

2015 年底基金管理子公司实收资本余额合计 52.02 亿元，较 2014 年底增加 11.72 亿元，增长了 29.08%。2015 年度新成立了 6 家基金管理子公司，注册资本金合计 1.93 亿元。此外，2015 年度共有 16 家基金管理子公司股东进行了增资，合计增资金额达到 9.79 亿元。

从净资产的构成来看，占比最大的是实收资本，达 54.97%；其次是未分配利润和盈余公积，分别为 35.88% 和 5.04%。与 2014 年底数据相比，未分配利润、盈余公积、资本公积、其他综合收益、一般风险准备占净资产比重在 2015 年均有所上升；仅实收资本占净资产比重出现下降。

从规模来看，2015 年底第一梯队公司平均每家净资产达 3.68 亿元；第二梯队公司平均每家净资产为 1.19 亿元；第三梯队公司平均每家净资产为 0.70 亿元，约为第一梯队公司的 18.93%。占总数 12.66% 的第一梯队公司净资产总额占据了全行业净资产的 38.88%；占总数 25.32% 的第二梯队公司占据了全行业净资产的 25.05%；占总数 62.02% 的第三梯队公司占据了全行业净资产的 36.07%（见表 7－15）。

表 7-15 2015 年度不同规模基金管理子公司净资产比较

公司类型	2015 年家数	家数占比（%）	2015 年净资产规模（亿元）	占行业总净资产比重（%）	2015 年平均每家净资产额（亿元）
第一梯队	10	12.66	36.79	38.88	3.68
第二梯队	20	25.32	23.71	25.05	1.19
第三梯队	49	62.02	34.13	36.07	0.70
合计	79	100.00	94.63	100.00	1.20

资料来源：中国证券投资基金业协会（AMAC）。

（四）收入

2015 年度，基金管理子公司全年营业收入合计 104.02 亿元，较 2014 年度增加 45.18 亿元，增长了 76.79%。其中管理费收入 88.58 亿元，较 2014 年度增加 43.90 亿元，增长了 98.25%，2015 年度基金管理子公司的产品数量由 2014 年度的 0.93 万只增加到 1.61 万只，是管理费收入增加的一个重要推动因素。基金管理子公司 2015 年度全年投资咨询费收入为 5.71 亿元，较 2014 年度减少了 2.62 亿元，下降了 31.45%，但投资咨询费收入（包括投资顾问费收入和财务顾问费收入，下同）仍是基金管理子公司第二大收入来源。

整体来看，行业营业收入依旧保持集中化的格局，但集中度保持下降趋势。2015 年度营业收入排名前十名的基金管理子公司的营业收入占全行业的 49.36%，2014 年度该比重为 51.11%。此外，第一、第二、第三梯队营业收入较 2014 年度分别增长 70.76%、73.33% 和 100.49%（详见表 7-16）。

表 7-16 2015 年度基金管理子公司营业收入两年变动情况 （单位:%）

公司类型	2015 年度占比	2014 年度占比	变动	变动率
第一梯队	51.35	30.07	21.28	70.76
第二梯队	31.94	18.43	13.51	73.33
第三梯队	20.73	10.34	10.39	100.49
合计	104.02	58.84	45.18	76.79

资料来源：中国证券投资基金业协会（AMAC）。

从收入构成分析，管理费收入在基金管理子公司收入中的比重有所扩大。2015 年度管理费收入占营业收入的 85.16%，较 2014 年度 75.93% 的占比上升了 9.23 个百分点，是收入的主要来源。投资咨询费收入占营业收入的 5.49%，较 2014 年度 14.16% 的占比下降了 8.67 个百分点。此外，基金管理子公司专户 2015 年度全年平均管理费率约为 0.2%，基本与 2014 年度持平，反映了 2015 年度子公司在业务结构和综合管理能力上进入一个相对稳定的阶段。

（五）支出

2015 年度，基金管理子公司营业支出总额 64.00 亿元，较 2014 年度增加 24.86 亿元，增长 63.51%，上涨幅度小于营业收入。

从费用构成分析，业务及管理费占营业支出总额的 86.79%，较 2014 年度 89.96% 的占比下降 3.17 个百分点，这主要是由于 2015 年度资产减值损失为 2.39 亿元，较 2014 年度增长了约 23 倍，相应的占比也大幅上升。另外，2015 年度营业税金及附加为 5.56 亿元，较 2014 年度增长了 78%。2015 年度基金管理子公司的业务及管理费总额为 55.55 亿元，较 2014 年度的 35.22 亿元增加 20.33 亿元。从业务及管理费的构成上看，开支最大的是人力资源支出。2015 年度人力资源支出达到 31.86 亿元，较 2014 年度的 18.03 亿元增长了 76.70%。人力资源支出占业务及管理费支出的比例从 2014 年度的 51.21% 增长至 57.36%。第二大支出项为办公费开支，从 2014 年度的 10.47 亿元增加至 2015 年度的 15.83 亿元，增长 51.19%，但占业务及管理费用支出的比例从 2014 年度的 29.73% 下降至 28.50%。营销开支占业务及管理费比例为 10.85%，较 2014 年度下降了 2.80 个百分点，是第三大支出项目。

1. 人力资源支出。

从梯队分类看，第一梯队基金管理子公司人力资源开支占管理费收入的 28.99%，小于第二和第三梯队公司的 41.01% 和 47.35%，该规律和基金公司基本保持一致，第一梯队公司人力成本压力较小。从奖金工资比来看，第一梯队基金公司为 3.02，第二梯队公司为 1.49，第三梯队公司为 0.96。可见，第一梯队公司的薪酬体系中，奖金的占比要远高于第二和第三梯队公司（见表 7－17）。

表 7-17 2015 年度基金管理子公司不同梯队人力资源开支情况 （单位:%）

公司类型	人力资源占管理费收入比重	其中		
		工资占比	奖金占比	其他占比
第一梯队	28.99	6.44	19.44	3.11
第二梯队	41.01	14.88	22.16	3.97
第三梯队	47.35	21.49	20.63	5.23

资料来源：中国证券投资基金业协会（AMAC）。

2. 办公费开支。

从办公费开支的构成来看，日常开支部分和专业服务费部分依然是办公费开支最主要的来源。2015 年度日常开支部分（主要包括租赁费、物业管理费及水电费，电子设备运转费及修理费和办公目的会议费、差旅费）和专业服务部分［主要包括咨询费（办公费性质）、律师费、会计师费和专户投资咨询费等］分别占办公费开支的 36.54% 和 57.78%，与 2014 年度的占比基本持平。专业服务费为基金管理子公司办公费开支的主要部分，其中专户投资咨询费占专业服务费比例超过了六成。

3. 营销费用开支。

与基金公司营销费用占营业支出比例较高不同，基于旗下产品“私募”的性质，基金管理子公司侧重于根据特定客户需求量身定制合适的产品，从而摆脱了传统公募基金对销售机构依赖较大的困境，无需建立庞大的销售网络并支付高额的客户维护费及品牌宣传费用等。从营销费用结构来看，2015 年度占比分列前三位的分别为客户维护费、业务招待费和营销目的会议培训费，分别为 26.64%、22.74% 及 21.55%。营销开支的三驾马车已经成型，和 2014 年度相比整体构成一致。

（六）利润

2015 年度 79 家基金管理子公司净利润总额为 30.74 亿元，较 2014 年度的 15.59 亿元增加 15.15 亿元，增长了 97.17%。2015 年度共有 69 家公司盈利，10 家公司发生亏损（详见表 7-18）。

2015 年度，基金管理子公司净利润集中程度依然较高，净利润前十名的公司净利润合计 18.89 亿元，占盈利公司净利润总和的 60.59%。该比重较 2014 年度的 63.93% 下降了 3.34 个百分点，集中度保持下降趋势。

表 7－18　2015 年度基金管理子公司盈利情况

盈亏情况	基金管理子公司数量（家）
5 000 万元以上	15
(1 000 万元，5 000 万元]	33
(0，1 000 万元]	21
亏损	10

资料来源：中国证券投资基金业协会（AMAC）。

全行业营业利润率和税前利润率有一定提高，净资产收益率和资产收益率与 2014 年度基本持平。其中，第一梯队公司的净资产收益率、资产收益率、营业利润率和税前利润率分别为 62.24%、33.22%、44.18% 和 45.26%，均显著高于行业平均水平，说明第一梯队公司盈利能力普遍较强，基金管理子公司第一梯队与第二、第三梯队公司盈利能力差距较大（见表 7－19）。

表 7－19　全行业主要盈利指标一览表　（单位：%）

盈利指标	2015 年度	2014 年度	变动	变动比率
ROE	40.90	39.14	1.76	4.50
ROA	25.00	25.08	－0.08	－0.33
营业利润率	38.47	33.46	5.01	14.95
税前利润率	38.73	34.63	4.10	11.83

注：(1) 行业 ROE＝行业 2015 年度净利润总额/行业平均净资产×100%，行业 ROA＝行业 2015 年度净利润总额/行业平均总资产×100%，行业营业利润率＝行业营业利润总额/行业营业收入总额×100%，行业税前利润率＝行业利润总额/行业营业收入总额×100%。

(2) 由于当年新成立的专户子公司没有净资产的年初数，故在计算 2015、2014 年度的 ROE、ROA 时分别将 2015 年新成立的 6 家、2014 年新成立的 12 家剔除。

资料来源：中国证券投资基金业协会（AMAC）。

三、香港子公司

截至 2015 年底，香港子公司的总资产合计 30.21 亿元，较 2014 年底增长了 11.80%；负债总规模为 4.45 亿元，较 2014 年底增加 0.23 亿元，增长了 5.45%；净资产总额为 25.75 亿元，较 2014 年底增加 2.96 亿元，增长了 12.99%。

2015 年度，香港子公司实现营业收入 12.42 亿元，较 2014 年度增加 1.72 亿元，增长 16.08%；营业支出 10.65 亿元，较 2014 年度增加 1.29 亿元，增长 13.78%；净利润总额为 1.31 亿元，较 2014 年度的 0.97 亿元增加 0.34 亿元，增长了 35.05%。

（一）资产

截至 2015 年底，香港子公司的总资产合计 30.21 亿元，较 2014 年底增长了 11.80%；其中 3 家香港子公司在 2015 年内完成了增资，增资额为 1.70 亿元，另扣除新成立的 1 家香港子公司的总资产 0.47 亿元，经营过程实现总资产增长 1.02 亿元。

从规模来看，2015 年底第一梯队公司平均每家总资产达 4.78 亿元，第二梯队公司平均每家总资产为 0.74 亿元，第三梯队公司平均每家总资产为 0.32 亿元，为第一梯队公司的 6.69%。占总数 17.39% 的第一梯队公司总资产占据了全行业总资产的 63.24%，占总数 52.17% 的第二梯队公司占据了全行业总资产的 29.29%，而占总数 30.43% 的第三梯队公司仅占到全行业总资产的 7.47%（详见表 7－20）。

表 7－20　各个梯队香港子公司总资产比较

公司类型	2015 年资产（亿元）	2014 年资产（亿元）	资产变动率（%）	2015 年资产占总资产比（%）	公司数量	数量占比（%）	2015 年平均每家公司资产（亿元）
第一梯队	19.10	17.04	12.13	63.24	4	17.39	4.78
第二梯队	8.85	8.96	1.28	29.29	12	52.17	0.74
第三梯队	2.26	1.02	121.57	7.47	7	30.44	0.32
合计	30.21	27.02	11.80	100.00	23	100.00	1.31

资料来源：中国证券投资基金业协会（AMAC）。

从资产变化分析，货币资金余额较 2014 年底增加 0.26 亿元，增长了 2.38%，占资产总额比例为 36.65%，该占比较 2014 年底的 40.02% 下降了 3.37 个百分点。货币资金的增加一方面来自于行业收入和盈利能力的提升，另一方面来自于 3 家香港子公司的股东增资。2015 年底自有资金投资合计为 7.78 亿元，较 2014 年底的 8.70 亿元下降了 10.54%；自有资金投资占资产总额的比例为25.75%，该占比较2014年底的32.18%下降了6.43个百分点。从自有资金投资构成来看，以公允价值计量且其变动计入当期损益的金融资产占比74.47%，可供出售金融资产占比25.53%，暂无持有至到期投资（详见图7－16）。

图7－16　2015年底香港子公司自有资金投资构成

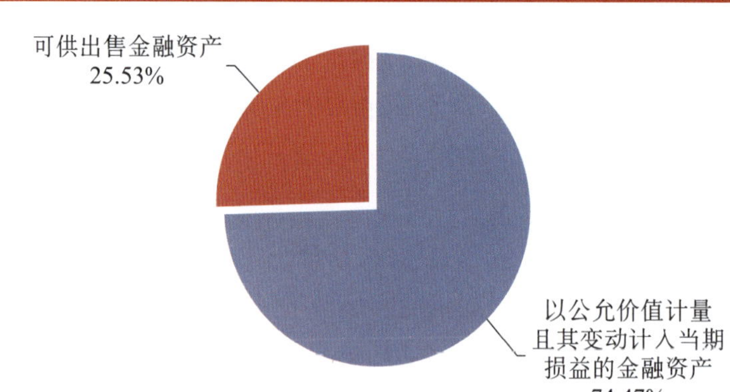

资料来源：中国证券投资基金业协会（AMAC）。

（二）负债

截至2015年底，香港子公司的负债总规模为4.45亿元，较2014年底增加0.23亿元，增长了5.45%。

在香港子公司的负债结构中，应付职工薪酬、其他负债、应付账款、应交税费、预计负债为最主要的5项负债项目。其中，应付职工薪酬2.56元，占全部负债的57.55%；其他负债1.11亿元，占全部负债的24.98%，主要为应付关联方代垫费用、预提费用及其他应付款项；应付账款0.45亿元，占全部负债的10.06%；应交税费0.31亿元，占全部负债的6.89%；预计负债0.02亿元，占全部负债的0.43%（详见图7－17）。

（三）净资产

截至2015年底，香港子公司净资产总额为25.75亿元，较2014年底增加2.96亿元，增长了12.99%。

2015年底香港子公司实收资本余额合计28.14亿元，较2014年底增加2.18亿元，增长了8.40%。2015年度新成立了1家香港子公司。此外，2015

年度共有 3 家香港子公司的股东进行了增资，合计增资金额 1.70 亿元。

图 7－17　2015 年底香港子公司负债构成情况

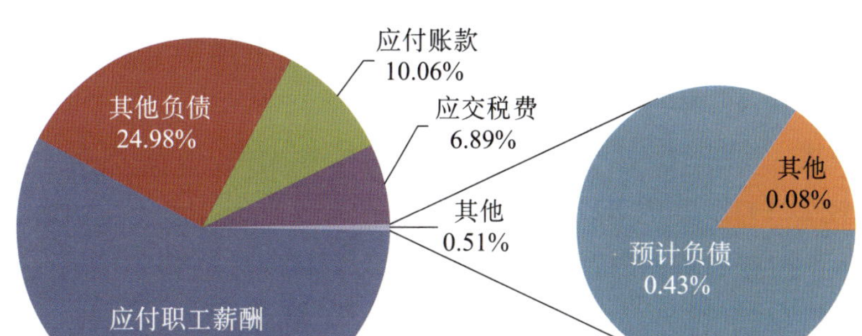

资料来源：中国证券投资基金业协会（AMAC）。

从净资产的构成来看，占比最大的是实收资本，达 109.26%；其次为其他综合收益，达 1.51%；未弥补亏损占净资产比重为－11.53%，主要是由于多数香港子公司仍处于业务发展初期，目前尚处于亏损状态。与 2014 年底相比，其他综合收益占净资产比重在 2015 年底有所上升；实收资本、资本公积占净资产比重出现下降。

从规模来看，2015 年底第一梯队公司平均每家净资产达 3.88 亿元，第二梯队公司平均每家净资产为 0.68 亿元，第三梯队公司平均每家净资产为 0.30 亿元，约为第一梯队公司的 7.71%。占总数 17.39% 的第一梯队公司净资产总额占据了全行业净资产的 60.28%，占总数 52.17% 的第二梯队公司占据了全行业净资产的 31.59%，占总数 30.43% 的第三梯队公司占到全行业净资产的 8.13%（详见表 7－21）。

表 7－21　2015 年各个梯队基金公司香港子公司净资产比较

公司类型	2015 年家数	家数占比（%）	2015 年净资产规模（亿元）	占行业总净资产比重（%）	2015 年平均每家净资产额（亿元）
第一梯队	4	17.39	15.52	60.28	3.88
第二梯队	12	52.17	8.13	31.59	0.68
第三梯队	7	30.43	2.10	8.13	0.30
合计	23	100.00	25.75	100.00	1.12

资料来源：中国证券投资基金业协会（AMAC）。

（四）收入

2015年度，香港子公司实现营业收入12.42亿元，较2014年度增加1.72亿元，增长16.08%。其中管理费收入11.31亿元，较2014年度增加2.46亿元，增长27.80%。

2015年度，第一梯队公司管理费收入占全行业管理费收入比重为80.27%，较2014年度的82.90%有所下降，行业集中度依然较高。总体来看，由于业务扩张，整个行业的管理费收入呈上升趋势，其中第一、第二梯队公司的增幅分别为23.71%、44.79%，第二梯队公司收入增长迅速，但收入规模仍和第一梯队公司有较大差距（详见表7-22）。

表7-22　2015年基金公司香港子公司管理费收入两年变动情况　（单位：%）

公司类型	2015年度占比	2014年度占比	变动	变动率
第一梯队	9.08	7.34	1.74	23.71
第二梯队	2.19	1.51	0.68	44.79
第三梯队	0.04	—	0.04	不适用
合计	11.31	8.85	2.46	27.76

资料来源：中国证券投资基金业协会（AMAC）。

从收入构成来看，2015年度管理费收入占营业收入的91.02%，较2014年度82.70%的占比上升8.32个百分点，是收入最主要的来源。作为第二大收入来源的投资咨询费收入，2015年度占营业收入的比重从2014年度的8.85%上升到10.35%。

从管理费收入构成来看，2015年度公募基金管理费收入占管理费收入的53.30%，较2014年度77.46%的占比下降24.16个百分点。由于公募基金管理费收入的大幅下降，专户产品对管理费收入的贡献越来越大。

从投资咨询费收入构成来看，2015年度其他二级市场投资咨询占投资咨询费收入的52.70%，较2014年度55.38%的占比下降2.68个百分点，是投资咨询费收入的最主要来源。

（五）支出

2015年度，香港子公司营业支出10.65亿元，较2014年度增加1.29亿元，增长13.78%，上涨幅度低于营业收入。其中业务及管理费10.54亿元，较2014年度增加2.09亿元，上涨24.73%。

从费用构成来看，2015年度业务及管理费占营业支出的99.02%，较2014年度90.26%的占比上涨8.76个百分点，是支出的最核心来源。

从业务及管理费的构成来看，开支最大的是人力资源开支，2015年度人力资源开支为5.42亿元，较2014年度的4.37亿元增长了24.03%，占业务及管理费的比例为51.42%，与2014年度基本持平；第二大开支为办公费开支，占业务及管理费的比例为23.67%，较2014年度无明显变化；第三大项支出为营销开支，较2014年度的1.45亿元增加至2.16亿元，增长了48.97%，占业务及管理费的比例为20.50%，较2014年度上涨3.34个百分点。

1. 人力资源开支。

从人力资源开支占管理费收入的比重来看，第一梯队公司为35.14%，第二梯队公司为88.68%，第三梯队公司为730.86%。这主要是由于第三梯队公司大部分处于亏损状态，但是薪酬需要照常发放。可见，规模越小的香港子公司，其人力资源负担越重。

第一梯队公司奖金与工资比为1.09，第二梯队公司为0.56，第三梯队公司为0.49，反映出第一梯队公司在业绩激励方面领先于第二梯队公司和第三梯队公司，该行业现状和基金公司以及基金管理子公司基本一致。

2. 办公费开支。

从办公费开支的构成来看，日常开支部分和专业服务费部分是办公费开支最主要的来源。2015年度日常开支部分（主要包括租赁费、物业管理费及水电费，电子设备运转费及修理费和办公目的会议费、差旅费）和专业服务部分（主要包括咨询费、律师费和会计师费）分别占办公费开支的55.96%和37.83%，2014年度该比例分别为68.75%和23.58%。

（六）利润

2015年度23家香港子公司净利润总额为1.31亿元，较2014年度的0.97亿元增加0.34亿元，增长了35.05%。2015年度共有8家公司盈利，15家公司亏损（详见表7－23）。

全行业的ROE、ROA、营业利润率、税前利润率均有上升。其中，第一梯队公司的ROE、ROA、营业利润率和税前利润率分别为12.87%、10.57%、

表 7－23　　2015 年香港子公司盈亏情况

盈亏情况	香港子公司数量（家）
盈利	8
净亏损低于 1 000 万元	13
净亏损高于 1 000 万元	2

资料来源：中国证券投资基金业协会（AMAC）。

25.44%和25.43%，第二、第三梯队的香港子公司大部分仍在亏损（详见表 7－24）。

表 7－24　　全行业主要盈利指标一览表　　（单位:%）

盈利指标	2015 年度	2014 年度	变动	变动比率
ROE	5.60	4.58	1.02	22.33
ROA	4.74	3.96	0.78	19.86
营业利润率	14.30	12.54	1.76	13.97
税前利润率	14.23	12.53	1.70	13.59

注：(1) 行业 ROE＝行业 2015 年度净利润总额/行业平均净资产×100%，行业 ROA＝行业 2015 年度净利润总额/行业平均总资产×100%，行业营业利润率＝行业营业利润总额/行业营业收入总额×100%，行业税前利润率＝行业利润总额/行业营业收入总额×100%。

(2) 由于当年新成立的香港子公司没有净资产的年初数，故在计算 2015、2014 年度的 ROE、ROA 时分别将 2015 年新成立的 1 家、2014 年新成立的 1 家剔除。

资料来源：中国证券投资基金业协会（AMAC）。

四、年报审计情况

2015 年基金公司、基金管理子公司和香港子公司各发生会计师费用 5 401.01 万元、3 102.97 万元和 599.32 万元。从会计师费用构成上看，验资业务已成为基金公司和基金管理子公司最大的会计师费用支出项目，占比分别为 39.75%和 56.21%；年度审计及内部控制评价业务是香港子公司最大的会计师费用支出项目，占比为 65.98%。其他业务方面，比重较大的业务类型包括专项审计、税务咨询、会计事务代理等。

从市场份额上看，按照收费金额计算，四大国际事务所承揽基金公司业务、基金管理子公司和香港子公司业务的行业占比分别为 77.66%、

67.01%和77.38%。四大国际事务所在公司年度审计以及内部控制评价、GIPS鉴证和ISAE3402鉴证等业务方面优势明显，市场份额较高；而内资所凭借成本优势，在验资、所得税汇算清缴、税务咨询、离任审计等业务方面保持了市场份额。

同行业内不同的基金公司、基金管理子公司和香港子公司在会计师费用支出上差距较大，基金公司平均会计师费用为54.01万元，基金管理子公司平均会计师费用为39.28万元，香港子公司平均会计师费用为26.06万元。

第八章

基金管理人

截至2015年末，我国境内共有基金管理公司101家，其中合资公司45家，内资公司56家；取得公募基金管理资格的证券公司或证券公司资管子公司10家、保险资产管理公司1家。截至2015年末，在中国证券投资基金业协会登记的私募投资基金管理人共计25 065家，其中，私募证券投资基金管理人10 921家，私募股权投资基金管理人11 914家，创业投资基金管理人1 458家，其他私募投资基金管理人772家，私募投资基金从业人员达到42.67万人。

第一节　基金管理公司股东和股权结构

一、股东背景

（一）国有、民企、外资、个人

从股东背景来看（图8－1），目前大部分基金管理公司的控股股东是国有金融机构以及省级或地方政府背景企业，绝大多家基金管理公司均有国有企业股东参与。民营企业参股的基金管理公司占比为26.73%。随着基金管理公司股东准入门槛的降低，最近三年在新成立的基金管理公司及老基金管理公司增资扩股的过程中，民营企业的参股比重持续提高。外资企业参股的基金管理公司数量占比为35.64%，较往年有较大幅度的下调，主要是由于近一年来基金管理公司的新增股东中外资背景企业相对较少。从外资股东所处区域来看，外资股东多是来自我国台湾地区、日本、法国和加拿大的证券公司或者资产管理公司，其他还包括瑞士、意大利等欧洲国家，新加坡、中国香港等亚洲市场和美国的金融机构。

2014 年以来，随着新《证券投资基金法》的发布，基金管理公司股东多元化现象明显，自然人也出现在基金管理公司股东之列。目前，有 4 家基金管理公司中有个人股东参与。

图 8－1　2015 年国有、民营、外资、个人参股基金管理公司数量比例分布

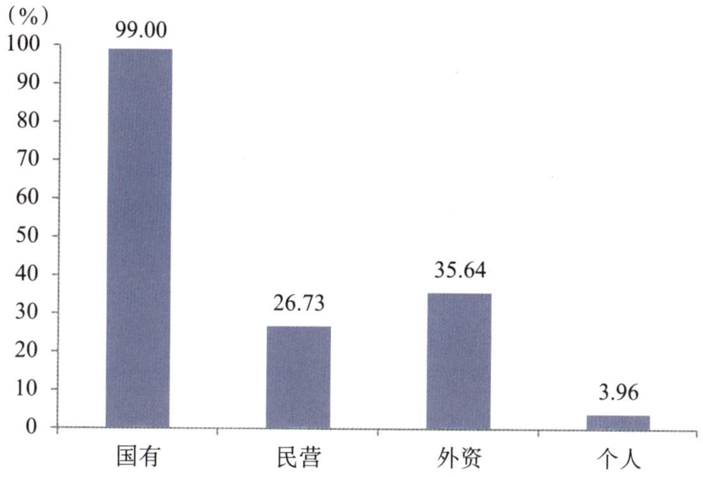

	国有	民营	外资	个人
(%)	99.00	26.73	35.64	3.96

资料来源：恒生聚源、上海证券基金评价研究中心。

（二）不同类型股东背景

从主要控股股东所处行业来划分，基金管理公司大致可分为四个类型：银行系、券商系、信托系和综合系。一直以来，无论是基金管理公司数量还是管理的资产规模，券商系基金管理公司都在行业中占据领先地位。

2015 年共有 44 家券商系基金管理公司，数量较 2014 年减少了 4 家，但在全部基金管理公司中占比仍达 43.56%（见图 8－2、图 8－3）。

银行系基金管理公司有 13 家，得益于渠道优势，其管理公募基金资产规模发展迅速，约占全部基金管理公司相应规模的 1/5，仅次于券商系基金管理公司。

信托系基金管理公司共计 22 家，在全部基金管理公司中占比 21.78%。

与2014年相比，信托系基金管理公司在数量上无明显变化。

其他综合系基金管理公司共计22家，主要包括多类金融机构共同控股或资产管理公司为控股股东的基金管理公司。随着混业经营的势态持续深化，其他综合系基金管理公司的数量逐年增加。

图8－2　2014年和2015年各类型基金管理公司数量

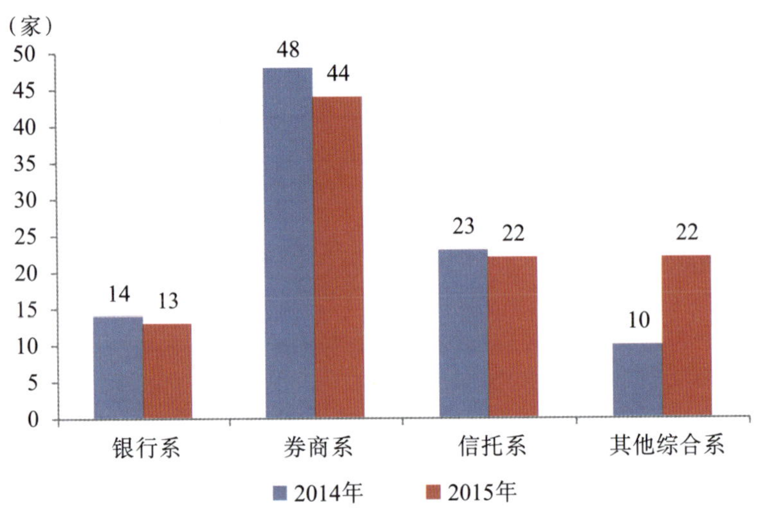

资料来源：恒生聚源、上海证券基金评价研究中心。

图8－3　2015年各类型基金管理公司数量占比

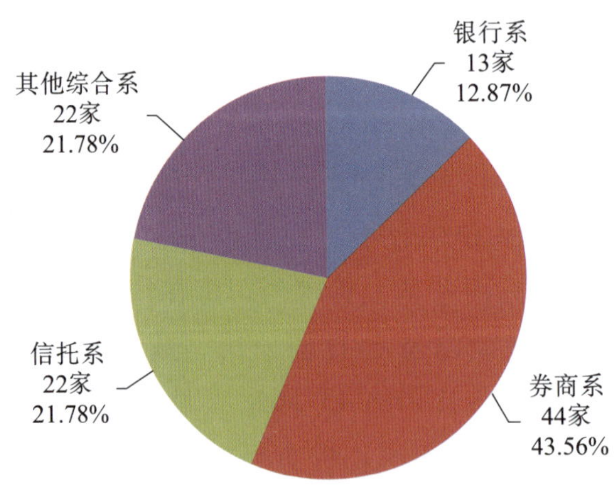

资料来源：恒生聚源、上海证券基金评价研究中心。

二、股权结构

（一）绝对控股、相对控股

绝对控股，指单家股东控股比例在 50% 以上或远远高于其他股东控股比例。相对控股，指多家股东控股比例较为接近或相同。2015 年，58 家基金管理公司采用绝对控股模式，占比达 57.43%，其中包含 2 家独资控股公司。另外，43 家基金管理公司采用多家股东相对控股模式（图 8－4）。

图 8－4　2015 年基金管理公司股权结构（参、控股）

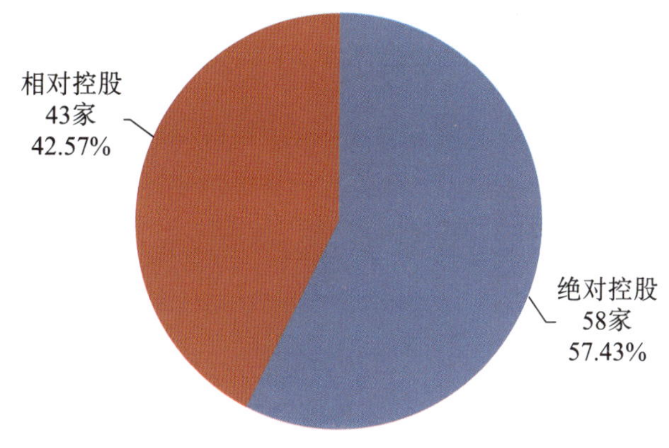

资料来源：恒生聚源、上海证券基金评价研究中心。

（二）股权集中度

在纳入统计的 101 家基金管理公司中，第一大股东持股集中度为 52.7%，前两大股东和前三大股东持股集中度分别为 84.1% 和 91.5%（图 8－5）。大多数基金管理公司的第一大股东的持股比例较高，达到 50% 以上，在公司运作中掌控绝对话语权。约 1/3 的基金管理公司由两家股东控制全部的股份，另有 1/3 的基金管理公司由三家股东共同控制 100% 的股份。个别基金管理公司股东机构较为分散，如富国基金、华安基金、易方达基金等，由多家股东平均持有股份，第一大股东持股比例约在 25% 左右。

图 8－5　2015 年基金管理公司参股机构合资和独资情况

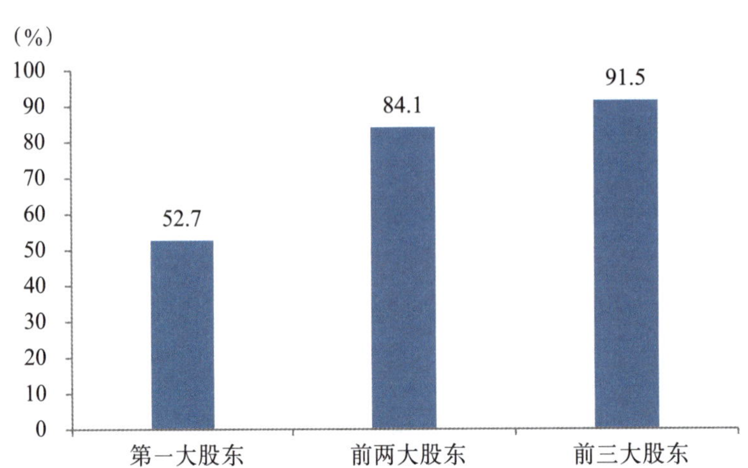

资料来源：恒生聚源、上海证券基金评价研究中心。

第二节　基金管理公司决策结构

一、董事会构成

基金管理公司的董事会作为股东和管理层之间的隔离墙，目的是防止股东过多干预公司经营管理。董事会对公司的经营运作进行战略性指导和有效监督，公平对待所有股东，维护基金持有人利益。但是在实际运作过程中，董事和经理人员往往过于服从大股东的意志而忽视基金持有人的利益，董事长过度干预公司的投资业务，总经理和管理层专业价值难以体现。此外，由于法律法规不尽完善，独立董事没有发挥出应有的作用。如《证券投资基金管理公司治理准则（试行）》第四十五条规定，基金管理公司拟任独立董事由股东对其进行评估，独立董事人选由股东会决定。这一政策使得独立董事很难保证独立性，从而难以保证独立董事以基金份额持有人利益最大化为出发点。

二、投资决策委员会构成

基金管理公司大多在内部设有投资决策委员会，负责指导基金资产的运作，确定基金投资策略和投资组合的原则。投资决策委员会是公司非常设机构，是公司最高投资决策机构，一般由公司总经理、分管投资的副总经理、投资总监、研究总监等相关人员组成。一般情况下，总经理为投资决策委员会主席或主任，督察长列席会议。

基金管理公司投资决策委员会构成可分为两类。一类是由总经理参与构成，包括研究部门，甚至运营部门相关人士。此种情况一般由总经理担任投资决策委员会主席。另一类是基金管理公司行政人员与投资决策委员会隔离，总经理不在投资决策委员会中。从实际的情况来看，基金管理公司比较倾向总经理参与模式。该模式有利于增强投资决策委员会的话语权，以及决策结果的执行力。

第三节　基金管理公司参与上市公司治理

总体上看，基金管理公司还缺乏参与上市公司治理的主动性、积极性，现状不尽如人意。上海市基金同业公会对上海辖区基金管理公司参与上市公司治理的一项调研结果表明，基金管理公司作为机构投资者出席股东大会的积极性不高，参会率极低，极少提出质询且被采纳率不高，极少提出议案，很少提议召开股东大会，提名的董事占比很低，参与公司治理的意愿淡薄，对股东大会议案极少提出不同意见。调查表明，制约基金管理公司作为机构投资者参与上市公司治理的主要因素包括：上市公司股权结构“一股独大”，导致机构投资者“人微言轻”；对持股比例的限制，导致机构投资者“势单力薄”；增强话语权程序繁杂，导致机构投资者“望而却步”；投资文化与外部环境不理想，导致机构投资者难以“独善其身”；自身治理水平不高，导致机构投资者“力不从心”。

2012 年 12 月，中国证券投资基金业协会发布了《基金管理公司代表基金对外行使投票表决权工作指引》。在2013、2014年度，基金管理公司作为机构投资者，参与上市公司治理的积极性有所提升，其中的标志性事件有：2013年6月，大商股份《关于公司向特定对象发行股份购买资产暨关联交易的议案》被富国、博时、国海富兰克林等机构投资者联手否决；2013年11月15日，易方达、汇添富、华商3家基金管理公司推举曲建宁成功入选上海家化董事会；2014年4月，太极股份《上市公司日常关联交易预计的议案》由于反对票数量巨大而未能获得通过，投出反对票的是重仓该公司股票的宝盈基金；2014年7月，瑞康医药发布的定增预案中约定，在认购协议生效后，双方同意在条件成熟时，汇添富基金可以向董事会提名一名董事。2015年度，基金管理公司参与上市公司治理的事件相对较少，未引起市场的广泛关注。

第四节　公募基金管理人人力资本情况

一、从业人员整体情况

截至2015年末，公募基金行业共有从业人员14 513人，较2014年末增加1 755人（2014年为12 758人），增长幅度为13.76%。其中，男性从业人员8 525人，占比58.74%；女性从业人员5 988人，占比41.26%。已取得基金从业资格证书的人员为13 654人，占比达94.08%。

（一）学历构成

从学历构成看，公募基金从业人员中，博士学历591人，占比4.07%；硕士研究生学历7 915人，占比54.54%；本科及以下学历6 007人，占比41.39%（图8－6）。

（二）年龄构成

从年龄构成看，基金管理公司从业人员主要是［25岁，35岁）人群，

图 8－6　　2015 年公募基金从业人员学历构成

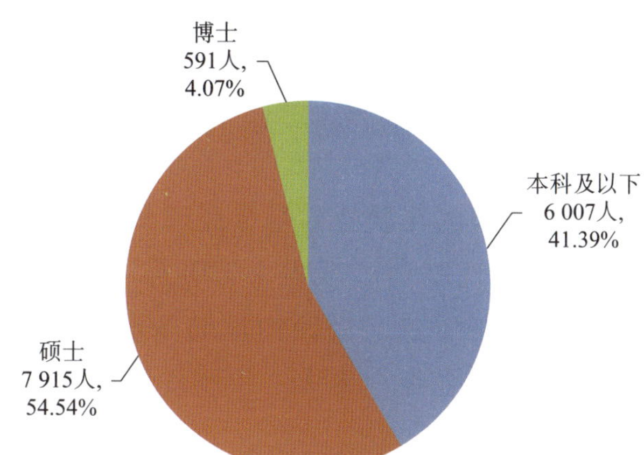

资料来源：中国证券投资基金业协会（AMAC）。

其次为［35 岁，45 岁）人群，占比分别为 63.19%、20.46%。详细年龄构成见图 8－7。

图 8－7　　2015 年公募基金从业人员年龄构成

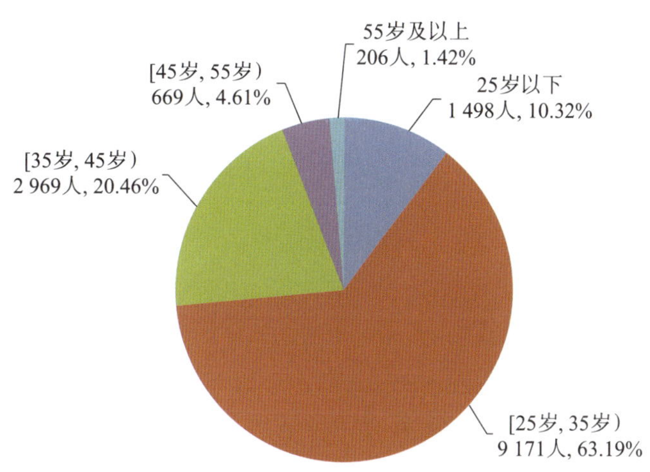

资料来源：中国证券投资基金业协会（AMAC）。

二、高管情况

2015 年，全部公募基金管理人高级管理人员（董事长、总经理、副总经理和督察长）在职人数为485人，较2014年增加156人。其中，新上任高管为127人，离职85人。

三、基金经理情况

截至2015年末，经注册的在职公募基金经理共计1 273人，较2014年末增加15.20%。其中，男性基金经理为1 020人，占比80.13%；女性基金经理253人，占比19.87%。来自中国内地的基金经理1 236人，外籍人士23人，中国台湾地区的基金经理4人，中国香港地区和澳门地区的基金经理各5人。

（一）学历构成

从学历构成看，具有硕士学历者1 031人，占比80.99%；具有博士学历者共计159人，占比12.49%；本科及以下学历者共计83人，占比6.52%。与2014年末相比，硕士学历的基金经理增加了181人，占比增加约4个百分点；本科及以下学历者减少43人，占比减少约5个百分点（见图8－8）。

图8－8　2015年基金经理学历构成

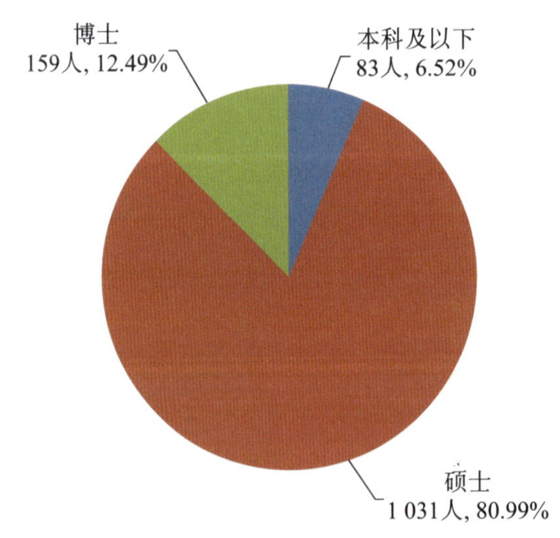

资料来源：中国证券投资基金业协会（AMAC）。

（二）年龄构成

从年龄构成来看，［30 岁，35 岁）者占比最高，达 43.75%；其次为［35 岁，45 岁）者，占比为 40.46%；30 岁以下为 140 人，占比 11.00%；［45，55 岁）者仅为 61 人，占比 4.79%；暂无 55 岁及以上的基金经理（图 8－9）。

图 8－9　2015 年基金经理年龄构成

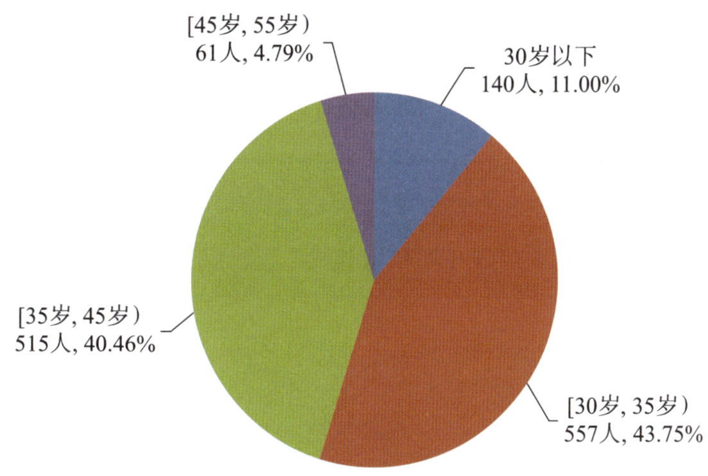

资料来源：中国证券投资基金业协会（AMAC）。

（三）从业年限

从基金经理的证券从业年限来看，从业（5 年，10 年］者占比最高，达 37.16%；其次是（0，3 年］者，占比 27.81%；（3 年，5 年］者 260 人，占比 20.42%；10 年以上者 186 人，占比 14.61%。（见图 8－10）

（四）任职年限

从基金经理担任基金经理职务的年限看，2015 年末有在管基金的公募基金经理共 1 223 人，累计担任基金经理职务年限平均为 2.62 年，与 2014 年末有所下降。其中，任职年限在 1 年以下的占比 36.4%，［1 年，3 年）的占比 29.1%，［3 年，5 年）的占比 16.9%，［5 年，10 年）的占比 15.9%，10 年及以上的占比仅为 1.7%。

图 8－10　2015 年基金经理从业年限构成

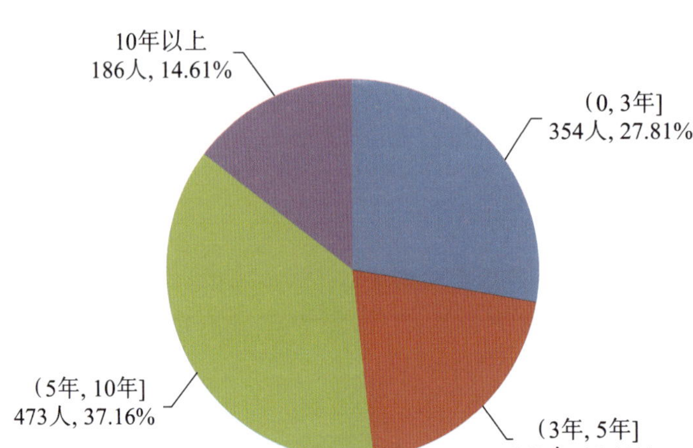

资料来源：中国证券投资基金业协会（AMAC）。

图 8－11　2015 年基金经理任职年限构成

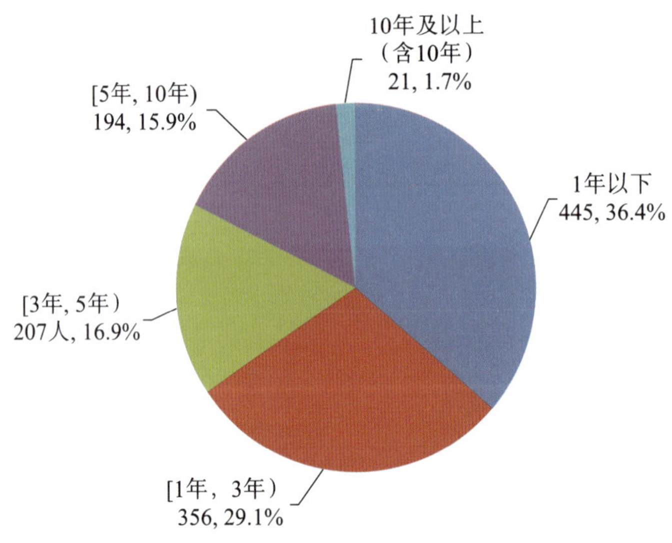

资料来源：金思维投资咨询（上海）有限公司。

（五）基金经理任职与离职变更

2015 年基金经理新任职人数为 334 人。新注册人数为 301 人次。其中，新基金经理注册 110 人次，老基金经理注册 191 人次；新注册人员行业来源为基金行业 296 人，证券行业 5 人。2015 年公募基金经理离职人数为 310

人，较2014年增加了140人，公募基金行业人才流失加剧。

第五节　私募投资基金管理人人力资本情况

一、从业人员整体情况

截至2015年末，全国25 065家私募投资基金管理人，共有从业人员426 670人，2015年季度增长率约为40%（见图8-12）。

图8-12　2015年私募投资基金管理人统计及构成

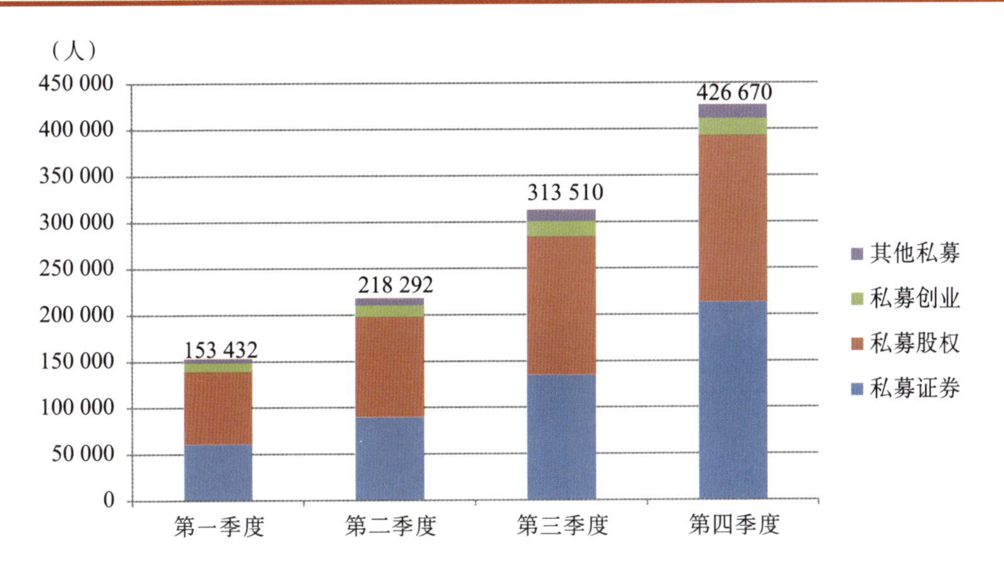

资料来源：中国证券投资基金业协会（AMAC）。

二、私募证券投资基金管理人人力资本情况

（一）员工整体情况

截至2015年末，全国10 921家私募证券投资基金管理公司共有从业人

员 213 434 人，占全部私募基金从业人员的 50.0%。

（二）高管年龄分布

私募证券投资基金管理人高管中，年龄主要分布在（30 岁，50 岁]，其中，（30 岁，40 岁] 的高管接近半数（见图 8－13）。

图 8－13　私募证券投资基金管理人高管年龄分布

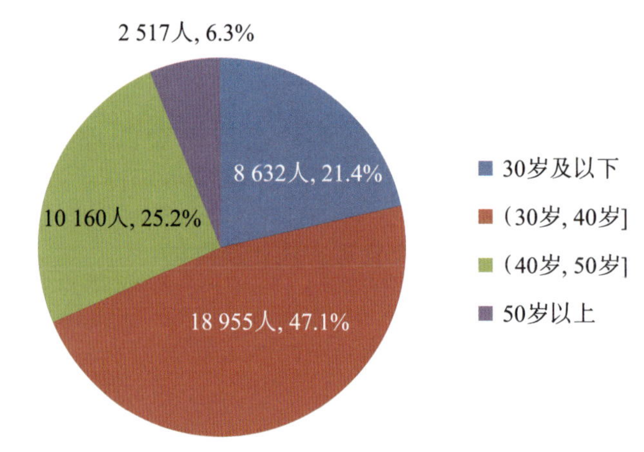

资料来源：中国证券投资基金业协会（AMAC）。

（三）高管学历分布

私募证券投资基金管理人高管中，学历为本科及以下的占比 68.0%，学历为硕士的占比 28.6%，学历为博士的占比 3.4%。不同管理规模的私募证券投资基金管理人，其高管学历分布有所差异。管理资产规模 10 亿元及以下的私募证券投资基金管理人高管中，学历为本科的占比最高，为 54.1%；管理资产规模（10 亿元，50 亿元] 的私募证券投资基金管理人高管中，学历为硕士的高管占比最高，为 56.6%；学历为博士的高管占比 9.3%；管理资产规模 50 亿元以上的私募证券投资基金管理人高管中，学历为硕士的高管占比提高到 61.9%，学历为本科的占比降到 26.6%（见图 8－14）。

（四）高管从业年限分布

有 47.3% 的私募证券投资基金管理人高管的从业年限超过 10 年。其中，管理资产规模 50 亿元以上的高管中，从业超过 10 年的比例达到

57.7%（见图8－15）。

图8－14　私募证券投资基金管理人高管学历分布

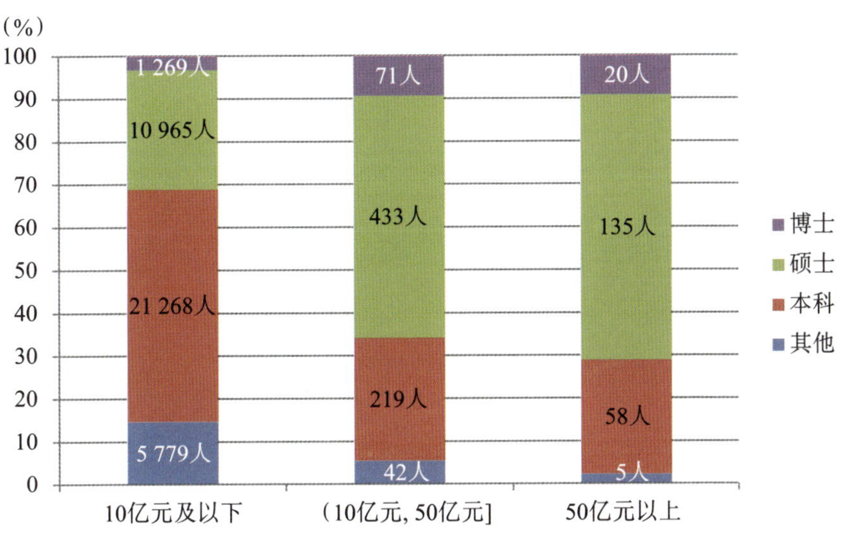

资料来源：中国证券投资基金业协会（AMAC）。

图8－15　私募证券投资基金管理人高管从业年限*

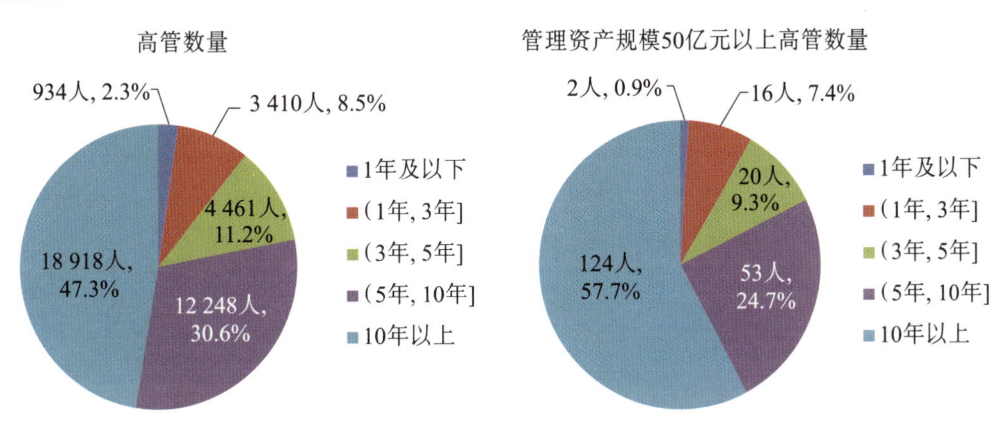

* 因剔除无效数据项等因素，跟总数略有差异。

资料来源：中国证券投资基金业协会（AMAC）。

（五）高管任职时间分布

私募证券投资基金管理人高管任职时间普遍较短，主要集中在（1年，

5年]，其中，任职时间（1年，2年]的比例最高，达到了48.4%。管理资产规模50亿元以上的高管任职时间在（2年，5年]的比例最高，达到41.3%（见图8-16）。

图8-16　私募证券投资基金管理人高管任职时间

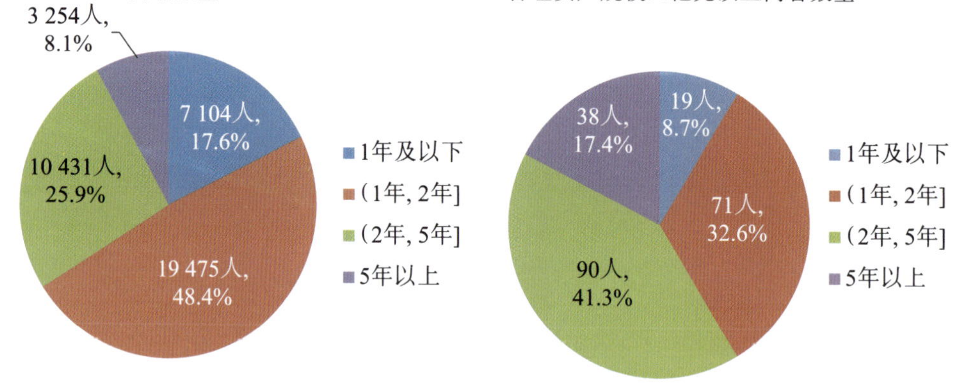

资料来源：中国证券投资基金业协会（AMAC）。

三、私募股权投资基金管理人人力资本情况

（一）员工整体情况

截至2015年末，全国11 914家私募股权投资基金管理人共有从业人员179 857人，占全部私募股权投资基金从业人员的42.2%。

（二）高管年龄分布

私募股权投资基金管理人高管中，年龄主要分布在（30岁，50岁]，其中，（30，40岁]的高管占比最高，达到40.4%（见图8-17）。

（三）高管学历分布

私募股权投资基金管理人高管中，学历为本科及以下的占比62.2%，学历为硕士的占比33.6%，学历为博士的占比4.2%。不同规模的私募股权投资基金管理人，其高管的学历分布有所差异。管理资产规模10亿元以下

图 8 -17　　私募股权投资基金管理人高管年龄

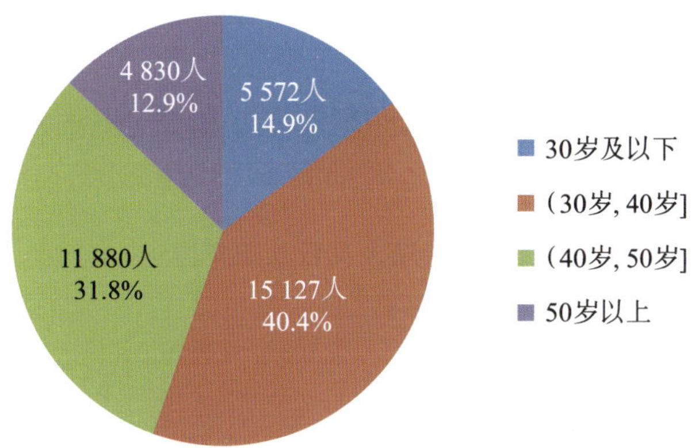

资料来源：中国证券投资基金业协会（AMAC）。

的私募股权投资基金管理人高管中，学历为本科的占比最高，为 50.1%；管理资产规模（10 亿元，50 亿元］的私募股权投资基金管理人高管中，学历为硕士的高管占比最高为 57.4%，学历为博士的高管占比 9.9%；管理资产规模 50 亿元以上的私募股权投资基金管理人高管中，学历为硕士的高管占比提高到 65.8%，学历为本科的占比降到 24.0%（见图 8 -18）。

图 8 -18　　私募股权投资基金管理人高管学历

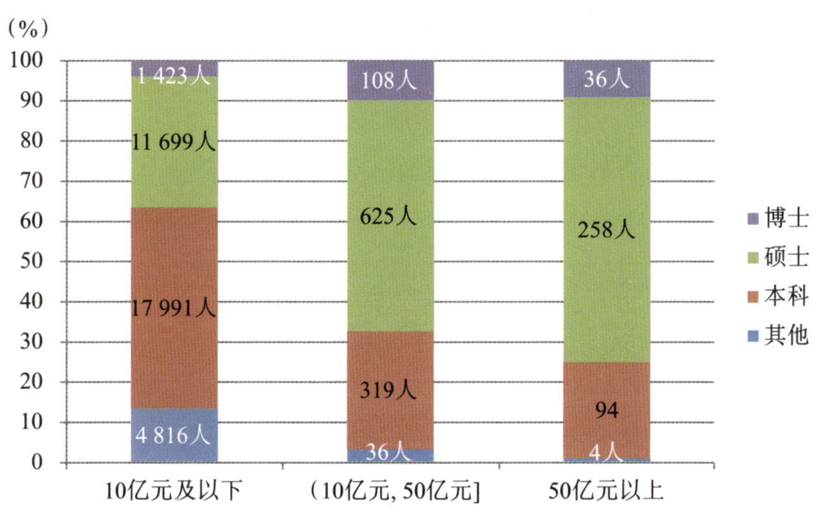

资料来源：中国证券投资基金业协会（AMAC）。

（四）高管从业年限分布

有59.7%的私募股权投资基金管理人高管的从业年限超过10年，其中，管理资产规模50亿元以上的高管中，从业超过10年的比例达到73.7%（见图8－19）。

图8－19　私募股权投资基金管理人高管从业年限*

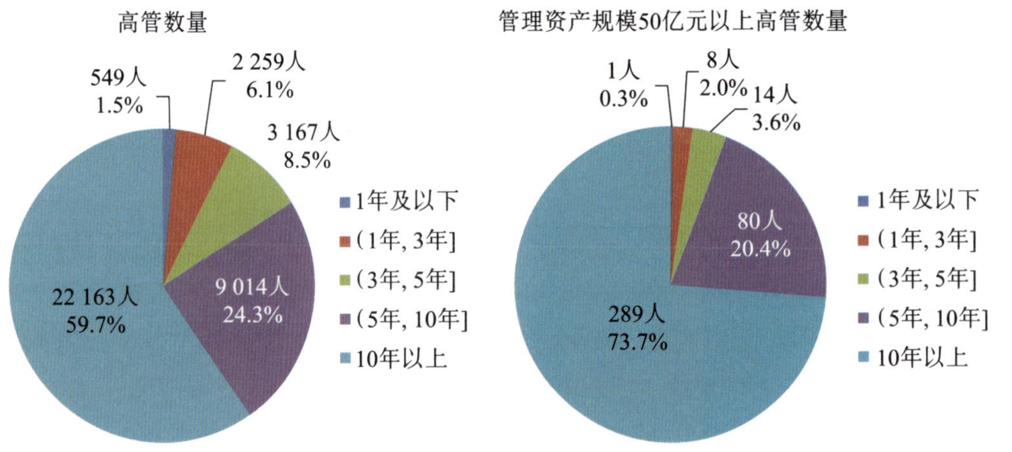

＊因剔除无效数据项等因素，跟总数略有差异。

资料来源：中国证券投资基金业协会（AMAC）。

（五）高管任职时间分布

私募股权投资基金管理人高管任职时间普遍较短，主要集中在（1年，5年]，其中，任职时间（1年，2年］的比例最高，达到了39.0%。管理资产规模50亿元以上的高管任职时间在（2年，5年］的比例最高，达到43.4%（见图8－20）。

四、创业投资基金管理人人力资本情况

（一）员工整体情况

截至2015年末，全国1 485家创业投资基金管理人共有从业人员

图 8－20　私募股权投资基金管理人高管任职时间

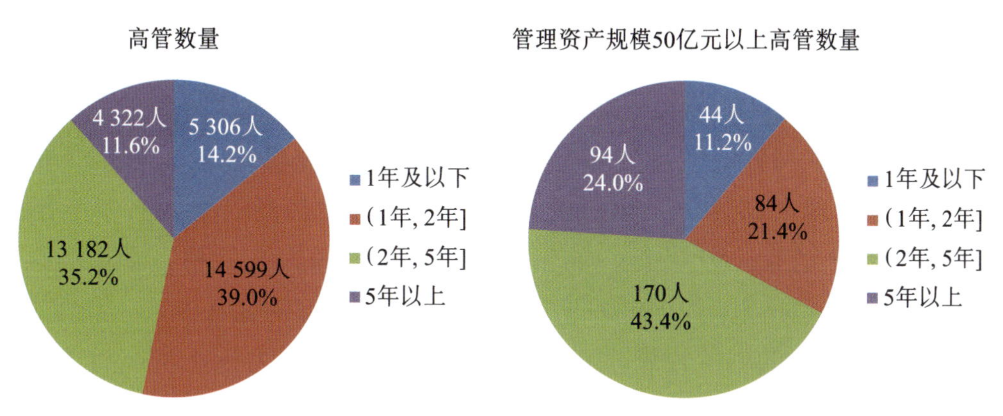

资料来源：中国证券投资基金业协会（AMAC）。

18 273 人，占全部私募投资基金从业人员的 4. 3%。

（二）高管年龄分布

创业投资基金管理人高管中，年龄主要分布在（30 岁，50 岁］，其中，（40 岁，50 岁］的高管占比最高，达到 40. 5%（见图 8－21）。

图 8－21　创业投资基金管理人高管年龄分布

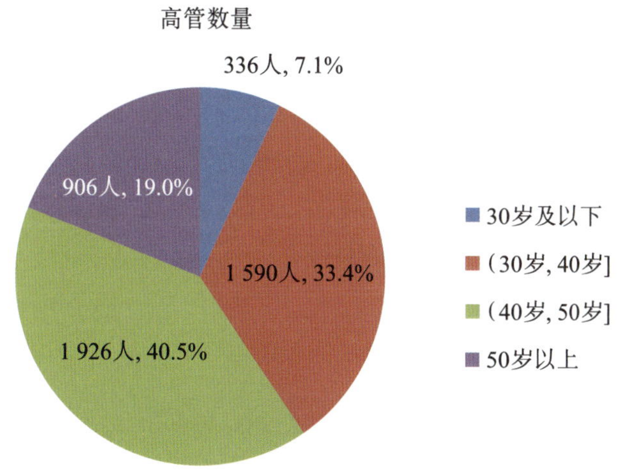

资料来源：中国证券投资基金业协会（AMAC）。

（三）高管学历

私募证券投资基金管理人高管中，学历为本科及以下的占比 45.7%，学历为硕士的占比 47.1%，学历为博士的占比 7.2%。不同规模的创业投资基金管理人，其高管的学历分布也不同。管理资产规模 10 亿元及以下的创业投资基金管理人高管中，学历为硕士的高管占比最高，为 46.5%；管理资产规模（10 亿元，50 亿元］的创业投资基金管理人高管中，学历为硕士的高管占比继续提高，为 59.7%；学历为博士的高管占比 7.8%；管理资产规模 50 亿元以上的创业投资基金管理人高管中，学历为硕士的高管占比提高到 58.9%，学历为博士的高管占比提高到 16.1%（见图 8－22）。

图 8－22　创业投资基金管理人高管学历

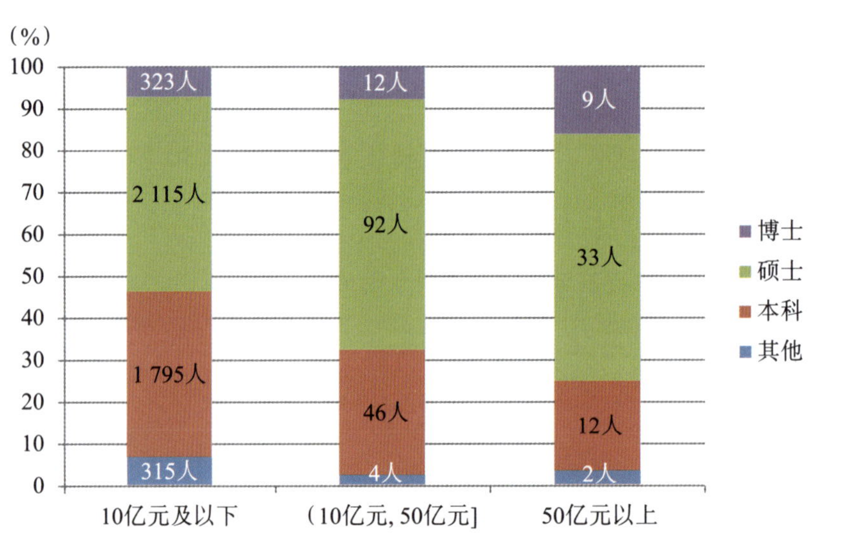

资料来源：中国证券投资基金业协会（AMAC）。

（四）高管从业年限分布

有 73.0% 的创业投资基金管理人高管的从业年限超过 10 年。此外，管理资产规模 50 亿元以上的高管中不存在从业 1 年以下的（见图 8－23）。

图 8－23　创业投资基金管理人高管从业年限*

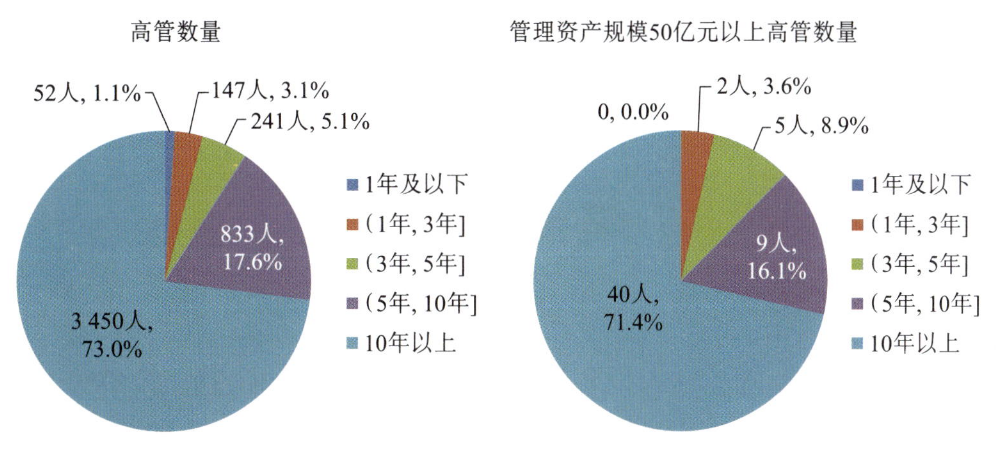

* 因剔除无效数据项等因素，跟总数略有差异。

资料来源：中国证券投资基金业协会（AMAC）。

（五）高管任职时间分布

创业投资基金管理人高管的任职时间相比私募证券、私募股权投资基金管理人高管较长，其中，任职时间 2～5 年的比例最高，达到了 38.5%。管理资产规模 50 亿元以上的高管任职时间在 5 年以上的比例最高，达到 46.4%（见图 8－24）。

图 8－24　创业投资基金管理人高管任职时间分布

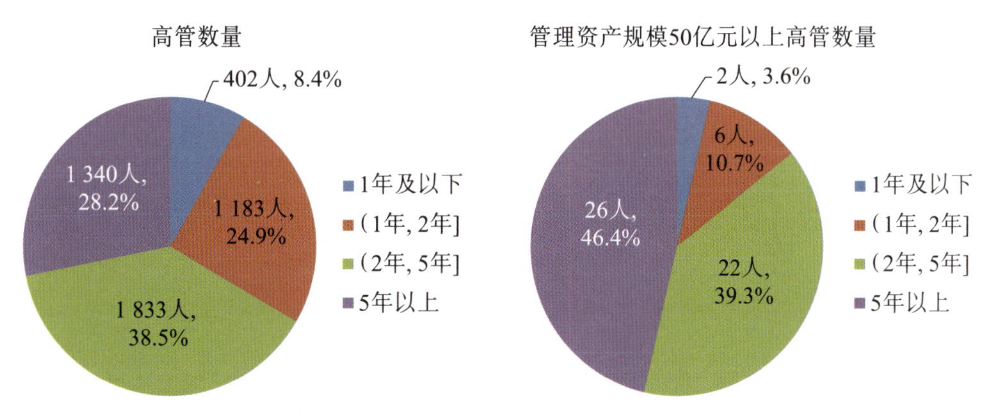

资料来源：中国证券投资基金业协会（AMAC）。

第九章

基金持有人

为把握基金持有人结构性特征，了解基金持有人对基金的认知，深入理解基金持有人的资产配置偏好，2016 年第 1 季度，中国证券投资基金业协会联合各基金管理公司和独立基金销售机构会员向基金个人投资者发放调查问卷，连续第九年对基金个人投资者情况进行抽样调查。本次问卷调查最终有效样本共 19 709 份，错误样本剔除率在 1% 以内。

第一节报告了中国证监会“开放式证券投资基金投资者结构季报表”年度汇总数据，对全部基金个人投资者的账户结构和不同年龄段账户构成情况进行了分析总结。

第一节　个人投资者基本情况

一、账户结构

根据“开放式证券投资基金投资者结构季报表”，截至 2015 年底，基金账户总数 67 917. 39 万户，较 2014 年末上升了 21 508. 56 万户。其中，有效账户数[①]为 18 758. 55 万户，较 2014 年底增加了 6 016. 97 万户，增幅 47. 2%。2013 年以前，基金有效账户数相对稳定，2014 年开始有显著增长。2015 年，个人有效账户数延续了高增长的趋势，增幅达到 47. 3%；机构有

① 有效账户数是指统计期末基金账户数中持有基金份额的账户数量。

效账户数相对稳定，增幅为1.2%（见图9－1）。

图9－1　开放式证券投资基金投资者有效账户情况

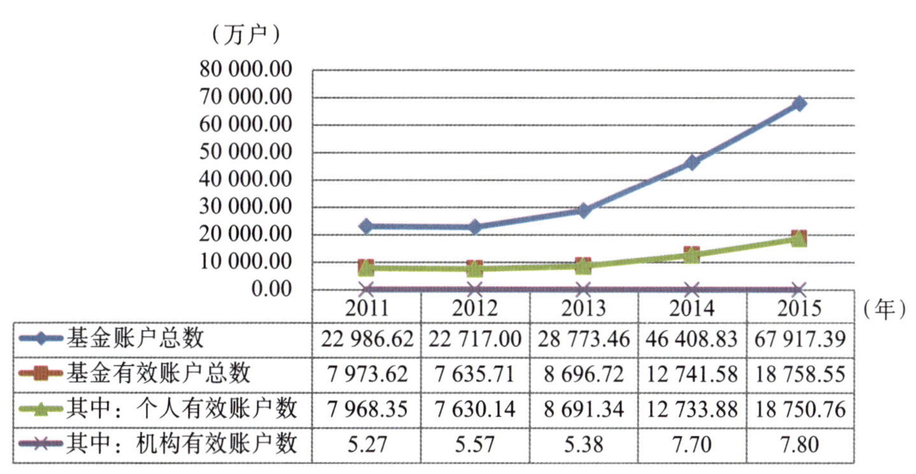

	2011	2012	2013	2014	2015
基金账户总数	22 986.62	22 717.00	28 773.46	46 408.83	67 917.39
基金有效账户总数	7 973.62	7 635.71	8 696.72	12 741.58	18 758.55
其中：个人有效账户数	7 968.35	7 630.14	8 691.34	12 733.88	18 750.76
其中：机构有效账户数	5.27	5.57	5.38	7.70	7.80

资料来源：中国证券投资基金业协会（AMAC）。

个人投资者账户持有基金净值的大小分为五个档次，分别是：1万元及以下、(1万元，5万元]、(5万元，10万元]、(10万元，50万元]及50万元以上。2015年底，持有开放式基金资产净值在10万元及以下的基金投资者有效账户数约占93.5%，比2014年下降2.2个百分点，净值在10万元以上的基金投资者有效账户数上升至6.5%。2015年，基金市场小额投资者占比虽有所下降，但仍占绝对大多数。具体结构上，(1万元，5万元]、(5万元，10万元]、(10万元，50万元]、50万元以上高净值账户占比较2014年均有所上升（见表9－1）。

表9－1　个人投资者开放式基金资产净值分布情况　（单位：%）

年份	2011年	2012年	2013年	2014年	2015年
1万元以下账户占比	61.7	58.7	60.7	67.2	62.5
(1万元，5万元]账户占比	30.7	32.0	29.8	23.5	24.7
(5万元，10万元]账户占比	4.5	5.2	5.3	5.0	6.3
(10万元，50万元]账户占比	2.8	3.7	3.7	3.8	5.6
50万元以上账户占比	0.3	0.5	0.5	0.5	1.0

资料来源：中国证券投资基金业协会（AMAC）。

二、不同年龄段账户构成情况

根据“开放式证券投资基金投资者结构季报表”，2015 年不同年龄段账户数、账户净值及户均持有净值分析如下：

（一）不同年龄段有效账户数

2015 年末，40 岁以上投资者账户数占比有所回升，与 2014 年末相比提高了 4.3 个百分点。(30 岁，40 岁] 投资者账户数占比基本稳定。30 岁及以下的投资者人数占比大幅回落至 19.4%（见图 9－2），与 2014 年末相比降低 12.7 个百分点。（见图 9－3）。

图 9－2　2015 年开放式证券投资基金有效账户个人投资者年龄结构

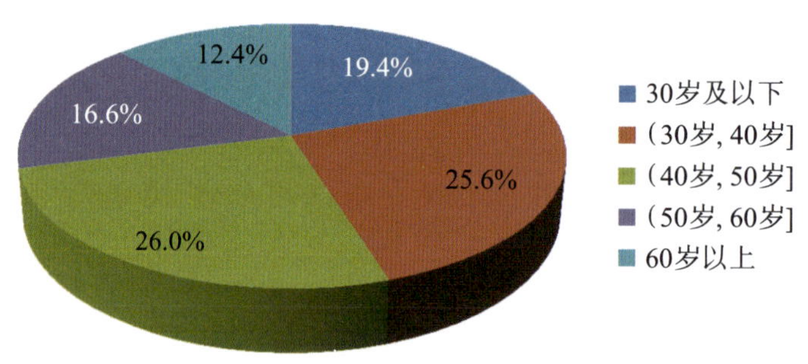

资料来源：中国证券投资基金业协会（AMAC）。

（二）不同年龄段持有基金市值情况

2015 年末，(40 岁，50 岁] 之间的个人投资者仍是持有基金资产规模最大的群体，占全部个人投资者所持有的基金资产总额的 31.0%（见图 9－4），与 2014 年末相比上升了 2.1 个百分点。30 岁及以下的个人投资者持有基金资产规模最小，仅占个人持有的全部基金资产总额的 5.7%，占比与 2014 年末相比降低了 5.8 个百分点（见图 9－5）。

总体而言，40 岁及以下开放式基金投资者持有基金净值占比较 2014 年下降，40 岁以上开放式基金投资者持有基金净值占比呈上升状态，与账户

图 9-3　2011 年来开放式证券投资基金不同年龄段个人投资者有效账户结构情况

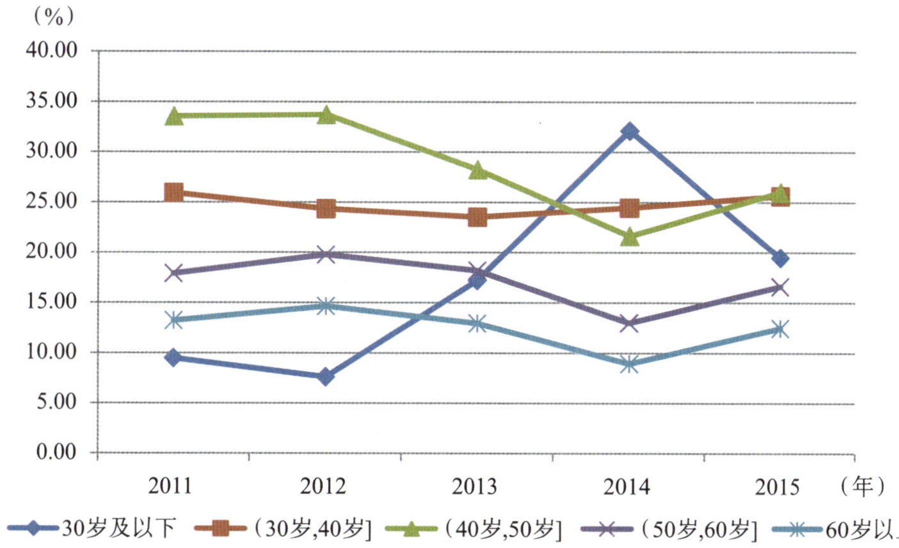

资料来源：中国证券投资基金业协会（AMAC）。

图 9-4　2015 年底不同年龄段个人投资者持有市值占比

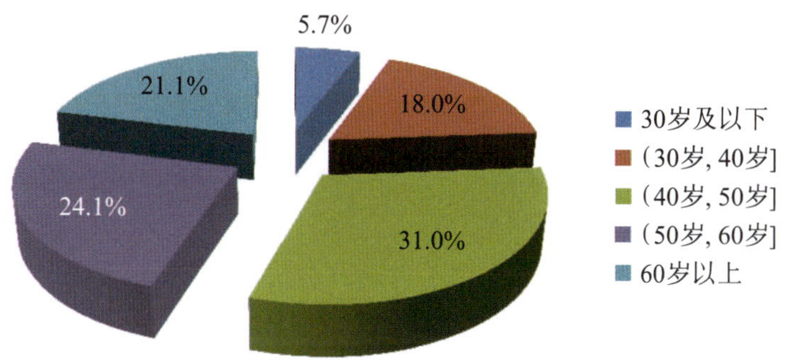

资料来源：中国证券投资基金业协会（AMAC）。

数变化一致。

（三）户均持有基金净值情况

2015 年，60 岁以上的投资人群每户平均持有开放式基金净值最高，达到 5.43 万元（见图 9-6）。

图 9－5　2011 年来不同年龄段个人投资者持有市值情况

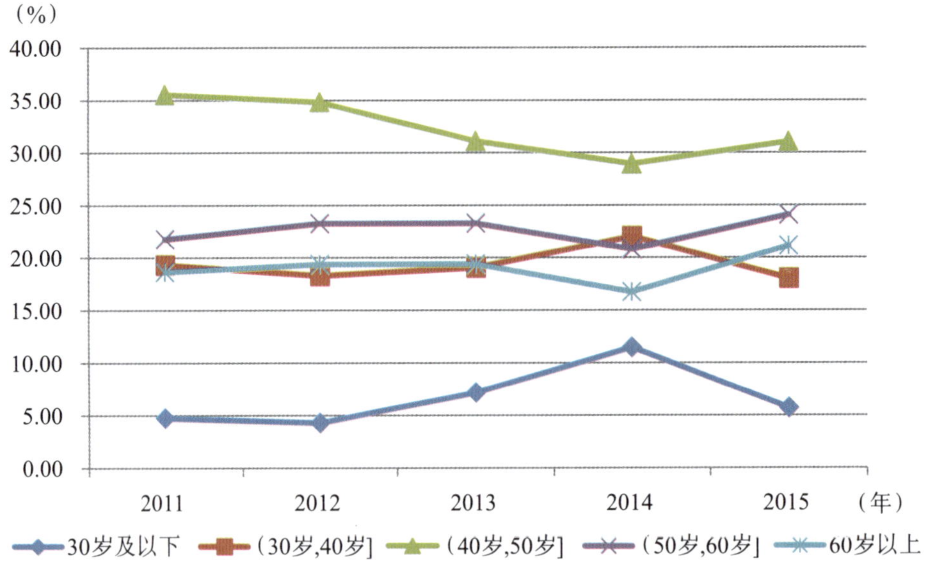

资料来源：中国证券投资基金业协会（AMAC）。

图 9－6　2015 年底不同年龄段个人投资者账户平均持有基金净值

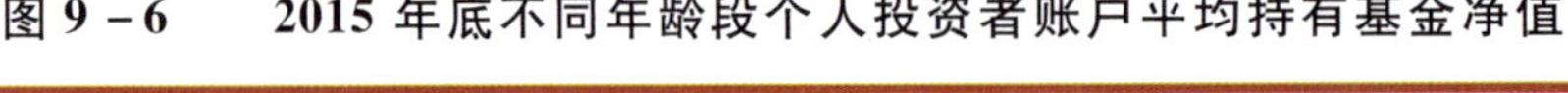

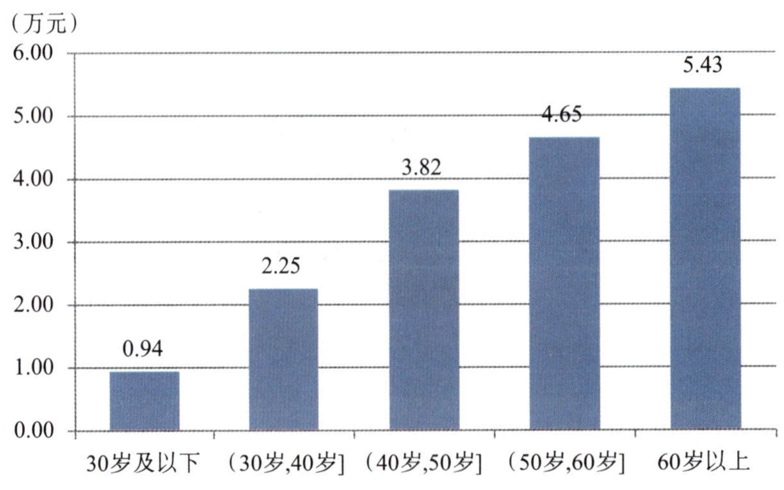

资料来源：中国证券投资基金业协会（AMAC）。

最近 8 年，个人基金账户平均持有基金净值最高的投资者均为 60 岁以上人群。2015 年各年龄段平均每户持有基金净值较 2014 年均有增长（见图 9－7）。

图 9－7　2011 年来不同年龄段个人投资者平均每户持有基金净值情况

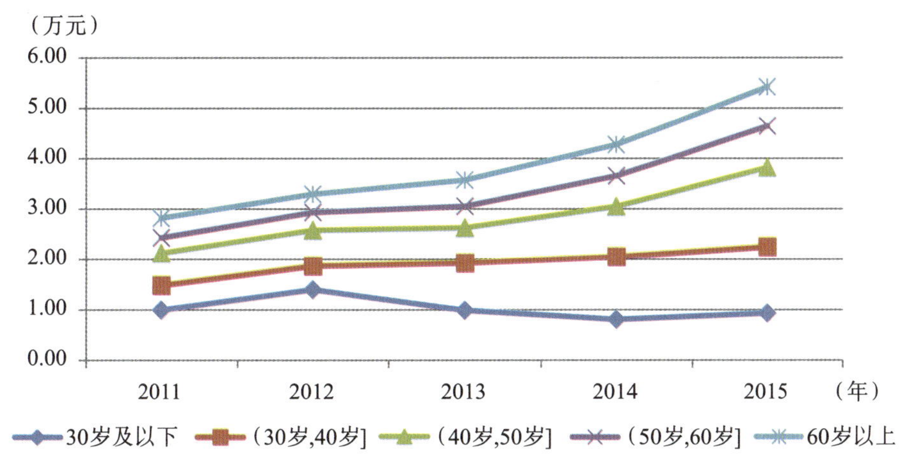

资料来源：中国证券投资基金业协会（AMAC）。

三、收入水平分布

根据中国证券投资基金业协会《基金个人投资者投资情况调查问卷（2015 年度）》，84.0% 的个人投资者的税后年收入低于 15 万元。其中，税后年收入 5 万元及以下的投资者占比 23.3%，税后年收入（5 万元，10 万元］的投资者占比 40.4%，税后年收入（10 万元，15 万元］的投资者占比为 20.3%，和 2014 年调查数据结果基本一致（见图 9－8）。

图 9－8　个人基金投资者税后年收入

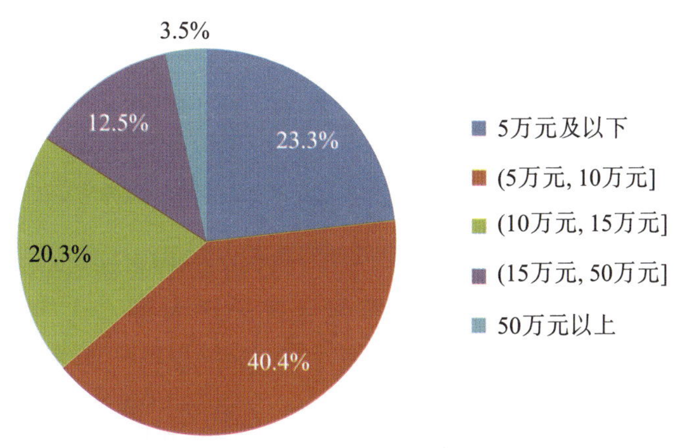

资料来源：中国证券投资基金业协会（AMAC）。

四、金融投资规模分布

与 2014 年相比，个人基金投资者所投资的金融资产总规模在 50 万元以上的比例下降了约 3.4 个百分点，降至 22.6%；金融资产总规模为（10 万元，50 万元］的投资者占基金个人投资者的比例达到 28.1%，所占比重最高，与 2014 年相比下降了约 3 个百分点。金融资产总规模 5 万元及以下和（5 万元，10 万元］的个人投资者占比分别为 25.8% 和 23.4%。总体而言，投资者金融资产规模低于 50 万元的占大多数，占比 77.4%（见图 9－9）。

图 9－9　个人基金投资者金融资产总规模

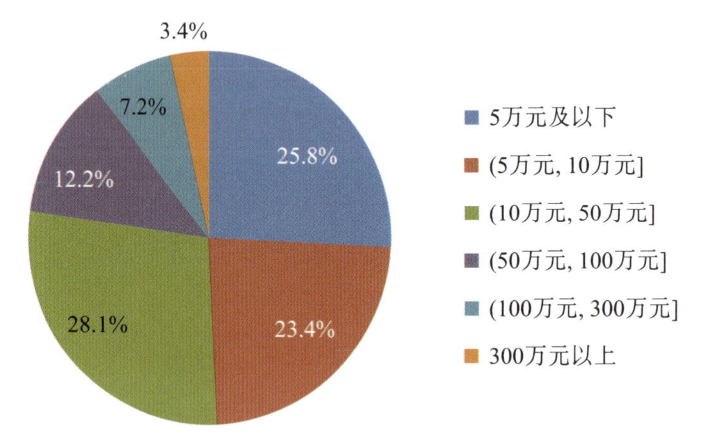

资料来源：中国证券投资基金业协会（AMAC）。

第二节　基金持有情况

一、投资金额占家庭年收入比重分布

2015 年，23.1% 的基金个人投资者的投资金额占家庭年收入低于 10%，较 2014 年比重上升了约 4 个百分点；36.8% 的基金个人投资者的投资金额占家庭年收入的 10% ~30%，比 2014 年度提高了约 6 个百分点；24.3% 的投资者的投资额占家庭年收入的比例在 30% ~50% 之间，较 2014 年比重下降了约 3 个百分点。2015 年投资金额占家庭年收入低于 50% 的投资者合计占总人数的 84.2%，与 2014 年相比占比提高了约 8 个百分点，相比之下 2015 年基金个人投资者投资金额占家庭年收入比重下降明显（见图 9-10）。

图 9-10　2015 年个人基金投资者基金资产占家庭年收入的比重

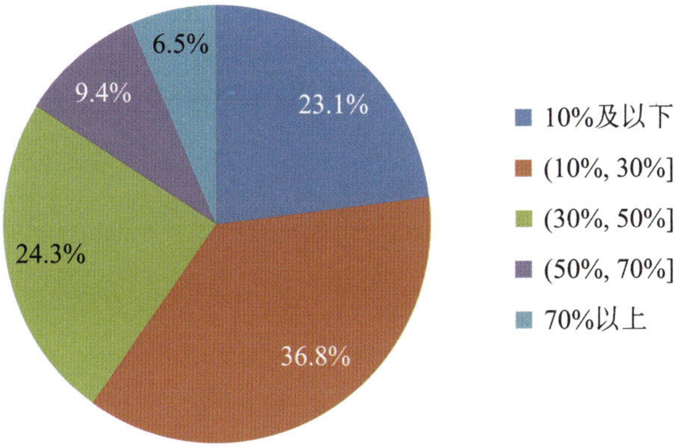

资料来源：中国证券投资基金业协会（AMAC）。

二、基金投资经验

调查数据显示（见图 9-11），投资基金的时间在 5 年以上的个人基金投资者占比依旧最大，为 40.8%，与 2014 年相比变化不大。其次是投资年限在（1 年，2 年］之间的投资者，占比达 20.2%，较 2014 年度占比上升约 5 个百分点，成为第二大群体；投资年限在（2 年，5 年］之间的个人基金投资者占比为 12.9%，较 2014 年下降了约 4 个百分点；投资时间在半年到一年以内的投资者占比最低，仅为 11.2%。投资经验在半年以内的投资者比例为 14.9%，比 2014 年略有增加。

图 9－11　　个人基金投资者投资基金的时间

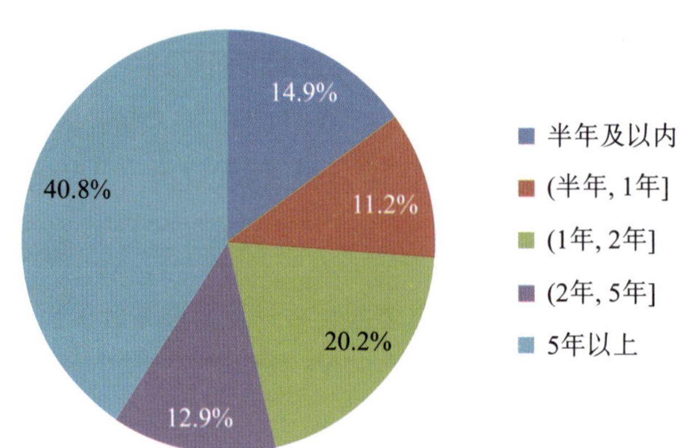

资料来源：中国证券投资基金业协会（AMAC）。

三、持有单只基金的平均时间

与 2014 年类似，投资者持有单只基金的平均时间均匀分布在各个期限范围内。其中，持有基金（1 年，3 年］的投资者比例最高，占比为 25.4%。少于半年、（半年，1 年］的投资者比例分别为 21.6%、23.1%，还有 16.7% 的投资者会持有（3 年，5 年］，另有 13.1% 的投资者平均持有单只基金的时间在 5 年以上（见图 9－12）。

图 9－12　　个人基金投资者持有单只基金的平均时间

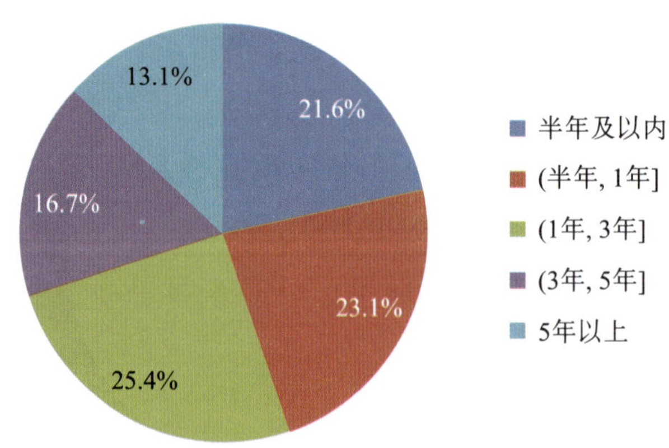

资料来源：中国证券投资基金业协会（AMAC）。

四、持有公募基金的家数

数据表明，有 27.1% 的基金投资者持有 1 家公司的基金产品，较 2014 年度上升了 9 个百分点；22.1% 的基金个人投资者持有 2 家基金公司的公募基金产品，20.2% 的投资者持有 3 家基金公司的公募基金产品，11.9% 投资者持有 4 家基金公司的公募基金产品，18.7% 的投资者持有 5 家或 5 家以上基金公司的公募基金产品（见图 9－13）。整体而言，与 2014 年相比，2015 年度基金个人投资者在基金公司之间的分散化程度有所降低。

图 9－13　基金个人投资者持有公募基金产品的家数

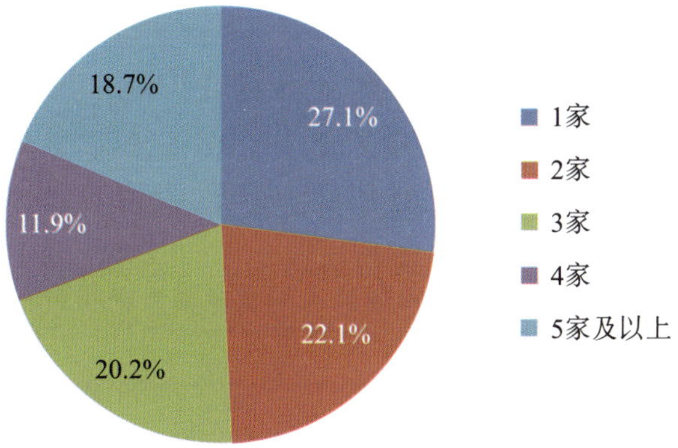

资料来源：中国证券投资基金业协会（AMAC）。

五、个人基金投资者盈亏情况

调研结果显示，自投资基金以来有盈利的投资者占比 32.8%，较 2014 年下降约 29 个百分点。此外有 27.1% 的投资者盈亏不大。到 2015 年调查为止亏损的投资者达到 40.2%，较 2014 年增长约 28 个百分点（见图 9－14）。导致这一结果的主要原因有二：一是 2015 年 6～7 月股票市场的异常波动；二是 2016 年初到发放问卷期间股票市场的下跌走势。

2015 年，68.2% 的基金个人投资者在投资基金中获得了盈利，比 2014 年提高约 7 个百分点。其中，8.5% 的投资者盈利 50% 以上，15.9% 的投资

图 9－14　个人基金投资者投资以来的盈亏情况

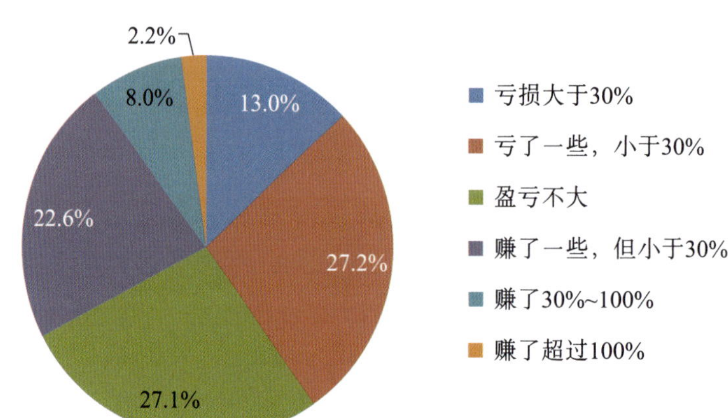

资料来源：中国证券投资基金业协会（AMAC）。

者的盈利范围在（30%，50%］之间。盈利（10%，30%］、10%及以内的投资者占总人数的比例分别为20.2%和23.6%。31.8%的投资者在基金投资中出现了亏损，其中，亏损比例超过10%的投资者占基金个人投资者人数的比例达到22.1%（见图9－15）。

图 9－15　2015 年个人基金投资者盈亏情况

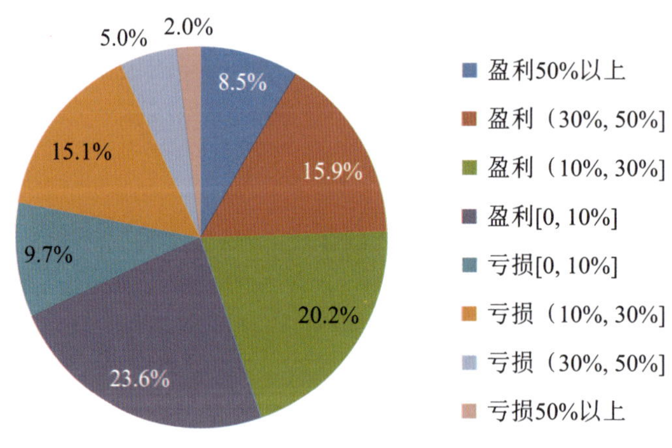

资料来源：中国证券投资基金业协会（AMAC）。

第三节　基金认知及行为偏好

一、基金投资知识水平

数据显示，38.6%的基金投资者认为自己对三类投资知识“有基本认知，想了解深入的投资方法及理财知识”，和2014年的比例基本一致；有20.4%的投资者认为自己是“新手上路，需要了解入门知识”，与2014年基本持平；认为自己“对投资的产品较为熟悉，可自主投资与决策，但有向更专业人士咨询的需求”的基金投资者的比例为34.9%，占比相比于2014年上升了约5个百分点；仅有6.1%的投资者认为自己“非常专业，可为他人提供投资指导或经验分享”（见图9－16）。

图9－16　个人基金投资者投资知识水平

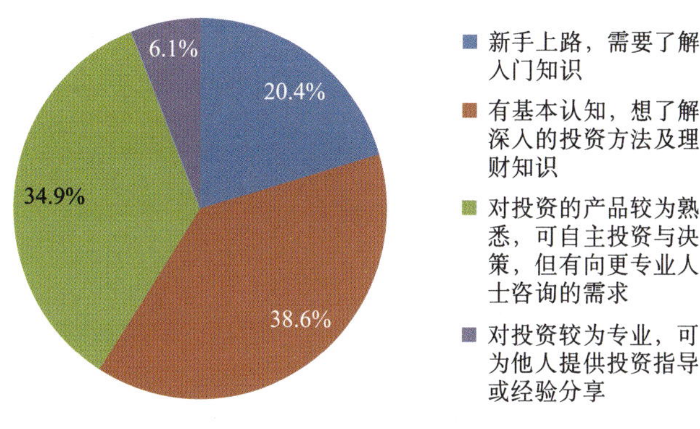

资料来源：中国证券投资基金业协会（AMAC）。

二、基金投资目的

78.9%的基金个人投资者都将“获得比银行存款更高的收益”作为投资目的。此外，有47.3%和43.4%的投资是为了“分散投资风险”与“养老储备”从而投资公募基金（见图9－17）。

图 9－17　个人基金投资者投资目的

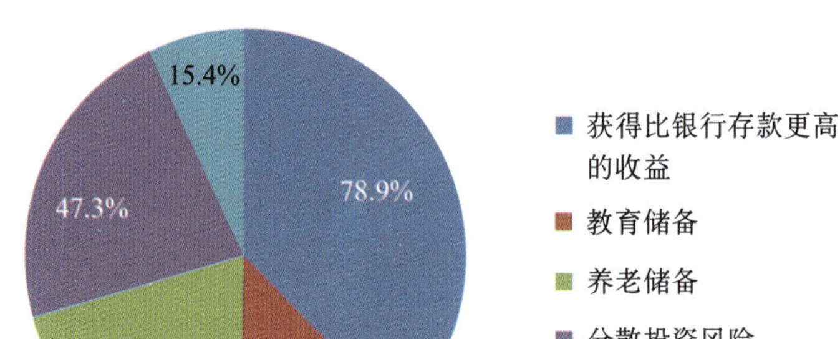

资料来源：中国证券投资基金业协会（AMAC）。

三、如何看待基金

2015 年的调查数据表明，47.1% 的投资者信赖基金并将继续以基金投资为主，这一比例比 2014 年下降了约 6 个百分点。38.1% 的投资者认为基金投资没有明显优势，比 2014 年上升了约 5 个百分点，还有 13.0% 的投资者认为基金业绩不佳，1.8% 的投资者明确表示不再相信基金投资（见图 9－18）。因此，相比于 2014 年，2015 年度调研结果反映的是更多的投资者对基金的信任度下降。

图 9－18　个人基金投资者如何看待基金

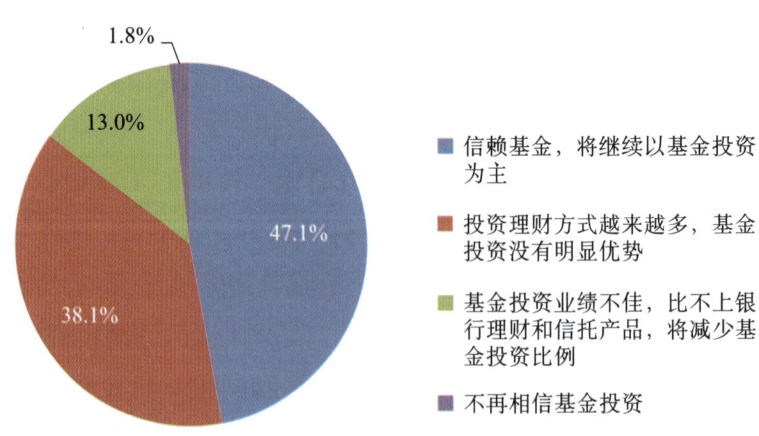

资料来源：中国证券投资基金业协会（AMAC）。

四、是否阅读招募说明书

43.2%的投资者在购买基金前不会阅读招募说明书，这一比例相比于2014年上升了约6%。其中，15.2%的投资者因为看不懂而不读；28.1%的投资者因为内容太多、不知道看什么内容而不读。41.5%的投资者在买基金前会在一定程度下阅读招募说明书。其中，12.7%的投资者在销售人员的指导下看；另外28.8%的投资者有时候会看，但不知道看什么内容（见图9－19）。

图9－19　个人基金投资者购买基金前是否阅读招募说明书

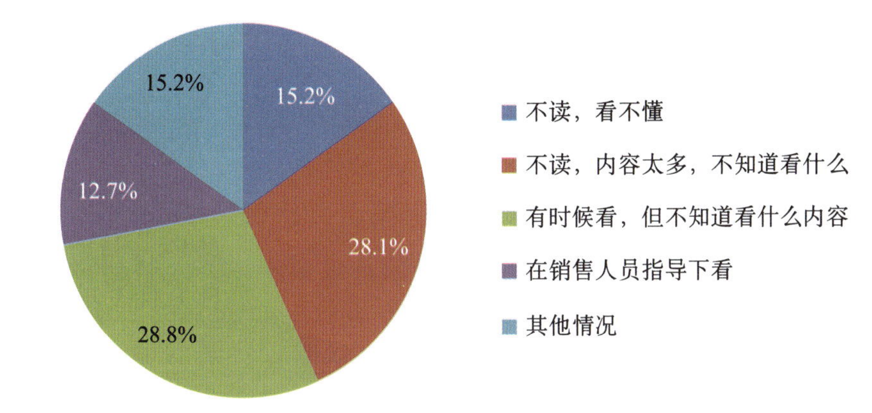

资料来源：中国证券投资基金业协会（AMAC）。

五、基金合同中最关注的条款

从2015年的调查结果看，关注基金的业绩比较基准、资产配置及收益分配条款投资者和关注基金交易方式及费用的投资者占比相当，分别为28.3%和27.6%。其中，最关注基金交易方式及费用的投资者比例上升明显，比2014年上升了约7个百分点。另有16.9%的投资者最关注基金管理人及基金托管人的权利和义务，14.3%的投资者最关注基金持有人的权利和义务，这两个比例与2014年基本相当（见图9－20）。对基金交易方式及费用的关注度的提升说明投资者的理性程度有所提升。

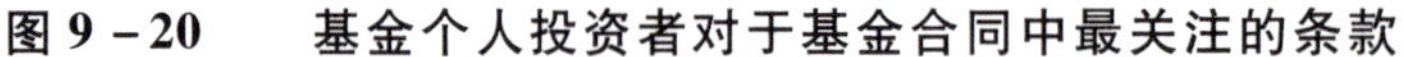

图 9－20　基金个人投资者对于基金合同中最关注的条款

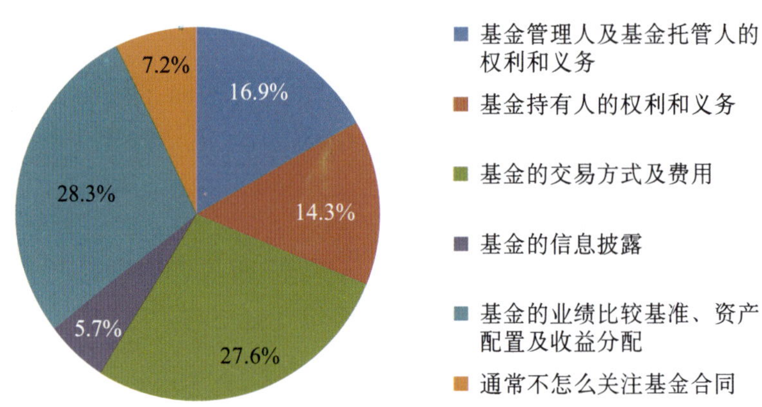

资料来源：中国证券投资基金业协会（AMAC）。

六、认为目前基金费率如何

71.8%的投资者认为目前基金的费率偏高，比例较2014年上升接近4个百分点。其中，27.6%的投资者认为目前基金费率太高；44.2%的投资者认为目前基金费率较高。只有22.4%的投资者认为目前基金费率是合理的。此外，还有5.8%的投资者不了解相关费率（见图9－21）。

图 9－21　基金个人投资者认为目前基金费率如何

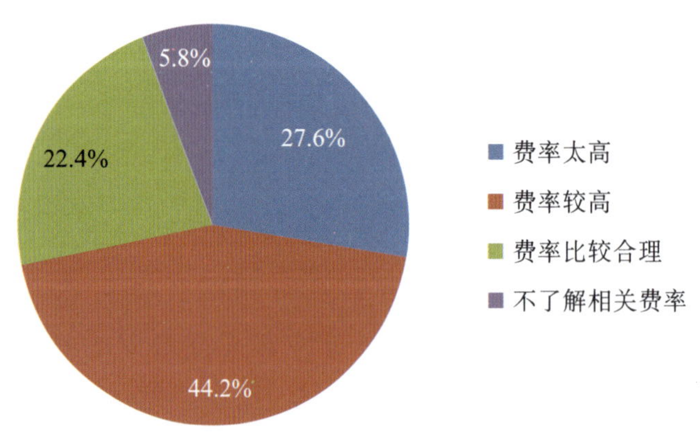

资料来源：中国证券投资基金业协会（AMAC）。

七、倾向于哪种模式的基金收费费率

关于基金费率，58.2%的投资者更偏好浮动费率，比2014年增加了4个百分点；24.9%的投资者更偏好固定费率，比例较2014年减少了约3个百分点（见图9-22）。

图9-22　基金个人投资者倾向于哪种方式基金收费费率

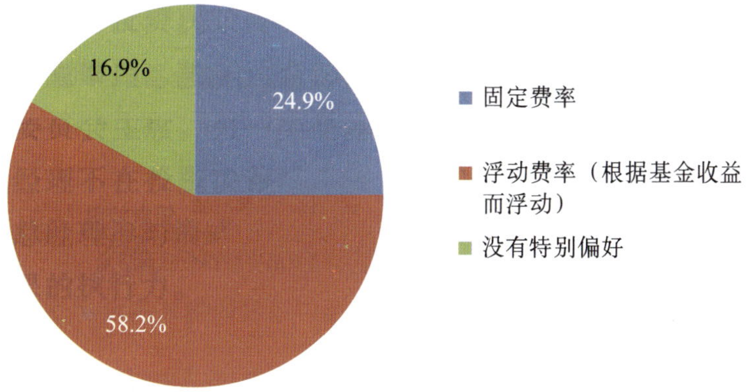

资料来源：中国证券投资基金业协会（AMAC）。

八、购买基金关注的问题

数据表明，在购买基金时，有67.1%的投资者最看重基金业绩，有10.9%的投资者最关注基金公司的知名度，分别有5.1%和3.8%的投资者最关注的是基金的投资策略和公司是否有外资股东背景（见图9-23）。

九、是否会购买国内销售的境外基金产品

根据调查结果，24.9%的投资者表示只要有好的基金产品，会考虑购买；24.6%的投资者表示要综合考虑公司能力，产品业绩等多个因素后做出投资决策；而44.2%的基金个人投资者则表示，由于不了解国外基金公司的产品，暂时不会购买境外基金（见图9-24）。

图 9 - 23　基金个人投资者买基金关注的问题

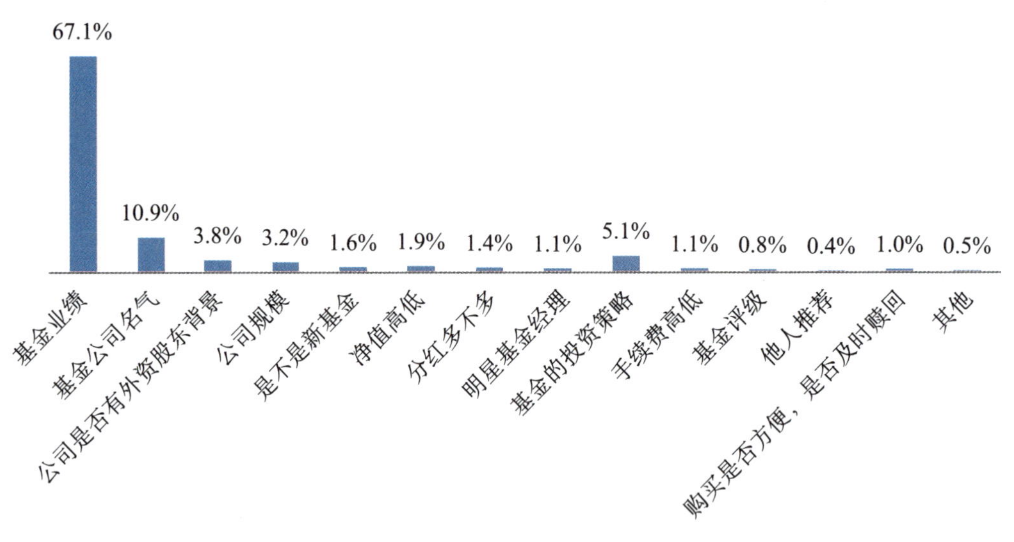

资料来源：中国证券投资基金业协会（AMAC）。

图 9 - 24　基金个人投资者是否会购买国内销售的境外基金产品

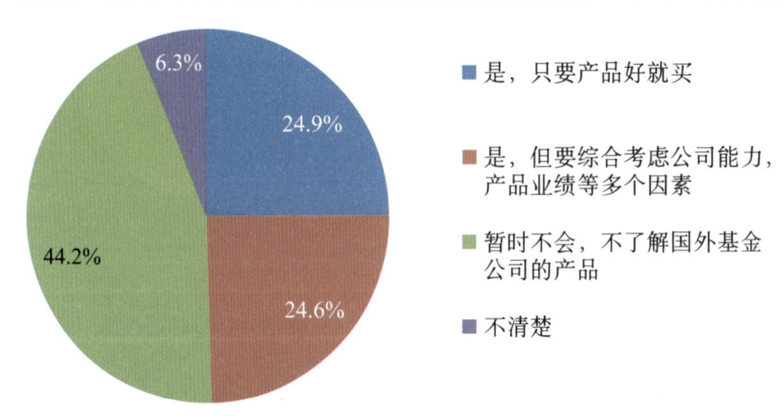

资料来源：中国证券投资基金业协会（AMAC）。

十、是否考虑投资海外市场：六成投资者考虑投资

75.6% 的基金个人投资者表示，会考虑海外市场的投资。其中，16.8% 的投资者已经购买了 QDII 基金；7.6% 的投资者通过其他渠道投资于海外市场；而 28.6% 的投资者正在做投资海外市场的准备；有 33.6% 的投资者不考虑投资于海外市场（见图 9 - 25）。

图 9－25　基金个人投资者是否考虑投资海外市场

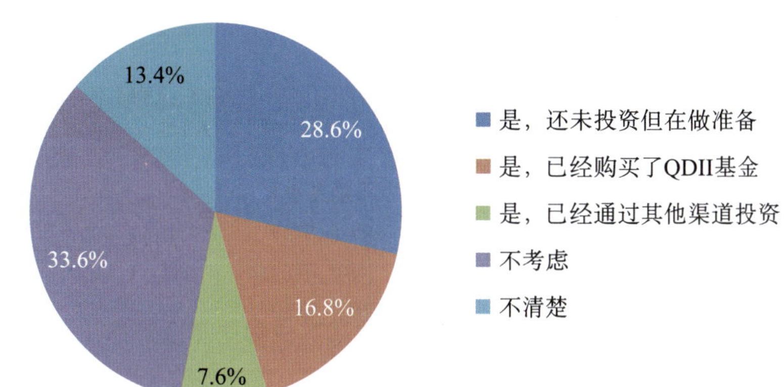

资料来源：中国证券投资基金业协会（AMAC）。

十一、获得金融投资信息方式

和 2014 年的调研结果类似，互联网依旧是基金个人投资者获取金融投资信息的最主要方式，有 66.9% 的投资者从互联网获取金融投资信息。其他主要的信息获取方式包括：银行理财经理（35.8%）、报纸杂志（30.3%）、电视（28.9%）、亲友同事（29.7%）、手机媒体（29.4%）等，仅有 17.2% 的投资者通过证券投资顾问或分析师获取信息（见图 9－26）。

图 9－26　个人基金投资者获得金融投资信息的方式

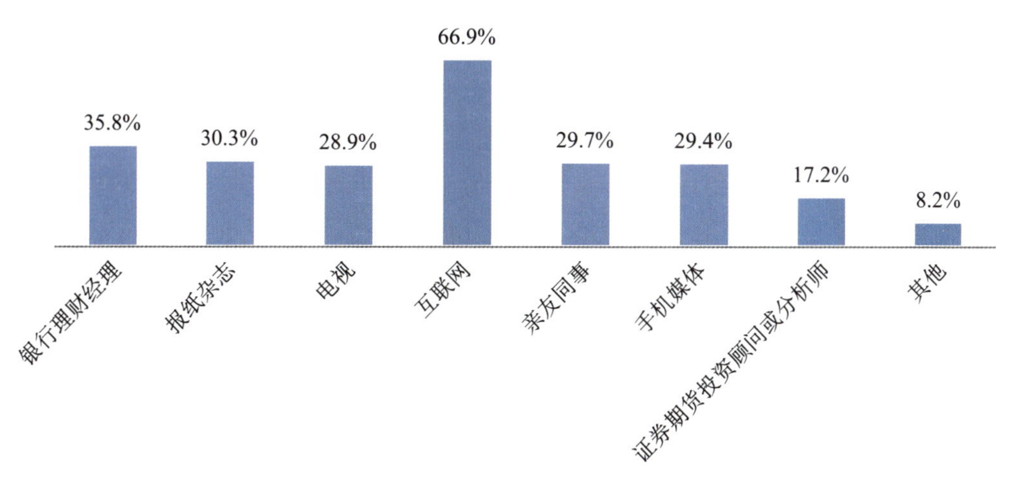

资料来源：中国证券投资基金业协会（AMAC）。

十二、除货币市场基金外，通过互联网购买的基金产品类型

调查结果发现，在通过互联网购买的基金（除宝宝类货币市场基金产品外）中，56.3%的基金个人投资者最主要的购买对象是股票型基金（不含指数基金），15.9%的投资者最主要的购买对象是指数基金。有5.8%的投资者不购买其他任何产品（见图9－27）。

图9－27　基金个人投资者通过互联网购买其他哪些基金产品

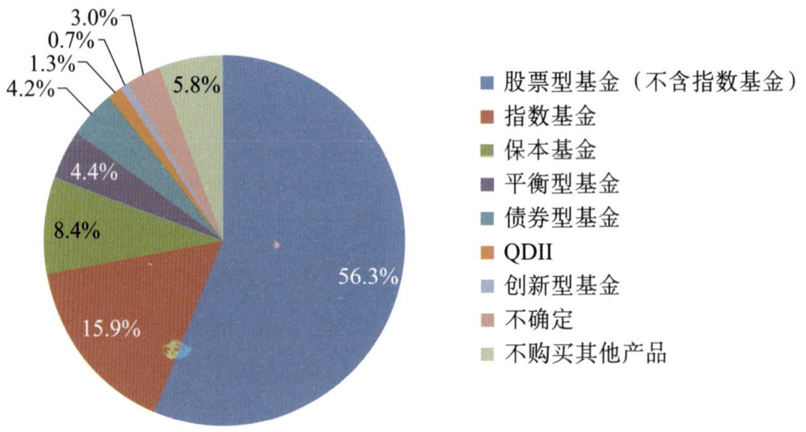

资料来源：中国证券投资基金业协会（AMAC）。

十三、2016年最想投资的基金品种

与2014年的调查结果一致，偏股型基金依然是基金个人投资者首选的基金产品。当被问及2016年最想投资的基金品种时，42.7%的投资者选择了偏股型基金。排名2～4位的分别是保本型基金、指数型基金和平衡型基金，占比分别为17.3%、11.2%和10.4%（见图9－28）。

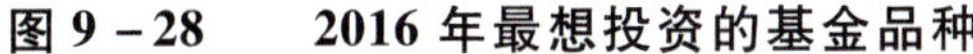

图 9－28　2016 年最想投资的基金品种

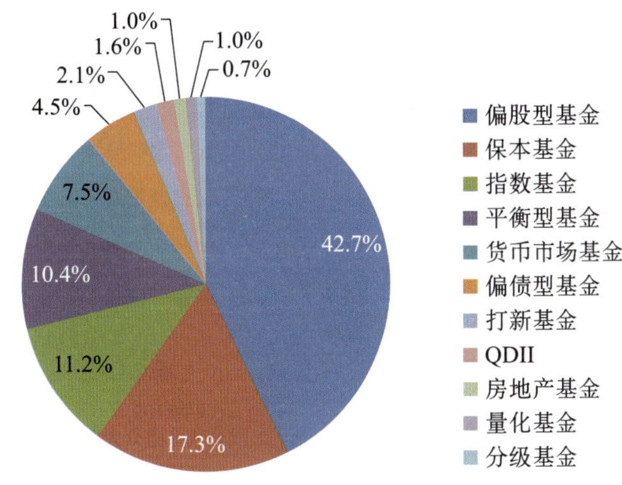

资料来源：中国证券投资基金业协会（AMAC）。

第四节　个人基金投资者与养老金管理

一、个人预期的养老资金来源

在对基金个人投资者的调查中发现，国家的基本养老保险和个人储蓄是基金个人投资者退休后养老金的两个主要来源。其中，43.9% 的基金个人投资者认为，退休后养老金的主要来源是国家的基本养老保险；而 20.3% 把个人储蓄作为养老金的主要来源。选择商业养老保险、企业年金和房屋租金及其他的基金个人投资者分别只占 18.7%、12.8% 和 4.3%（见图 9－29）。

二、个人养老资金投资管理意愿

调查结果显示，51.2% 的基金个人投资者将部分养老金投资于银行存款和国债等低风险投资工具，另外有 39.5% 的基金个人投资者使用部分养老

图 9－29　个人基金投资者退休后养老金的主要来源

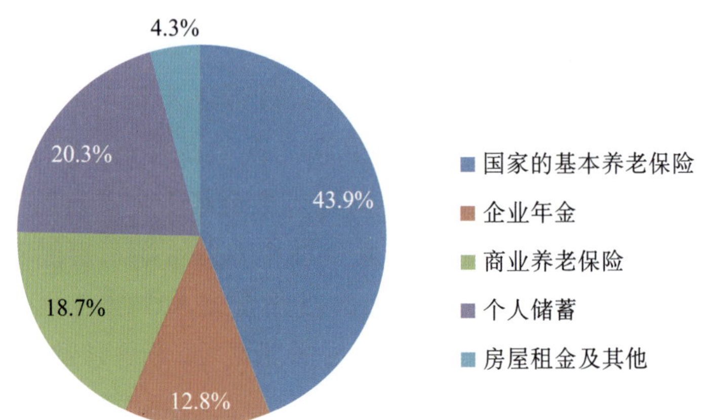

资料来源：中国证券投资基金业协会（AMAC）。

金购买商业养老保险。选择投资基金和股票的投资者的占比分别为42.8%和26.6%，另外有13.5%的投资者选择以其他方式投资部分养老金（见图9－30）。

图 9－30　个人基金投资者管理养老金的投资方式

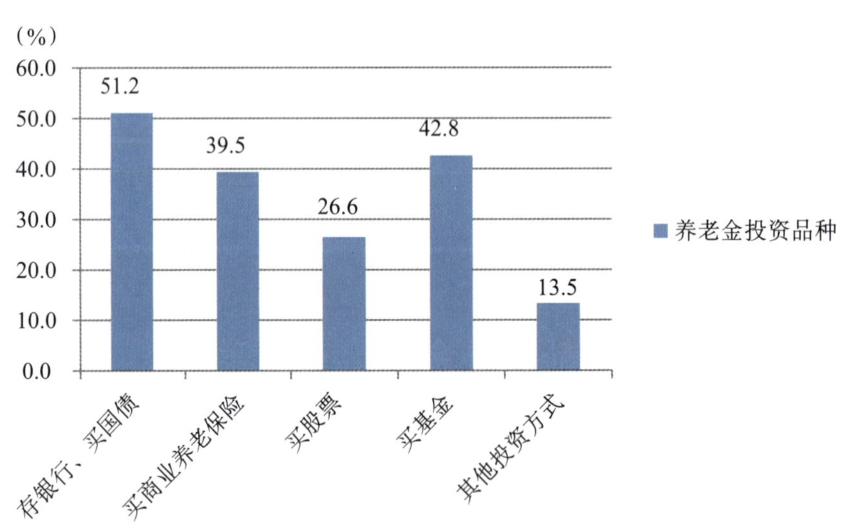

资料来源：中国证券投资基金业协会（AMAC）。

三、养老基金产品偏好

如果选择一款基金作为养老投资，38.5%的基金个人投资者会选择以养老或生命周期为主题的基金；19.5%的投资者会选择投资于债券基金；选择投资股票基金、分级基金的稳健子份额、股票基金、绝对收益基金、其他基金产品的投资者分别占9.4%、9.1%、12.0%、3.3%；8.2%的投资者表示不会选择基金作为养老投资的工具（见图9-31）。

图9-31　个人基金投资者认为适合养老的基金形式

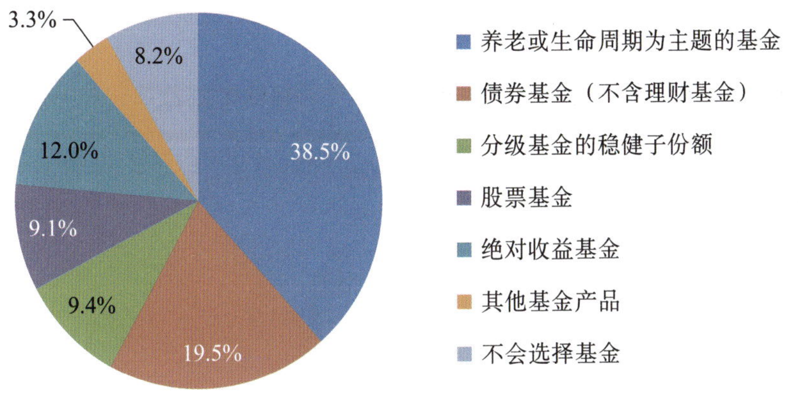

资料来源：中国证券投资基金业协会（AMAC）。

四、对于基本养老保险的缴费水平和收益率的看法

调查结果显示，基金个人投资者认为基本养老保险的缴费水平偏高（见图9-32），同时收益率偏低（见图9-33）。其中，42.3%的基金个人投资者认为基本养老保险的缴费水平偏高；53.2%的基金个人投资者认为基本养老保险的收益率偏低；认为缴费水平和收益率适中的投资者分别占投资者人数的34.8%和21.1%。

图 9－32　基金个人投资者如何看待基本养老保险的缴费水平

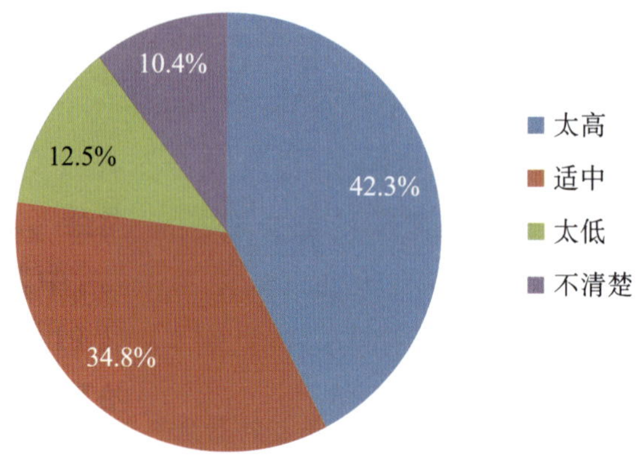

资料来源：中国证券投资基金业协会（AMAC）。

图 9－33　基金个人投资者如何看待基本养老保险的收益率

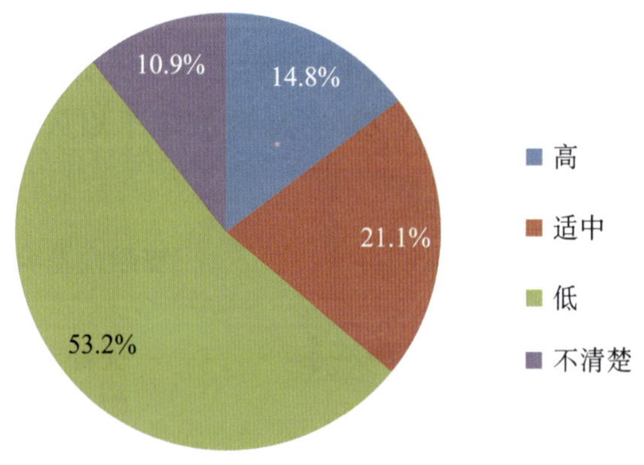

资料来源：中国证券投资基金业协会（AMAC）。

五、对个人养老储蓄的看法

51.0% 的基金个人投资者认为，养老储蓄属于个人行为，无论国家是否有优惠政策，都会主动储蓄防老，或者购买相关金融产品；35.3% 的投资者认为，在国家出台优惠政策的前提下会考虑养老储蓄；8.2% 的投资者表示，国家发放的养老金已经足够，不再考虑养老储蓄（见图 9－34）。

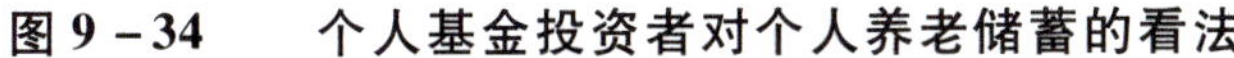

图 9－34　个人基金投资者对个人养老储蓄的看法

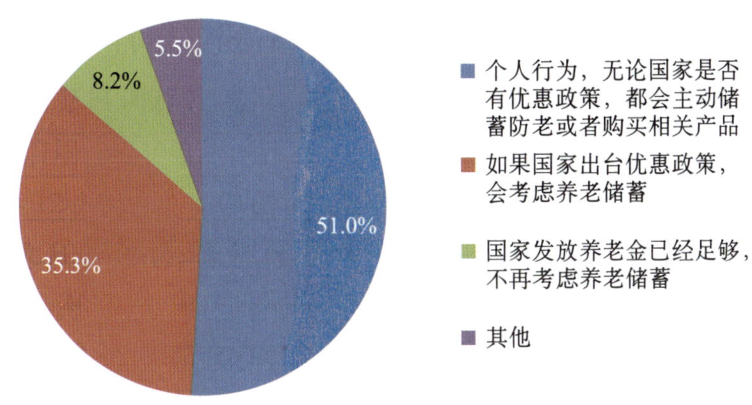

资料来源：中国证券投资基金业协会（AMAC）。

六、投资者希望获取的养老金方面的信息

调查结果显示，如果开展养老金培训或宣传活动，35.7% 的基金个人投资者最希望了解的信息是如何进行养老规划；30.5% 的基金个人投资者最希望了解关于我国养老理财产品介绍以及购买方法的信息；25.8% 的基金个人投资者希望获取我国养老保障体系的介绍信息；8.0% 的投资者希望了解养老金的发展趋势（见图 9－35）。

图 9－35　基金投资者希望获取的养老金方面的信息

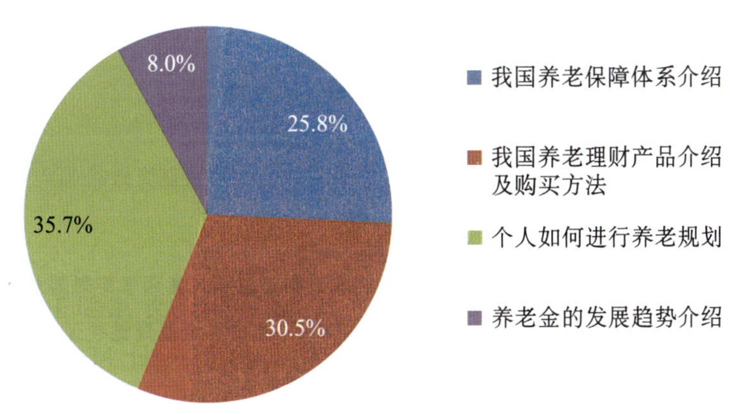

资料来源：中国证券投资基金业协会（AMAC）。

第五节　个人基金投资者满意度

一、对基金管理公司提供的基金信息披露满意度

信息披露要做到绝对透明公开，投资者的权益才能得到保障。统计表明[①]，绝大多数投资者对于基金管理公司提供的基金信息披露表示满意，占比 89.7%，与 2014 年相比基本持平。其中，有 32.1% 的投资者对此表示非常满意（见图 9－36），比 2014 年增加了约 7 个百分点。整体来看，基金管理公司提供的基金信息披露的投资者满意水平较高，平均得分为 3.8 分。

图 9－36　基金个人投资者对基金管理公司提供的基金信息披露满意度

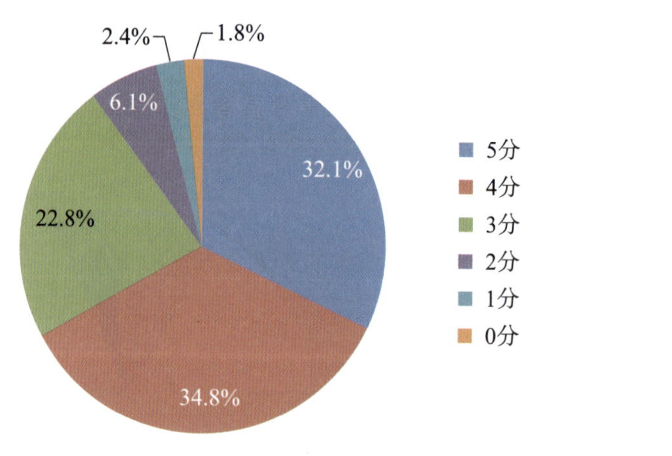

资料来源：中国证券投资基金业协会（AMAC）。

① 统计打分共分为 0～5 分六档，从低到高排布，0 分为“非常不满意”，5 分为“非常满意”。统计中，3 分及以上为“基本满意”，2 分及以下为“不太满意”。

二、对投资基金的回报满意度

78.5%的投资者对2015年的投资基金的回报持满意态度，比2014年下降了近9个百分点。其中，有22.2%的投资者表示非常满意，比2014年增加了约2个百分点；有21.5%的投资者对2015年投资基金的回报不满意，其中有2.9%的投资者表示非常不满意，比2014年增加了近2个百分点（见图9－37）。总体来说，2015年基金个人投资者对于基金的回报的满意度整体有所下降。

图9－37 基金个人投资者对投资基金的回报满意度

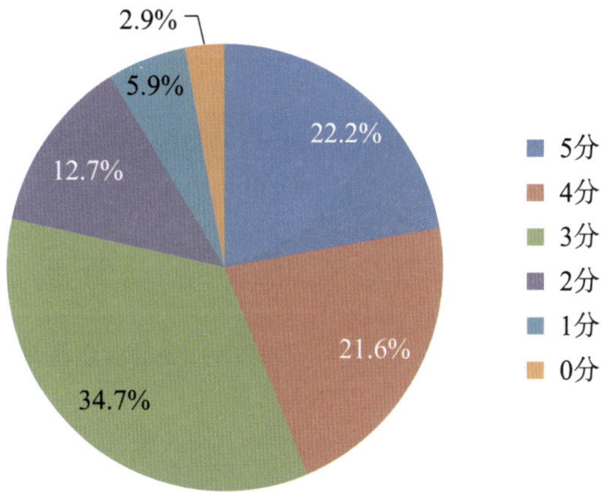

资料来源：中国证券投资基金业协会（AMAC）。

三、对基金收取的管理费用比例满意度

有75.1%的投资者对向基金收取的管理费满意，给出了3～5分的分数，与2014年度基本持平，其中非常满意的占21.6%，比2014年增加了约4个百分点。另有24.9%的投资者对管理费不满意，其中非常不满意的占4.3%，比2014年有所增加（见图9－38）。

图 9－38　基金个人投资者对基金收取的管理费用比例满意度

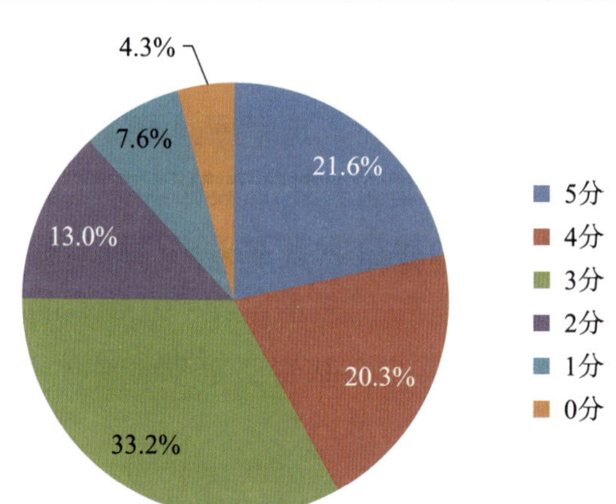

资料来源：中国证券投资基金业协会（AMAC）。

四、对基金管理公司的投资能力满意度

大多数个人基金投资者对基金管理公司的投资能力持满意态度，占到84.6%，比2015年减少近4个百分点；有2.1%的投资者对基金管理公司的投资能力非常不满意，比2014年相比有所增加（见图9－39）。整体而言，2015年投资者对基金管理公司投资能力的满意度有所下降。

图 9－39　基金个人投资者对基金管理公司的投资能力满意度

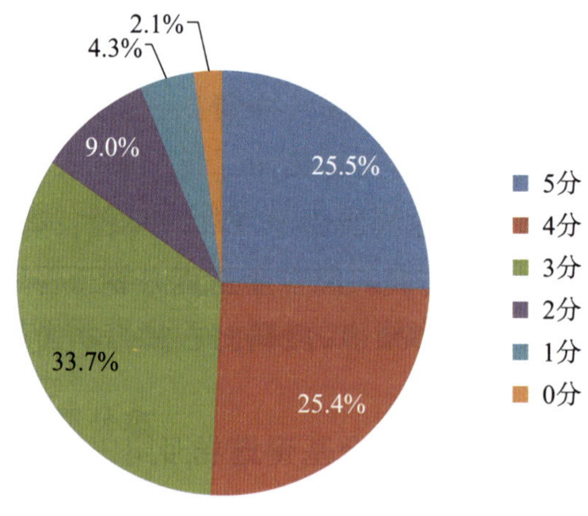

资料来源：中国证券投资基金业协会（AMAC）。

五、对基金管理公司保护持有人利益表现的满意度

数据表明，83.1%的投资者对基金管理公司保护持有人利益的表现持满意态度，比2014年下降了约4个百分点。其中，有25.0%的投资者对此表现表示非常满意，比2014年增加了约3个百分点。此外，还有2.6%的投资者对此表现表示非常不满意，比2014年略有增加（见图9-40）。

图9-40　基金个人投资者对基金管理公司保护持有人利益表现的满意度

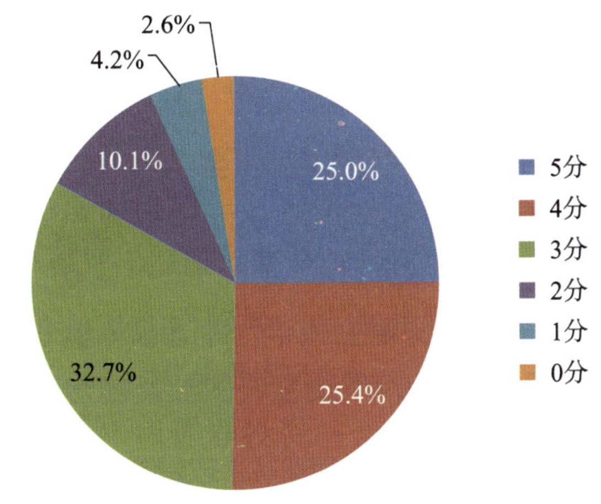

资料来源：中国证券投资基金业协会（AMAC）。

六、对基金销售机构满意度

从个人基金投资者对基金销售机构的评价上看，绝大多数投资者表示比较满意，占比86.7%，相比于2014年下降了约2个百分点。其中，25.9%的投资者对基金销售机构表示非常满意，比2014年下降了约1个百分点。另外，有1.9%的投资者表示对基金销售机构非常不满意，相比于2014年增加了近1个百分点（见图9-41）。

图 9－41　基金个人投资者对基金销售机构满意度

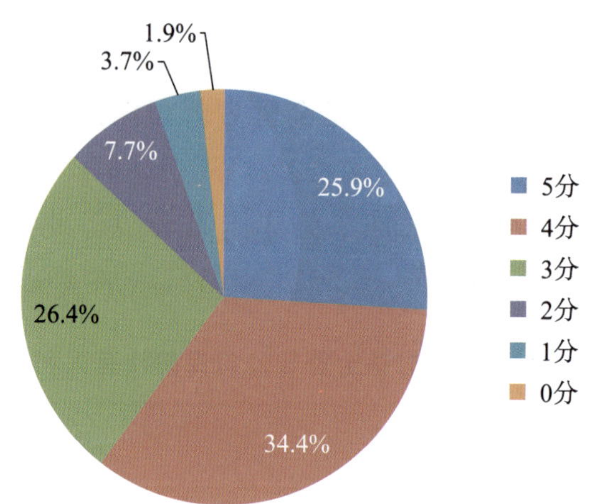

资料来源：中国证券投资基金业协会（AMAC）。

七、对当前基金业监管水平满意度

数据显示，有 81.0% 的投资者对当前基金业监管水平比较满意，比 2014 年下降了约 4 个百分点。其中，有 21.3% 的投资者对当前基金业监管水平非常满意，与 2014 年基本持平。另外，有 4.1% 的投资者对当前基金业监管水平非常不满意，比 2014 年增加了 2 个百分点（见图 9－42）。

图 9－42　基金个人投资者对当前基金业监管水平满意度

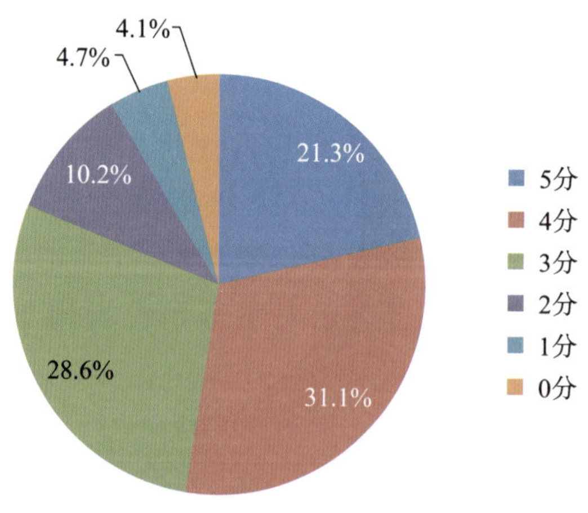

资料来源：中国证券投资基金业协会（AMAC）。

第十章

行 业 创 新

第一节　基金产品与业务创新

一、沪港通机制正式启动，沪港深基金诞生

2015 年 3 月 27 日，中国证监会颁布《公开募集证券投资基金参与沪港通交易指引》，允许符合一定条件的公募基金透过沪港通机制直接投资港股，不再需要借道合格境内机构投资者（QDII）机制。沪港通基金不但可以投资于港股市场，还能同时投资于境内 A 股市场，通过“A 股 + 港股通”灵活配置，捕捉两地市场轮动机会，为投资者提供更广阔的投资范围；而普通 QDII 基金只能投资于境外市场，不能同时投资于 A 股，是单向投资。对于账户资产不足 50 万元的个人投资者来说，沪港通基金能够以较低成本提供便捷的港股投资渠道。

2015 年全年，共有 39 只沪港深基金通过证监会注册，其中景顺长城沪港深精选股票型证券投资基金是国内首只主动管理的沪港通基金。除了首发成立外，也有一些基金通过修改合同转型而来，如原富国天源平衡基金于 10 月转型为富国天源沪港深基金。

二、中国内地和香港互认基金注册发售

2015 年 5 月 22 日，中国证监会与“香港证监会”就开展内地与香港基

金互认工作签署《关于内地与香港基金互认安排的监管合作备忘录》，并同时发布《香港互认基金管理暂行规定》，自2015年7月1日起施行。中国内地与香港基金的互认，是继“沪港通”机制之后中国资本市场又一重大开放改革之举，不仅拓宽了内地和香港投资者的投资选择，也将促进资本市场的共同发展。

2015年12月18日，中国证监会正式注册了首批3只香港互认基金，分别为摩根亚洲总收益债券基金、恒生中国H股指数基金、行健宏扬中国基金；香港证监会于同日注册了首批4只内地互认基金，分别为华夏回报混合证券投资基金、工银瑞信核心价值混合型证券投资基金、汇丰晋信大盘股票型证券投资基金、广发行业领先混合型证券投资基金。截至2015年底，中国证监会共通过了3只互认基金注册，香港证监会通过了13只互认基金注册。

三、鹏华前海万科REITs：国内首只公募REITs

2014年6月中国证监会发布《关于大力推进证券投资基金行业创新发展的意见》，推进基金行业创新发展，研究推出不动产投资基金。2015年6月8日鹏华前海万科REITs封闭式混合型证券投资基金作为创新个案试点获批准予注册。2015年7月6日该基金募集完成获批成立，初始募集规模30亿元。2015年9月30日在深圳交易所上市交易。

四、大数据基金发展多样化

大数据基金是互联网思维与金融投资不断融合的产物。继2014年第一只大数据指数型公募基金——广发百发100诞生后，大数据基金在“互联网+”的背景下发展不断深化，2015年又相继出现多个指数型大数据基金，产品类型设计不断丰富，比如南方基金—新浪财经联合推出的“南方大数据100指数基金”“南方大数据300指数基金”和“博时中证淘金大数据100A”等。

此外，将大数据基金在管理方式、运作模式和数据来源等方面进一步创新，出现了主动管理型大数据基金。2015年3月，天弘基金推出了首只主动管理型大数据基金“天弘云端生活优选”，主要加入了电商平台的大消费数据分析；7 月，东方证券资产管理有限公司推出了“东方红京东大数据灵活配置混合型基金”，是行业内首只券商推出的大数据基金；广发基金在“百发 100 指数”基础上，又推出了“广发百发大数据策略精选灵活配置混合型基金”等。

五、新三板迎来投资热潮

（一）首批公募平台上运作的新三板专户产品问世

随着新三板市场的发展和各项利好政策的逐步落地，2015 年新三板行情持续高涨，特别是 2014 年 12 月 26 日，中国证监会下发了《关于证券经营机构参与全国股转系统相关业务有关问题的通知》，明确提出“支持基金管理公司在有效保护投资者利益、防范相关风险的前提下，试点推出投资于全国股转系统挂牌股票的公募基金产品”。2015 年 1 月，财通基金发行了两只新三板专户产品，这是首批在公募基金母公司平台运作的新三板产品，也是公募基金产品进入新三板市场前的试水和探索。

（二）首家公募基金公司挂牌新三板

2015 年 11 月 24 日，中邮创业基金管理股份有限公司在全国股转系统挂牌公开转让，转让方式为协议转让。这是首家公募基金管理公司挂牌新三板，不仅拓宽了公募基金的融资渠道，也使投资者能够直接参与公募基金的股权投资。

第二节　公司治理创新

公司治理是公司发展的基础。有别于一般企业，基金管理公司的公司治理具有特殊性。基金管理是人才密集型行业，人力资本是基金管理公司的核心竞争力。以人为本，探索多元化治理模式，将基金持有人、基金公司和员工的利益相统一，充分调动公司核心人员的积极性和创造性，充分发挥人力资本的价值，才能获得公司的持续发展。

一、事业部制改革取得新进展

2015 年公募基金人才流失加剧，高管和基金经理的离职潮进一步促使公募基金管理公司积极探索事业部制管理改革。据初步统计，截至 2015 年底，已有 27 家基金管理母公司、5 家基金管理子公司实行了事业部制。各家基金管理公司事业部制改革各具特点。例如，九泰基金在成立之初就引入了“创业平台”的架构理念，确立了平台化的事业部制和创新工场模式。融通基金在业内首创协同事业部制，在全公司前中后台业务范围内实施事业部制，使得前后台部门协同性更强，能够迅速将投研成果转化为生产力。民生加银基金管理公司推出事业部制和虚拟基金期权激励机制，事业部制下的每个团队独立经营、独立核算，分享管理费收入，很大程度上激励了研究人员的投研热情。

事业部制对吸引人才、降低流动性、强化长期理念有一定的积极作用，若同时配以长期激励约束机制、结合员工持股计划等薪酬考核制度，会收到更好的效果。

二、股权激励机制实施进入新阶段

近几年，基金公司的激励机制不健全成为基金经理离职的重要原因，越来越多的基金管理公司通过股权激励机制来吸引、留住人才。据初步统计，截至 2015 年底，已有 8 家基金管理母公司、17 家基金管理子公司实行了股权激励计划。

从境外基金管理公司现有经验看，成功的基金经理激励制度并不完全取决于是否采取股权激励，而是该公司的整体薪酬制度是否合理，是否注重基金的长期业绩，以及是否真正有利于基金持有人的长期利益。因此，继续支持并规范引导基金管理公司建立长期有效的股权激励机制，探索建立多元化、合理的薪酬体系，吸引并留住高端人才，充分调动、发挥人力资本的主观能动性，是推动基金管理公司创新、可持续发展的根本。

三、股权结构和组织形式创新

2015 年 2 月，国内首家由专业人士发起的公募基金管理公司——泓德基金管理有限公司获批。泓德基金的第一大股东为个人，持股比例为 26%；第二大股东为阳光保险集团，持股比例为 25%。公司注册资本为 1.2 亿元；其他股东包括：珠海市基业长青基金持股 16.67%，南京民生租赁公司持股 13.88%，江苏岛村实业发展公司持股 13.88%，上海捷朔信息技术公司持股 4.58%。专业人士发起公募基金管理公司是公募基金领域变革的重要突破，让人力资本价值有了更广阔的发挥空间。

第三节　中后台服务创新

一、专业外包服务机构新发展

自 2014 年 11 月 25 日《基金业务外包服务指引（试行）》发布至 2015 年末，中国证券投资基金业协会已先后公示三批共 44 家外包服务机构通过中国证券投资基金业协会备案，涵盖私募基金的份额登记、估值核算和信息技术系统服务。其中，从事份额登记服务机构 37 家，估值核算服务机构 40 家，信息技术系统服务机构 5 家。从机构类别看，有商业银行、证券公司、基金管理公司、独立第三方服务机构等。专业外包服务机构的规范运营为参差不齐的私募基金行业引入高标准的运营管理服务，夯实了私募基金行业运营管理的基础，也进一步推动了私募基金管理人特色化、差异化发展。

二、中后台运营创新

随着国内基金外包业务的兴起和互联网的普及，传统的基金运营方式已越来越不能满足资产管理机构对于高效、稳定、专业的运营服务需求。顺应市场需求和监管要求，推进中后台运营创新、完善运营管理体系成为基金管理公司面临的共同挑战。

国泰君安一站式全天候基金运营平台，是国泰君安面向基金管理人和基金持有人推出的“面向未来，智慧运营”的基金运营解决方案。该平台将“专业运营”与“互联网”深度结合，搭载互联网服务系统，免费一站式提供给基金管理人和基金持有人使用，覆盖了基金管理百余项自助运营功能。采用直通式业务处理方式，能够提升业务办理和信息传递效率，提高业务流程的透明度和可追溯性。支持7×24小时管理人自助办理，给基金行业跨境、跨市场业务拓展带来便利。创新基金运营监控及服务手段，实现了投资合规监控、止损预警监控、股票停牌监控、产品到期监控、合格投资者冷静期监控等不同维度的风险监控。新产品发行前，管理人可根据预留在合同系统的产品要素模板在线设计产品、在线生成合同，实现了与合同系统的有效对接。

南方基金自2015年开始筹建新客服系统，与恒生电子合作推出呼叫中心系统（以下简称CC系统）。CC系统除提供账户查询、服务定制等基础业务外，还可深度挖掘客户资料，通过客户标签、MOT（关键时刻）提醒、持仓和盈亏等信息的优化和展示，促使客服人员在通话过程中快速准确定位客户需求，更有针对性地了解客户账户信息和解决客户问题，进而提高问题处理的效率和客户满意度。同时，CC系统实现了客户分组功能，客服人员可主动根据接触过的客户建立核心客户分组，也可选取关键要素进行客户分组，更有针对性地开展客户维护和营销工作。

第二篇

政策环境篇

第十一章

法律与监管环境

2015 年是“十二五”规划的收官之年，我国经济进入深度调整阶段，改革发展任务繁重。为了进一步支持实体经济发展，助力经济转型升级，促进大众创业、万众创新，2015 年资本市场监管转型不断深入，放松事前监管，加强事中事后监管，监管环境和制度建设进一步优化。

第一节　法律和监管动态

一、事中事后监管新机制不断推进

2015 年 1 月 15 日到 16 日，在 2015 年全国证券期货监管工作会议上，肖钢主席深入分析了持续推进监管转型的形势，提出了探索建立事中事后监管新机制的若干举措。肖钢主席表示，探索建立事中事后监管新机制，就是要从以事前审批为主，转变到以事中事后监管为主，这是转变政府职能、提升监管效能的必然要求。要大幅精简行政审批备案事项，市场准入放宽，对市场主体微观活动的干预大幅减少，更多市场主体有机会参与公平竞争，自主创新活力可以充分发挥。要实现监管权力和责任边界清晰，“法无授权不可为”，“法定职责必须为”，抓紧研究制定权力清单和责任清单。要依托大数据、云计算等信息技术，建立健全中央监管信息平台，实现从“人工判断型”监管向“技术导向型”监管转变，从而拓展监管时间空间，提高监管效能。要进一步强化稽查执法工作，大力完善稽查执法规则体系。此次监管工作会议为2015年监管转型和工作思路奠定了基础。

2015年，事中事后监管新机制在探索中不断进步发展。中国证监会加强日常检查，强化合规性监管和风险审慎性监管，加大稽查执法力度，践行适度监管、底线监管，通过惩戒和制裁来维护市场秩序，深入推进投资者保护工作。2015年全年，中国证监会对281家次上市公司采取了行政监管措施，对92家次证券基金期货经营机构和48人次从业人员采取了行政监管措施，对190多家有风险隐患的私募基金管理机构进行现场检查或非法集资排查，对141家互联网非公开股权融资平台进行专项检查。受理违法违规有效线索723件，新增立案调查345件，同比增长68%。开展"2015证监法网"专项执法行动，集中部署8批次共计120起重大典型违法违规案件。全年移交处罚审理案件273件，对767个机构和个人作出行政处罚决定或行政处罚事先告知，同比增长超过100%，涉及罚没款金额逾54亿元，超过此前十年罚没款总和的1.5倍。

二、适应监管转型，行政审批和备案类事项大幅减少

为贯彻落实国务院关于简政放权、转变政府职能的决策部署，以及李克强总理在《政府工作报告》中提出的"加大简政放权、放管结合改革力度"的要求，证监会大力推进监管转型，主动取消和调整一批行政审批事项和备案类事项。2015年4月10日，证监会公告［2015］8号取消调整了155项备案类事项（取消151项，调整4项）。2015年4月28日，根据《国务院关于取消和调整一批行政审批项目等事项的决定》（国发［2015］11号），发布证监会公告［2015］11号，取消了一批行政审批项目，包括8项行政审批项目和1项职业资格许可和认定事项，保留了4项工商登记前置审批事项，对国务院决定中涉及中国证监会的由前置审批调整为后置审批的3项工商登记事项积极与国家工商总局等相关部门沟通。坚持审慎监管，精简行政审批事项，加强行政审批事项的规范管理，通过制定管理规范和标准来实现监督管理，减轻市场主体负担，激发市场自主创新活力。

三、公募基金拓展业务范围，取得新的发展空间

2015年3月，证监会发布《公开募集证券投资基金参与沪港通交易指

引》（证监会公告［2015］5号），自发布之日起施行。该指引共十条，对公募基金参与沪港通交易的资格，以及程序、信息披露、风险管理和内控制度等提出了具体要求，明确基金管理人后便可以募集新基金，通过沪港通机制投资香港市场股票。证券投资基金是我国资本市场的主要机构投资者，允许基金参与沪港通交易，有利于产品和业务创新，也有利于沪港通业务的平稳推进和两地市场的互联互通，对提升我国资产管理行业的国际化水平有着重要的意义。该指引的发布实施为公募基金参与沪港通交易提供了良好的制度环境，确保基金参与沪港通交易平稳有序进行。

2015年4月，为落实《关于大力推进证券投资基金行业创新发展的意见》，支持基金依法参与融资融券、转融通证券出借业务，中国证券投资基金业协会、中国证券业协会制定了《基金参与融资融券及转融通证券出借业务指引》，对公募基金依法参与融资融券、转融通业务的信息披露、风险控制等具体细则作出了规范性要求。该指引不仅鼓励公募基金参与两融和转融通业务，还有利于引导其规范健康发展。

四、养老保险基金投资渠道拓宽

2015年8月23日，国务院印发《基本养老保险基金投资管理办法》，明确：养老基金实行中央集中运营、市场化投资运作，由省级政府将各地可投资的养老基金归集到省级社会保障专户，统一委托给国务院授权的养老基金管理机构进行投资运营。投资股票、股票基金、混合基金、股票型养老金产品的比例，合计不得高于养老基金资产净值的30%；参与股指期货、国债期货交易，只能以套期保值为目的；办法自印发之日起施行。公开资料显示，2014年末国内养老金累计结存35 645亿元。据测算，扣除预留支付资金，全国可纳入投资范围的资金总计2万多亿元。若按照不高于30%的比例，约有6 000多亿元资金可进入股市。

该办法开放了投资渠道，最具价值的一点在于放开了养老金入市渠道的想象空间，在坚持安全投资、稳健投资的原则下，可以进入国家重大工程项目投资与当前正热的国企改革股权投资，而非限定在原先的债市、股市等，这是重大进步。

五、内地与香港基金互认落地

2015 年 5 月，中国证监会发布《香港互认基金管理暂行规定》（证监会公告［2015］12 号），自 2015 年 7 月 1 日起施行。11 月 9 日，中国人民银行、国家外汇管理局发布《内地与香港证券投资基金跨境发行销售资金管理操作指引》，自发布之日起施行。12 月 14 日，财政部、国家税务总局、证监会发布《关于内地与香港基金互认有关税收政策的通知》，自 2015 年 12 月 18 日起执行。2015 年 12 月 18 日，中国证监会正式注册了首批 3 只香港互认基金，香港证监会于同日注册了首批 4 只内地互认基金。

内地与香港基金互认是多赢之举，不仅拓宽了跨境投资渠道，优化投资结构，也是我国资产管理业发展的重要突破。相关配套规则的出台，为基金互认工作提供了良好的制度环境，引导其规范发展。

六、货币市场基金监管升级

2015 年 5 月，中国证监会会同中国人民银行对《货币市场基金管理暂行规定》进行了修订，并在修订基础上起草了《货币市场基金监督管理办法（征求意见稿）》及《关于实施〈货币市场基金监督管理办法〉有关问题的规定（征求意见稿）》，并向社会公开征求意见。2015 年 12 月 17 日，中国证监会与中国人民银行联合正式发布《货币市场基金监督管理办法》（证监会令第 120 号），自 2016 年 2 月 1 日起施行。该办法主要修订内容包括：一是进一步完善货币市场基金投资范围、期限和比例，强化对货币市场基金组合的风险控制；二是对货币市场基金流动性管理做出了制度安排；三是对参与成本法下的货币市场基金影子定价、偏离度进行设置；四是针对货币市场基金和互联网发展的新业态，对货币市场基金的互联网销售活动和披露做出针对性要求；五是鼓励货币市场基金进一步创新发展，拓展投资范围和支付功能。该办法着重处理货币市场基金创新发展和风险防控的关系，并针对货币市场基金和互联网发展的新业态做出了安排，对促进我国货币市场基金健康发展、支持基于互联网的货币市场基金创新、加强相关风险防范意义重大。

七、私募投资基金行业自律管理不断完善

2015 年 11 月 27 日，中国证券投资基金业协会发布了《私募投资基金管理人内部控制指引（征求意见稿）》、《私募投资基金信息披露管理办法（征求意见稿）》；12 月 16 日协会又发布了《私募投资基金合同指引（征求意见稿）》。三份征求意见稿的公开发布，表明了私募行业的自律规则体系正在逐步建立健全，规范要求正在逐步细化完善，私募基金的规范管理力度正在逐步加强。

此外，2015 年 4 月 30 日，北京市下发了《关于北京市开展打击非法集资专项整治行动的通告》（京打非办发［2015］3 号），以私募投资基金（以下简称私募基金）为名从事非法集资活动是本次专项整治行动的重点。5 月 26 日，中国证券投资基金业协会、中国证监会北京监管局联合下发了《关于在北京市开展打击以私募投资基金为名从事非法集资专项整治行动的通告》，活动在大力打击非法私募的同时，重在以此为契机理清、塑造、宣讲私募红线与监管规则。2015 年 11 月底，中国证券投资基金业协会启动了对北京地区私募基金管理人入会申请信息核查工作，严肃入会程序，加强入会管理，委托 5 家律师事务所对北京市 396 家已完成入会申请程序的私募基金管理人展开入会信息核查。针对私募基金开展的一系列举措都显示了私募基金的自律管理正在逐步完善，以保证私募基金行业的持续健康规范发展。

第二节 2016 年行业监管环境展望

一、推动公募基金创新新发展

2015 年，公募基金经历了股市异常波动，在大起大落中仍旧保持了较好的业绩和创新发展成绩。2016 年，资产管理行业发展竞争加剧，资本市

场的变化趋向使大众理财再掀新高潮，公募基金发展机遇与挑战并存。

推动公募FOF发展势在必行。鼓励公募基金发展FOF业务，扩大公募基金长期资金来源，强化公募基金作为长期价值投资者的买方作用。推动公募基金行业形成以公募FOF实现大类资产配置、以公募基金实现选股和投资组合管理的完整生态链，形成有弹性的市场化分工结构，满足中小投资者、高净值人群和专业机构投资者多样化的财富管理需求。

规范分级基金发展。分级基金作为创新型产品，在2015年大起大落后广受市场争议。分级基金的发展亟需正确的监管政策加以规范引导，同时积极做好投资者教育和推广，完善风险提示机制。

鼓励公募基金进军新三板。中国证监会在2015年11月发布《关于进一步推进全国中小企业股份转让系统的若干意见》，提出支持封闭式公募基金以及混合型公募基金投资全国股转系统挂牌证券。2016年，新三板的成熟发展和相关政策细则的落地，为公募基金进军拓展新三板投资奠定了良好的基础。

公募基金创新发展需要走向差异化。截至2016年5月底，公募基金管理规模达到8.09万亿元。基金资产规模和数量的大幅增长，一方面显示了居民理财的需求旺盛，是公募基金持续发展的市场基石；另一方面，如何在众多公募基金产品中突围，需要公募基金不断创新产品、业务以及运作模式、客户服务等，实现差异化竞争。与此相适应，公募基金的监管政策应更具弹性，在风险可控的前提下，支持鼓励公募基金的创新发展，探索差异化发展之路。

二、私募基金加强监管与政策扶持并举

近两年，私募基金发展迅猛，但是也存在一定的问题。一方面，私募基金专业能力和信用水平良莠不齐，问题和风险不断凸显，缺乏健全的监管法律法规和自律规则加以规范；另一方面，私募基金的创新发展仍受到一些制度门槛、税收政策和社会环境的限制。因此，政策扶持与加强监管是私募基金健康规范发展不可或缺的两方面，监管自律体系需进一步健全规范，创新发展环境要不断改善。

法律法规方面，相关部门正在认真推进对规制行业具有重大意义的

《私募基金管理条例》的起草与出台工作，完善证监会与中国证券投资基金业协会对私募股权投资基金监管的法律法规依据。

自律规则方面，中国证券投资基金业协会在证监会的指导下正在全面加快 7 个自律管理办法和 2 个指引的修订与出台，依托全面覆盖登记备案、募集行为、投资顾问业务、信息披露、内部控制、合同指引、托管业务、外包业务、从业人员管理的自律规则体系，加强对私募基金的事中事后监测检查和纪律处分。2016 年 2 月 1 日，协会发布《私募投资基金管理人内控指引》，2 月 4 日发布《私募投资基金信息披露管理办法》，2 月 5 日发布《关于进一步规范私募基金管理人登记若干事项的公告》，4 月 15 日发布《私募投资基金募集行为管理办法》，4 月 18 日发布《私募投资基金合同指引》。此外，《私募基金管理人从事投资顾问业务管理办法》《托管业务管理办法》《外包业务管理办法》《基金从业人员管理办法》正在加快制定出台中。自律管理规则体系的不断健全完善，将为私募投资基金的规范运作和健康发展奠定基础，构建行业生态。

自律管理方面，私募基金是面向合格投资者募集，并且不设前置审批的投资基金，因此加强事中事后监管、强化风险监测、加大检查执法力度、建立信用约束机制尤为重要。在 2015 年打击非法集资专项整治活动基础上，需要进一步完善相关制度安排与程序，以防范违规募集和非法集资行为。风险监测体系应逐步建立完善，及时掌握行业发展状况，发现风险隐患。应持续日常监管和检查执法，健全惩戒机制，倒逼行业在事前树立合规意识。不断丰富市场制衡机制和社会约束手段，逐步搭建行业的信用约束机制，促进行业环境的清风正气。

政策扶持方面，一是为私募基金发展创造良好公平的税收环境。公司型和合伙型私募基金被作为一般工商企业征税，因而无法解决公司型私募基金的双重征税问题和合伙型私募基金所得性质的彻底穿透问题。因此，针对私募基金这种特殊业态的税收政策有待明确和完善。此外，要继续推动完善细化创业投资基金税收优惠政策，促进大众创业万众创新，充分发挥私募基金支持实体经济发展的作用。二是理顺工商注册与私募基金管理人登记和基金备案的衔接政策。三是研究推进符合条件的私募基金管理机构申请公募基金管理业务牌照，为私募基金发展成为公募后备军提供制度化通道。四是在风险可控的前提下，推动提高保险资金和全国社保基金投资私募股权投资基金的比例，鼓励企业年金和各类公益基金等长期资本投资创业投资基金；推进养老金等长期基金入市的同时，将私募股权投资基金、创业投资基金管理人纳入可选投资管理人队伍。

2016 年，针对公募和私募基金发展的规范性规则将进一步明晰，检查执法力度将进一步增强，市场秩序和规则体系逐步完善，投资者保护工作成为重点；同时，鼓励公私募创新发展的相关支持举措会逐步落地，配套的税收政策、多层次资本市场发展环境、良好的社会环境和行业秩序会逐渐完善，为公私募基金的健康持续发展保驾护航。

第十二章

行业自律与创新发展

2015 年是基金行业大起大落的一年，从牛市的高歌猛进到大浪淘沙式的异常波动，基金业虽经受了市场的严峻考验，但仍旧取得了重要突破。面对市场变革，中国证券投资基金业协会也大力推进改革创新，积极履职尽责，始终坚持以建设“市场欢迎、行业拥护、监管信赖、社会公信”的现代资产管理行业协会为目标，夯实“自律、服务、创新”三大工作宗旨，紧紧围绕“问题驱动、行业导向、技术引领、法律保障、专业落实”二十字方针，着力推动建立健全行业法规，强化行业自律，完善信息监测与服务，积极应对市场的异常波动，加强投资者教育与保护，助力资产管理业健康发展。

第一节　完善自律管理，适应监管转型

一、进一步完善私募基金登记备案工作

协会根据《证券投资基金法》《私募投资基金监督管理暂行办法》和中央编办相关通知要求，授权开展私募基金管理人登记、私募基金备案和自律管理工作。2015 年，私募基金数量和规模呈爆发式增长，对协会的登记备案自律管理工作提出了新要求。2015 年 1 月，协会实行私募基金登记备案电子证明，不再发放私募基金管理机构登记证书，提高了电子化水平和工作效率。4 月 7 日，私募基金备案登记系统 2.0 顺利上线，对系统各项功

能进行了提升和优化，为提升系统工作效率、开展分类公示、加强统计监测工作奠定了良好基础。

二、加强专业委员会建设，提升协会履职效能

2015 年新成立私募股权投资基金专业委员会、创业投资基金专业委员会、天使投资专业委员会、资产管理业务专业委员会和互联网金融专业委员会 5 个专业委员会，专业委员会总数达到 17 个，形成涵盖公募基金公司治理、创新发展、合规风险、销售运营、信息技术、自律监察、国际业务及私募证券、私募股权、创业投资、天使投资的专业化治理智库，在自律规则及行业标准制定、课题研究、创新发展和行业培训等方面发挥了重要作用。

第二节　健全自律规则体系，优化行业发展环境

一、完善私募自律规则体系

制定《私募投资基金募集行为管理办法》、《私募投资基金合同指引》、《私募基金信息披露管理办法》、《私募投资基金管理人内部控制指引》4 个自律规范并公开征求意见，研究制定《私募投资基金托管业务管理办法》《私募投资基金外包服务管理办法》《私募基金管理人从事投资顾问服务业务管理办法》，全面完善私募基础性自律规则。明确监管底线，发布并修订《证券期货经营机构落实资产管理业务“八条底线”禁止行为细则》，适应市场变化，推动健康发展。

二、建立健全行业标准

联合中国证券业协会发布《基金参与融资融券及转融通证券出借业务

指引》，联合中国证券业协会、上海证券交易所、深圳证券交易所发布《关于促进融券业务发展有关事项的通知》，与中国证券登记结算有限责任公司（简称“中国结算”）合作研究统一基金份额账户模式下的基金质押业务相关规则。根据证监会《证券期货市场程序化交易管理办法（征求意见稿）》，起草《基金管理公司程序化交易指令审核指引》。发布《〈基金管理公司从事特定客户资产管理业务子公司内控核查要点〉的通知》。发布《2015 年固定收益品种的估值处理标准》，为市场主体参与交易所上市债券排除估值障碍。研究转融通、沪港通等新业务估值指引，发布《证券投资基金参与同业存单会计核算和估值业务指引（试行）》及《证券投资基金港股通投资资金清算和会计核算估值业务指引（试行）》。与证券业协会、期货业协会联合发布《中国证券期货市场场外衍生品交易商品定义文件（2015 年版）》及配套交易确认书，规范了场外商品衍生产品市场发展。

三、明确资产证券化备案规则

根据《证券公司及基金管理公司子公司资产证券化业务管理规定》相关要求，全面实施《资产支持专项计划备案管理办法》《资产证券化业务基础资产负面清单指引》与《资产证券化业务风险控制指引》；以明确资产证券化信息披露规范为核心，发布实施《资产支持专项计划说明书内容与格式指引（试行）》《资产支持证券认购协议与风险揭示书（适用个人投资者）》《资产支持证券认购协议与风险揭示书（适用机构投资者）》。截至 2015 年底，已备案资产支持专项计划 173 只，总发行规模 1 742.52 亿元。

四、积极推动基金公司提高治理水平

开展基金管理公司治理专题调研，形成《关于基金管理公司治理调查情况的报告》《基金行业人力资源管理与组织效率调查报告》。研究形成《基金管理公司混合所有制改革指引》《公募基金管理公司集团化发展意见》，推动改进公司治理水平。完成《基金管理公司事业部制实施情况调研报告》，为事业部制实施和组织管理创新建言献策。组织行业研究形成《基金经理长期评价机制研究报告》《关于促进基金管理公司建立长效激励约束机制的指引》，鼓励行业机构通过专业人士持股、薪酬递延支付等多元方式促进核心人员有序流动。完成《2015 年上半年公募基金管理人高管考试和副总经理备案情况报告》和《2015 年上半年基金托管人高管人员备案情况报告》。

五、积极参与养老金顶层制度设计

协会积极加强行业参与第一、第二支柱养老金体系调研，发布《养老金改革与资产管理行业白皮书》。就企业年金管理架构和改革问题，撰写并上报《国外雇主养老金发展及对我国企业年金的启示》，召开养老金业务行业研讨会，形成《关于职业年金投资管理制度设计的若干建议》呈报人社部基金监督司。

六、推动改善行业税收环境

参与私募基金税收制度顶层设计部际课题组，推动私募基金税收政策研究。向财政部等有关部门上报《关于建立推动资产管理市场健康发展的税收体制的思考与建议》《税收中性原则与资产管理行业税收政策》《以税收制度促进天使创投基金形成的建议》《关于建立支持投融资体系的税收制度的研究报告》等系列研究报告，倡议有利于长期资本形成的公平、中性、透明、统一的税收制度。

七、降低行业投资运营成本

发布《全面降低基金公司运营成本白皮书》。配合财政部《关于取消豁免国有创业投资机构和国有创业投资引导基金国有股转持义务审批事项后有关管理工作的通知》，为国有创业投资机构和国有创业投资引导基金申请国有股转持义务豁免提供公示服务。完成专户及私募基金银行间市场开户协调工作，与人民银行沟通并制定私募机构进入银行间市场的后台业务规则。引入中证指数作为交易所债券第三方估值机构，在债券估值市场引入竞争机制。

第三节　推动行业创新发展，深化行业服务

一、推动互联网金融发展

举办互联网金融论坛，提出构建“互联网+资产管理机构”的IT构架，全面推广互联网金融技术变革、云服务和大数据理念。与清华大学五道口互联网金融实验室合作编写《“互联网+”资产管理行业案例汇编》。正式发布《资产管理行业“互联网+”行动计划》，全面引导行业以互联网金融为契机开展创新实践。

二、凝聚行业共识，引导创新发展

成功举办2015年基金业协会年会、杭州财富管理论坛、青岛“财富管理与多层次养老体系”夏季论坛、广州资产管理业务风险管理与创新高级研讨会等，为政府部门、行业机构搭建起信息共享、业务协同和创新合作交流平台。发挥专家讲坛海外资源优势，举办7个专题研讨会，解答会员最关心的行业热点问题，包括“从国际经验看新三板”“海外养老金如何选择基金管理人”“新时期、新常态、香港投资机会”等。创立“私享汇”高端交流平台，围绕衍生品投资、节能环保产业、“一带一路”投资、“智能制造”投资、天使投资与新三板、“国企改革”投资、“FOF基金”投资、创业投资资本服务实体经济等14个主题内容，开展高层次交流研讨。

三、提供多层次数据服务，丰富行业公共品研究

定期披露行业总体运行及风险情况，包括公募基金市场数据，证券期货经营机构资管业务统计数据，以及证券公司资管业务、基金管理公司专户业务、基金子公司专户业务等规模排名情况；向参与机构反馈行业人员、

财务月度分析报告，形成数据生产循环良性链条，为行业机构节约大量数据采购费用。

组织行业力量编写完成《中国证券投资基金业年报（2014）》《公募基金管理公司社会责任报告（2014）》《公募基金投资者调查报告（2014）》。完成《基金管理公司财务分析报告（2014）》，向各家公司提供个性化财务分析数据。完成《零售型交易体系变革》课题研究，发布行业白皮书。组织编译《IOSCO 投资者教育年度报告 2015》《开放式基金：未来 75 年》《统一谨慎法和信托的未来》《下一个五年：多德弗兰克法案后私募基金投资顾问法规》《稳健增长与经济泡沫》《SEC 关于开放式基金流动性风险管理和摆动定价修订的草案》《希拉里资本利得税改革计划》等，为领导决策提供研究依据。创建协会刊物《声音》，全年编发 39 期，加强市场研究及行业交流。

四、完善从业人员资格管理与培训体系

2015 年 5 月，协会从业人员管理系统正式启用，将原有执业证书管理系统、基金经理注册系统、培训管理系统进行了整合。2015 年 7 月顺利承接基金从业资格考试，组织编写考试指定教材《证券投资基金》（上下册）；2015 年在全国范围内举办 4 次考试，得到社会各界的广泛关注和积极参与，报考人数 30.2 万，参考科次 55.5 万，通过考试人数达 20.6 万。持续推进在职培训，首次发布《基金从业人员后续职业培训大纲》，远程培训系统于 11 月 16 日正式上线，注册学员达 2 万多名，累计学习 20 余万学时。组织资产证券化等专题培训 32 期，共计 255 学时，累计参加 9 500 人次；专题研讨会 17 期，累计参会 2 500 人次；专家讲坛 14 期，累计参会 4 280 人次；晚间沙龙 48 期，累计参会 2 580 人次；开创“私享汇”品牌，陆续举办 12 期活动以及 2 期特别活动，参会 600 人次。

五、开展行业调研，解决行业关注问题

与恒生电子股份有限公司沟通协商，成功协调恒生交易系统升级费用等行业关心的问题。同货币经纪公司、银行业协会、证监会债券部多次沟

通，跟进解决货币经纪公司向基金管理公司收取服务费问题。就《关于加强企业债券回购风险管理相关措施的通知》征求行业意见报送证监会。就基金管理公司在华东科技非公开发行股票认购报价过程中的不公平待遇进行调研，提请证监会进行调查。及时摸底掌握行业涉及河北融投风险事件的情况及相关诉求，提请监管部门关注；同时搭建行业与河北地方政府方面的交流平台，积极协调做好风险化解和维权工作。

六、扩大国际交流与合作，服务行业国际化

举办中英资产管理圆桌论坛、中法资产管理论坛、中澳资产管理行业金融服务主题论坛、基金互认研讨会、爱尔兰资本市场投资论坛、卢森堡资本市场投资论坛、阿布扎比金融局见面会等双边活动，就双方跨境合作、行业发展等问题开展对话和研讨。接待美国结构性融资行业组织（SFIG）、韩国资产管理协会、加拿大养老金、摩根资产管理等多家境外使馆、监管机构、行业协会、知名资产管理机构来访，促进境内外行业互相了解、达成共识、搭建合作平台。参加机构投资者推介会，协助落实“推动 A 股市场纳入 MSCI 指数”工作。编发《基金业国际动态简报》，向行业分享最新国际动态。

七、担当行业责任，积极参与维稳救市

6 月 5 日，针对创业板风险，发布《公募基金价值投资倡议书》，提示关注创业板风险，回归价值投资。6 月 16 日，中国证券投资基金业协会在《中国证券报》发表署名文章《私募基金发展热潮中的冷思考》，指出在当前热火朝天的发展形势下，私募基金行业需要多一分“冷思考”。6 月 30 日，私募证券投资基金专业委员会发布倡议书“艳阳总在风雨后”，展现齐心协力、同舟共济的强大正能量。7 月 1 日至 13 日，以“公募基金看大市”为主题，连续发布 13 家公募基金对市场的积极观点，引导市场预期。7 月 4 日，召开 25 家公募基金管理公司座谈会，号召基金公司高管及基金经理积极申购偏股型基金，与投资者同呼吸共命运。此外，7 月还收集、整理了 70 余家基金公司关于本次股市波动的反思报告，形成基金行业反思报告，并

于7月16日起，针对分级产品展开行业调查，组织行业召开分级基金座谈会。通过以上努力，总结反思股市异常波动经验教训，形成多篇专项报告，向监管部门提出政策建议。

第四节　搭建IT数据大平台，加强风险监测

一、加强信息系统建设

2015年，协会重点投入了机房、网络、虚拟机、存储设施、安全设备建设，完成私募登记备案二期、从业人员资格登记、资产证券化备案、公募基金管理、统一公示平台、期货公司资管业务备案系统、外包服务机构管理10个信息系统上线运行，实现了登记备案、信息披露、产品公示、投诉举报和信息反馈等全流程信息化。2015年协会网站的访问量已经达到2014年的10倍以上。

二、围绕大数据战略构建数据汇聚和分享机制

全面整合公募基金、子公司、券商、私募基金管理人、外包服务机构和从业人员等系统生产的机构、产品、人员三个维度的基础数据，构建行业资产管理数据库。实施全行业数据交换和信息共享，与中国结算、深证通、中证信息等行业核心机构达成战略合作，与中国结算就基金产品账户数据、销售数据进行交换，与中证信息交换基金信息披露数据，与期货保证金中心交换期货资管运行信息，实现功能互补、协同发展。借助各类商业信息充实基础数据库内容。

三、建立私募资管业务风险监测指标和报告体系

结合私募资管业务特点，初步建立包括静态监测、关联监测、预警监

测在内的风险监测指标，基本涵盖产品从设立至清算的整个生命周期，已形成融资方延迟还本付息情况、担保方风险事件、潜在风险评估、高风险债券持仓情况、高杠杆产品情况7张风险报表。向监管部门提交《关于基金子公司风险排查工作的报告》《证券期货经营机构私募资产管理业务债券投资风险分析报告》《基金子公司业务发展总结及风险状况分析报告》等多项定期风险监测报告和专题报告，基本建立了以周报、月报、季报、半年报、年报等定期报告为主的监测报告体系。

第五节 强化自律规则执行力，建设行业信用体系

一、严格私募自律管理，加强行业信用机制建设

2015年协会严肃私募入会程序，加强入会管理，委托5家律师事务所对北京市396家已完成入会申请程序的私募基金管理人展开入会信息核查。与证监会发行部、上市部、国际部，以及中国结算、期货保证金中心、全国股转系统和中证资本市场发展监测中心合作，陆续推出监管问答口径和配套措施，强化私募基金登记备案约束。实施私募基金管理人分类公示制度，引进社会“软约束”。建立私募“失联”公示制度，2015年公示两批共16家失联机构。与百度签署战略合作协议，共建私募地图，上线以来日均访问量约10万次。实现在线信息披露和在线投诉，建立行业黑名单公示制度。为已登记的私募基金管理人提供百度加V服务。推出“私募汇APP”，通过移动终端发布私募登记备案信息。开通私募基金全国统一咨询热线“400-017-8200”，强化社会公众监督。

二、优化纪律处分工作机制

实施《纪律处分实施办法》等4项基础自律规则，建立统一登记投诉、分转投诉、检查、调查案件、调解纠纷、审理案件的工作机制。统一并规

范“12386”热线转办、来信来访、私募地图以及投诉邮箱等协会主要投诉渠道，接受“12386”热线投诉190起，来信来访投诉37起，私募地图投诉139起，邮件投诉102起，通过电话、书面、现场解答等方式及时答复完成投诉调解14起。

三、落实事后自律措施

积极参与监管部门组织的对证券期货经营机构及私募基金管理人的现场检查。2015年以来，调查近100家机构，对36家进行纪律处分，其中加入黑名单或公开谴责9家，暂停备案7家，责令注销登记5家，风险提示2家。参与证监会“两遏制、两加强”专项检查工作。与北京证监局联合发布《关于在北京市开展打击以私募投资基金为名从事非法集资专项整治行动的通告》，涉及北京地区已在基金业协会登记备案的私募机构2 267家，对26家风险较高的私募机构开展了现场检查，其中由公安机关立案侦破4家，立案侦查7家，涉嫌非法集资9家，运营不规范6家。

第六节　加强投资者教育与保护，传递正确投资理念

一、加强专业知识媒体宣传

央视新闻联播4次聚焦基金行业发展，连续播出公募基金系列宣传节目；联合央视财经频道推出《私募明星观大市》；与CCTV证券资讯频道合作录制《私募人》节目；制作9分钟私募动画片宣传区别私募基金与非法集资的边界；联合第一财经电视及会员单位推出分级基金专题系列节目。

二、推进投资者教育专项活动

积极建设协会微信公众号，发送近1 100条协会原创图文消息，通过微

信平台举办“十大最美公募基金人”“公募基金行业十佳 logo”等多种评选活动，树立行业良好形象。微信公众号订阅人数从年初 1 万人增至 15.9 万人，全年参与投票人数累计近 30 万人。此外，协会还建立了私募微信服务号，打造 13 个私募业务微信群，制作发布私募基金登记备案操作培训视频。在履行社会责任方面，携手多家会员单位在北京、广州举行 6 期儿童青少年理财文化系列沙龙活动。

第十三章

行业国际环境

第一节　国际监管动态

一、金融监管动态

（一）国际证监会组织（IOSCO）继续加强全球证券市场的经济增长支柱作用

2月13日消息，国际证监会组织在首尔召开理事会会议。会议强调国际证监会组织将致力打造支撑全球经济增长的安全、高效的证券市场。同时，会议讨论了科技创新对于金融市场的影响，指出信息革命正在影响金融市场的运行，证券监管者同样面临机遇和挑战。

在政策方面，国际证监会组织将和金融稳定理事会（FSB）协同合作，推进在非银行和非保险的系统重要性金融机构（SIFI）的重要工作，协商对未经注册的场外衍生品实施保证金制度的时间。在2015年，国际证监会组织的工作重点在于中央对手方（CCPs）、资产管理和风险管理。国际证监会组织将协助二级债券市场保持流动性，并致力于多边交流合作。

在战略方面，理事会将加强国际证监会组织的网络监管、技术支持和投资者教育。同时，国际证监会组织也将设立区域试点，以形成多地证券监管。

（二）巴塞尔委员会和国际证监会共同发布非中央结算衍生品法定保证金修订案

国际证监会（IOSCO）3月18日消息，巴塞尔委员会银行监管部和国际证监会组织公布了对于非中央结算衍生品法定保证金的修订案。修订初稿于2013年9月发布，由于考虑到实施过程的复杂程度，巴塞尔委员会与国际证监会组织共同决定推迟9个月实施修订案并采取分阶段调整的方式逐步修订盈亏保证金的相关规定。

本次对于非中央结算衍生品的初始保证金和盈亏保证金的修订将推迟至2016年9月。巴塞尔委员会和国际证监会组织也将继续共同监管修订案的实施进程并与市场参与者保持密切交流，以保证修订案适用于不同的司法机构、市场参与者及产品。

（三）SEC出台新规，放宽股权众筹监管

美国证监会（SEC）10月30日消息，美国证监会于当日出台了新法规，放宽了企业股权众筹的监管。美国证监会同时投票通过了拟议的证券法修正案，为州内及地区的证券发行提供便利。按照新的规定，2016年1月29日后，美国企业可在12个月内通过互联网进行不超过100万美元的小额股权众筹。投资者年收入或个人资产净值低于10万美元的，12个月内的最高投资额为2 000美元，即不超过其年收入或资产净值的5%；投资者年收入和资产净值高于10万美元的，12个月内的最高投资额为10万美元。

美国证监会主席Mary Jo White表示，市场对众筹有很大的热情，相信这次颁布的新法规和修正案将会为小微企业带来更多的募资机会，同时给予投资者必要的保护。至此，美国证监会已经基本完善了JOBS法案的主要规则。

（四）美国证监会加强上市股票另类交易系统监管

美国证监会宣布已投票通过新规，加强国内上市股票的另类交易系统（ATSs）的监管力度，提高包括“匿名暗池交易”在内的交易透明度。

新规要求另类交易系统以新框架披露交易商和其附属机构的运营信息，包括交易信息、订单类型、市场数据、优先交易程序等信息。此外，此类

信息将公开披露在美国证监会网站上，方便投资者决策是否使用另类交易系统，并帮助投资者充分评估交易商的业绩。该法规将于征求公众意见后实施。

二、基金业监管动态

（一）美国证监会正在加强监管

2015年10月4日美国证监会网站消息，美国证监会正在加强对超过60万亿美元规模的资产管理业务的监管。这一系列的新举措将于2015年12月由美国证监会主席Mary Jo White预审，其与2008年金融危机后针对银行所采取的举措十分相似。这对基金公司而言意味着更高的成本，甚至可能像银行那样对基金进行“压力测试”。但理论上，这将有利于加强投资者保护。新举措对基金持仓比例、建立内部流程、流动性管理等都做了较为明显的规定，包括减少对诸如有较大风险的衍生产品的持仓比例、对不同持仓情况下的流动性风险进行分类、保证一定的流动性等，基金若持有流通受限资产，将会招致更高的合规成本，新法规还允许货币市场基金和ETFs之外的共同基金自愿使用欧洲的“摆动定价”模式。

（二）SEC公布新规控制ETF杠杆率

美国证监会公布新规，要求公募基金的衍生品持仓不得高于基金资产总额的1.5倍，并提高风险储备金额度，提高风险控制水平。据了解，美国目前共有135只杠杆ETF和87只反向杠杆ETF，多数产品都有2~3倍的杠杆。

美国证监会委员Kara Stein表示，收益互换等新兴衍生品出现，使公募基金只需要低额保证金就可进行债券衍生品交易，实际杠杆率大幅提高，现行法规规定高杠杆产品只有符合要求的合格投资者才可以投资。美国证监会发布此项议案，旨在降低公募基金杠杆率，防止高杠杆带来的市场波动，更好地保护普通投资者。

第二节　国际市场动态

一、开放式基金

截至 2015 年底，全球开放式基金数量共计 100 494 只，净资产总额合计 37.19 万亿美元。

（一）开放式基金类别结构

从开放式基金规模来看，全球股票型基金规模达 15.91 万亿美元，占比 42.8%，为最主要的开放式基金类型；债券型基金规模 7.83 万亿美元，占比 21.1%；混合型基金 5.15 万亿美元，占比 13.8%；货币市场基金 5.07 万亿美元，占比 13.6%；其他类型开放式基金 3.23 万亿美元，占比为 8.7%（见图 13-1）。

图 13-1　全球开放式基金规模：按运作方式

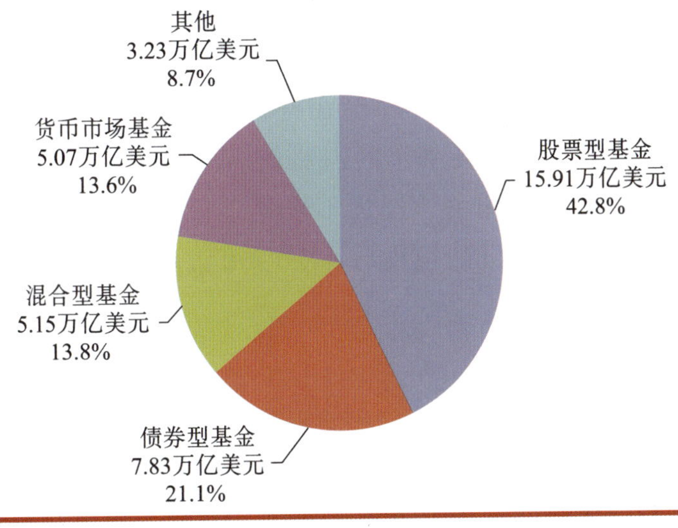

资料来源：国际投资基金协会（IIFA）。

从不同地区来看，与全球开放式基金结构相比，美洲地区开放式基金中股票基金远远高于债券、混合、货币市场以及其他类型基金；欧洲地区货币市场基金占比较低；而亚太地区则是货币市场基金占比超过债券型基金和混合型基金（见图 13－2）。

图 13－2　全球开放式基金分类规模：按地区

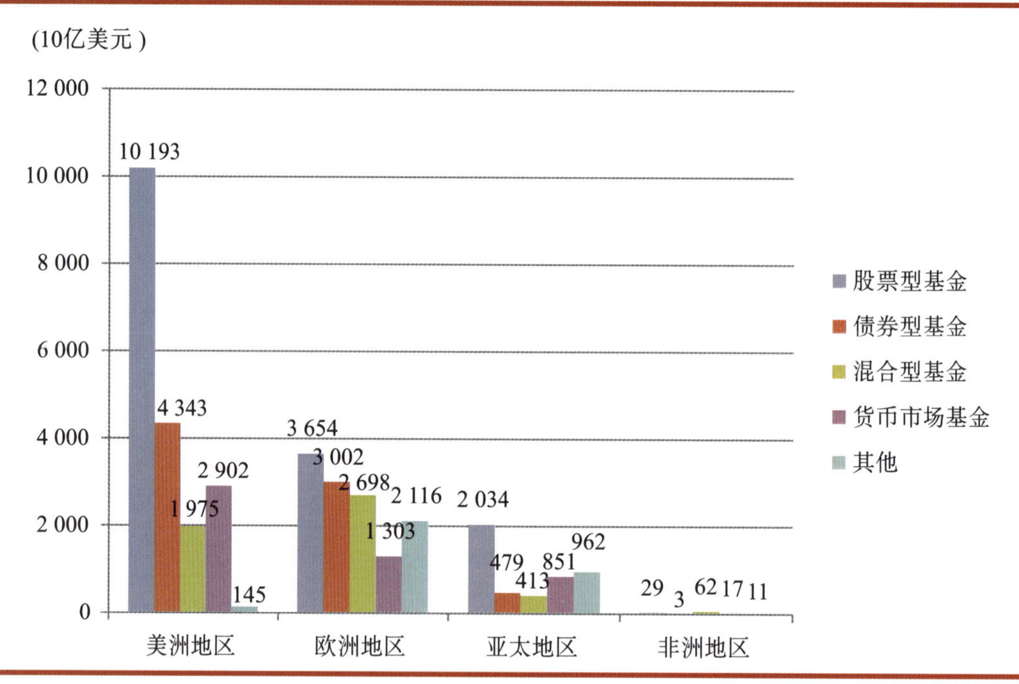

资料来源：国际投资基金协会（IIFA）。

从国家角度来看，美国和卢森堡在开放式基金中的排名都比较靠前，不发达国家和地区在货币市场基金的占比较高（见表 13－1）。这与该国或该地区金融市场发达程度相关，经济不发达地区股票市场也比较落后，因而股票、债券和混合型基金的规模较小，货币市场基金和其他基金规模相对较高。

（二）开放式基金地区结构

从基金数量看，欧洲开放式基金数量最多，达 47 427 只，占全球开放式基金数量的 47.2%；其次为亚太地区，26 510 只，占全球数量的 26.4%；美洲开放式基金 25 230 只，全球占比 25.1%；非洲地区 1 327 只，占比 1.3%（见图 13－3）。

表 13-1 全球开放式基金分类规模排名 （单位：百万美元）

股票型基金		债券型基金		混合型基金		货币市场基金		其他	
国家/地区	规模	国家/地区	规模	国家/地区	规模	国家/地区	规模	国家/地区	规模
美国	9 855 376	美国	3 752 641	美国	1 340 322	美国	2 754 743	澳大利亚	837 459
日本	1 173 741	卢森堡	1 144 279	卢森堡	832 275	中国大陆	684 406	法国	557 659
卢森堡	1 148 924	德国	458 943	德国	812 666	爱尔兰	508 901	爱尔兰	532 147
英国	766 038	巴西	425 819	加拿大	457 679	法国	338 537	英国	436 856
澳大利亚	601 547	爱尔兰	397 641	法国	343 218	卢森堡	322 313	德国	244 943
爱尔兰	539 056	法国	263 662	中国	343 213	韩国	80 056	卢森堡	117 966
法国	328 998	英国	195 150	英国	169 860	墨西哥	53 685	韩国	93 556
加拿大	285 217	日本	141 228	巴西	151 759	巴西	51 321	意大利	78 156
德国	273 223	瑞士	132 317	瑞士	127 324	印度	35 216	巴西	77 401
瑞典	177 755	加拿大	110 716	西班牙	108 884	中国台湾	30 711	美国	49 317

资料来源：国际投资基金协会（IIFA）。

图 13-3 全球开放式基金数量分布：按地区

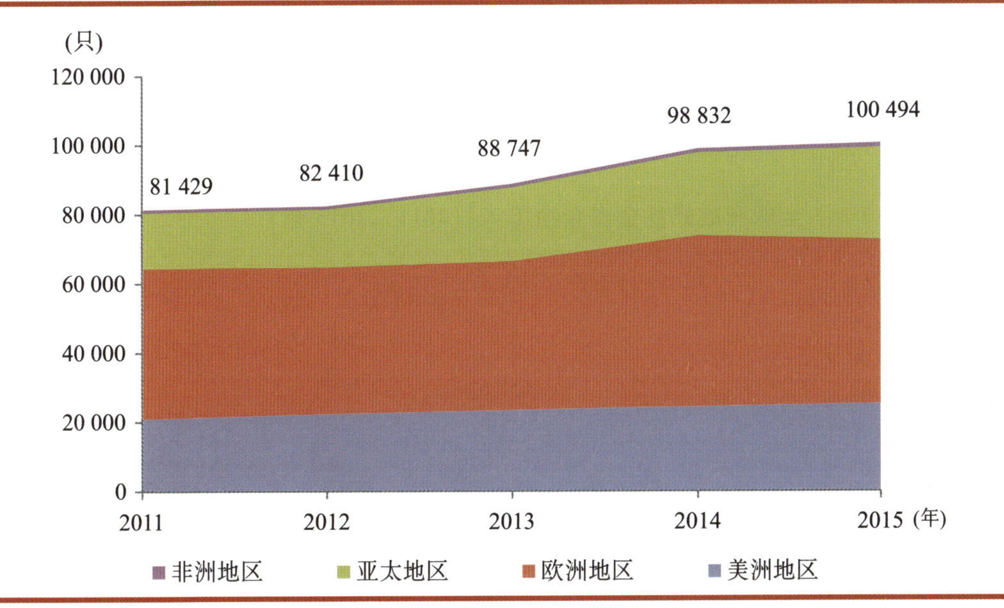

资料来源：国际投资基金协会（IIFA）。

从净资产规模来看，美洲开放式基金净资产合计 19.56 万亿美元，占全球规模的 52.6%；欧洲开放式基金净资产合计 12.77 万亿美元，占全球规模的 34.3%；亚太地区开放式基金净资产合计 4.74 万亿美元，占比 12.7%；

非洲地区0.12万亿美元，占比0.3%（见图13－4）。

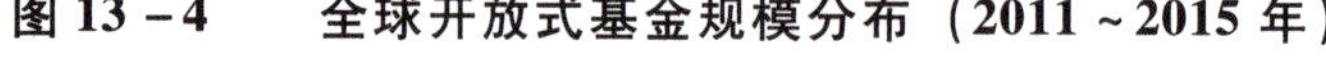

图13－4　全球开放式基金规模分布（2011～2015年）

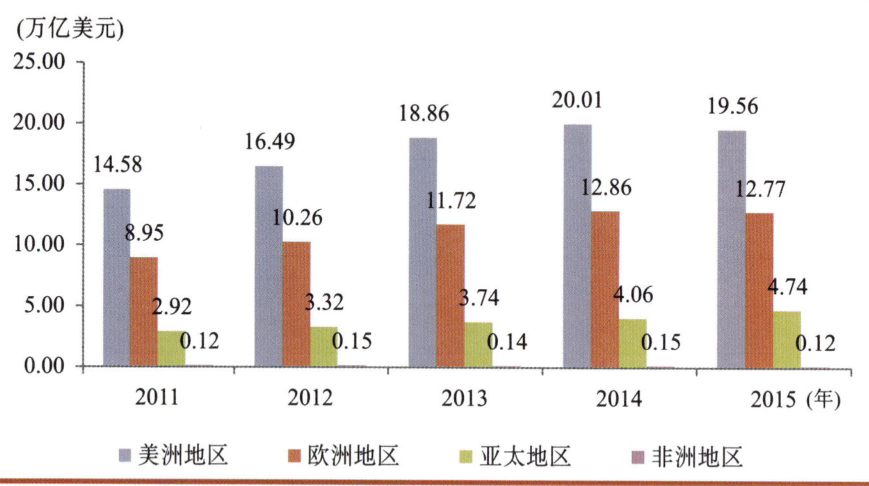

资料来源：国际投资基金协会（IIFA）。

2015年，各地区均实现资金净流入，然而美洲资金净流入大幅下降至4 534.9亿美元，仅占全球资金净流入的23.3%；欧洲地区资金净流入7 121.7亿美元，占比36.5%；亚太地区资金净流入大幅增长超过美洲、欧洲，达7 766.0亿美元，占比39.8%；非洲地区资金净流入78.9亿美元，占比0.4%（见图13－5）。

图13－5　全球开放式基金资金净流入（2011～2015年）

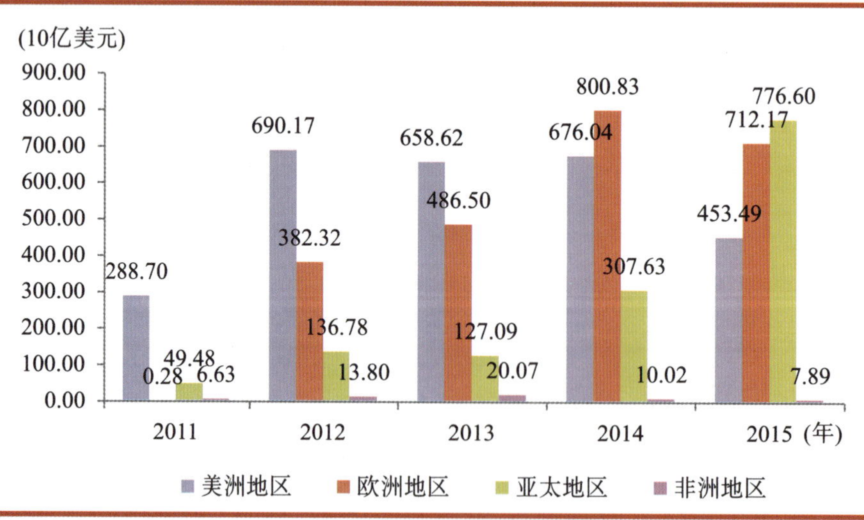

资料来源：国际投资基金协会（IIFA）。

从不同国家基金数量来看，卢森堡开放式基金数量最多，达 12 074 只，占全球开放式基金数量的 12.0%，占欧洲地区的 25.5%。韩国开放式基金数量排第 2 位，法国第 3 位，日本第 4 位。中国以 2 558 只基金排第 11 位（见图 13－6）。

图 13－6　开放式基金数量排名前十的国家

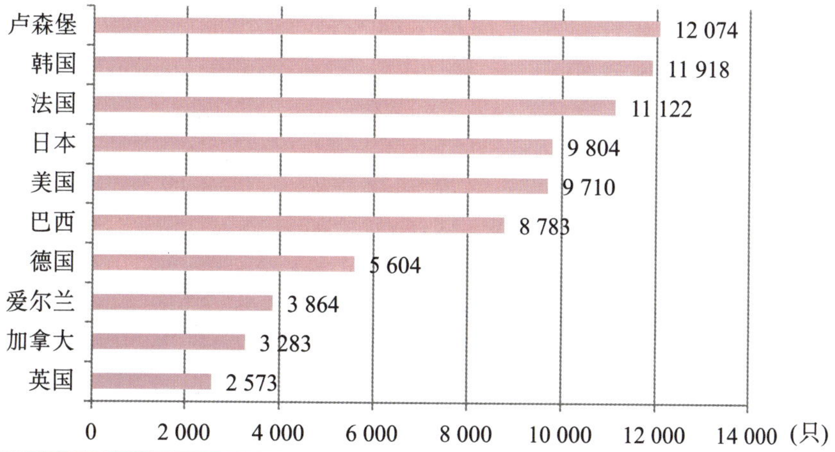

卢森堡
韩国
法国
日本
美国
巴西
德国
爱尔兰
加拿大
英国
12 074
11 918
11 122
9 804
9 710
8 783
5 604
3 864
3 283
2 573
0
2 000
4 000
6 000
8 000
10 000
12 000
14 000
(只)

资料来源：国际投资基金协会（IIFA）。

从资金净流入看，中国资金净流入最高，其次为美国，第三为卢森堡，（见图 13－7）。资金净流入跃居首位表明中国开放式基金行业在 2015 年迅速发展。

图 13－7　开放式基金资金净流入排名前十的国家

中国
美国
卢森堡
日本
德国
爱尔兰
加拿大
印度
瑞士
韩国
470.46
353.14
300.43
233.41
149.78
127.61
82.24
33.2
31.74
29.2
0
100
200
300
400
500
(10亿美元)

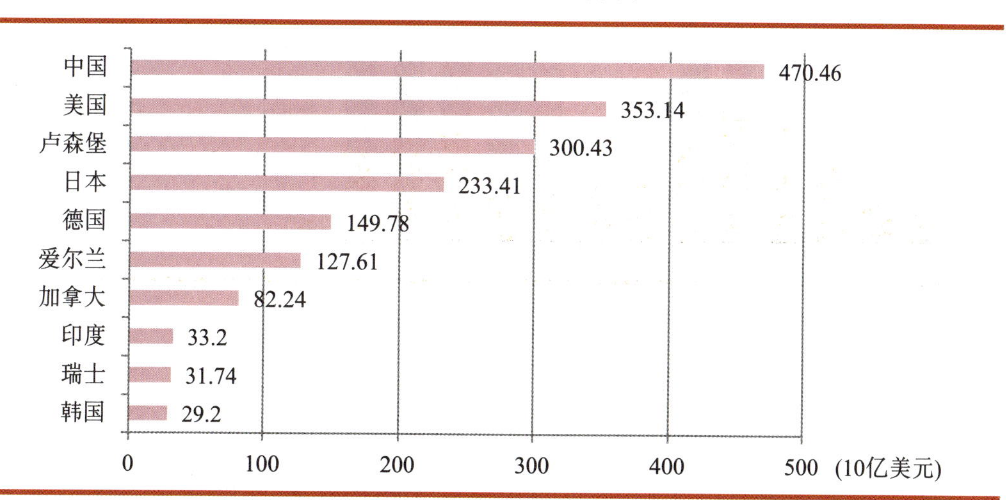

资料来源：国际投资基金协会（IIFA）。

二、私募股权投资基金（PE）

（一）募集

从基金募集来看，2015 年，全球 PE 基金募集资金约 5 270 亿美元，与 2014 年的 5 550 亿元相比，募集规模下降 5%。

在新募基金中，并购基金占较大比重，其次为不动产基金，再次为创业投资基金（VC）。与 2014 年相比，2015 年大部分类型的基金其规模都有所下降，其中成长基金下降 30%，基础设施基金下降 16%。另一方面，夹层基金大幅度反弹，增长率达到 118%，其他基金、自然资源基金、基金的基金（FOF）也稳中有升。近五年来看，自 2010 年以来，除成长基金外，募集规模均呈现增长趋势，其中自然资源基金年均增长率达 26%（见图 13－8）。

图 13－8　全球 PE 基金募集情况（2003～2015 年）

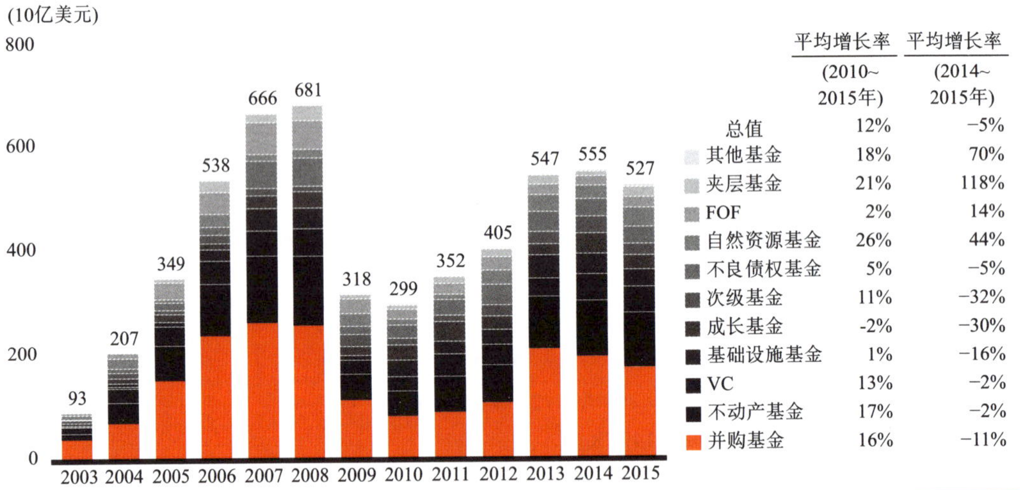

(10亿美元)

年份	2003	2004	2005	2006	2007	2008	2009	2010	2011	2012	2013	2014	2015
总值	93	207	349	538	666	681	318	299	352	405	547	555	527

	平均增长率（2010～2015年）	平均增长率（2014～2015年）
总值	12%	-5%
其他基金	18%	70%
夹层基金	21%	118%
FOF	2%	14%
自然资源基金	26%	44%
不良债权基金	5%	-5%
次级基金	11%	-32%
成长基金	-2%	-30%
基础设施基金	1%	-16%
VC	13%	-2%
不动产基金	17%	-2%
并购基金	16%	-11%

资料来源：贝恩咨询公司（Bain & Company）。

（二）投资

从基金投资来看，2015 年全球 PE 基金并购交易规模达 2 820 亿美元，交易规模上升 5%（见图 13－9）。

图 13－9 全球 PE 基金地区并购交易规模情况（1995～2015 年）

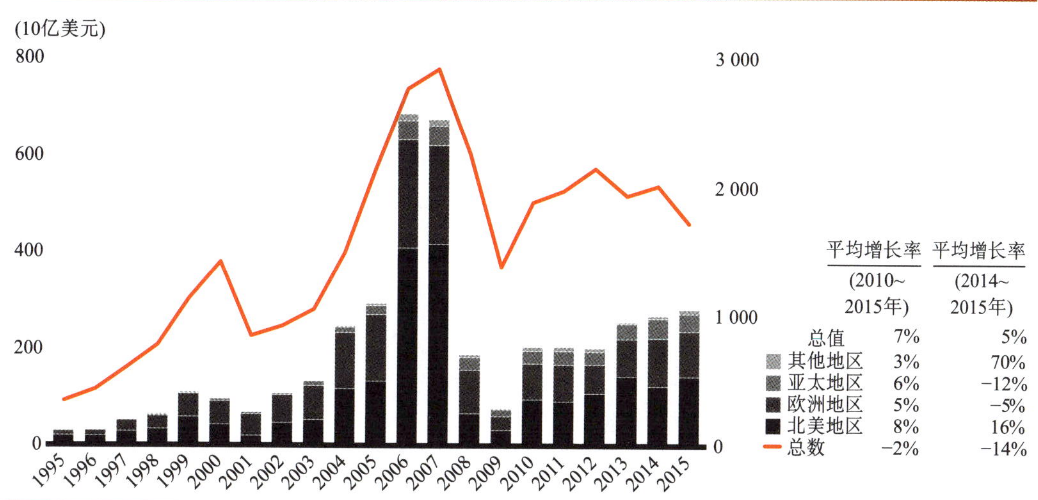

资料来源：贝恩咨询公司（Bain & Company）。

截至 2015 年底，全球 PE 基金公司共持有 1.31 万亿美元未投资资金。未投资金拟投资的基金类型主要为并购基金，其次为不动产基金。与 2014 年相比，2015 年基金投资都出现了增长趋势，其中不动产基金和创业投资基金（VC）分别增长 29% 和 24%（见图 13－10）。

图 13－10 全球 PE 基金未投资资金情况（2004～2015 年）

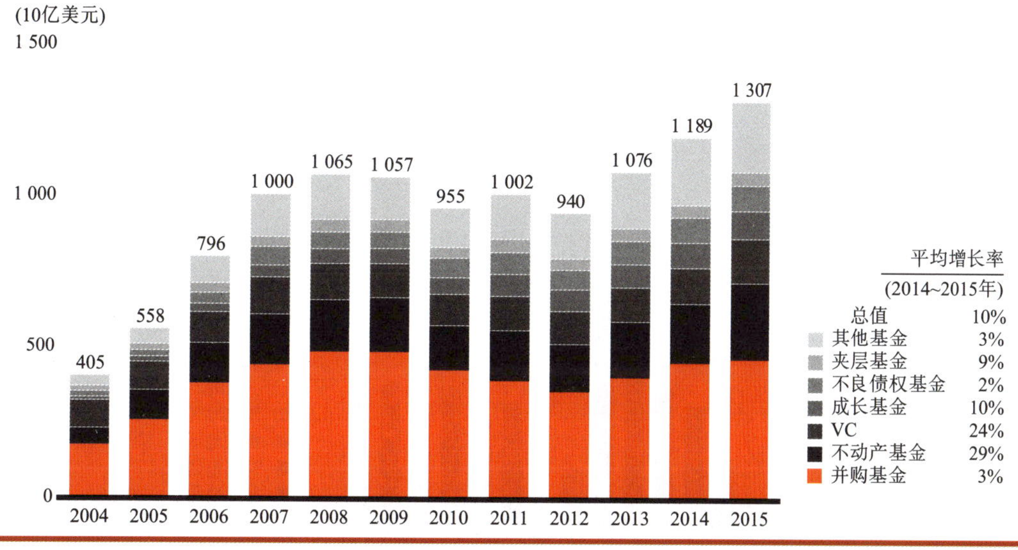

资料来源：贝恩咨询公司（Bain & Company）。

（三）退出

从基金退出来看，2015 年全球并购基金退出交易 1 166 笔，规模达 4 220 亿美元，数量和规模与 2014 年相比均有所下降（见图 13－11）。

图 13－11　全球并购基金退出情况（1995～2015 年）

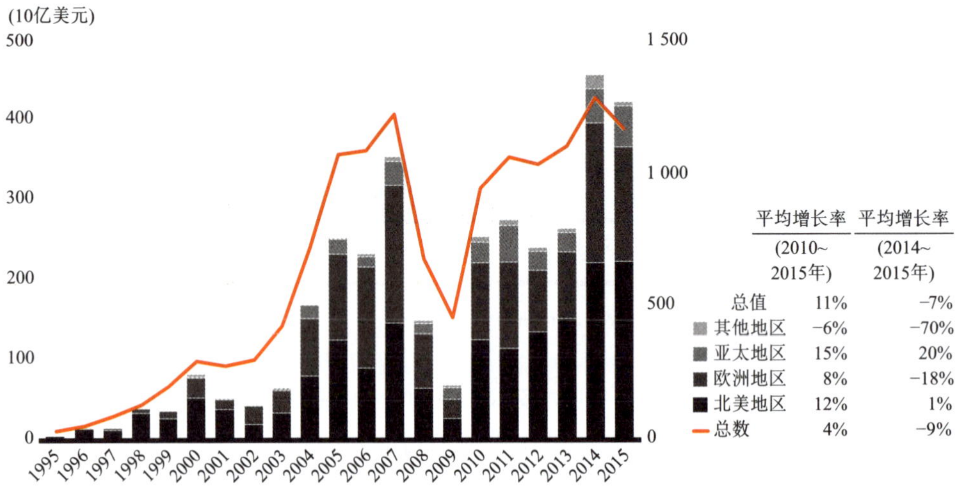

	平均增长率（2010~2015年）	平均增长率（2014~2015年）
总值	11%	−7%
其他地区	−6%	−70%
亚太地区	15%	20%
欧洲地区	8%	−18%
北美地区	12%	1%
总数	4%	−9%

资料来源：贝恩咨询公司（Bain & Company）。

其中，战略退出一直是最主要的项目退出方式，其次为股权转让，最后为 IPO 退出。相关资料见图 13－12～图 13－14。

图 13－12　全球并购基金股权转让退出（1995～2015 年）

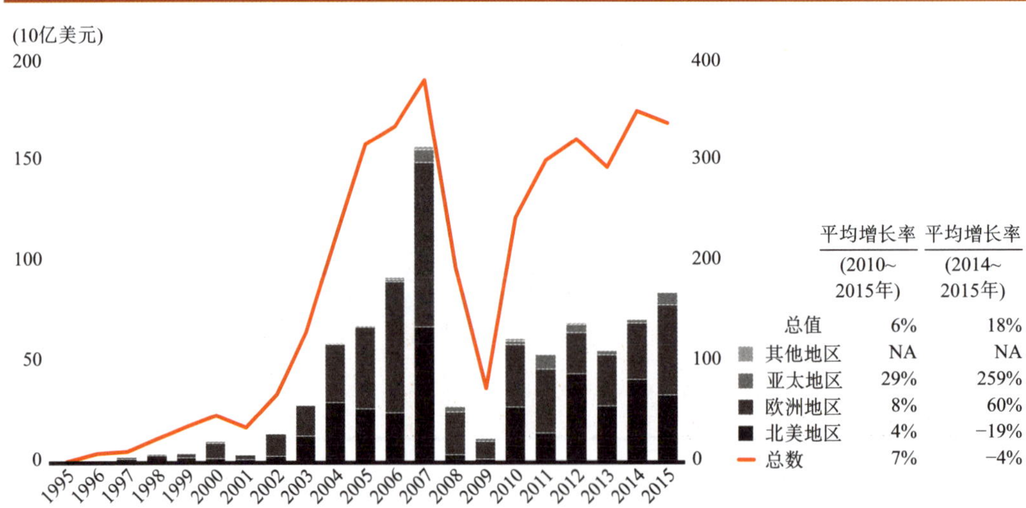

资料来源：贝恩咨询公司（Bain & Company）。

图 13－13　全球并购基金 IPO 退出（1995～2015 年）

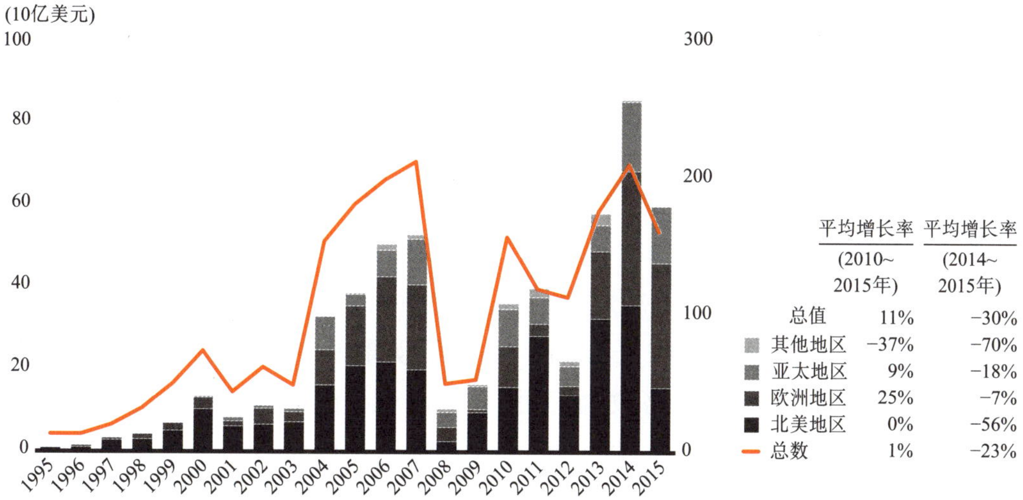
(10亿美元)
100
80
60
40
20
0
300
200
100
0
1995 1996 1997 1998 1999 2000 2001 2002 2003 2004 2005 2006 2007 2008 2009 2010 2011 2012 2013 2014 2015
平均增长率 (2010~2015年)
平均增长率 (2014~2015年)
总值 11% -30%
其他地区 -37% -70%
亚太地区 9% -18%
欧洲地区 25% -7%
北美地区 0% -56%
总数 1% -23%

资料来源：贝恩咨询公司（Bain & Company）。

图 13－14　全球并购基金战略退出（1995～2015 年）

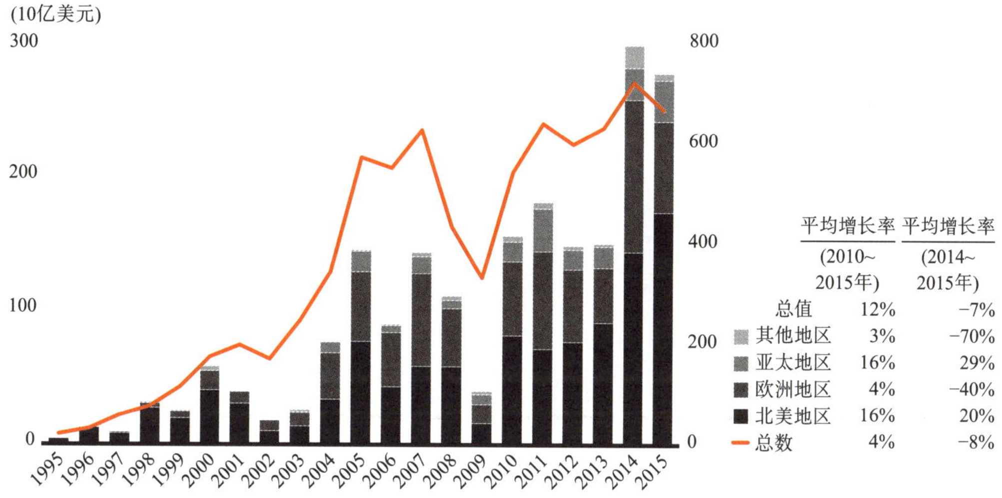
(10亿美元)
300
200
100
0
800
600
400
200
0
1995 1996 1997 1998 1999 2000 2001 2002 2003 2004 2005 2006 2007 2008 2009 2010 2011 2012 2013 2014 2015
平均增长率 (2010~2015年)
平均增长率 (2014~2015年)
总值 12% -7%
其他地区 3% -70%
亚太地区 16% 29%
欧洲地区 4% -40%
北美地区 16% 20%
总数 4% -8%

资料来源：贝恩咨询公司（Bain & Company）。

三、对冲基金

根据 Preqin 的数据，截至 2015 年底，全球对冲基金管理规模共计 3.197 万亿美元，其中 2015 年新增资产管理规模达 1 780 亿美元。

从地区来看，2015 年北美地区对冲基金管理规模增长 1 160 亿美元，总规模达到 23 140 亿美元，其中，美国所占比例最高，规模达到 22 790 亿美元。亚太地区对冲基金规模比 2014 年增长了 10%，达到 1 590 亿美元。欧洲地区对冲基金规模在 2015 年增长了 760 亿美元，总规模达到 6 850 亿美元，增长率高达 12%，其中英国、法国、瑞士的增长尤为突出。

根据 Preqin 全球对冲基金调查报告，2015 年全球对冲基金平均收益率仅为 2.02%，低于 2014 年的 4.65%，并远低于 2013 年的 12.22%（见表 13－2）。从不同策略来看，相对价值策略业绩最高，平均收益率为 5.03%；其次为多策略的 4.14%。另一方面，事件驱动策略的平均收益率下跌至负值，为－0.07%，股票策略收益率也不断降低，2015 年平均收益率仅为 0.87%。长期来看，2 年平均收益率最高的为相对价值策略，最低的为事件驱动策略；3 年平均收益率最高的为股票策略，最低的为宏观策略；5 年平均收益率最高的为信用策略，最低也为宏观策略。

表 13－2　全球对冲基金平均收益率　（单位:%）

对冲策略	2015 年	2014 年	2013 年	2 年平均收益率	3 年平均收益率	5 年平均收益率
股票策略	0.87	4.84	15.54	2.84	6.91	5.03
宏观策略	2.38	4.66	4.15	3.53	3.73	4.41
事件驱动策略	－0.07	2.49	15.10	1.18	5.61	5.36
信用策略	1.98	5.77	9.69	3.86	5.76	7.51
相对价值策略	5.03	4.63	9.30	4.79	6.29	6.24
多策略	4.14	4.07	8.49	4.18	5.57	5.16
总体	2.02	4.65	12.22	3.33	6.21	5.43

资料来源：Preqin 全球对冲基金报告（2016）。

第三篇

行业数据篇

一、公开募集证券投资基金概况 I （开放式和封闭式）

年份 Year	基金只数（只） Number of Funds（unit）			基金份额（亿份） Fund Units（100 million units）			基金资产规模（亿元） Fund Asset Value（100 million yuan）		
	合计 Total	封闭式 Close – ended Funds	开放式 Open – ended Funds	合计 Total	封闭式 Close – ended Funds	开放式 Open – ended Funds	合计 Total	封闭式 Close – ended Funds	开放式 Open – ended Funds
2004	161	54	107	3 308. 79	817. 00	2 491. 79	3 246. 34	809. 71	2 436. 63
2005	218	54	164	4 714. 18	817. 00	3 897. 18	4 691. 38	822. 17	3 869. 21
2006	307	53	254	6 220. 67	812. 00	5 408. 67	8 565. 05	1 623. 64	6 941. 41
2007	346	36	310	22 339. 84	844. 14	21 495. 70	32 762. 32	2 442. 17	30 320. 15
2008	439	33	406	25 741. 78	890. 32	24 851. 46	19 403. 25	758. 95	18 644. 30
2009	547	31	516	23 518. 55	945. 02	22 573. 53	26 024. 80	1 238. 78	24 786. 02
2010	704	39	665	23 955. 33	1 119. 80	22 835. 53	25 040. 86	1 299. 00	23 741. 86
2011	914	57	857	26 510. 37	1 371. 32	25 139. 05	21 918. 55	1 234. 15	20 684. 40
2012	1 173	68	1 105	31 708. 41	1 424. 85	30 283. 56	28 661. 81	1 413. 01	27 248. 80
2013	1 551	130	1 421	31 167. 18	1 953. 94	29 213. 24	30 011. 54	1 987. 56	28 023. 98
2014	1 899	135	1 764	42 032. 7	1 256. 71	40 776. 00	45 374. 30	1 366. 81	44 007. 49
2015	2 722	164	2 558	76 674. 13	1 669. 54	75 004. 59	83 971. 83	1 947. 72	82 024. 11

资料来源：中国证监会。

二、公开募集证券投资基金概况Ⅱ（ETF和LOF）

年份	ETF		LOF	
	只数	份额（亿份）	只数	份额（亿份）
2004	1	101.56	1	10.91
2005	1	101.56	13	672.87
2006	5	185.86	17	875.41
2007	5	185.86	26	1 240.51
2008	5	185.86	28	1 252.46
2009	9	228.46	37	1 397.28
2010	20	270.14	55	1 443.55
2011	37	301.32	80	1 525.31
2012	50	817.06	94	1 582.40
2013	87	1 031.95	106	1 671.49
2014	105	1 082.55	121	1 818.37
2015	124	2 684.83	156	1 231.72

资料来源：上海证券基金评价研究中心、Wind资讯。

三、开放式基金概况：按投资类型（2008～2015年）

年份	股票型			混合型			债券型			货币市场型			QDII		
	只数（只）	份额（亿份）	规模（亿元）	只数（只）	份额（亿份）	规模（亿元）	只数（只）	份额（亿份）	规模（亿元）	只数（只）	份额（亿份）	规模（亿元）	只数（只）	份额（亿份）	规模（亿元）
2008	162	10 866.30	7 242.57	138	7 395.81	5 193.09	61	1 745.23	1 880.36	40	3 891.73	3 892.43	10	1 094.01	522.41
2009	239	12 454.50	13 702.50	158	6 692.64	7 478.45	81	765.82	839.37	43	2 581.41	2 581.41	10	1 017.35	742.24
2010	332	12 945.64	13 214.94	166	6 651.08	7 300.67	103	1 359.03	1 449.76	46	1 532.77	1 532.78	28	940.50	735.50
2011	439	13 548.16	10 421.59	191	6 736.21	5 671.22	140	1 380.82	1 401.85	51	2 948.85	2 948.86	51	913.45	576.02
2012	538	13 598.55	11 564.46	217	6 467.76	5 619.47	233	3 823.86	3 922.43	62	5 722.40	5 722.41	67	875.46	632.02
2013	610	11 794.06	11 026.24	288	5 917.75	5 624.77	346	3 260.97	3 309.02	94	7 475.74	7 475.93	83	764.71	588.02
2014	699	10 772.46	13 142.02	395	5 525.28	6 025.23	409	3 048.65	3 482.28	171	20 804.36	20 862.43	90	625.26	495.54
2015	587	5 988.13	7 657.13	1 184	17 948.31	22 287.25	466	5 895.92	6 973.84	220	44 371.59	44 443.36	101	800.64	662.53

四、开放式基金（认）申购与赎回（季，2011～2015年）

季度	合计			偏股型			债券型			货币市场型			QDII		
	认申购额	赎回额	净认申赎	认申购额	赎回额	净认申赎	认申购额	赎回额	净认申赎	认申购额	赎回额	净认申赎	认申购额	赎回额	净认申赎
2011Q1	4 471	5 115	-644	1 403	1 821	-418	448	449	-1	2 620	2 845	-225	59	50	9
2011Q2	5 686	5 029	658	2 219	1 687	532	747	455	292	2 720	2 887	-167	44	58	-14
2011Q3	4 078	3 885	193	1 585	1 297	288	263	425	-162	2 231	2 163	68	54	37	17
2011Q4	6 432	4 386	2 046	1 457	1 195	262	424	323	101	4 551	2 868	1 683	7	21	-14
2011 总和	20 668	18 415	2 253	6 664	6 000	664	1 882	1 652	230	12 122	10 763	1 359	164	166	-2
2012Q1	7 598	7 761	-163	1 161	1 390	-229	706	632	74	5 731	5 739	-8	22	19	3
2012Q2	10 245	8 431	1 814	1 670	1 509	161	2 165	1 110	1 055	6 411	5 813	598	27	26	1
2012Q3	10 134	9 492	643	1 366	1 227	139	2 846	2 322	523	5 923	5 943	-19	153	47	106
2012Q4	12 592	9 241	3 351	1 405	1 248	158	3 785	2 607	1 178	7 402	5 386	2 016	48	83	-35
2012 总和	40 569	34 925	5 644	5 601	5 373	228	9 501	6 672	2 829	25 467	22 880	2 586	249	177	73
2013Q1	12 439	13 779	-1 340	1 678	2 391	-713	3 835	3 788	47	6 926	7 600	-674	38	59	-20
2013Q2	11 631	13 430	-1 800	2 208	2 280	-72	3 063	2 954	109	6 359	8 196	-1 837	36	54	-18
2013Q3	12 322	11 252	1 070	2 138	2 949	-810	2 444	2 153	292	7 739	6 150	1 589	15	44	-29
2013Q4	16 289	13 909	2 380	2 143	2 150	-7	2 152	2 280	-128	11 994	9 479	2 515	24	53	-29
2013 总和	52 681	52 370	311	8 168	9 769	-1 602	11 495	11 176	319	33 018	31 425	1 593	113	209	-96
2014Q1	27 335	22 660	4 674	2 284	2 684	-400	1 718	2 153	-435	23 306	17 772	5 534	27	51	-24
2014Q2	26 679	25 125	1 554	1 732	1 596	136	1 716	1 645	71	23 214	21 836	1 378	18	49	-31
2014Q3	30 492	29 501	992	2 524	3 348	-824	1 661	1 576	85	26 273	24 525	1 747	35	52	-17
2014Q4	41 660	38 572	3 082	7 048	6 983	65	2 637	2 149	488	31 933	29 375	2 557	42	65	-28
2014 总和	126 166	115 859	10 302	13 588	14 611	-1 023	7 732	7 523	209	104 725	93 509	11 216	121	216	-100
2015Q1	47 661	45 435	2 226	12 473	10 638	1 834	1 953	1 787	166	33 080	32 885	195	155	124	31
2015Q2	92 217	76 923	15 294	40 962	28 290	12 672	1 949	1 828	122	48 629	46 470	2 159	677	335	342
2015Q3	69 952	68 947	-6 286	16 261	24 890	-8 628	2 856	1 519	1 337	50 801	42 490	1 019	33	48	-14
2015Q4	68 966	57 980	10 986	7 677	5 583	2 094	4 154	2 278	1 876	57 048	50 058	6 990	87	61	27
2015 总和	278 796	249 285	22 221	77 373	69 401	7 972	10 913	7 412	3 501	189 558	171 904	10 363	953	568	385

五、基金管理公司基本经营数据统计表（2015 年）

序号	公司代码	基金管理公司全称	公募基金			封闭式			开放式			股票型		
			只数	份额（亿份）	规模（亿元）	只数	份额（亿份）	规模（亿元）	只数	份额（亿份）	规模（亿元）	只数	份额（亿份）	规模（亿元）
1	50010000	国泰基金管理有限公司	59	877. 26	989. 75	0	0	0	59	877. 26	989. 75	13	210. 52	231. 98
2	50020000	南方基金管理有限公司	85	2 938. 98	3 342. 04	4	42. 97	43. 76	81	2 896. 01	3 298. 28	25	247. 2	469. 15
3	50030000	华夏基金管理有限公司	59	5192. 24	5 902. 23	0	0	0	59	5192. 24	5 902. 23	16	357. 95	708. 61
4	50040000	华安基金管理有限公司	72	1 320. 37	1 558. 47	2	23. 54	25. 26	70	1 296. 83	1 533. 21	19	225. 58	343. 5
5	50050000	博时基金管理有限公司	118	1 868. 22	1 982. 25	8	76. 04	78. 49	110	1 792. 18	1 903. 76	17	159. 74	196. 24
6	50060000	鹏华基金管理有限公司	89	1 664. 86	1 728. 45	7	56. 31	90. 84	82	1 608. 55	1 637. 61	32	487. 42	454. 68
7	50070000	长盛基金管理有限公司	46	432. 66	489. 52	3	1. 21	1. 35	43	431. 45	488. 17	10	29. 56	29. 6
8	50080000	嘉实基金管理有限公司	81	3 014. 6	3 487. 78	10	157. 34	181. 24	71	2 857. 26	3 306. 54	25	538. 85	713. 7
9	50090000	大成基金管理有限公司	63	1 250. 37	1 307. 42	1	3. 6	4. 4	62	1 246. 77	1 303. 02	12	38. 95	58. 19
10	50100000	富国基金管理有限公司	70	1 648. 97	1 924. 51	7	50. 78	52. 76	63	1 598. 19	1 871. 75	19	872. 62	933. 84
11	50110000	易方达基金管理有限公司	89	5 203. 47	5 760. 39	5	66. 8	102. 57	84	5136. 67	5 657. 82	23	315. 13	440. 53
12	50120000	宝盈基金管理有限公司	20	659. 4	793. 33	1	20	28. 67	19	639. 4	764. 66	2	6. 42	6. 57
13	50130000	融通基金管理有限公司	38	901. 36	983. 41	5	43. 92	60. 58	33	857. 44	922. 83	7	68. 99	90. 67
14	50140000	银华基金管理有限公司	55	1 365. 99	1 548. 63	4	27. 39	30. 65	51	1 338. 6	1 517. 98	11	100. 64	107. 12
15	50150000	长城基金管理有限公司	31	630. 12	697. 16	2	43. 23	53. 85	29	586. 89	643. 31	2	7. 89	11. 64
16	50160000	银河基金管理有限公司	30	522. 22	617. 34	2	31. 08	55. 58	28	491. 14	561. 76	4	11. 58	18. 07
17	50170000	泰达宏利基金管理有限公司	33	305. 09	358. 04	2	16. 44	24. 72	31	288. 65	333. 32	4	6. 6	10. 34
18	50180000	国投瑞银基金管理有限公司	54	904. 88	959. 89	3	23. 91	25. 02	51	880. 97	934. 87	7	21. 71	24. 43
19	50190000	万家基金管理有限公司	23	251. 41	262. 69	3	3. 26	3. 47	20	248. 15	259. 22	5	24. 84	22. 42
20	50200000	金鹰基金管理有限公司	21	104. 14	111. 05	0	0	0	21	104. 14	111. 05	3	18. 63	16. 48

续表 1

序号	公司代码	基金管理公司全称	混合型			债券型			货币型			QDII		
			只数	份额（亿份）	规模（亿元）	只数	份额（亿份）	规模（亿元）	只数	份额（亿份）	规模（亿元）	只数	份额（亿份）	规模（亿元）
1	50010000	国泰基金管理有限公司	30	395.93	477.79	8	11.71	24.03	2	236.69	236.69	6	22.41	19.26
2	50020000	南方基金管理有限公司	33	942.94	1 097.98	14	502.71	541.28	4	1 127.62	1 127.62	5	75.54	62.25
3	50030000	华夏基金管理有限公司	21	860.91	1 191.34	10	264.92	306.31	6	3 628.44	3 628.44	6	80.02	67.53
4	50040000	华安基金管理有限公司	29	510	605.88	13	111.89	134.03	3	425.56	425.56	6	23.8	24.24
5	50050000	博时基金管理有限公司	58	398.7	450.7	25	217.32	238.18	5	997.61	997.61	5	18.81	21.03
6	50060000	鹏华基金管理有限公司	27	430.84	482.32	16	67.62	77.45	4	619.63	619.64	3	3.04	3.52
7	50070000	长盛基金管理有限公司	23	192.27	247.43	7	4.88	6.36	2	204.33	204.33	1	0.41	0.45
8	50080000	嘉实基金管理有限公司	19	677.85	955.91	13	129.79	154.08	7	1 383.88	1 383.88	7	126.89	98.97
9	50090000	大成基金管理有限公司	32	402.18	421.24	10	92.11	109.9	6	713.08	713.08	2	0.45	0.61
10	50100000	富国基金管理有限公司	24	402.72	593.39	13	91.95	106.57	4	221.67	221.68	3	9.23	16.27
11	50110000	易方达基金管理有限公司	32	1 317.13	1 568.38	15	450.45	592.28	9	2 973.68	2 982.09	5	80.28	74.54
12	50120000	宝盈基金管理有限公司	15	335.2	454.98	1	14.81	20.14	1	282.97	282.97	0	0	0
13	50130000	融通基金管理有限公司	18	326.46	365.31	6	29.12	34.04	1	432.52	432.52	1	0.35	0.29
14	50140000	银河基金管理有限公司	20	222.03	352.88	12	220.76	243.27	5	737.02	765.17	3	58.15	49.54
15	50150000	长城基金管理有限公司	19	275.63	315.29	6	46.6	59.61	2	256.77	256.77	0	0	0
16	50160000	银河基金管理有限公司	17	230.02	286.01	6	34.16	42.3	1	215.38	215.38	0	0	0
17	50170000	泰达宏利基金管理有限公司	20	208.76	237.26	4	35.26	47.72	2	37.93	37.92	1	0.1	0.08
18	50180000	国投瑞银基金管理有限公司	31	487.83	518.3	6	71.24	92.03	5	297.08	297.08	2	3.11	3.03
19	50190000	万家基金管理有限公司	7	51.33	55.04	5	46.12	55.9	3	125.86	125.86	0	0	0
20	50200000	金鹰基金管理有限公司	15	51.61	60.24	2	5.42	5.85	1	28.48	28.48	0	0	0

续表 2

序号	公司代码	基金管理公司全称	混合型			债券型			货币型			QDII		
			只数	份额（亿份）	规模（亿元）	只数	份额（亿份）	规模（亿元）	只数	份额（亿份）	规模（亿元）	只数	份额（亿份）	规模（亿元）
21	50210000	招商基金管理有限公司	63	2 368.95	2 503.15	2	17.52	17.95	61	2 351.43	2 485.2	18	118.09	129.36
22	50220000	华宝兴业基金管理有限公司	41	1 741.37	1 827.04	0	0	0	41	1 741.37	1 827.04	11	67.53	70.85
23	50230000	摩根士丹利基金管理有限公司	21	145.56	210.86	2	44.28	49.17	19	101.28	161.69	4	20.71	24.33
24	50240000	国联安基金管理有限公司	28	398.88	441.19	1	3.02	3.23	27	395.86	437.96	5	7.83	10.24
25	50250000	海富通基金管理有限公司	32	390.33	469.71	4	17.16	28.82	28	373.17	440.89	6	2.61	3.67
26	50260000	长信基金管理有限责任公司	30	401.24	488.93	6	50.06	53.52	24	351.18	435.41	5	11.24	17.64
27	50270000	泰信基金管理有限公司	16	108.13	119.33	1	1.16	1.21	15	106.97	118.12	2	1.23	1.32
28	50280000	天治基金管理有限公司	10	47.79	52.21	0	0	0	10	47.79	52.21	1	0.17	0.33
29	50290000	景顺长城基金管理有限公司	52	681.18	782.63	2	15.93	16.91	50	665.25	765.72	17	65.88	89.66
30	50300000	广发基金管理有限公司	90	3 017.08	3 300.25	2	34.86	40.11	88	2 982.22	3 260.14	26	110.56	155.24
31	50310000	兴业全球基金管理有限公司	17	955.08	1 130.62	0	0	0	17	955.08	1 130.62	2	20.07	46.65
32	50330000	诺安基金管理有限公司	45	900.86	980.37	6	49.61	52.9	39	851.25	927.47	11	52.17	52.07
33	50340000	申万菱信基金管理有限公司	24	444.75	494.19	1	0	0	23	444.75	494.19	10	194.08	228.1
34	50350000	中海基金管理有限公司	30	59.57	59.57	5	0	0	25	59.57	59.57	3	0	0
35	50360000	光大保德信基金管理有限公司	25	687.19	745.49	1	2.75	2.76	24	684.44	742.73	2	43.46	57.44
36	50370000	华富基金管理有限公司	21	213.02	234.32	0	0	0	21	213.02	234.32	3	0.98	1.11
37	50380000	上投摩根基金管理有限公司	47	1 089.51	1 166.7	1	6.74	6.97	46	1 082.77	1 159.73	9	82.73	84.45
38	50390000	东方基金管理有限责任公司	28	238.36	283.85	1	6.14	5.99	27	232.22	277.86	1	0.09	0.13
39	50400000	中银基金管理有限公司	56	2 652.41	2 778.08	6	132.84	145.84	50	2 519.57	2 632.24	7	80.78	89.1
40	50410000	东吴基金管理有限公司	20	85	90.08	0	0	0	20	85	90.08	2	1.35	1.79

续表 3

序号	公司代码	基金管理公司全称	混合型			债券型			货币型			QDII		
			只数	份额（亿份）	规模（亿元）	只数	份额（亿份）	规模（亿元）	只数	份额（亿份）	规模（亿元）	只数	份额（亿份）	规模（亿元）
21	50210000	招商基金管理有限公司	26	844.46	917.13	10	114.04	132.09	4	1 273.49	1 305.56	3	1.35	1.06
22	50220000	华宝兴业基金管理有限公司	20	217.74	331.13	3	5.5	7.41	3	1 382.02	1 382.02	4	68.58	35.63
23	50230000	摩根士丹利基金管理有限公司	9	48.13	101.38	5	32.44	35.98	1	0	0	0	0	0
24	50240000	国联安基金管理有限公司	17	261.9	295.02	4	24.06	30.63	1	102.07	102.07	0	0	0
25	50250000	海富通基金管理有限公司	13	126.56	125.43	5	12.51	80.02	2	229.64	229.64	2	1.85	2.13
26	50260000	长信基金管理有限责任公司	12	136.18	175.2	5	138.23	177.04	1	65.34	65.34	1	0.19	0.19
27	50270000	泰信基金管理有限公司	9	50.68	61.57	3	2.96	3.13	1	52.1	52.1	0	0	0
28	50280000	天治基金管理有限公司	6	38.62	40.05	2	4.94	7.77	1	4.06	4.06	0	0	0
29	50290000	景顺长城基金管理有限公司	20	207.86	277.1	7	63.07	78.24	4	259.98	259.98	2	68.46	60.74
30	50300000	广发基金管理有限公司	35	480.34	674.97	13	138.25	170.84	6	2 235.5	2 235.5	8	17.57	23.59
31	50310000	兴业全球基金管理有限公司	10	181.64	315.8	2	53.64	68.44	3	699.73	699.73	0	0	0
32	50330000	诺安基金管理有限公司	17	335.62	407.91	4	20.98	28.01	4	431.42	431.42	3	11.06	8.06
33	50340000	申万菱信基金管理有限公司	9	112.16	120.74	3	30.27	37.11	1	108.24	108.24	0	0	0
34	50350000	中海基金管理有限公司	17	0	0	4	0	0	1	59.57	59.57	0	0	0
35	50360000	光大保德信基金管理有限公司	13	143.68	187.07	6	20.53	21.45	3	476.77	476.77	0	0	0
36	50370000	华富基金管理有限公司	11	119.61	132.93	6	22.03	29.88	1	70.4	70.4	0	0	0
37	50380000	上投摩根基金管理有限公司	22	201.45	308.77	8	16.01	19.93	4	699.48	699.48	3	83.1	47.1
38	50390000	东方基金管理有限责任公司	19	157.11	198.35	5	23.41	27.77	2	51.61	51.61	0	0	0
39	50400000	中银基金管理有限公司	22	341.34	399.87	14	282.71	328.96	4	1 804.65	1 804.65	3	10.09	9.66
40	50410000	东吴基金管理有限公司	13	44.18	47.89	4	7.47	8.4	1	32	32	0	0	0

续表 4

序号	公司代码	基金管理公司全称	混合型			债券型			货币型			QDII		
			只数	份额（亿份）	规模（亿元）	只数	份额（亿份）	规模（亿元）	只数	份额（亿份）	规模（亿元）	只数	份额（亿份）	规模（亿元）
41	50420000	国海富兰克林基金管理有限公司	23	226. 63	257. 39	1	4. 19	4. 39	22	222. 44	253	4	5. 3	8. 04
42	50430000	天弘基金管理有限公司	46	6 723	6 739. 3	4	35. 03	38. 12	42	6 687. 97	6 701. 18	19	14. 05	15. 19
43	50440000	华泰柏瑞基金管理有限公司	35	1 032. 21	1 269	1	3. 75	4. 4	34	1 028. 46	1 264. 6	8	86. 54	256. 52
44	50450000	新华基金管理有限公司	31	287. 47	343. 61	1	2. 27	2. 52	30	285. 2	341. 09	2	18. 26	20. 89
45	50460000	汇添富基金管理有限公司	59	2 142. 72	2 525. 39	2	14. 81	17. 18	57	2 127. 91	2 508. 21	16	231. 14	330. 91
46	50470000	工银瑞信基金管理有限公司	75	4 267. 38	4 430. 42	5	17. 99	20. 04	70	4 249. 39	4 410. 38	26	469. 41	458. 3
47	50480000	交银施罗德基金管理有限公司	49	732. 88	838. 88	5	18. 6	20. 27	44	714. 28	818. 61	8	28. 45	29. 76
48	50490000	信诚基金管理有限公司	39	459. 16	471. 64	2	12. 5	13. 87	37	446. 66	457. 77	9	71. 88	70. 94
49	50500000	建信基金管理有限责任公司	62	3 041. 93	3 146. 87	2	3. 5	3. 81	60	3 038. 43	3 143. 06	22	120. 06	132. 86
50	50510000	华商基金管理有限公司	31	397. 11	621. 09	0	0	0	31	397. 11	621. 09	1	8. 32	19. 55
51	50520000	汇丰晋信基金管理有限公司	15	66. 98	103. 99	0	0	0	15	66. 98	103. 99	8	36. 08	63. 62
52	50530000	益民基金管理有限公司	7	30. 51	28. 06	0	0	0	7	30. 51	28. 06	0	0	0
53	50540000	中邮创业基金管理股份有限公司	23	594. 54	789. 3	1	33. 98	38. 03	22	560. 56	751. 27	1	0. 4	0. 83
54	50550000	信达澳银基金管理有限公司	12	98. 19	107. 4	0	0	0	12	98. 19	107. 4	2	13. 05	10. 67
55	50560000	诺德基金管理有限公司	9	11. 82	17. 21	0	0	0	9	11. 82	17. 21	2	0. 75	1. 57
56	50570000	中欧基金管理有限公司	34	658. 36	763. 51	2	44. 32	46. 62	32	614. 04	716. 89	3	20. 76	25. 35
57	50580000	金元顺安基金管理有限公司	10	13. 19	13. 91	0	0	0	10	13. 19	13. 91	0	0	0
58	50590000	浦银安盛基金管理有限公司	19	302. 13	348. 06	4	49. 18	52. 44	15	252. 95	295. 62	2	1. 1	1. 6
59	50600000	农银汇理基金管理有限公司	27	898. 32	965. 35	0	0	0	27	898. 32	965. 35	5	59. 27	63. 93
60	50610000	民生加银基金管理有限公司	25	702. 57	749. 52	4	79. 57	85. 41	21	623	664. 11	4	6. 15	8. 01

续表 5

序号	公司代码	基金管理公司全称	混合型			债券型			货币型			QDII		
			只数	份额（亿份）	规模（亿元）	只数	份额（亿份）	规模（亿元）	只数	份额（亿份）	规模（亿元）	只数	份额（亿份）	规模（亿元）
41	50420000	国海富兰克林基金管理有限公司	12	120. 54	145. 73	3	11. 39	14. 11	1	84. 46	84. 46	2	0. 75	0. 66
42	50430000	天弘基金管理有限公司	13	211. 51	216. 34	5	57. 38	64. 62	5	6 405. 03	6 405. 03	0	0	0
43	50440000	华泰柏瑞基金管理有限公司	18	218. 65	255. 46	5	107. 95	134. 3	2	615	618. 06	1	0. 32	0. 26
44	50450000	新华基金管理有限公司	21	130. 88	179. 5	5	17. 45	22. 09	2	118. 61	118. 61	0	0	0
45	50460000	汇添富基金管理有限公司	17	491. 53	759. 18	14	78. 67	93. 87	7	1 306. 11	1 306. 1	3	20. 46	18. 15
46	50470000	工银瑞信基金管理有限公司	19	491. 59	531. 88	16	849. 21	980. 26	6	2 435. 54	2 435. 54	3	3. 64	4. 4
47	50480000	交银施罗德基金管理有限公司	21	278. 5	371. 83	10	89. 27	98. 77	2	311. 2	311. 2	3	6. 86	7. 05
48	50490000	信诚基金管理有限公司	14	83. 89	95. 63	10	30. 16	31. 69	2	258. 39	258. 4	2	2. 34	1. 11
49	50500000	建信基金管理有限责任公司	18	202. 17	233. 87	14	330. 34	390. 79	3	2 384. 42	2 384. 42	3	1. 44	1. 12
50	50510000	华商基金管理有限公司	23	301. 08	493. 56	6	74. 8	95. 07	1	12. 91	12. 91	0	0	0
51	50520000	汇丰晋信基金管理有限公司	5	14. 89	24. 09	1	3. 75	4. 02	1	12. 26	12. 26	0	0	0
52	50530000	益民基金管理有限公司	5	28. 99	26. 6	1	0. 43	0. 37	1	1. 09	1. 09	0	0	0
53	50540000	中邮创业基金管理股份有限公司	18	412. 61	594. 47	1	63. 64	72. 06	2	83. 91	83. 91	0	0	0
54	50550000	信达澳银基金管理有限公司	6	16. 97	27. 17	3	7. 5	8. 89	1	60. 67	60. 67	0	0	0
55	50560000	诺德基金管理有限公司	5	8. 55	12. 97	2	2. 52	2. 67	0	0	0	0	0	0
56	50570000	中欧基金管理有限公司	17	374. 27	466. 6	9	75. 71	81. 64	3	143. 3	143. 3	0	0	0
57	50580000	金元顺安基金管理有限公司	8	2. 82	3. 46	1	0. 33	0. 41	1	10. 04	10. 04	0	0	0
58	50590000	浦银安盛基金管理有限公司	9	116. 38	158. 28	2	1. 14	1. 41	2	134. 33	134. 33	0	0	0
59	50600000	农银汇理基金管理有限公司	14	50. 82	112. 13	5	45. 85	46. 91	3	742. 38	742. 38	0	0	0
60	50610000	民生加银基金管理有限公司	9	40. 18	47. 42	6	99. 61	131. 62	2	477. 06	477. 06	0	0	0

续表 6

序号	公司代码	基金管理公司全称	混合型			债券型			货币型			QDII		
			只数	份额（亿份）	规模（亿元）	只数	份额（亿份）	规模（亿元）	只数	份额（亿份）	规模（亿元）	只数	份额（亿份）	规模（亿元）
61	50620000	西部利得基金管理有限公司	7	94.01	93.86	0	0	0	7	94.01	93.86	1	0.1	0.11
62	50630000	浙商基金管理有限公司	7	49.13	52.13	0	0	0	7	49.13	52.13	1	0.47	0.61
63	50640000	平安大华基金管理有限公司	11	379.82	384.61	0	0	0	11	379.82	384.61	1	0.31	0.54
64	50650000	富安达基金管理有限公司	7	28.44	45.06	0	0	0	7	28.44	45.06	0	0	0
65	50660000	财通基金管理有限公司	8	45.06	56.27	0	0	0	8	45.06	56.27	1	0.18	0.28
66	50670000	方正富邦基金管理有限公司	7	91.93	92.41	1	0.28	0.31	6	91.65	92.1	1	2.86	3.01
67	50680000	长安基金管理有限公司	5	63.67	65.22	0	0	0	5	63.67	65.22	1	0.63	0.91
68	50690000	国金基金管理有限公司	10	236.66	240.72	0	0	0	10	236.66	240.72	2	0.64	0.7
69	50700000	安信基金管理有限责任公司	17	240.75	258.36	2	24.08	24.98	15	216.67	233.38	4	11.9	11.81
70	50710000	德邦基金管理有限公司	11	240.96	242.22	1	6.65	6.66	10	234.31	235.56	0	0	0
71	50720000	华宸未来基金管理有限公司	2	0.3	0.37	0	0	0	2	0.3	0.37	1	0.12	0.18
72	50730000	红塔红土基金管理有限公司	3	20.25	21.62	0	0	0	3	20.25	21.62	0	0	0
73	50740000	英大基金管理有限公司	5	49.74	50.48	0	0	0	5	49.74	50.48	0	0	0
74	50750000	江信基金管理有限公司	2	28.07	29.19	1	15.84	16.81	1	12.23	12.38	0	0	0
75	50760000	中原英石基金管理有限公司	2	0.16	0.13	0	0	0	2	0.16	0.13	0	0	0
76	50770000	华润元大基金管理有限公司	8	35.97	39.77	0	0	0	8	35.97	39.77	3	4.69	5.7
77	50780000	前海开源基金管理有限公司	26	203.76	224.21	0	0	0	26	203.76	224.21	10	68.45	86.26
78	50790000	东海基金管理有限责任公司	2	2.58	2.65	0	0	0	2	2.58	2.65	1	2.27	2.23
79	50800000	中加基金管理有限公司	5	172.59	174.88	1	8.58	10.15	4	164.01	164.73	0	0	0
80	50810000	兴业基金管理有限公司	15	719.93	734.81	2	46.91	51.78	13	673.02	683.03	0	0	0

续表 7

序号	公司代码	基金管理公司全称	混合型			债券型			货币型			QDII		
			只数	份额（亿份）	规模（亿元）	只数	份额（亿份）	规模（亿元）	只数	份额（亿份）	规模（亿元）	只数	份额（亿份）	规模（亿元）
61	50620000	西部利得基金管理有限公司	4	93.74	93.57	2	0.17	0.18	0	0	0	0	0	0
62	50630000	浙商基金管理有限公司	3	31.5	34.28	2	2.5	2.58	1	14.66	14.66	0	0	0
63	50640000	平安大华基金管理有限公司	7	58.66	62.87	1	0.94	1.29	2	319.91	319.91	0	0	0
64	50650000	富安达基金管理有限公司	4	21.26	37.67	2	0.54	0.75	1	6.64	6.64	0	0	0
65	50660000	财通基金管理有限公司	4	42.11	52.69	3	2.77	3.3	0	0	0	0	0	0
66	50670000	方正富邦基金管理有限公司	3	0.67	0.97	0	0	0	2	88.12	88.12	0	0	0
67	50680000	长安基金管理有限公司	3	22.52	23.79	0	0	0	1	40.52	40.52	0	0	0
68	50690000	国金基金管理有限公司	4	22.68	26.68	1	0	0	3	213.34	213.34	0	0	0
69	50700000	安信基金管理有限责任公司	8	150.76	166.07	1	13.92	15.41	2	40.09	40.09	0	0	0
70	50710000	德邦基金管理有限公司	7	72.91	74.09	1	1.1	1.17	2	160.3	160.3	0	0	0
71	50720000	华宸未来基金管理有限公司	0	0	0	1	0.18	0.19	0	0	0	0	0	0
72	50730000	红塔红土基金管理有限公司	0	0	0	3	20.25	21.62	0	0	0	0	0	0
73	50740000	英大基金管理有限公司	3	42.24	42.94	1	0.17	0.21	1	7.33	7.33	0	0	0
74	50750000	江信基金管理有限公司	1	12.23	12.38	0	0	0	0	0	0	0	0	0
75	50760000	中原英石基金管理有限公司	1	0.16	0.13	0	0	0	1	0	0	0	0	0
76	50770000	华润元大基金管理有限公司	3	3.51	6.28	1	4.19	4.21	1	23.58	23.58	0	0	0
77	50780000	前海开源基金管理有限公司	14	113.35	116.02	1	0.21	0.18	1	21.75	21.75	0	0	0
78	50790000	东海基金管理有限责任公司	1	0.31	0.42	0	0	0	0	0	0	0	0	0
79	50800000	中加基金管理有限公司	2	29.92	30.11	1	5.71	6.24	1	128.38	128.38	0	0	0
80	50810000	兴业基金管理有限公司	5	44.92	49.09	5	140.19	146.02	3	487.91	487.92	0	0	0

续表 8

序号	公司代码	基金管理公司全称	混合型			债券型			货币型			QDII		
			只数	份额（亿份）	规模（亿元）	只数	份额（亿份）	规模（亿元）	只数	份额（亿份）	规模（亿元）	只数	份额（亿份）	规模（亿元）
81	50820000	中融基金管理有限公司	16	393. 75	391. 32	1	1. 98	2. 43	15	391. 77	388. 89	5	25. 81	22. 08
82	50830000	国开泰富基金管理有限责任公司	2	11. 08	11. 8	1	8. 22	8. 94	1	2. 86	2. 86	0	0	0
83	50840000	中信建投基金管理有限公司	7	56. 81	57. 44	1	2. 72	2. 93	6	54. 09	54. 51	0	0	0
84	50850000	上银基金管理有限公司	2	435. 3	435. 53	0	0	0	2	435. 3	435. 53	0	0	0
85	50860000	鑫元基金管理有限公司	9	133. 94	141. 27	2	20. 42	18. 61	7	113. 52	122. 66	0	0	0
86	50880000	永赢基金管理有限公司	4	112. 95	112. 61	0	0	0	4	112. 95	112. 61	0	0	0
87	50890000	华福基金管理有限责任公司	9	718. 68	722. 66	1	50	52. 92	8	668. 68	669. 74	0	0	0
88	50900000	国寿安保基金管理有限公司	18	561. 02	570. 08	2	10. 28	10. 5	16	550. 74	559. 58	6	26. 27	32. 41
89	50920000	北信瑞丰基金管理有限公司	7	33. 18	34. 35	0	0	0	7	33. 18	34. 35	0	0	0
90	50940000	嘉合基金管理有限公司	2	119. 23	121. 23	0	0	0	2	119. 23	121. 23	0	0	0
91	50950000	圆信永丰基金管理有限公司	4	12. 99	14. 19	0	0	0	4	12. 99	14. 19	1	4. 87	5. 01
92	50960000	中金基金管理有限公司	4	0	0	0	0	0	4	0	0	1	0	0
93	50970000	红土创新基金管理有限公司	1	1. 81	1. 82	0	0	0	1	1. 81	1. 82	0	0	0
94	50980000	九泰基金管理有限公司	5	78. 67	79. 01	0	0	0	5	78. 67	79. 01	0	0	0
95	50990000	创金合信基金管理有限公司	8	43. 77	44. 23	0	0	0	8	43. 77	44. 23	2	0. 2	0. 2
96	51040000	新沃基金管理有限公司	1	22. 47	22. 47	0	0	0	1	22. 47	22. 47	0	0	0
97	51070000	泓德基金管理有限公司	7	100. 13	104. 65	0	0	0	7	100. 13	104. 65	1	7. 02	7. 12
98	51080000	金信基金管理有限公司	0	0	0	0	0	0	0	0	0	0	0	0
99	51160000	新疆前海联合基金管理有限公司	1	134. 21	134. 21	0	0	0	1	134. 21	134. 21	0	0	0

续表 9

序号	公司代码	基金管理公司全称	混合型			债券型			货币型			QDII		
			只数	份额（亿份）	规模（亿元）	只数	份额（亿份）	规模（亿元）	只数	份额（亿份）	规模（亿元）	只数	份额（亿份）	规模（亿元）
81	50820000	中融基金管理有限公司	7	92.03	92.9	1	3.39	3.37	2	270.54	270.54	0	0	0
82	50830000	国开泰富基金管理有限责任公司	0	0	0	0	0	0	1	2.86	2.86	0	0	0
83	50840000	中信建投基金管理有限公司	3	20.74	21.16	0	0	0	3	33.35	33.35	0	0	0
84	50850000	上银基金管理有限公司	1	1.24	1.47	0	0	0	1	434.06	434.06	0	0	0
85	50860000	鑫元基金管理有限公司	1	24.77	25.13	4	63.81	72.59	2	24.94	24.94	0	0	0
86	50880000	永赢基金管理有限公司	2	24.51	24.05	1	60.01	60.13	1	28.43	28.43	0	0	0
87	50890000	华福基金管理有限责任公司	3	7.96	8.43	3	89.98	90.57	2	570.74	570.74	0	0	0
88	50900000	国寿安保基金管理有限公司	3	56.23	56.81	1	8.67	10.75	6	459.57	459.61	0	0	0
89	50920000	北信瑞丰基金管理有限公司	4	13.72	14.28	1	14.66	15.26	2	4.8	4.81	0	0	0
90	50940000	嘉合基金管理有限公司	1	28.07	30.07	0	0	0	1	91.16	91.16	0	0	0
91	50950000	圆信永丰基金管理有限公司	1	4.64	5.42	2	3.48	3.76	0	0	0	0	0	0
92	50960000	中金基金管理有限公司	1	0	0	1	0	0	1	0	0	0	0	0
93	50970000	红土创新基金管理有限公司	1	1.81	1.82	0	0	0	0	0	0	0	0	0
94	50980000	九泰基金管理有限公司	4	50.13	50.47	0	0	0	1	28.54	28.54	0	0	0
95	50990000	创金合信基金管理有限公司	3	30.29	30.63	2	1.6	1.72	1	11.68	11.68	0	0	0
96	51040000	新沃基金管理有限公司	0	0	0	0	0	0	1	22.47	22.47	0	0	0
97	51070000	泓德基金管理有限公司	4	65.72	70.14	1	3.44	3.44	1	23.95	23.95	0	0	0
98	51080000	金信基金管理有限公司	0	0	0	0	0	0	0	0	0	0	0	0
99	51160000	新疆前海联合基金管理有限公司	0	0	0	0	0	0	1	134.21	134.21	0	0	0

六、2015 年证券投资基金托管服务概况表

序号	托管人名称	类型	注册地域	取得托管资格时间	托管基金只数	托管基金规模（亿份）	托管基金净值（亿元）
1	中国工商银行股份有限公司	银行	北京	1998 年 2 月 24 日	551	17 472.74	19 586.84
2	中国农业银行股份有限公司	银行	北京	1998 年 5 月 29 日	298	5 326.60	6 312.77
3	中国银行股份有限公司	银行	北京	1998 年 7 月 7 日	417	8 911.21	9 973.29
4	中国建设银行股份有限公司	银行	北京	1998 年 3 月 18 日	557	15 445.41	17 498.66
5	交通银行股份有限公司	银行	上海	1998 年 7 月 3 日	148	5 677.22	6 036.20
6	华夏银行股份有限公司	银行	北京	2005 年 2 月 23 日	24	636.49	654.43
7	中国光大银行股份有限公司	银行	北京	2002 年 10 月 23 日	50	1 458.28	1 559.38
8	招商银行股份有限公司	银行	深圳	2002 年 11 月 6 日	150	3 701.26	4 079.89
9	中信银行股份有限公司	银行	北京	2004 年 8 月 18 日	67	7 883.29	7 959.03
10	中国民生银行股份有限公司	银行	北京	2004 年 7 月 9 日	72	2 123.57	2 235.25
11	平安银行股份有限公司	银行	深圳	2008 年 8 月 6 日	33	578.94	624.99
12	兴业银行股份有限公司	银行	福建	2005 年 4 月 25 日	74	2 632.04	2 894.25
13	上海浦东发展银行股份有限公司	银行	上海	2003 年 9 月 10 日	41	899.26	992.95
14	上海银行股份有限公司	银行	上海	2009 年 8 月 18 日	17	146.52	152.97
15	北京银行股份有限公司	银行	北京	2008 年 6 月 3 日	17	829.04	208.69
16	广东发展银行股份有限公司	银行	广东	2009 年 5 月 4 日	22	586.23	604.83
17	宁波银行股份有限公司	银行	浙江	2012 年 11 月 5 日	10	193.73	205.38
18	中国邮政储蓄银行有限责任公司	银行	北京	2009 年 7 月 16 日	44	732.21	776.51
19	渤海银行股份有限公司	银行	天津	2010 年 6 月 29 日	11	322.76	326.26

续表

序号	托管人名称	类型	注册地域	取得托管资格时间	托管基金只数	托管基金规模（亿份）	托管基金净值（亿元）
20	浙商银行股份有限公司	银行	浙江	2013年11月13日	5	125.65	126.23
21	徽商银行股份有限公司	银行	安徽	2014年1月3日	1	13.49	13.53
22	海通证券股份有限公司	证券公司	上海	2013年12月30日	9	48.25	51.96
23	恒丰银行股份有限公司	银行	上海	2014年2月10日	4	60.55	60.56
24	广州农村商业银行股份有限公司	银行	广东	2014年1月9日	2	5.93	6.47
25	包商银行股份有限公司	银行	内蒙古	2014年2月10日	2	35.38	36.88
26	杭州银行股份有限公司	证券公司	浙江	2014年3月17日	2	66.27	71.39
27	中国证券登记结算有限责任公司	非银行金融机构	北京	2014年3月4日			
28	南京银行股份有限公司	银行	南京	2014年4月9日	4	284.83	285.18
29	国泰君安证券股份有限公司	证券公司	上海	2014年5月20日	8	23.76	25.00
30	招商证券股份有限公司	证券公司	深圳	2014年1月10日	15	111.49	121.50
31	广发证券股份有限公司	证券公司	广东	2014年5月20日	13	107.22	107.40
32	国信证券股份有限公司	证券公司	深圳	2013年12月31日	6	44.34	46.92
33	江苏银行股份有限公司	银行	南京	2014年5月20日	1	154.21	154.21
34	华泰证券股份有限公司	证券公司	南京	2014年9月29日	1	1.23	1.32
35	中国银河证券股份有限公司	证券公司	北京	2014年6月24日	11	148.69	152.37
36	中信证券股份有限公司	证券公司	深圳	2014年10月10日	6	28.00	27.65
37	兴业证券股份有限公司	证券公司	福建	2014年11月6日			
38	中信建投证券股份有限公司	证券公司	北京	2015年2月6日	1	0.72	0.72
39	中国证券金融股份有限公司	非银行金融机构	北京	2015年6月30日			
40	恒泰证券股份有限公司	证券公司	内蒙古	2015年8月24日			
41	中泰证券股份有限公司	证券公司	山东	2015年12月23日			
合计					2 694	76 816.81	83 971.83

七、投资者持流通 A 股结构统计表

（单位：亿元）

	公募基金	基金专户	私募基金	证券机构				期货公司资管	社保基金		QFII
				券商自营	券商集合理财	券商定向资管	券商专项计划		全国社会保障基金	企业年金	
2004 年 12 月 31 日	1 619.89	–	4.17	218.90	–	2.11	–	–	115.23	0.67	69.98
2005 年 12 月 30 日	1 774.65	–	4.63	176.23	8.60	1.75	–	–	223.72	0.18	223.43
2006 年 12 月 29 日	5 410.05	–	23.82	247.95	50.61	4.38	–	–	562.82	0.97	967.80
2007 年 12 月 28 日	23 358.71	–	135.36	851.93	280.53	13.26	–	–	735.83	10.43	1 503.34
2008 年 12 月 31 日	8 894.37	3.69	73.35	176.52	101.88	11.91	–	–	509.08	18.73	810.79
2009 年 12 月 31 日	18 995.90	211.53	287.18	575.80	337.64	120.44	–	–	1 247.92	138.39	2 112.82
2010 年 12 月 31 日	17 721.50	349.26	629.75	865.76	504.13	342.68	–	–	1 430.32	202.57	2 358.15
2011 年 12 月 30 日	12 760.96	184.70	564.50	637.64	361.99	425.90	–	–	1 366.98	143.60	1 772.63
2012 年 12 月 31 日	13 699.35	238.35	668.69	760.00	375.75	803.16	–	–	2 121.31	142.70	2 472.62
2013 年 12 月 31 日	13 060.42	470.54	985.89	571.16	569.81	702.79	0.79	0.41	2 563.20	223.56	3 010.61
2014 年 12 月 31 日	15 312.82	2 050.27	2 158.48	1 052.76	750.13	1 442.93	0.18	31.50	3 786.78	457.80	4 462.37
2015 年 12 月 31 日	18 268.14	10 931.82	4 238.42	1 734.87	1 229.63	2 299.75	0.17	128.20	4 808.46	674.22	4 043.42

注：投资者按照 2016 年 3 月 31 日分类结果进行统计。

续表 1

	RQFII	信托机构		保险机构			财务公司	沪股通投资者	一般机构	自然人
		信托产品	信托公司自营	保险公司自有资金	保险产品	保险资产管理公司资产管理产品				
2004 年 12 月 31 日	–	4.10	29.94	0.55	–	–	12.31	–	383.70	8 551.98
2005 年 12 月 30 日	–	15.09	17.61	2.26	109.81	–	11.93	–	459.99	7 025.12
2006 年 12 月 29 日	–	96.81	31.68	25.97	606.08	–	40.78	–	2 153.79	13 821.45
2007 年 12 月 28 日	–	244.86	272.63	114.89	2 174.31	–	214.64	–	14 392.57	46 649.26
2008 年 12 月 31 日	–	127.88	153.13	34.82	949.09	–	70.42	–	12 587.93	20 374.41
2009 年 12 月 31 日	–	522.97	305.55	113.17	2 048.18	–	142.96	–	75 940.53	47 305.44
2010 年 12 月 31 日	–	953.78	396.22	213.43	6 667.10	–	172.72	–	104 190.17	56 900.57
2011 年 12 月 30 日	–	906.71	301.06	241.29	6 260.28	–	146.43	–	94 451.80	45 005.45
2012 年 12 月 31 日	443.52	1 239.84	363.59	269.96	7 422.71	–	180.70	–	102 780.58	48 768.42
2013 年 12 月 31 日	437.82	1 596.86	360.86	366.60	6 214.39	3.94	132.28	–	110 285.89	63 286.47
2014 年 12 月 31 日	1 093.04	2 879.63	516.31	1 029.04	11 369.22	103.93	128.61	865.14	170 953.23	104 702.71
2015 年 12 月 31 日	695.39	2 333.75	540.74	1 012.05	12 858.39	266.84	113.30	1 247.91	206 307.59	163 119.93

续表 2

（单位：%）

	公募基金	基金专户	私募基金	证券机构				期货公司资管	社保基金		QFII
				券商自营	券商集合理财	券商定向资管	券商专项计划		全国社会保障基金	企业年金	
2004 年 12 月 31 日	14.7	–	0.0	2.0	–	0.0	–	–	1.0	0.0	0.6
2005 年 12 月 30 日	17.6	–	0.0	1.8	0.1	0.0	–	–	2.2	0.0	2.2
2006 年 12 月 29 日	22.5	–	0.1	1.0	0.2	0.0	–	–	2.3	0.0	4.0
2007 年 12 月 28 日	25.7	–	0.1	0.9	0.3	0.0	–	–	0.8	0.0	1.7
2008 年 12 月 31 日	19.8	0.0	0.2	0.4	0.2	0.0	–	–	1.1	0.0	1.8
2009 年 12 月 31 日	12.6	0.1	0.2	0.4	0.2	0.1	–	–	0.8	0.1	1.4
2010 年 12 月 31 日	9.1	0.2	0.3	0.4	0.3	0.2	–	–	0.7	0.1	1.2
2011 年 12 月 30 日	7.7	0.1	0.3	0.4	0.2	0.3	–	–	0.8	0.1	1.1
2012 年 12 月 31 日	7.5	0.1	0.4	0.4	0.2	0.4	–	–	1.2	0.1	1.4
2013 年 12 月 31 日	6.4	0.2	0.5	0.3	0.3	0.3	0.0	0.0	1.3	0.1	1.5
2014 年 12 月 31 日	4.7	0.6	0.7	0.3	0.2	0.4	0.0	0.0	1.2	0.1	1.4
2015 年 12 月 31 日	4.2	2.5	1.0	0.4	0.3	0.5	0.0	0.0	1.1	0.2	0.9

续表 3

	RQFII	信托机构		保险机构			财务公司	沪股通投资者	一般机构	自然人
		信托产品	信托公司自营	保险公司自有资金	保险产品	保险资产管理公司资产管理产品				
2004 年 12 月 31 日	–	0.0	0.3	0.0		–	0.1	–	3.5	77.6
2005 年 12 月 30 日	–	0.2	0.2	0.0	1.1	–	0.1	–	4.6	69.9
2006 年 12 月 29 日	–	0.4	0.1	0.1	2.5	–	0.2	–	9.0	57.5
2007 年 12 月 28 日	–	0.3	0.3	0.1	2.4	–	0.2	–	15.8	51.3
2008 年 12 月 31 日	–	0.3	0.3	0.1	2.1	–	0.2	–	28.0	45.4
2009 年 12 月 31 日	–	0.3	0.2	0.1	1.4	–	0.1	–	50.5	31.5
2010 年 12 月 31 日	–	0.5	0.2	0.1	3.4	–	0.1	–	53.7	29.3
2011 年 12 月 30 日	–	0.5	0.2	0.1	3.8	–	0.1	–	57.1	27.2
2012 年 12 月 31 日	0.2	0.7	0.2	0.1	4.1	–	0.1	–	56.2	26.7
2013 年 12 月 31 日	0.2	0.8	0.2	0.2	3.0	0.0	0.1	–	53.8	30.9
2014 年 12 月 31 日	0.3	0.9	0.2	0.3	3.5	0.0	0.0	0.3	52.6	32.2
2015 年 12 月 31 日	0.2	0.5	0.1	0.2	2.9	0.1	0.0	0.3	47.2	37.3

八、各国（地区）共同基金资产净值

截至 2015 年第四季度末

（单位：百万美元）

国家/地区	2009 年	2010 年	2011 年	2012 年	2013 年	2014 年	2015 年			
							Q1	Q2	Q3	Q4
全球	**22 945 327**	**24 709 854**	**23 795 808**	**26 835 850**	**30 049 934**	**31 381 425**	**37 454 975**	**38 278 313**	**36 141 828**	**37 190 528**
美洲	**12 578 297**	**13 597 527**	**13 529 258**	**15 138 443**	**17 156 409**	**18 012 199**	**20 230 843**	**20 306 103**	**19 035 869**	**19 557 328**
阿根廷	4 470	5 179	6 808	9 185	11 179	15 630	17 389	18 750	19 475	16 435
巴西	783 970	980 448	1 008 928	1 070 998	1 018 641	989 542	854 262	911 083	731 425	743 530
加拿大	565 156	636 947	753 606	856 504	940 580	981 804	961 557	975 099	896 639	889 610
智利	34 227	38 243	33 425	37 900	39 291	44 166	41 658	41 207	39 615	39 898
哥斯达黎加	1 309	1 470	1 266	1 484	1 933	2 092	2 234	2 938	2 757	2 533
墨西哥	70 659	98 094	92 743	112 201	120 518	119 504	118 930	118 217	109 831	105 940
特立尼达和多巴哥	5 832	5 812	5 989	6 505	6 586	7 121	7 214	7 237	7 141	6 983
美国	11 112 674	11 831 334	11 626 493	13 043 666	15 017 682	15 852 341	18 227 599	18 231 572	17 228 986	17 752 399
欧洲	**7 545 535**	**7 903 389**	**7 220 298**	**8 230 059**	**9 374 830**	**9 576 475**	**12 841 797**	**13 218 061**	**12 686 675**	**12 772 328**
奥地利	99 628	94 670	81 038	89 125	90 633	83 522	155 321	157 024	153 924	151 199
比利时	106 721	96 288	81 505	81 651	91 528	90 211	94 215	90 499	89 445	92 115
保加利亚	256	302	291	324	504	496	468	484	459	440
克罗地亚						2 058	1 892	2 174	1 965	1 975
捷克	5 436	5 508	4 445	5 001	5 131	5 563	6 720	7 371	7 505	7 812

续表 1

国家/地区	2009 年	2010 年	2011 年	2012 年	2013 年	2014 年	2015 年			
							Q1	Q2	Q3	Q4
丹麦	83 024	89 800	84 891	103 506	118 702	121 092	116 626	120 394	115 663	116 696
芬兰	66 131	71 210	62 193	73 985	88 462	86 621	85 569	90 993	86 674	88 351
法国	1 805 641	1 617 176	1 382 068	1 473 085	1 531 500	1 391 271	1 845 198	1 897 107	1 856 819	1 832 073
德国	317 543	333 713	293 011	327 640	382 976	359 867	1 806 152	1 831 708	1 794 297	1 799 754
希腊	12 434	8 627	5 213	6 011	6 742	5 256	4 326	4 364	4 426	4 292
匈牙利	11 052	11 532	7 193	8 570	12 158	11 375	14 705	14 831	14 976	14 825
爱尔兰	860 515	1 014 104	1 061 051	1 276 601	1 439 867	1 547 343	2 039 737	2 078 220	1 994 385	2 067 251
意大利	279 474	234 313	180 754	181 720	215 553	238 327	208 203	213 618	210 885	207 867
列支敦士登	30 329	35 387	32 606	31 951	36 235	28 875	45 900	47 555	45 102	44 938
卢森堡	2 293 973	2 512 874	2 277 465	2 641 964	3 030 665	3 208 264	3 551 878	3 691 310	3 525 720	3 565 757
马耳他			2 132	3 033	3 160	3 522	3 714	3 817	3 802	3 808
荷兰	95 512	85 924	69 156	76 145	85 304	75 751	75 953	70 190	64 921	
挪威	71 170	84 505	79 999	98 723	109 325	112 223	112 780	114 714	104 095	102 526
波兰	23 025	25 595	18 463	25 883	27 858	26 098	34 740	35 061	33 879	32 286
葡萄牙	15 808	11 004	7 321	7 509	9 625	8 564	22 158	22 226	21 669	21 628
罗马尼亚	1 134	1 713	2 388	2 613	4 000	4 932	4 795	4 984	4 961	5 038
俄罗斯	3 182	3 917	3 072							
斯洛伐克	4 222	4 349	3 191	2 951	3 292	4 183	6 028	6 323	6 274	6 202
斯洛文尼亚	2 610	2 663	2 279	2 370	2 506	2 553	2 550	2 621	2 395	2 448

续表 2

国家/地区	2009 年	2010 年	2011 年	2012 年	2013 年	2014 年	2015 年			
							Q1	Q2	Q3	Q4
西班牙	269 611	216 915	195 220	191 284	248 234	274 049	268 019	281 895	276 379	274 715
瑞典	170 277	205 449	179 707	205 733	252 878	279 094	280 436	285 184	264 752	279 977
瑞士	168 260	261 893	273 061	310 686	397 080	407 890	448 042	466 532	444 691	457 162
土耳其	19 426	19 545	14 048	16 478	14 078	15 292	14 431	14 296	12 802	12 833
英国	729 141	854 413	816 537	985 517	1 166 834	1 182 184	1 591 241	1 662 566	1 543 810	1 578 360
亚洲和太平洋地区	**2 715 234**	**3 067 323**	**2 921 276**	**3 322 198**	**3 375 828**	**3 646 276**	**4 236 064**	**4 607 793**	**4 289 155**	**4 738 804**
澳大利亚	1 198 838	1 455 850	1 440 128	1 667 128	1 624 081	1 601 132	1 576 936	1 587 590	1 427 398	1 521 313
中国大陆	381 207	364 985	339 037	437 449	479 957	708 884	820 036	1 120 341	1 027 548	1 263 130
印度	130 284	111 421	87 519	114 489	107 895	134 630	145 236	160 841	157 689	168 186
日本	660 666	785 504	745 383	738 488	774 126	780 636	1 232 273	1 263 242	1 249 705	1 328 634
韩国	264 573	266 495	226 716	267 582	285 173	312 150	350 805	363 090	323 331	343 293
新西兰	17 657	19 562	23 709	31 145	34 185	41 560	41 401	38 956	37 297	41 908
巴基斯坦	2 224	2 290	2 984	3 159	3 464	4 156	4 303	3 903	4 023	4 164
菲律宾	1 488	2 184	2 363	3 566	4 662	5 078	5 497	5 331	4 937	5 029
中国台湾	58 297	59 032	53 437	59 192	62 286	58 049	59 577	64 499	57 227	63 147
非洲	**106 261**	**141 615**	**124 976**	**145 150**	**142 868**	**146 474**	**146 271**	**146 356**	**130 129**	**122 068**
南非	106 261	141 615	124 976	145 150	142 868	146 474	146 271	146 356	130 129	122 068

注释：（1）由于约数的存在，各部分之和与总计略有误差。

（2）法国、德国、意大利和卢森堡包括基金的基金。中国香港地区、新西兰、特立尼达和多巴哥包括本国或本地区注册基金和海外注册基金，其他国家（地区）仅包括本国（地区）注册基金。

资料来源：世界各国（地区）投资基金协会；欧洲基金和资产管理协会提供除俄罗斯外所有欧洲国家数据。

九、2015年末各国（地区）共同基金资产净值：按基金类型*

（单位：百万美元）

国家/地区	合计	股票基金	债券基金	平衡/混合基金	货币市场基金	保本/增值基金	不动产基金	其他基金	备注	
									ETFs	机构基金
全球	**37 190 528**	**15 909 586**	**7 826 933**	**5 147 821**	**5 072 439**	**74 270**	**442 716**	**2 716 767**	**2 742 670**	**3 178 399**
美洲	**19 557 328**	**10 192 638**	**4 342 845**	**1 975 003**	**2 901 723**	**873**	**15 056**	**129 188**	**2 101 195**	**286 913**
阿根廷	16 435	516	8 569	3 355	3 994					
巴西	743 530	37 229	425 819	151 759	51 321	873	15 056	61 472	715	286 909
加拿大	889 610	285 217	110 716	457 679	18 193			17 805		
智利	39 898	2 250	12 877	6 647	17 530			594	37	
哥斯达黎加	2 533	13	264		2 257					
墨西哥	105 940	11 989	26 211	14 054	53 685					
特立尼达和多巴哥	6 983	48	5 748	1 187						4
美国	17 752 399	9 855 376	3 752 641	1 340 322	2 754 743			49 317	2 100 443	
欧洲	**12 772 328**	**3 654 097**	**3 001 577**	**2 697 583**	**1 303 305**	**72 888**	**391 648**	**1 651 232**	**406 907**	**2 375 988**
奥地利	151 199	18 825	74 451	46 229	89	2 394	6 051	3 160		83 041
比利时	92 115	28 382	10 663	3 413	18 320	12 546		18 792	230	
保加利亚	440	69	90	230	40			11		
克罗地亚	1 975	232	208	115	1 319			100		
捷克	7 812	1 166	2 934	3 321	28	14	350			

续表 1

国家/地区	合计	股票基金	债券基金	平衡/混合基金	货币市场基金	保本/增值基金	不动产基金	其他基金	备注	
									ETFs	机构基金
丹麦	116 696	49 448	58 894	8 272	47			35		
芬兰	88 351	35 554	35 646	10 663	4 049	143	29	2 267	205	
法国	1 832 073	328 998	263 662	343 218	338 537	30 448	95 806	431 405		
德国	1 799 754	273 223	458 943	812 666	9 979	180	150 188	94 575	52 351	1 422 787
希腊	4 292	957	1 337	1 199	559			241	30	
匈牙利	14 825	588	4 458	540	4 511	541	1 822	2 365	11	567
爱尔兰	2 067 251	539 056	397 641	89 506	508 901		10 908	521 239	253 686	437 444
意大利	207 867	21 514	55 185	46 519	6 493	662		77 494		7 847
列支敦士登	44 938	9 542	9 441	15 692	3 282			6 981		3
卢森堡	3 565 757	1 148 924	1 144 279	832 275	322 313		46 544	71 422	93 130	423 989
马耳他	3 808	470	1 472	848	135		19	866		261
荷兰										
挪威	102 526	49 314	37 429	6 522	8 279			982		
波兰	32 286	6 445	8 445	8 587	8 460			350		
葡萄牙	21 628	1 155	1 600	696	3 324	309	11 537	3 007		
罗马尼亚	5 038	79	2 628	126	30	147		2 027	0	
俄罗斯										
斯洛伐克	6 202	371	1 793	2 365	733		940			49
斯洛文尼亚	2 448	1 533	135	720	61					
西班牙	274 715	45 197	76 276	108 884	8 851	23 345		12 161	490	
瑞典	279 977	177 755	20 054	56 519	21 136			4 513	2 499	

续表 2

国家/地区	合计	股票基金	债券基金	平衡/混合基金	货币市场基金	保本/增值基金	不动产基金	其他基金	备注	
									ETFs	机构基金
瑞士	457 162	148 841	132 317	127 324	19 252		29 427		4 232	
土耳其	12 833	421	6 446	1 274	4 122	54		515	43	
英国	1 578 360	766 038	195 150	169 860	10 455	2 105	38 027	396 724		
亚洲和太平洋地区	**4 738 804**	**2 033 819**	**479 262**	**412 860**	**850 626**	**509**	**31 144**	**930 588**	**234 568**	**515 498**
澳大利亚	1 521 313	601 547	82 308					837 459		
中国大陆	1 263 130	117 916	107 394	343 213	684 406			10 203	72 849	
印度	168 186	52 203	63 291	6 378	35 216			11 099	2 669	
日本	1 328 634	1 173 741	141 228		13 665				134 464	515 498
韩国	343 293	63 984	73 046	32 652	80 056		30 558	62 998	18 407	
新西兰	41 908	5 436	3 394	26 749	4 306			2 023		
巴基斯坦	4 164	1 541	80	259	2 082	52		151		
菲律宾	5 029	1 962	2 054	828	184				29	
中国台湾	63 147	15 489	6 467	2 781	30 711	457	586	6 655	6 150	
非洲	**122 068**	**29 032**	**3 249**	**62 375**	**16 785**		**4 868**	**5 759**		
南非	122 068	29 032	3 249	62 375	16 785		4 868	5 759		

注：由于约数和未分类基金的存在，各项目之和与总计略有误差。显示为零的项目表示该值小于 50 万美元。

* 除新西兰、特多包括了本国/地区注册基金和外国注册基金外，其他均为本国/地区注册基金。

资料来源：世界各国（地区）投资基金协会；欧洲基金和资产管理协会提供除俄罗斯以外所有欧洲国家数据。

十、全球共同基金按基金类别统计表

表 1

按基金类别的资产净值统计表*

截至 2015 年第四季度末

（单位：10 亿美元）

项目	2010 年	2011 年	2012 年	2013 年	2014 年	2015 年			
						Q1	Q2	Q3	Q4
所有报告国家*	**24 712**	**23 801**	**26 844**	**30 047**	**31 381**	**37 284**	**38 273**	**36 151**	**37 191**
股票基金	10 479	9 491	10 717	13 268	13 891	16 533	16 733	15 121	15 910
债券基金	5 392	5 800	6 991	7 105	7 413	8 182	8 210	7 902	7 827
平衡/混合基金	2 817	2 781	3 166	3 703	3 979	4 983	5 409	5 055	5 148
货币市场基金	4 995	4 695	4 793	4 760	4 531	4 458	4 580	4 832	5 072
保本/增值基金						96	87	80	74
不动产基金						400	436	438	443
其他基金	1 029	1 034	1 178	1 211	1 568	2 632	2 818	2 659	2 717

* 由于约数和未分类基金的存在，各项目之和与总计略有误差。

资料来源：世界各国（地区）投资基金协会；欧洲基金和资产管理协会提供除俄罗斯以外所有欧洲国家数据。

表 2

按基金类别的净销售额①统计表

截至 2015 年第四季度末

（单位：10 亿美元）

项目	2010 年	2011 年	2012 年	2013 年	2014 年	2015 年			
						Q1	Q2	Q3	Q4
所有报告国家②	**207**	**105**	**910**	**896**	**1 333**	**554**	**588**	**223**	**576**
股票基金	146	-97	-67	411	277	156	130	85	185
债券基金	457	227	789	186	441	194	110	-23	35
平衡/混合基金	188	100	151	300	369	189	329	-60	87
货币市场基金	-710	-152	2	-67	194	-13	-22	201	236
保本/增值基金						-6	-8	-4	-2
不动产基金						4	8	6	10
其他基金	34	27	34	67	51	30	41	18	26

① 净销售额 = 新增销售额 + 分红再投资 - 赎回 + 净转换。

② 由于约数和未分类基金的存在，各项目之和与总计略有误差。

资料来源：世界各国（地区）投资基金协会；欧洲基金和资产管理协会提供除俄罗斯以外所有欧洲国家数据。

表 3

按基金类别的基金数目统计表*

截至 2015 年第四季度末

（单位：只）

项目	2010 年	2011 年	2012 年	2013 年	2014 年	2015 年			
						Q1	Q2	Q3	Q4
所有报告国家*	69 492	72 607	73 235	76 206	79 669	100 079	101 794	101 967	100 494
股票基金	27 684	28 035	27 750	28 354	29 367	33 332	33 859	33 593	34 060
债券基金	12 795	12 953	13 284	14 331	15 813	17 968	18 173	18 070	17 957
平衡/混合基金	15 912	16 866	17 178	17 847	18 856	22 872	23 398	24 200	24 539
货币市场基金	3 344	3 159	2 929	2 796	2 791	2 856	2 847	2 779	2 828
保本/增值基金						2 020	1 894	1 815	1 730
不动产基金						2 132	2 334	2 361	2 434
其他基金	6 858	8 014	8 927	9 533	9 380	13 002	13 282	13 089	13 082

* 由于未分类基金的存在，各项目之和与总计略有误差。

资料来源：世界各国（地区）投资基金协会；欧洲基金和资产管理协会提供除俄罗斯以外所有欧洲国家数据。

附　录

一、基金行业发展进程

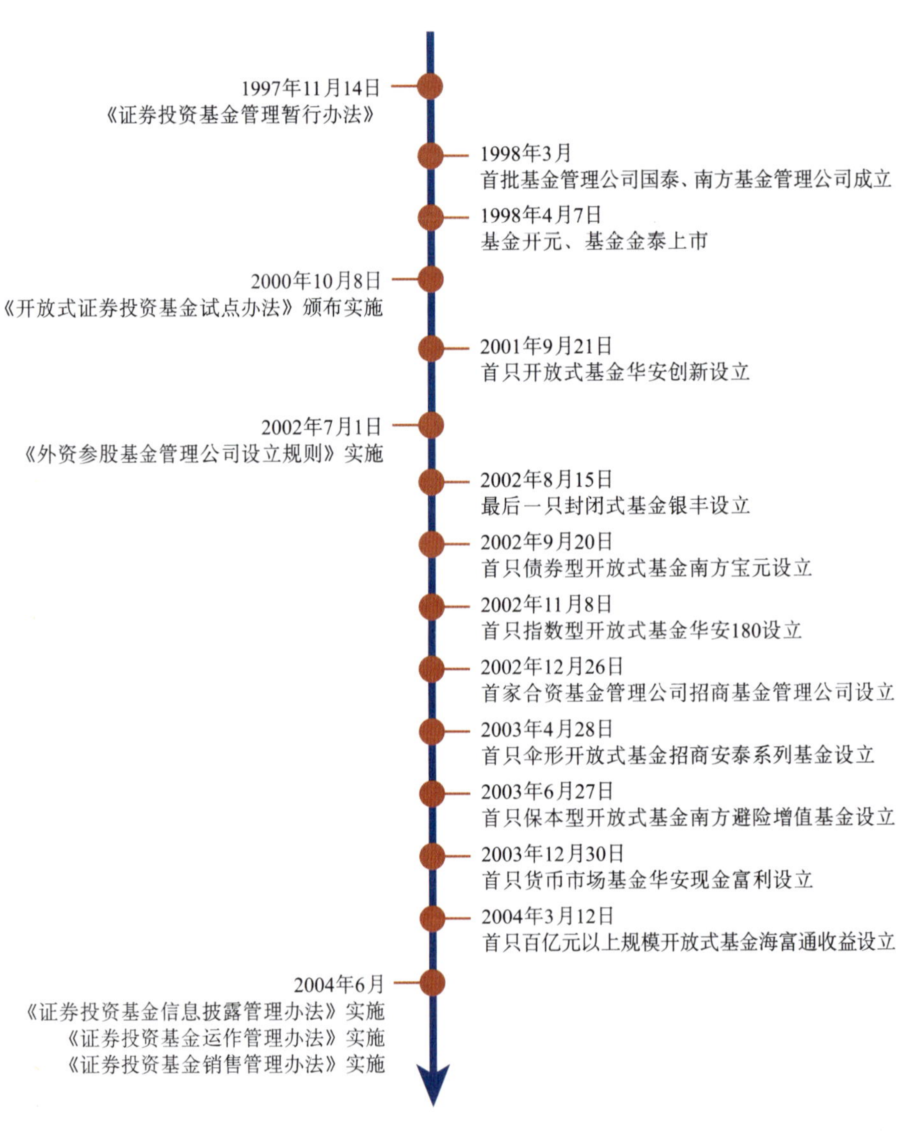

2004年7月1日
《中华人民共和国证券投资基金法》实施

2004年7月
上海证券交易所获准推出交易所交易基金

2004年8月
深圳证券交易所获准推出交易所交易基金

2004年8月24日
首只上市开放式基金南方积极配置基金设立

2004年9月
《货币市场基金管理暂行规定》出台
《证券投资基金管理公司管理办法》出台
《证券投资基金行业高级管理人员任职管理办法》出台

2004年12月
《证券投资基金托管资格管理办法》出台

2004年12月30日
首只交易型开放式指数基金华夏上证50基金设立

2005年2月
《商业银行设立基金管理公司试点管理办法》出台

2005年6月
首家银行系基金管理公司工银瑞信基金管理有限公司设立

2005年7月
《开放式基金场内认申购、赎回业务的相关规则指引》出台

2005年8月14日
首只短债开放式基金博时稳定价值债券型基金设立

2005年8月31日
首只银行系开放式基金工银瑞信核心价值基金设立

2006年2月
《证券投资基金募集申请审核指引》出台

2006年3月
《证券投资基金产品创新鼓励措施》实施

2006年5月
《关于规范基金管理公司设立及股权处置有关问题的通知》出台

2006年6月14日
首只封转开封闭式基金基金兴业停牌公告其封转开方案

2006年6月29日
首只复制基金南方稳健2号发行

2006年7月17日
首只进行拆分试点的基金——富国天益基金实施拆分

2006年8月
《关于基金管理公司提取风险准备金有关问题的通知》出台

2006年11月
《基金管理公司投资管理人员管理指导意见》出台

2007年2月
《关于证券投资基金行业开展投资者教育活动的通知》出台

《证券投资基金销售机构内部控制指导意见》出台

《关于完善证券投资基金交易席位制度有关问题的通知》出台

2007年3月
《关于统一规范证券投资基金认(申)购费用及认(申)购份额计算方法有关问题的通知》出台

《证券投资基金销售业务信息管理平台管理规定》出台

《关于2006年度证券投资基金和基金管理公司年度报告编制及审计工作有关事项的通知》出台

2007年4月
监管层出击整顿基金业内利用未公开信息交易违法行为

2007年4月
《关于证券投资基金投资股指期货有关问题的通知》出台

2007年5月
《关于切实加强基金投资风险管理及有关问题的通知》出台

2007年6月
《关于证券投资基金执行〈企业会计准则〉估值业务及份额净值计价有关事项的通知》发出

《关于基金从业人员投资证券投资基金有关事宜的通知》出台

《合伙企业法》为私募投资基金引入有限合伙制的组织形式

2007年7月9日
首只分级基金产品国投瑞银瑞福优先发行

2007年7月
《合格境内机构投资者境外证券投资管理试行办法》施行

2007年7月23日
首只创新封闭式基金大成优选股票型基金正式发行

2007年8月
华宝兴业基金管理有限公司推出面向基金经理的基金份额激励计划

首家第二批银行系基金管理公司浦银安盛基金管理有限公司宣告开业

2007年9月13日
中信证券公司发布公告称华夏基金将吸收合并中信基金，成为国内基金管理公司合并的第一案

2007年10月
《证券投资基金销售机构内部控制指导意见》出台
《证券投资基金销售适用性指导意见》出台

2007年11月
国泰、工银瑞信、广发3家基金管理公司获得第二批企业年金投资管理人资格（获得此资格的基金管理公司达到12家）

2007年11月
《关于进一步做好基金行业风险管理工作有关问题的通知》和《基金管理公司特定客户资产管理业务试点办法》出台

2007年12月26日
博时基金48%的股权拍卖，以每股131元、溢价130倍的价格创下了中国基金管理公司股权转让的最大成交金额和最大增值记录

2008年1月
中国证监会发布《关于证券投资基金宣传推介材料监管事项的补充规定》

2008年3月
中国证监会正式发布实施《特定资产管理合同内容与格式指引》

2008年4月
中国证监会基金监管部发布通知，基金拆分不必再报中国证监会事前审核

2008年4月21日
中国证监会公布首例基金经理利用未公开信息交易违法行为的处罚结果

2008年5月
中国证监会制定并发布《关于证券投资基金管理公司在香港设立机构的规定》

2008年9月
中国证监会发布了《基金信息披露XBRL标引规范》和《基金信息披露XBRL模板第1号〈季度报告〉》

2008年9月15日
中国证监会发布《关于进一步规范证券投资基金估值业务的指导意见》

2008年9月22日
中国证券业协会托管专业委员会、基金销售委员会正式成立

2008年10月17日
中国证监会颁布了《合格境外机构投资者督察员指导意见》

2008年12月
中国证监会基金部向各基金管理公司发布《证券投资基金产品创新的鼓励措施》

2008年12月8日
首只创新型封闭式债券型基金富国天丰在深圳证券交易所上市交易

2008年12月26日
中国证监会正式发布《关于授权派出机构审核基金管理公司设立分支机构的决定》

2009年3月17日
中国证监会发布修订后的《基金管理公司投资管理人员管理指导意见》

2009年5月
融通基金的基金经理张野因涉嫌利用未公开信息交易违法行为被中国证监会调查；11月，长城、景顺长城基金管理公司的基金经理刘海、韩刚和涂强因涉嫌利用未公开信息交易违法行为被稽查

2009年5月
长盛同庆创新可分离交易基金单日募集达147亿元，开启创新基金产品大发展浪潮

2009年9月
中银基金管理公司推出首只“一对多”产品——“中银专户主题1号”

2009年11月6日
中国证监会发布《证券投资基金评价业务管理暂行办法》

2009年12月14日
中国证监会发布《开放式证券投资基金销售费用管理规定》

2010年1月11日
中国证券业协会发布《证券投资基金评价业务自律管理规则（试行）》

2010年11月1日
中国证监会发布《基金管理公司特定客户资产管理业务试点办法》（征求意见稿）

2011年5月4日
《合格境外机构投资者参与股指期货交易指引》发布

2011年6月9日
新《证券投资基金销售管理办法》发布

2011年8月3日
《证券投资基金管理公司公平交易制度指导意见》发布

2011年8月25日
《基金管理公司特定客户资产管理业务试点办法》发布

2011年9月23日
《证券投资基金销售结算资金管理暂行规定》发布

2011年12月16日
《基金管理公司、证券公司人民币合格境外机构投资者境内证券投资试点办法》发布

2012年6月3日
中国证券投资基金业协会党委成立
孙杰同志任协会党委书记，韩康同志任协会党委副书记，曹殿义、钟蓉萨、汤进喜同志任协会党委委员

2012年6月6日
中国证券投资基金业协会成立
经会员大会选举，协会第一届理事会表决，孙杰同志担任会长，韩康同志担任副会长兼秘书长，曹殿义同志担任副会长，于华、刘晓艳、江先周、陈敏、周月秋、林利军、范勇宏、金旭、赵学军等9名同志担任兼职副会长。钟蓉萨、汤进喜同志担任副秘书长

2012年7月27日
关于实施《合格境外机构投资者境内证券投资管理办法》有关问题的规定

2012年9月26日
新《基金管理公司特定客户资产管理业务试点办法》发布

2012年10月29日
《证券投资基金管理公司子公司管理暂行规定》发布

2012年11月15日
《基金管理公司开展投资、研究活动防控内幕交易指导意见》发布

2012年12月13日
《关于深化基金审核制度改革有关问题的通知》发布

2012年12月24日
《托管银行证券资金结算协议（格式文本）》发布

2012年12月28日
新《中华人民共和国证券投资基金法》审议通过

2013年1月3日
《资产管理类特别会员入会工作指引》和首批特别会员名单发布

2013年1月23日
证监会发布《黄金交易型开放式证券投资基金暂行规定》

2013年1月30日
中国证券投资基金业协会第一届理事会第二次会议在北京召开

2013年2月
国内首只四分法基金融通丰利四分法基金成立

2013年2月17日
中国保监会发布《关于保险资产管理公司开展资产管理产品业务试点有关问题的通知》

2013年2月18日
中国证监会发布《资产管理机构开展公募证券投资基金管理业务暂行规定》

2013年3月1日
中国证监会、中国人民银行、国家外汇管理局发布《人民币合格境外机构投资者境内证券投资试点办法》

2013年3月5日
第一只债券ETF国泰上证5年期国债ETF成立

2013年3月14日
中国证监会就《合格境内机构投资者境外证券投资管理试行办法（征求意见稿）》公开征求意见

2013年3月15日
中国证监会发布《关于实施〈证券投资基金销售管理办法〉的规定》《基金销售机构通过第三方电子商务平台开展业务管理暂行规定》《非银行金融机构开展证券投资基金托管业务暂行规定》

2013年3月20日
中国证监会就《私募证券投资基金业务管理暂行办法（征求意见稿）》公开征求意见

2013年4月2日
中国证监会、中国银监会发布《证券投资基金托管业务管理办法》

2013年4月26日
中国证监会就《公开募集证券投资基金运作管理办法（征求意见稿）》公开征求意见

2013年4月26日
基金业协会合规与风险管理专业委员会成立

2013年5月7日
基金业协会发布《证券投资基金产品创新评审规则（试行）》

2013年5月7日
韩康同志因工作调动不再担任中国基金业协会党委副书记、非会员理事、副会长兼秘书长

2013年5月8日
华夏基金行业ETF上市

2013年5月13日
基金业协会发布《短期理财基金产品业务运作规范》

2013年5月17日
中国证监会就《公开募集证券投资基金管理人管理办法》及其配套规则修订草案、《公开募集证券投资基金管理人董事、监事和高级管理人员监督管理办法》《证券投资基金服务机构业务管理办法（征求意见稿）》公开征求意见

2013年5月20日
基金业协会发布中基协（AMAC）基金行业股票估值指数

2013年6月1日
新《证券投资基金法》实施

2013年6月
与天弘增利宝货币基金对接的余额宝产品推出

2013年6月7日
中国证监会、中国保监会发布《保险机构投资设立基金管理公司试点办法》

2013年6月26日
中国证监会公布修订后的《证券公司客户资产管理业务管理办法》《证券公司集合资产管理业务实施细则》

2013年6月27日
中央编办发布《关于私募股权基金管理职责分工的通知》

2013年6月27日
“富国一年期纯债基金”成立，管理费率随基金合同事先约定的业绩考核周期和基金投资收益浮动

2013年7月12日
基金业协会发布《黄金交易型开放式证券投资基金及联接基金会计核算和估值业务指引（试行）》

2013年8月
第一只采用浮动费率的权益类基金“中欧成长优先回报”成立

2013年8月2日
中国证监会发布《基金管理公司固有资金运用管理暂行规定》

2013年8月19日
胡家夫同志任中国基金业协会党委委员，提名为副会长人选

2013年9月3日
中国证监会发布《公开募集证券投资基金参与国债期货交易指引》

2013年9月9日
基金业协会、中国证券业协会、中国期货业协会联合发布《证券期货科学技术奖励管理办法（试行）》

2013年9月23日
钟蓉萨同志任协会党委委员，委派为非会员理事，提名为副会长人选，汤进喜同志任协会党委委员，委派为非会员理事、提名为副会长兼秘书长人选

2013年9月24日
中国证监会发布《公开募集证券投资基金风险准备金监督管理暂行办法》

2013年9月25日
经中国基金业协会第一届理事会表决，胡家夫、钟蓉萨同志担任协会副会长，汤进喜同志担任协会副会长兼秘书长，韩康同志辞去协会副会长兼秘书长职务

2013年11月
嘉实新兴市场双币分级债券型基金成立

2013年11月26日
基金业协会发布《关于加强专项资产管理业务风险管理有关事项的通知》

2013年12月5日
基金业协会发布《证券投资基金参与国债预发行交易会计核算和估值业务指引（试行）》

2013年12月6日
第一只对冲型公募基金“嘉实绝对收益策略基金”成立

2013年12月10日
《国务院关于管理公开募集基金的基金管理公司有关问题的批复》公布

2013年12月10日
基金业协会成立投资总监联席会，发布《资产管理行业投资总监倡议书》

2013年12月13日
基金业协会信息技术专业委员会成立

2013年12月20日
基金业协会公司治理专业委员会、投资者教育和公共关系委员会成立

2013年12月25日
《国务院办公厅关于进一步加强资本市场中小投资者合法权益保护工作的意见》发布

2013年12月26日
基金业协会国际业务专业委员会、人力资源与培训委员会成立

2013年12月27日
基金业协会产品与销售委员会、托管与运营委员会成立

2013年12月30日
基金业协会发布《基金从业人员证券投资管理指引（试行）》

2014年1月6日
基金业协会自律监察专业委员会成立

2014年1月7日
基金业协会创新与战略专业委员会成立
基金业协会第一届理事会第四次会议在北京召开

2014年1月10日
中国证监会《证券期货业统计指标标准指引（2013年修订）》

2014年1月17日
基金业协会发布《私募投资基金管理人登记和基金备案办法（试行）》

2014年2月7日
《私募投资基金管理人登记和基金备案办法（试行）》施行，基金业协会启动私募投资基金管理人登记、产品备案工作

2014年2月20日
基金业协会私募证券投资基金专业委员会成立

2014年3月10日
中国期货保证金监控中心发布《特殊单位客户统一开户业务操作指引》，在基金业协会备案的私募投资基金产品可在期货市场开立账户

2014年3月10日
基金业协会更新并发布《基金经理证券投资法律知识考试大纲》，自2014年4月3日起开始实施

2014年3月10日
基金业协会发布《关于进一步完善基金管理公司治理相关问题的意见》

2014年3月13日
基金业协会发布《证券投资基金国债期货投资会计核算业务细则（试行）》

2014年3月25日
中国证券登记结算有限责任公司发布《关于私募投资基金开户和结算有关问题的通知》，在基金业协会备案的私募投资基金可申请开立证券交易账户

2014年4月10日
中国证监会《关于进一步加强基金管理公司及其子公司从事特定客户资产管理业务风险管理的通知》

2014年5月9日
国务院《关于进一步促进资本市场健康发展的若干意见》

2014年5月13日
中国证监会《关于进一步推进证券经营机构创新发展的意见》

2014年5月16日
人民银行、银监会、证监会、保监会、外汇局《关于规范金融机构同业业务的通知》

2014年6月10日
中国证监会《关于做好有关私募产品备案管理及风险监测衔接工作的通知》

2014年6月13日
中国证监会《关于大力推进证券投资基金行业创新发展的意见》

2014年6月13日
中国证监会《沪港股票市场交易互联互通机制试点若干规定》

2014年6月13日
中国证监会《关于做好有关私募产品备案管理及风险监测工作的通知》

2014年6月15日
基金业协会国际会员委员会成立

2014年6月18日
基金业协会与另类投资管理协会（AIMA）签署合作谅解备忘录

2014年6月24日
基金业协会发布《基金管理公司风险管理指引（试行）》

2014年6月30日
基金业协会与卢森堡基金业协会（ALFI）签署合作谅解备忘录

2014年7月1日
基金业协会正式承担证券公司、基金管理公司及其子公司私募产品备案管理、风险（统计）监测等职责

2014年7月7日
基金业协会发布《基金管理公司及其子公司特定客户资产管理业务电子签名合同操作指引（试行）》

2014年7月10日
20家基金行业协会在北京共同启动中国基金行业协会联席会机制，签订了《中国基金行业协会联席会多边合作谅解备忘录》

2014年8月13日
孙杰同志因到龄退休，不再担任基金业协会党委书记、非会员理事、会长

2014年8月19日
基金业协会发布《公开募集证券投资基金销售公平竞争行为规范》

2014年8月22日
基金业协会发布《关于基金托管人高级管理人员任职备案的通知》

2014年8月22日
基金业协会与中国证券业协会、中国期货业协会联合发布《中国证券期货市场场外衍生品交易主协议（2014年版）》及补充协议、《中国证券期货市场场外衍生品交易权益类衍生品定义文件（2014年版）》

2014年9月4日
基金业协会发布《基金业协会纪律处分实施办法（试行）》《基金业协会自律检查规则（试行）》《基金业协会投诉处理办法（试行）》《基金业协会投资基金纠纷调解规则（试行）》等四项自律规则

2014年9月12日
证监会张育军主席助理在郑州资产管理行业业务情况通报会上提出，资产管理行业要守住“八条底线”

2014年9月12日
基金业协会成立特定客户资产管理业务子公司联席会

2014年9月19日
基金业协会信息技术专业委员会代表协会在杭州与恒生电子、上海大智慧、胜科金仕达、金证科技及赢时胜公司签署战略合作备忘录

2014年9月25日
基金业协会与英国投资管理协会（IMA）在伦敦签署合作谅解备忘录

2014年10月17日
中国证监会《关于改革完善并严格实施上市公司退市制度的若干意见》

2014年7月7日
中国证监会《公开募集证券投资基金运作管理办法》及其实施规定

2014年8月21日
中国证监会《私募投资基金监督管理暂行办法》

2014年10月14日
基金业协会与欧洲基金与资产管理协会(EFAMA)、法国资产管理协会（AFG）、爱尔兰基金业协会（IFIA）分别在京签署双边合作谅解备忘录

2014年10月15日
洪磊同志任基金业协会党委书记，委派为非会员理事、提名为副会长（主持工作）人选。胡家夫同志任协会党委副书记、纪委书记，不再担任协会非会员理事、副会长

2014年10月16日
经基金业协会第一届理事会表决，洪磊同志担任协会副会长（主持工作），胡家夫同志卸任协会副会长

2014年10月20~22日
基金业协会当选国际基金业协会（IIFA）董事会成员

2014年10月31日
财政部、国家税务总局、证监会《财政部　国家税务总局　证监会关于QFII和RQFII取得中国境内的股票等权益性投资资产转让所得暂免征收企业所得税问题的通知》

2014年11月4日
曹殿义同志因健康原因不再担任基金业协会党委委员、副会长

2014年11月13日
基金业协会发布《基金业协会估值核算工作小组关于2015年1季度固定收益品种的估值处理标准》

2014年11月17日
中国证监会《证券公司及基金管理公司子公司资产证券化业务管理规定》及配套规则

2014年11月21日
张小艾同志任基金业协会党委委员，委派为非会员理事，提名为副会长人选，贾红波同志任协会党委委员，推荐为秘书长人选

2014年11月24日
基金业协会发布《基金业务外包服务指引（试行）》

2014年11月26日
经基金业协会第一届理事会表决，张小艾同志担任协会副会长，贾洪波同志担任协会秘书长，汤进喜同志不再兼任协会秘书长，曹殿义同志不再担任协会副会长

2014年12月15日
基金业协会发布《基金从业人员执业行为自律准则》

2014年12月15日
基金业协会发布《关于期货公司资产管理计划备案相关事项的通知》

2014年12月15日
中国保监会《中国保监会关于保险资金投资创业投资基金有关事项的通知》

2014年12月16日
中国保监会《公开募集证券投资基金运作指引第1号——商品期货交易型开放式基金指引》

2014年12月24日
基金业协会发布《资产支持专项计划备案管理办法》《资产证券化业务基础资产负面清单指引》《资产证券化业务风险控制指引》等自律规则及相关文件

2014年12月26日
中国证监会《关于证券经营机构参与全国股转系统相关业务有关问题的通知》

2014年12月26日
基金业协会资产证券化业务备案系统试运行

2015年1月1日
基金业协会实行私募基金登记备案电子证明，不再发放私募基金管理机构登记证书

2015年1月4日
基金业协会发布《关于规范私募基金管理人登记填报工作的通知》

2015年1月9日
证监会发布《股票期权交易试点管理办法》及配套规则

2015年1月13日
基金业协会第一届理事会第七次会议在北京召开

2015年1月15日
证监会发布《公司债券发行与交易管理办法》

2015年1月24日
基金业协会在北京举办首届私募基金行业“私享汇”

2015年1月28日
基金业协会创办协会刊物《声音》

2015年1月28日~30日
基金业协会在广州举办资产管理业务风险管理与创新高级研讨会

2015年2月7日
私募基金登记备案制度实施一周年

2015年3月5日
基金业协会制定发布《证券期货经营机构落实资产管理业务“八条底线”禁止行为细则（2015年3月版）》

2015年3月6日
基金业协会首次发布《证券公司、基金管理公司私募资产管理业务2014年统计年报》

2015年3月6日
基金业协会正式发布实施《中国证券投资基金业协会信息技术管理办法（试行）》

2015年3月10日
基金业协会向符合条件的私募基金管理人发送了《关于成为中国证券投资基金业协会特别会员的通知》，正式启动私募基金管理人入会工作

2015年3月11日
国务院办公厅发布《关于发展众创空间推进大众创新创业的指导意见》

2015年3月17日~3月30日
基金业协会与央视财经频道合作推出《私募明星观大市》系列访谈节目

2015年3月17日
基金业协会成立互联网金融专业委员会

2015年3月19日
国务院办公厅发布《关于创新投资管理方式建立协同监管机制的若干意见》

2015年3月19日
基金业协会发布《关于实行私募基金管理人分类公示制度的公告》，正式启动私募基金管理人分类公示制度

2015年3月23日
中国证监会与波兰金融监督管理局签署《证券期货监管合作谅解备忘录》

2015年3月27日
中国证监会发布《公开募集证券投资基金参与沪港通交易指引》

2015年3月28日
2015中国（杭州）财富管理论坛召开

2015年4月7日
私募基金备案登记系统2.0顺利上线

2015年4月17日
中国证券投资基金业协会与中国证券业协会、上海证券交易所、深圳证券交易所联合发布《关于促进融券业务发展有关事项的通知》

2015年4月17日
中国证券投资基金业协会、中国证券业协会联合出台《基金参与融资融券及转融通证券出借业务指引》

2015年4月24日
基金业协会公示首批私募基金外包服务机构

2015年4月27日
基金业协会期货公司资产管理业务备案系统正式上线

2015年5月13日
中国证监会与哈萨克斯坦国家银行签署《证券期货监管合作谅解备忘录》

2015年5月14日
中国证监会公布《香港互认基金管理暂行规定》

2015年5月15日
证监会发布《关于加强非上市公众公司监管工作的指导意见》

2015年5月18日
中国证监会发布修订后的《证券市场禁入规定》

2015年5月19日
中国证监会与阿塞拜疆国家证券委员会签署《证券期货监管合作谅解备忘录》

2015年5月21日
基金业协会成立资产管理业务专业委员会

2015年5月22日
中国证监会发布决定废止涉及证券期货经营机构的限制约束类部函的公告

2015年5月22日
首单面向合格投资者公开发行的公司债券在交易所发行

2015年5月22日
基金业协会从业人员管理系统正式启用

2015年5月26日
基金业协会与北京证监局联合发布《关于在北京市开展打击以私募投资基金为名从事非法集资专项整治行动的通告》

2015年6月3日
基金业协会发布《关于做好打击非法私募活动专项整治行动有关宣传工作的通知》

2015年6月5日
基金业协会成立私募股权投资基金专业委员会、创业投资基金专业委员会

2015年6月5日
基金业协会合规与风险管理专业委员会发布《公募基金价值投资倡议书》，提示关注创业板风险，回归价值投资

2015年6月15日
《中国证券投资基金业年报（2014）》、《公募基金管理公司社会责任报告（2014）》、《基金投资者情况调查分析报告（2014年度）》、《基金管理公司财务分析报告（2014年）》正式出版发售

2015年6月16日
《国务院关于大力推进大众创业万众创新若干政策措施的意见》

2015年6月17日
基金业协会发布《关于基金从业资格考试有关事项的通知》

2015年6月18日
“财富管理与多层次养老体系”夏季论坛（2015）在青岛召开

2015年6月23日
基金业协会组编的基金从业资格考试教材《证券投资基金》正式出版发售

2015年6月25日
基金业协会发布《资产管理行业“互联网+”行动计划》

2015年6月25日
基金业协会第一届理事会第八次会议在北京召开

2015年6月26日
基金业协会下发了《关于开展基金管理公司专户子公司风险排查及加强风险防控的通知》

2015年6月26日
基金业协会2015年年会在北京召开

2015年6月30日
基金业协会发布题为“艳阳总在风雨后”的私募证券投资基金专业委员会倡议书

2015年7月1日
证监会发布《证券公司融资融券业务管理办法》

2015年7月3日
基金业协会正式开通官方微信咨询平台

2015年7月4日
国务院发布《关于积极推进“互联网+”行动的指导意见》

2015年7月4日
基金业协会发布《公募基金坚信资本市场能够健康稳定发展——25家公募基金管理公司会议纪要》

2015年7月7日
94家公募基金管理人发布公告，积极落实7月4日公募基金公司会议精神

2015年7月10日
基金业协会公募信息系统报送系统上线

2015年7月12日
中国证监会发布《关于清理整顿违法从事证券业务活动的意见》

2015年7月13日~28日
基金业协会首次向全社会公开发布了2015年上半年基金管理公司资管业务总规模排名，公募基金、基金管理公司专户业务、基金子公司专户业务、证券公司资管业务总规模、证券公司主动管理业务规模排名共6项排名数据

2015年7月14日
基金业协会信息公示系统上线，并与百度合作推出私募地图功能模块

2015年7月16日
基金业协会发布《基金从业资格考试大纲》的通知

2015年7月18日
中国人民银行、工信息部、公安部、财政部、国家工商总局、国务院法制办、银监会、证监会、保监会、国家互联网信息办公室联合印发《关于促进互联网金融健康发展的指导意见》

2015年7月22日
基金业协会发布《2015年度基金从业人员资格考试计划》及《2015年度基金从业资格考试公告（第1号）》

2015年7月24日
基金业协会发布《基金从业资格考试管理办法（试行）》的通知

2015年7月31日
中国证监会发布《关于落实注册资本登记制度改革修改相关规定的决定》

2015年8月10日
基金业协会开展“十佳基金logo”评选活动，进一步宣传公募基金行业

2015年8月11日
中国证券投资基金业协会与中国证券业协会、中国期货业协会联合发布《中国证券期货市场场外衍生品交易商品定义文件（2015年版）》等文件

2015年8月12日
基金业协会成立天使投资专业委员会

2015年8月14日
基金业协会发布《关于基金销售机构从业人员资格管理有关事项的通知》及《基金销售机构从业人员资格管理相关问题解答》

2015年8月23日
国务院印发《基本养老保险基金投资管理办法》

2015年8月27日
基金业协会发布《证券投资基金参与同业存单会计核算和估值业务指引（试行）》

2015年8月30日
洪磊同志被提名为基金业协会会长人选

2015年9月8日
中国证监会发布《关于加强证券期货投资者教育基地建设的指导意见》及《首批投资者教育基地申报工作指引》

2015年9月12~13日
2015年基金从业人员资格考试全国第一次统考在全国48个主要城市顺利举行

2015年9月15日
基金业协会与银河证券签署合作协议，推出“私募汇APP”，通过移动终端发布私募登记备案信息

2015年9月18日
基金业协会发布《中国基金业绿色责任倡议书》，并向阿拉善生态基金会捐出50万元

2015年9月26日
国务院发布《关于加快构建大众创业万众创新支撑平台的指导意见》

2015年9月29日
基金业协会建立“失联”私募机构公示制度，2015年公示两批16家失联机构

2015年10月28日
经基金业协会第一届理事会表决，洪磊同志担任基金业协会会长；汤进喜同志不再担任基金业协会副会长职务

2015年10月29日
中国人民银行关于印发《进一步推进中国（上海）自由贸易试验区金融开放创新试点　加快上海国际金融中心建设方案》的通知

2015年11月3日
国务院印发《关于“先照后证”改革后加强事中事后监管的意见》

2015年11月5日
《基金从业人员后续职业培训大纲（2015）》首次发布

2015年11月13日
国务院办公厅印发《关于加强金融消费者权益保护工作的指导意见》

2015年11月16日
中国证监会发布《关于进一步推进全国中小企业股份转让系统发展的若干意见》

2015年11月18日
基金从业人员远程培训系统上线试运行

2015年11月20日
中国证券投资基金业协会与中国登记结算公司在北京签署《关于建立资管数据合作机制合作备忘录》

2015年11月20日
基金业协会正式开通私募基金全国统一咨询热线“400-017-8200”

2015年12月14日
财政部、国家税务总局、证监会联合发布《关于内地与香港基金互认有关税收政策的通知》

2015年12月16日
北京市西城区人民法院对天津汉红股权投资基金管理有限公司起诉中国证券投资基金业协会侵犯其名誉权一案作出判决，驳回天津汉红的诉讼请求

2015年12月17日
中国证监会与中国人民银行联合发布《货币市场基金监督管理办法》

2015年12月18日
中国证监会同证券业协会、基金业协会、期货业协会、期货市场监控中心、证券金融公司、中证监测中心等相关单位，开展对证券期货经营机构的风险压力测试

2015年12月18日
中国证监会与香港证监会正式注册了首批3只香港互认基金

2015年12月27日
全国人大常委会审议通过股票发行注册制改革授权决定

2015年12月31日
中国证监会发布完善新股发行制度相关规则

二、中国证券投资基金业协会大事记

2012 年

2012 年 6 月 3 日　中国证券投资基金业协会党委成立。

孙杰同志任协会党委书记，韩康同志任协会党委副书记，曹殿义、钟蓉萨、汤进喜同志任协会党委委员。

2012 年 6 月 6 日　中国证券投资基金业协会成立大会暨第一届年会在北京召开。大会表决通过了中国证券投资基金业协会第一次会员大会工作报告、《中国证券投资基金业协会章程》《中国证券投资基金业协会会员管理办法》《中国证券投资基金业协会会费收缴办法》和《中国证券投资基金业协会会员自律公约》，投票选举产生了协会第一届理事会、第一届监事会。

孙杰、韩康、曹殿义、胡家夫 4 人委派为非会员理事，于华、王立新、邓召明、田仁灿、刘建平、刘晓艳、江先周、许小松、余晓晨、吴晓辉、李勍、李爱华、杨东、杨新丰、陈敏、周月秋、尚健、林传辉、林利军、范勇宏、金旭、赵学军、郭特华、崔伟、韩勇 25 人选举担任会员理事，共同组成协会第一届理事会。

刘树军、何宝、陈昌宏、周一烽、高良玉、裴长江 6 人选举担任监事，组成协会第一届监事会。

经选举，孙杰同志担任会长，韩康同志担任副会长兼秘书长，曹殿义同志担任副会长，于华、刘晓艳、江先周、陈敏、周月秋、林利军、范勇宏、金旭、赵学军 9 名同志担任兼职副会长。钟蓉萨、汤进喜同志担任副秘书长。

2012 年 6 月 25 日　中国证券投资基金业协会发布《证券投资基金管理公司社会责任报告编制指引》（征求意见稿）。

2012 年 7 月 11 日　专业基金销售机构联席会第一次会议在上海召开，会议就联席会运作机制、基金销售资金监管、客户备付金存款模式行业自律和宣传等重点问题进行了讨论研究。

2012 年 7 月 26 日　中国证券投资基金业协会在京举办第一期“专家讲

坛”。论坛特邀耶鲁大学管理学院院长爱德华·斯奈德教授以《由 LIBOR 丑闻引发的思考》为主题发表演讲。

2012 年 8 月 3 日　中国证券投资基金业协会召开《中国资本市场投资词典》（基金篇）词条编写工作会议。

2012 年 8 月 30 日　中国证券投资基金业协会在京举办第二期“专家讲坛”，特邀中国人民银行原副行长马德伦先生以《人民币汇率与资本项下的兑换》为主题发表演讲。

2012 年 9 月 6 日　中国证券投资基金业协会召开第一届第一次会长会议，通报了协会成立以来的工作进展、年内工作部署，新办公场所建设等情况，并广泛听取了各方意见建议。

2012 年 9 月 13 日　中国证券投资基金业协会发布《中国证券投资基金业协会会员登记注册程序》。

2012 年 9 月 18 日　中国证券投资基金业协会在京举办第三期“专家讲坛”，特邀英国里丁大学亨利商学院院长 John Board 以《金融市场：能力与危机》为题发表演讲。

2012 年 10 月 11 日　中国证券投资基金业协会发布《中国证券投资基金业协会会员自律公约》。

2012 年 10 月 12 日　中国证券投资基金业协会在京举办第四期“专家讲坛”，特邀社会科学院学部委员会余永定先生以《全球债务危机和中国的再平衡》为主题发表演讲。

2012 年 10 月 17 日　中国证券投资基金业协会向基金公司会员发布《关于基金管理公司副总经理任职备案事项的通知》（草案）征求意见函。

2012 年 10 月 23 日　中国证券投资基金业协会在京召开部分基金管理公司高管人员座谈会。

2012 年 11 月 16 日 ~17 日　中国证券投资基金业协会在杭州举办基金管理公司督察长培训班。请有关专家解读《基金管理公司管理办法》《基金管理公司子公司管理暂行办法》《特定客户资产管理业务试点办法》等相关法律法规及风险控制等。

2012 年 12 月 2 日　中国证券投资基金业协会、深圳市人民政府、资本市场研究会、中国资本市场学院主办的“第十一届中国证券投资基金国际论坛”在深圳举行，来自基金、合格境外投资者（QFII）、银行、证券、保险、信托、阳光私募等近600人参加了此次论坛，论坛围绕着建设现代财富管理行业、合格境外机构投资者的发展两大专题展开了讨论。

2012年12月11日~12日 中国证券投资基金业协会举办基金管理公司固定收益业务培训班，就债券投资基础、债券发行与承销、债券交易与结算、债券信用评级和信用风险管理等内容进行了培训。

2012年12月13日 中国证券投资基金业协会在京举办第五期“专家讲坛”，特邀 Man Group 亚洲区主席 Pierre Lagrange 先生以《对冲基金发展与实盘操作》为主题发表演讲。

2012年12月24日 中国证券投资基金业协会印发《托管银行证券资金结算协议（格式文本)》。

2012年12月27日 中国证券投资基金业协会发布《基金管理公司代表基金对外行使投票表决权工作指引》《中国证券投资基金业协会证券投资基金销售人员职业守则》《证券投资基金投资人权益须知（2012格式文本)》《中国证券投资基金业协会会员反商业贿赂公约》《网上基金销售信息系统技术指引》《基金管理公司反洗钱客户风险等级划分标准指引》《基金管理公司反洗钱工作指引》《证券投资基金会计核算业务指引》《证券投资基金股指期货投资会计核算业务细则（试行)》《基金经理注册登记规则》10份自律规范性文件。

2012年12月31日 中国证券投资基金业协会发布《股息红利差别化纳税会计核算细则》。

2013年

2013年1月3日 中国证券投资基金业协会发布《资产管理类特别会员入会工作指引》。

2013年1月15日 中国证券投资基金业协会举办第六期专家讲坛，特邀安耐德合伙人有限公司创始人 Paul E. Viera 以《新兴市场股票投资及风险控制模型》为主题发表演讲。

2013年1月24日~25日 中国证券投资基金业协会在厦门国家会计学院举办基金运营和结算业务培训班，由中国证监会基金部、中国证券登记结算公司、嘉实基金、普华永道会计师事务所、中央国债登记结算公司、道富银行、瑞银投行、Omgeo 等境内外知名机构的专家向学员讲解境内外基金运营和结算业务的相关专题。来自基金管理公司、基金托管银行、保险资产管理公司等其他机构的共173名学员参加培训。

2013年1月30日　中国证券投资基金业协会在北京召开第一届理事会第二次会议和第一届监事会第二次会议。会议学习了《证券投资基金法》和全国监管工作会议精神，审议通过《中国证券投资基金业协会2013年工作报告》及《中国证券投资基金业协会2012年财务决算和2013年财务预算的报告》，讨论非公募基金及其产品的登记备案事宜。

2013年1月31日　中国证券投资基金业协会与新浪、搜狐、腾讯、和讯、金融街、东方财富等6家网络媒体建立多层面的沟通和协作关系。

2013年3月14日　中国证券投资基金业协会钟蓉萨副秘书长一行参加全球投资业绩标准（GIPS）年会，并与GIPS执行委员会就中国加入全球投资业绩标准组织等相关事宜进行深入探讨。

2013年3月19日　中国证券投资基金业协会孙杰会长一行参加2013年另类投资管理协会（AIMA）全球政策与监管年会，并发表题为《中国资本市场与另类投资》的主题演讲。

2013年3月19日　中国证券投资基金业协会在英国伦敦举办QFII推介会，参会者就中国市场动态、ETF产品等话题展开广泛交流。

2013年3月21日　中国证券投资基金业协会在北京举办英国投资座谈会。英国贸易投资署（UK Trade & Investment）金融行业专家Philippe Gautier先生、英国大使馆商务处、伦敦证券交易所等相关人员以及部分基金管理公司国际业务负责人参加座谈会。

2013年3月22日～23日　中国证券投资基金业协会举办公募基金业务培训班。培训内容包括当前基金业改革发展情况、基金信息披露（XBRL）、基金托管业务、资产管理机构申请公募基金业务相关规定解析、公募基金相关监管制度、基金公司管理实践、基金公司风险控制和合规管理、基金持有人保护及投资者教育等。

2013年3月27日　中国证券投资基金业协会在京举办第七期专家讲坛，特邀全球最大的被动投资基金管理公司领航集团（Vanguard）董事总经理、国际业务总裁James M. Norris先生以《被动投资的未来趋势及领航的成功经验》为主题发表演讲。

2013年3月28日～29日　中国证券投资基金业协会与中国证券业协会

共同举办金融衍生品业务培训班，介绍金融衍生品监管制度和监管要求，利率衍生产品、汇率衍生产品、信用衍生产品、国债期货、信贷资产证券化的交易、应用和发展趋势，股票收益互换的现状与发展趋势等。

2013 年 3 月 29 日　中国证券投资基金业协会举办基金托管业务培训班。培训内容涉及申请基金托管业务相关规定解析、基金托管业务监管制度介绍、基金托管业务实践和发展、境外资产托管业务发展动态、QFII 托管业务介绍等。

2013 年 4 月 18 日 ~26 日　中国证券投资基金业协会组织全体会员机构在上海、深圳和北京先后开展 6 期新《证券投资基金法》系列培训。全国人大财经委，证监会法律部、基金部有关负责人分别就新《证券投资基金法》立法背景和立法理念、具体法规的理解与适用、配套规则制定的情况以及实施要求等相关问题进行了全面细致的讲解。249 家会员机构的 1 708 名从业人员参加了培训。

2013 年 4 月 22 日　中国证券投资基金业协会正式启用执业证书管理系统，受理基金从业人员执业注册、变更申请和离职备案等。

2013 年 4 月 26 日　中国证券投资基金业协会合规与风险管理专业委员会在北京成立。会议审理了委员会工作规则，研究了委员会阶段性工作任务，确定了制定《基金从业人员证券投资管理指引》《基金管理公司洗钱和恐怖融资风险评估及客户分类管理指引》《基金管理公司风险管理指引》的规则。孙杰会长、韩康副会长、汤进喜副秘书长出席了会议。

2013 年 4 月 30 日　中国证券投资基金业协会孙杰会长一行参加美国投资公司协会（ICI）年会，期间先后拜访了美国证监会（SEC）、美国金融业监管局（FINRA）、美国管理基金协会（MFA）等。

2013 年 5 月 4 日 ~24 日　中国证券投资基金业协会举办美国芝加哥期权交易所学院培训班，芝加哥期权交易所的管理层、期权学院的专职讲师以及知名业内专家授课，会员机构中高层管理人员及骨干专业人员参加培训。

2013 年 5 月 7 日　中国证券投资基金业协会发布《证券投资基金产品创新评审规则（试行）》。

2013 年 5 月 7 日　韩康同志因工作调动不再担任中国证券投资基金业协会党委副书记、非会员理事、副会长兼秘书长。

2013 年 5 月 8 日　中国证券投资基金业协会在京举办第八期专家讲坛，特邀信安环球投资有限公司（Principal Global Inverstors LLC）执行董事兼首席运营官 Barb McKenzie 女士以《小即是大，资产管理的多精品店模式——来自信安环球投资的经验分享》为主题发表演讲。

2013 年 5 月 9 日～31 日　中国证券投资基金业协会为进一步推动《证券投资基金法》的宣传工作，在官网设立了新《证券投资基金法》宣传教育专栏。同时，联合《中国证券报》《上海证券报》和《证券时报》三大报组成宣传专项工作小组。在 65 家会员单位的积极响应下，三大报设立专题刊登相关文章共 80 余篇，展示基金管理人在新《证券投资基金法》实施过程中的思考与建议。

2013 年 5 月 10 日　中国证券投资基金业协会在北京召开第二次合规与风险管理委员会会议，讨论《基金从业人员证券投资管理指引》（草案），并就《证券投资基金管理机构投资管理人员执业手册》进行方向性讨论。

2013 年 5 月 13 日　中国证券投资基金业协会发布《短期理财基金产品业务运作规范》（2013 年 12 月 1 日实施）。

2013 年 5 月 15 日　中国证券投资基金业协会完成协会会员证书的设计和印刷，并为各类会员机构印送会员证书。

2013 年 5 月 20 日　中国证券投资基金业协会发布中基协（AMAC）基金行业股票估值指数。

2013 年 5 月 31 日　中国证券投资基金业协会在京举办 2013 年年会。年会主题为“贯彻落实新《证券投资基金法》，推动行业健康发展”。孙杰会长做了以“认真履行协会职责，促进行业创新发展”为主题的发言。来自基金管理公司、托管银行、私募基金及证券、期货、保险等各类资产管理机构、QFII 等境外资产管理机构、基金销售机构及各类服务机构会员以及证监会系统相关机构共 500 余位代表参会。

2013 年 5 月 31 日　中国证券投资基金业协会在北京召开第一届理事会第三次会议。会议通过了韩康同志因工作原因不再担任协会专职副会长和秘书长的议案，讨论了制订《资产管理行业发展 10 年规划》的相关事宜。

2013 年 6 月 1 日　中国证券投资基金业协会邀《人民日报》等多家媒体在其显著版面对《证券投资基金法》实施进行专题新闻报道，共同见证新《证券投资基金法》正式施行。

2013 年 6 月 2 日　中国证券投资基金业协会发布《2012 年度中国证券投资基金业社会责任报告》和《基金投资者情况调查分析报告（2012 年度）》。

2013 年 6 月 14 日　中国证券投资基金业协会孙杰会长一行会见香港投资基金公会代表团（HKIFA），代表团介绍了香港投资基金公会及香港市场情况，并就私募股权投资、固定收益基金等问题与我会会员进行了深入探讨。

2013 年 6 月 17 日　中国证券投资基金业协会举办第九期专家讲坛，特邀另类投资管理协会（AIMA）行政总裁 Andrew Baker 先生和副行政总裁 Jiri Krol 先生以《全球对冲基金的发展及主要问题》为主题发表演讲。

2013 年 6 月 19 日 ~20 日　中国证券投资基金业协会在北京举办信息技术培训班，邀请中国证监会、公安部、工信部、国家版权局、国家信息技术安全研究中心、北京证监局、上海期货交易所及部分基金管理公司等机构和部门的 15 位专家进行授课。基金管理公司、私募基金、托管银行、基金销售机构、证监会、地方证监局、其他类型资产管理公司等机构及协会相关业务人员共约 150 名学员参加培训。

2013 年 7 月 3 日　中国证券投资基金业协会在北京组织召开基金服务外包讨论会，部分基金管理公司、私募基金管理机构、托管银行、证券公司的负责人参加，就外包业务发展问题和制订《证券投资基金业务服务外包指引》进行讨论。

2013 年 7 月 5 日　中国证券投资基金业协会组织承办的基金管理公司财务工作会议暨培训班在银川举行。培训包含证券投资基金行业相关税收政策解读、新《证券投资基金法》配套规则修订介绍、基金管理公司财务管理及年报分析三方面内容。

2013 年 7 月 12 日　中国证券投资基金业协会发布《黄金交易型开放式证券投资基金及联接基金会计核算和估值业务指引（试行）》。

2013 年 7 月 15 日　中国证券投资基金业协会举办第十期专家讲坛，特邀加拿大皇家银行金融集团副总裁王勇先生以《衍生产品的发展趋势》为主题发表演讲。

2013 年 7 月 14 日 ~8 月 3 日　中国证券投资基金业协会组织“美国加州大学伯克利私募业务研修班”，加州大学伯克利分校教授及美国私募行业精英围绕私募股权投资、创业风险投资和对冲基金投资进行授课，来自 35 家会员单位的高中层管理人员及核心投资人员参加培训。

2013 年 7 月 23 日　中国证券投资基金业协会联合中国金融期货交易所、中国证券业协会在北京举办国债期货证券公司、基金管理公司高管培训会，就国债期货的产品制度设计、海外国债期货发展状况等进行介绍。

2013 年 7 月 25 日 ~26 日　中国证券投资基金业协会在京举办基金销售业务培训班，邀请证监会基金部、中国工商银行、中信建投证券、花旗银行、康宏中国理财服务公司等有关专家进行授课。

2013 年 7 月 26 日　中国证券投资基金业协会举办电子商务与基金行业发展培训班，邀请阿里巴巴集团、宏源证券研究所、快钱公司等专家针对电子商务发展与金融产品销售、电子商务大数据分析和网络安全等专题进行授课。

2013 年 7 月 29 日　中国证券投资基金业协会在北京召开“期货市场机构投资者培育”调研会议，进一步推动机构投资者参与期货及衍生品市场，探索场外衍生品市场监管与发展规划。

2013 年 8 月 5 日 ~7 日　中国证券投资基金业协会孙杰会长赴广州、深圳对基金管理公司、私募证券投资机构就行业发展、协会工作、基金管理公司子公司等问题进行实地调研。

2013 年 8 月 7 日 ~8 日　中国证券投资基金业协会在深圳召开《基金从业人员证券投资管理指引》讨论会。

2013 年 8 月 16 日　中国证券投资基金业协会在北京召开基金估值工作小组成立会议，参会人员就《中国证券投资基金业协会基金估值工作小组工作规则》进行了讨论，组织估值小组专家，研究并起草《国债预发行交易会计核算和估值业务指引》《证券投资基金国债期货投资会计核算业务细则》等自律规则。

2013 年 8 月 19 日　胡家夫同志任中国证券投资基金业协会党委委员，提名为副会长人选。

2013 年 8 月 22 日　中国证券投资基金业协会孙杰会长受邀参加在北京举办的互联网金融实践应用高层研修会，并发表题为“财富管理与互联网金融”的讲话，深入分析互联网金融发展的“三突破，三没变”。

2013 年 8 月 22 日　中国证券投资基金业协会在北京召开互联网发展对

基金业影响讨论会，证监会基金部、中国证券登记结算公司、部分基金管理公司和第三方基金销售机构参加会议，并就互联网对基金行业发展的影响、基金行业如何应用移动互联网服务投资者以及后台系统如何适应和支持移动互联网发展等内容进行了讨论。

2013 年 8 月 27 日　中国证券投资基金业协会启动 2013 年度从业人员年检工作，对 5276 名从业人员进行年检。

2013 年 8 月 30 日　中国证券投资基金业协会在上海召开第三次合规与风险管理委员会会议，会议讨论了《基金从业人员证券投资管理指引》（草案）、《基金公司风险管理指引》（草案），研究起草《基金管理公司章程指引》；介绍了“基金子公司风险管理”“通道业务风险”“反商业贿赂”“软美元”四个课题的进展情况；研究了基金公司子公司业务发展和风险控制的问题。

2013 年 8 月 31 日 ~9 月 27 日　中国证券投资基金业协会组织“赴英风险与管理高级培训班”，来自 23 家会员机构的学员参加。培训由英国里丁大学 ICMA 中心及亨利商学院的教授和资深市场人士授课，深入学习并讨论国际最新风控管理办法，并与境外多家知名金融机构开展深入的同业交流学习活动。

2013 年 9 月 9 日　中国证券投资基金业协会与中国证券业协会和中国期货业协会联合发布《证券期货科学技术奖励管理办法（试行）》。

2013 年 9 月 9 日　中国证券投资基金业协会在北京召开投资基金所得税座谈会，证监会基金部、知名私募股权管理机构及四大会计师事务所代表就如何推进私募基金相关税收的调整开展深入讨论。

2013 年 9 月 11 日 ~13 日　中国证券投资基金业协会孙杰会长受邀参加第十届中美金融研讨会，与中外参会代表就中美金融热点问题开展交流探讨。

2013 年 9 月 11 日 ~13 日　中国证券投资基金业协会在大连召开私募基金交流座谈会，大连证监局、大连商品交易所和部分大连投资企业就大连私募基金现状和未来发展趋势展开深入交流。

2013 年 9 月 17 日　中国证券投资基金业协会在北京举办基金业务媒体培训班，培训包含新《证券投资基金法》、基金托管业务相关法规、基金销售业务相关法规、基金产品与产品创新发展情况、社会责任下的基金营销与服务等内容，来自44家媒体的相关业务负责人、编辑、记者共79人参加。

2013年9月23日　中国证券投资基金业协会与20—20投资协会（20—20 Investment Association）联合举办专题论坛，向在华进行年度考察活动的20－20会员介绍了我国资本市场的主要情况。

2013年9月23日　钟蓉萨同志任协会党委委员，委派为非会员理事，提名为副会长人选，汤进喜同志任协会党委委员，委派为非会员理事、提名为副会长兼秘书长人选。

2013年9月25日　经中国证券投资基金业协会第一届理事会表决，胡家夫、钟蓉萨同志担任协会副会长，汤进喜同志担任协会副会长兼秘书长，韩康同志辞去协会副会长兼秘书长职务。

2013年9月25日～26日　中国证券投资基金业协会分别在深圳、上海两地召开互联网基金销售业务模式研讨会，参会基金管理公司就互联网及移动互联网基金销售业务的潜在风险点及应对措施、监管部门如何进一步优化政策环境、如何完善行业后台基础设施建设等问题进行讨论。

2013年9月26日　中国证券投资基金业协会孙杰会长出席2013年中国养老金国际研讨会，并就机构投资者与养老金的长期关系发言。发言指出，专业资产管理机构的参与有助于养老金实现社会价值，应致力于构建机构投资者与养老金良性互动的长期关系。孙杰会长代表行业协会大力呼吁，应给予养老金投资管理税收减免、递延等政策支持。

2013年9月26日　中国证券投资基金业协会举办第十一期专家讲坛，特邀英国剑桥大学Judge商学院院长Christoph Loch先生以《金融行业在中小企业创新与成长中所发挥的作用》为主题发表演讲。

2013年9月29日　中国证券投资基金业协会编辑并印制完成《基金管理公司财务分析报告（2012）》。

2013年10月14日、16日　中国证券投资基金业协会与英国投资贸易总署分别在上海、北京联合主办“英中全球资产管理行业研讨会”。孙杰会长、中国证监会基金监管部徐浩副主任、协会兼职副会长富国基金董事长陈敏女士和英国财政部长萨伊德·贾维德（Sajid Javid）先生、英国金融市场行为监管局主席约翰·格里菲斯－琼斯（John Griffith －Jones）先生出席研讨会。孙杰会长在北京研讨会场致开幕词，陈敏副会长代表我会在上海研讨会场致辞，协会70余家会员代表参加了会议。

2013年10月18日　中国证券投资基金业协会开展第七期新《证券投资基金法》培训班。5月份以来新入会的基金公司及子公司、私募投资管理机构、资产管理公司等152家会员机构约280名学员参加培训。培训会员对新《证券投资基金法》多层次的学习需求，调动行业学法、懂法和宣法的积极性。

2013年10月21日~25日　受国际基金业协会（IIFA）邀请，孙杰会长带队赴美国新奥尔良出席IIFA 2013年年会，并在“建立并维持高标准：投资业协会的作用”讨论会上发表演讲，向各国基金协会组织介绍了中国资本市场的发展现状、中国证券投资基金业协会运行机制及会员架构等情况。

2013年10月28日~11月4日　中国证券投资基金业协会在海口、武汉、成都、大连等地举办证券投资基金业务媒体培训班，对全国215家媒体机构（含171家地方媒体）共394人进行了培训，使媒体更准确地了解《证券投资基金法》的理念及内涵，坚持正确的舆论导向，把握基金行业报道的专业性及客观性，营造健康、有序、稳定的舆论环境。

2013年11月4日　中国证券投资基金业协会孙杰会长受邀出席太平洋养老金协会2013年度执行研讨会。孙杰会长在会上介绍了我国基金行业的发展历程和现状，与参会嘉宾和机构对基金行业的发展经验、政策环境、中国养老金改革与市场化运作等话题展开了热烈讨论。孙杰会长指出，中国证券投资基金业协会一直呼吁中国养老金深化市场化运作水平，基金管理公司在养老金投资管理方面能发挥更大作用。

2013年11月5日　中国证券投资基金业协会与德意志交易所集团联合举办了“德国经济和基金行业”研讨会。国内公募、私募、券商资管等多家公司50多位行业代表现场到会，上海、深圳、广州、武汉等地多家基金公司和券商资管机构通过视频直播参会。孙杰会长为研讨会致辞并发言，介绍了中国资产管理行业尤其是公募基金业的发展概况，以及协会为会员提供服务的情况。

2013年11月6日　中国证券投资基金业协会接待中华股权投资协会代表团来访。来访的主要私募股权和创投基金高管包括弘毅投资总裁赵令欢、中信资本首席执行官张懿宸、春华资本创始合伙人胡祖六、TPG大中华区联席主席王兟等。孙杰会长介绍了基金业协会近期私募基金自律管理相关的准备工作。中华股权投资协会针对私募管理工作的开展提出建议和意见。

2013 年 11 月 8 日　中国证券投资基金业协会在北京召开资产管理业务座谈会，部分基金管理公司、证券公司代表出席会议并对国内资产管理业务的发展情况等进行交流和探讨。

2013 年 11 月 11 日　中国证券投资基金业协会接待美国资本集团高级副总裁 Steve Watson 及中国委员会全体员工来访。孙杰会长对新《证券投资基金法》修改后混业经营的资管市场格局进行了介绍，对当前互联网金融、银行理财产品、上海自贸区、境外合资资管的现状等热点问题作出了分析并表达了对三中全会的乐观预期及对 QFII、QDII 政策改革的关注。

2013 年 11 月 18 日　中国证券投资基金业协会接待香港证监会中介机构部高级总监浦伟光来访。浦伟光先生介绍了全球对冲基金行业的概况和监管制度的发展，分析了对冲基金在全球与亚洲的市场前景，比较了国际证监会基金组织（IOSCO）、美国、欧洲及香港的对冲基金监管制度的发展等。

2013 年 11 月 19 日　中国证券投资基金业协会接待耿西岛首相及耿西金融局一行来访。首相林顿·特罗特先生全面介绍耿西岛的金融发展现状及特点。孙杰会长就中国证券投资基金业协会的发展情况、中国资产管理行业的现状与耿西金融局进行了交流。

2013 年 11 月 26 日　中国证券投资基金业协会发布《关于加强专项资产管理业务风险管理有关事项的通知》，要求基金管理公司及其子公司坚持稳健、审慎的经营理念，合理开展专项资产管理业务。

2013 年 11 月 28 日　中国证券投资基金业协会在北京召开投资者热点问题交流会，会上组织动员参会公司对近期热点问题进行梳理，提供答复口径，探讨处理投资者咨询和投诉的联动工作机制，联合开展投资者教育工作，动员行业不断优化客户服务水平、信息技术系统建设，为行业创新发展提供良好环境。

2013 年 11 月 28 日 ~29 日　中国证券投资基金业协会在湖南长沙举办基金管理公司业务创新及合规培训班。培训针对互联网金融、资产证券化业务、基金管理公司现场检查情况、国债期货业务规则及介绍、货币市场基金监管、基金销售监管等方面。来自 89 家基金管理公司、15 家托管银行、32 家基金管理公司子公司和 5 家证监会派出机构的督察长及合规业务负责人共 259 人参加培训。

2013 年 12 月 5 日　中国证券投资基金业协会发布《证券投资基金参与国债预发行交易会计核算和估值业务指引（试行）》，为行业内产品参与国债预发行交易提供统一的会计核算和估值方法。

2013 年 12 月 5 日　中国证券投资基金业协会邀请卢森堡基金业协会（ALFI）来北京举办全球基金行业研讨会，会上介绍了卢森堡投资基金经营环境的最新发展动态和海外投资基金相关经验，促进国际同业间交流合作。

2013 年 12 月 6 日　中国证券投资基金业协会在北京召开资本市场双向开放内部政策研讨会，会上讨论了中国资本市场进一步扩大双向开放的准备条件、开放步骤、可能面临的挑战及系统性风险防范等议题。

2013 年 12 月 10 日　中国证券投资基金业协会成立投资总监联席会，并在北京召开投资总监联席会成立暨第一次会议。首届投资总监联席会由协会范勇宏副会长任主席，成员包括来自基金管理公司、私募投资管理机构、保险资产管理公司的投资总监。投资总监联席会讨论通过并发布了《资产管理行业投资总监倡议书》，并通过协会合作媒体进行宣传，号召投资管理人员充分发挥买方作用，参与资本市场公司治理，倡导投资管理人员合规经营，树立良好的职业道德和职业操守。

2013 年 12 月 10 日　中国证券投资基金业协会孙杰会长会见新加坡金融管理局黄耀龙署长一行，双方对两地基金互认的进程和未来发展进行交流。新加坡金融管理局希望中国证券投资基金业协会能够进一步与新加坡投资管理机构建立联系，拓展两地资产管理行业合作与交流。

2013 年 12 月 12 日　中国证券投资基金业协会孙杰会长会见 CFA 协会执行董事 Jonathan A. 一行，并对中国推行 GIPS 情况进行交流，肯定了 GIPS 对中国基金行业国际化的推动作用，同时也探讨了基金行业的中国特色及执行 GIPS 的相关问题。

2013 年 12 月 13 日　中国证券投资基金业协会成立信息技术专业委员会，并召开委员会成立暨第一次工作会议。会上讨论通过委员会工作规则和重点工作计划，提出要加强行业信息技术治理，建立统一的信息安全体系，整合行业资源，全面提升行业信息化建设水平。

2013 年 12 月 18 日　中国证券投资基金业协会与大连商品交易所共同

举办商品期货机构投资交流研讨会。会议围绕商品市场投资实务、商品期货投资新业务模式、交易所创新发展思路对接机构投资者等三大主题，探索商品衍生品市场服务基金管理公司等机构投资者的发展要求和创新思路。来自40家基金管理公司、16家私募基金及券商资管、15家期货公司的产品与投研业务负责人共105人参加了会议。

2013年12月20日　中国证券投资基金业协会成立公司治理专业委员会，并召开委员会成立暨第一次工作会议。会议讨论了行业公司治理的现状，提出要加快提高公司治理水平，建立长效激励约束机制，促进行业持续健康发展。

2013年12月20日　中国证券投资基金业协会成立投资者教育和公共关系委员会，并召开委员会成立暨第一次工作会议。会议提出通过专业委员会平台，充分发挥会员机构的主导作用，动员行业各方力量，形成自我运转机制，充分发挥媒体的舆论引导作用，明确行业主体的投资者教育服务的职责，提升中小投资者自我保护和依法行权能力。会议讨论了投资者保护、投资者教育、媒体宣传等工作。

2013年12月26日　中国证券投资基金业协会成立国际业务专业委员会，并召开委员会成立暨第一次工作会议。会议讨论了资本市场双向开放对境内机构带来的机遇和挑战，强调基金行业加强自身实力、做好开放准备的紧迫性、现实性与必要性，并对改善国际业务投资环境、提升行业人才素质和资产国际化配置能力、完善行业标准与业务规范、扩大行业国际交流与影响力等进行讨论。

2013年12月26日　中国证券投资基金业协会成立人力资源与培训委员会，并召开委员会成立暨第一次工作会议。会议讨论了行业人员管理与培训的现状，提出要建立更加完善的人力资源机制，以人才的有效管理和公平竞争促进行业持续健康发展。

2013年12月27日　中国证券投资基金业协会成立产品与销售委员会，并召开委员会成立暨第一次工作会议。会议对进一步加强基金产品与销售业务研究，完善基金产品与销售业务自律管理，有效促进基金行业健康发展等相关问题进行深入研讨。

2013年12月27日　中国证券投资基金业协会成立托管与运营委员会，并召开委员会成立暨第一次工作会议。会议对加强基金托管与运营专项业务研究、保障运营环境、促进行业健康发展进行讨论。

2013 年 12 月 29 日 国务院发布《关于管理公开募集基金的基金管理公司有关问题的批复》后，中国证券投资基金业协会通过协会网站及合作媒体发布《基金业协会支持基金管理公司专业人士持股》，欢迎放宽基金管理公司股东条件，鼓励基金管理公司探索多元化的公司治理模式、股权结构和组织形式，支持基金管理公司根据自身状况实施专业人士持股等多元化的长效激励约束机制。

2013 年 12 月 30 日 中国证券投资基金业协会发布《基金从业人员证券投资管理指引（试行）》，为基金管理公司管理从业人员的证券投资行为提供了基本规范。

2013 年 12 月 31 日 中国证券投资基金业协会编写并印制《中国资产管理行业税收研究报告》。报告梳理总结了国内外行业税收政策现状与经验，分析我国资产管理行业税收体系的优势与局限，提出建设公平、透明、合理的行业税收环境的政策建议。

2014 年

2014 年 1 月 6 日 中国证券投资基金业协会成立自律监察专业委员会，并召开委员会成立暨第一次工作会议。

2014 年 1 月 7 日 中国证券投资基金业协会在京召开第一届理事会第四次会议暨第一届监事会第三次会议。会议审议了《中国证券投资基金业协会 2013 年工作总结和 2014 年工作重点》报告及《中国证券投资基金业协会 2013 年财务决算和 2014 年财务预算》，讨论了《章程》修订、调整理事会监事会构成、增设部分专业委员会等多项议案。

2014 年 1 月 7 日 中国证券投资基金业协会成立创新与战略专业委员会，并召开委员会成立暨第一次工作会议。

2014 年 1 月 9 日 中国证券投资基金业协会举行并购基金发展研究座谈会，深入讨论了当前我国并购基金发展的主要问题。

2014 年 1 月 16 日 中国证券投资基金业协会在京举办 2014 年度基金管理公司年报审计培训班。

2014 年 1 月 17 日 中国证券投资基金业协会发布《私募投资基金管理人登记和基金备案办法（试行）》。

2014年1月17日　中国证券投资基金业协会产品与销售专业委员会在京召开会议，并就互联网基金销售业务开展座谈。

2014年1月22日　中国证券投资基金业协会举行私募证券投资基金外包业务讨论会，研究了私募证券投资基金外包相关事宜。

2014年1月23日　中国证券投资基金业协会发布《关于基金管理公司子公司入会有关事宜的通知》。

2014年1月28日　中国证券投资基金业协会在京组织召开养老金业务讨论会，深入探讨养老体系与资本市场发展的关系以及个人退休账户（IRA）在养老体系中的重要作用等问题。

2014年2月7日　《私募投资基金管理人登记和基金备案办法（试行）》施行，中国证券投资基金业协会启动私募投资基金管理人登记、产品备案工作。

2014年2月12日　中国证券投资基金业协会举办第十二期“专家讲坛”，邀请美国约翰霍普金斯大学高级国际研究学院（SAIS）教授、新兴市场私募股权协会（EMPEA）主席 Roger S. Leeds 先生围绕私募股权投资发展现状及中西方比较等问题进行演讲。

2014年2月20日　中国证券投资基金业协会在京成立私募证券投资基金专业委员会，并召开第一次工作会议。

2014年2月21日　中国证券投资基金业协会在京召开投资总监联席会2014年第一次会议，对2014年经济形势及资本市场进行展望。

2014年2月27日　中国证券投资基金业协会举办第十三期“专家讲坛”，邀请天达资产管理公司（Investec Asset Management）投资策略师 Michael Power 先生发表题为“金融市场水世界——如何在流动性泛滥的市场中寻找投资机会”的演讲。

2014年2月28日　中国证券投资基金业协会合规与风险管理委员会在深圳召开2014年第一次会议。

2014年3月4日　中国证券投资基金业协会在北京、上海、广州、深圳四地同时举办第十四期“专家讲坛”，邀请 CFA 协会总裁兼首席执行官 John D. Rogers 先生、CFA 董事 Matthew H. Scanlan 先生对资产管理公司如何规范员工职业道德、如何提高企业核心竞争力实现全球化等问题发表演讲。

2014 年 3 月 4 日　中国证券投资基金业协会发布了 2013 年基金业从业人员年检公告，112 家机构共 5 080 人通过年检。

2014 年 3 月 5 日　中国证券投资基金业协会与 MSCI 在京共同举办“中国如何在全球投资组合中占有一席之地”研讨会，就我国基金管理公司如何进入欧洲市场、中国 A 股纳入 MSCI 指数目前面临的挑战等问题进行了热烈讨论。

2014 年 3 月 10 日　根据中国期货保证金监控中心发布的《特殊单位客户统一开户业务操作指引》，在中国证券投资基金业协会登记的私募投资基金管理人，可为其管理的私募投资基金产品在期货市场开立账户。

2014 年 3 月 10 日　根据新《证券投资基金法》及配套法规，中国证券投资基金业协会更新并发布了《基金经理证券投资法律知识考试大纲》，并组织相关专家对基金经理考试试题进行修订。《基金经理证券投资法律知识考试大纲》自 2014 年 4 月 3 日起开始实施。

2014 年 3 月 10 日　中国证券投资基金业协会发布《关于进一步完善基金管理公司治理相关问题的意见》。

2014 年 3 月 13 日　中国证券投资基金业协会发布《证券投资基金国债期货投资会计核算业务细则（试行）》。

2014 年 3 月 13 日　中国证券投资基金业协会在京召开基金从业资格考试教材编写工作会议。

2014 年 3 月 13 日 ~28 日　中国证券投资基金业协会在北京、上海、杭州等地举办了 4 期《私募投资基金管理人登记和基金备案办法（试行）》培训班，详细解读了《私募投资基金管理人登记和基金备案办法（试行）》。

2014 年 3 月 17 日　中国证券投资基金业协会在京举行私募投资基金管理人颁证仪式，50 家私募投资基金管理人获得了登记证书。

2014 年 3 月 25 日　中国证券投资基金业协会在京举行第二批私募投资基金管理人颁证仪式，50 家私募投资基金管理机构获得私募投资基金管理人登记证书。

2014 年 3 月 25 日　中国证券登记结算有限责任公司发布《关于私募投资基金开户和结算有关问题的通知》，在中国证券投资基金业协会登记的私募投资基金管理人，可为其备案的私募投资基金申请开立证券交易账户。

2014 年 4 月 1 日　中国证券投资基金业协会在北京、上海、广州、深圳四地同时举办第十五期“专家讲坛”，邀请领航集团（Vanguard）主席兼首席执行官 F. William McNabb Ⅲ先生就美国养老金市场的发展和对中国资本市场的借鉴作用进行演讲。

2014 年 4 月 1 日　中国证券投资基金业协会在京举行第三批私募投资基金管理人颁证仪式，50 家机构获得私募投资基金管理人登记证书。

2014 年 4 月 4 日　中国证券投资基金业协会、深圳市投资基金同业公会、深圳市创业投资同业公会、深圳市私募基金协会在深圳共同举办《私募投资基金管理人登记和基金备案办法（试行）》培训班。

2014 年 4 月 9 日　中国证券投资基金业协会在京举办美国《海外账户税收合规法案（FATCA）》专题培训班，对海外账户税收合规法案总体情况、行业影响、实施工作流程及重点、政府间协议及相关法规问题等进行讲解。

2014 年 4 月 9 日　澳大利亚驻华大使馆、中国证券投资基金业协会和澳大利亚金融服务理事会（FSC）共同在京主办“2014 中澳金融领袖对话”。

2014 年 4 月 28 日　中国证券投资基金业协会举办第十六期“专家讲坛”，邀请德勤卢森堡（Deloitte Luxembourg）艺术品金融部门主管 Adriano Picinati di Torcell 先生就艺术品资产的特点、艺术品投资基金的发展等方面进行演讲。

2014 年 4 月 24 日、5 月 8 日　中国证券投资基金业协会分别在北京、上海与中国金融期货交易所联合举办股指期权业务培训班。培训主要内容包括股指期权基础知识、股指期权交易策略、期权交易实务等。

2014 年 5 月 15 日　中国证券投资基金业协会举办第十七期“专家讲坛”，邀请明讯银行（Clearstream）执行董事 Philippe Seyll 先生就基金管理外包机构和全球基金托管事务进行演讲。

2014 年 5 月 20 日　中国证券投资基金业协会与布朗兄弟哈里曼银行（Brown Brothers Harriman & Co.）在京以“全球跨境投资税务”为主题，共同举办专题研讨会。

2014 年 5 月 21 日　中国证券投资基金业协会举办第十八期“专家讲坛”，邀请道富环球投资管理（SSgA）总裁兼 CEO Scott Powers 先生就“从提供解决方案的角度重塑商业模式”进行演讲。

2014 年 6 月 3 日　中国证券投资基金业协会与芝加哥商品交易所（CME）在北京联合举办利率、汇率专题研讨会。

2014 年 6 月 9 日　全国人大财经委副主任委员吴晓灵莅临中国证券投资基金业协会调研工作。

2014 年 6 月 11 日　中国证券投资基金业协会在京举办私募投资基金开展公募业务座谈会，向 100 余家私募投资基金管理机构介绍了开展公募业务的相关规定。

2014 年 6 月 15 日　中国证券投资基金业协会国际会员委员会在北京钓鱼台国宾馆召开成立大会和第一次工作会议。委员会委员来自贝莱德（BlackRock）、领航（Vangard）、高盛（Goldman Sachs）、富达（Fidelity）等 14 家境外知名大型资产管理公司高管人员。

2014 年 6 月 16 日　中国证券投资基金业协会在京举办主题为“加快建设现代资产管理行业”的第三届年会。来自政府部门、境内外知名资产管理机构、境外行业协会与行业服务机构代表 700 余人参会。中国证监会副主席庄心一出席会议并做重要讲话。分论坛上，来自政府、学术机构和中外行业机构的数十位代表就证券投资基金创新发展、股权创投基金发展实践与展望、服务养老体系三个主题展开观点交流与主题研讨。

2014 年 6 月 17 日　中国证券投资基金业协会举办第十九期“专家讲坛”，邀请美国著名对冲基金 Quadratic Capital Management LLC 创始人及首席投资官 Nancy Davis 就“终结旧式风险管理模式，开启资产组合构建新纪元”进行演讲。

2014 年 6 月 18 日　中国证券投资基金业协会在京与另类投资管理协会（AIMA）签署合作谅解备忘录（MOU）。

2014 年 6 月 19 日　中国证券投资基金业协会在京与另类投资管理协会在北京共同举办了“首届国际对冲基金精英论坛”，就国际基金管理人的策略及视角，QFII、R－QFII 和“直通车”带来的国际机遇等问题进行了讨论。

2014 年 6 月 24 日　中国证券投资基金业协会发布《基金管理公司风险管理指引（试行）》。

2014 年 6 月 24 日　中国证券投资基金业协会联合中国证监会办公厅在京举办了 2014 年媒体培训班，就协会近期发布的《中国证券投资基金业年报（2013）》《基金投资者情况调查分析报告（2013）》《中国证券投资基金业社会责任调查报告（2013）》中的重点内容进行了分析和讲解。

2014 年 6 月 27 日　中国证券投资基金业协会发布《关于基金管理公司设立及相关业务资格申请有关事宜的问答》，就设立基金管理公司及申请公募业务资格的重点事项进行了解答。

2014 年 6 月 30 日　中国证券投资基金业协会在京与卢森堡基金业协会（ALFI）签署合作谅解备忘录。

2014 年 7 月 1 日　中国证券投资基金业协会与中国证券业协会和中证资本市场发展监测中心签署《私募产品备案职责移交备忘录》，承接二者原承担的证券公司及其子公司资产管理业务、直接投资业务、基金管理公司及其子公司特定客户资产管理业务等有关私募产品的备案管理、风险（统计）监测等职责。

2014 年 7 月 2 日　中国证券投资基金业协会举办第二十期"专家讲坛"，邀请英仕曼集团旗下 AHL/MSS 的执行主席 Tim Wong、集团旗下的 AHL 首席科学家 Anthony Ledford 和集团亚洲区首席运营官 Murray Steel 就量化投资进行演讲。

2014 年 7 月 4 日、9 日、11 日　中国证券投资基金业协会分别在北京、上海、深圳举办合规与风险管理业务培训班，培训内容包括《基金管理公司风险管理指引（试行）》、基金管理公司及子公司内控评价等。

2014 年 7 月 7 日　中国证券投资基金业协会发布《基金管理公司及其子公司特定客户资产管理业务电子签名合同操作指引（试行）》。

2014 年 7 月 10 日　经中国证券投资基金业协会提议，来自北京、上海、广东、深圳、天津、浙江、江苏、山西等地的 20 家基金行业协会在京共同启动了中国基金行业协会联席会机制，并签订了《中国基金行业协会联席会多边合作谅解备忘录》。

2014 年 7 月 18 日　中国证券投资基金业协会在京召开私募投资基金行业工商登记相关问题座谈会。中国证监会私募基金监管部、国家工商总局企业注册局相关领导出席会议。

2014 年 7 月 18 日　中国证券投资基金业协会在西宁举办基金管理公司财务工作会议暨培训班，培训包含 2013 年基金管理公司总体财务情况、基金管理人风险准备金及固有资金法规政策等内容。

2014 年 7 月 29 日 中国证券投资基金业协会举办第二十一期“专家讲坛”，邀请全球最大规模的银行及金融服务机构之一的汇丰集团的基金服务全球主管司徒义安先生就基金中后台外包业务进行演讲。

2014 年 7 月 31 日 中国证券投资基金业协会在郑州与河南省金融办、河南证监局联合举办“河南省资本市场融资培训暨证企项目对接会”。

2014 年 7 月 31 日 中国证券投资基金业协会在京举办了公募基金产品业务培训班，就《公开募集证券投资基金运作管理办法》相关规定进行了解读，并对公募基金产品注册制改革情况、公募基金产品监管情况进行了介绍。

2014 年 8 月 1 日 中国证券投资基金业协会在京与英国贸易投资总署共同举办中英资产管理圆桌论坛。

2014 年 8 月 13 日 孙杰同志因到龄退休，不再担任中国证券投资基金业协会党委书记、非会员理事、会长。

2014 年 8 月 13 日 ~17 日 中国证券投资基金业协会在青岛举办中后台运营管理培训班，邀请美国知名专家对美国加拿大两国金融业结构、产品类型、基金管理公司合规问题等问题进行讲解。

2014 年 8 月 19 日 中国证券投资基金业协会发布《公开募集证券投资基金销售公平竞争行为规范》。

2014 年 8 月 20 日 中国证券投资基金业协会举办《国际动态简报》100 期发布会，并邀请美国著名基金咨询机构 Casey Quirk 负责人 Daniel Celeghin 先生为第二十二期“专家讲坛”发表演讲，介绍了全球资产管理行业的现状、未来面临的主要挑战等。

2014 年 8 月 22 日 中国证券投资基金业协会发布《关于基金托管人高级管理人员任职备案的通知》，接受托管人高管备案，以规范证券投资基金行业基金托管人高级管理人员任职的自律管理。

2014 年 8 月 22 日 中国证券投资基金业协会与中国证券业协会、中国期货业协会在联合发布了《中国证券期货市场场外衍生品交易主协议（2014 年版）》及补充协议、《中国证券期货市场场外衍生品交易权益类衍生品定义文件（2014 年版）》。

2014 年 8 月 26 日 中国证券投资基金业协会与四川证监局、四川证券期货业协会联合举办私募投资基金业务培训班。

2014 年 8 月 27 日　中国证券投资基金业协会联合中国证监会私募基金监管部在京召开《私募投资基金监督管理暂行办法》座谈会。

2014 年 9 月 2 日 ~3 日　中国证券投资基金业协会在京举办财富管理与基金销售业务培训班，邀请加拿大知名专家就基金销售七步流程、财富管理五大工具、财富管理与基金销售案例分析等问题进行讲解。

2014 年 9 月 4 日　中国证券投资基金业协会发布《中国证券投资基金业协会纪律处分实施办法（试行）》《中国证券投资基金业协会自律检查规则（试行）》《中国证券投资基金业协会投诉处理办法（试行）》《中国证券投资基金业协会投资基金纠纷调解规则（试行）》等四项自律规则。

2014 年 9 月 5 日　中国证券投资基金业协会举办第二十三期“专家讲坛”，邀请全球最大规模的投资管理、风险管理及顾问服务公司之一贝莱德集团的董事总经理兼 iShares 安硕亚太区主管梁雪真女士，就在当前和期望利率环境下机构投资人如何利用 ETF 分散风险进行演讲。

2014 年 9 月 8 日　中国证券投资基金业协会与商务部投资促进事务局在厦门联合主办“第十八届中国国际投资贸易洽谈会私募股权与创业投资论坛”，会议围绕“把握新一轮改革中的投资机遇”主题进行探讨，并邀请行业知名专家进行主题讲演和案例分享。

2014 年 9 月 11 日 ~12 日　中国证券投资基金业协会与中国证券业协会、中国期货业协会在北京联合举办场外衍生品交易主协议培训班，帮助行业了解国内外金融衍生品交易主协议及相关定义文件内容，国内金融衍生品相关监管政策。

2014 年 9 月 12 日　中国证券投资基金业协会于郑州召开资产管理行业业务情况通报会，通报了资管产品备案整体情况、存在主要问题及自律处理情况。

2014 年 9 月 12 日　中国证券投资基金业协会成立特定客户资产管理业务子公司联席会，并在河南郑州召开联席会成立暨第一次会议。

2014 年 9 月 17 日　中国证券投资基金业协会在京召开国际业务专业委员会 2014 年第三季度工作会议。会议讨论了行业国际标准、国际业务培训等工作。

2014 年 9 月 17 ~18 日、24 日 ~25 日　中国证券投资基金业协会在无锡、太原举办两期信息技术培训班，对行业标准化工作、移动终端的安全防护、新技术应用及2014年技术趋势等进行讲解。

2014年9月18日~19日　中国证券投资基金业协会在京举办“沪港通”业务培训班，介绍“沪港通”业务的制度安排和业务规则。

2014年9月19日　中国证券投资基金业协会信息技术专业委员会代表协会在杭州与恒生电子、上海大智慧、胜科金仕达、金证科技及赢时胜公司签署战略合作备忘录。

2014年9月22日　中国证券投资基金业协会在京与英仕曼集团共同举办“对冲基金的全球监管环境与发展趋势”研讨会。

2014年9月22日　中国证券投资基金业协会在京举行养老金业务座谈会。就美国401（K）计划、目标日期基金、生命周期基金及中国养老金管理体系及业务概况进行交流。

2014年9月23日　中国证券投资基金业协会在京与普华永道（PWC）联合举办“全球CEO调查暨资产管理行业展望2020”圆桌论坛。

2014年9月23日　中国证券投资基金业协会举办第二十四期“专家讲坛”，邀请普华永道全球及美国地区资产管理咨询行业负责人Gary C Meltzer先生、亚太及新加坡地区资产管理行业负责人Justin Ong就“全球CEO调查报告暨资产管理行业展望2020”进行演讲。

2014年9月25日　中国证券投资基金业协会在伦敦举行中国资产管理行业推荐会，介绍了中国资产管理行业概况和中国资产管理行业产品特点。会后，协会与英国投资管理协会（IMA）签署了合作谅解备忘录。

2014年9月25日~26日　中国证券投资基金业协会在京与中国证监会私募基金监管部联合举办私募投资基金专题培训暨监管座谈会。

2014年10月14日　中国证券投资基金业协会在京与欧洲基金与资产管理协会（EFAMA）、法国资产管理协会（AFG）、爱尔兰基金业协会（IF-IA）分别在京签署双边合作谅解备忘录。

2014年10月14日　中国证券投资基金业协会在京举办中欧资产管理圆桌论坛，交流了欧盟基金整合体系以及欧洲基金行业的发展现状，中国资产管理行业的发展趋势、上海自贸区相关政策等相关问题。

2014年10月14日　中国证券投资基金业协会在京举办欧盟可转让证券集合投资计划（UCITS）业务培训班，就UCITS、UCITS合格资产的要求、UCITS托管人的地位等进行介绍。

2014年10月14日　中国证券投资基金业协会举办第二十五期“专家讲坛”，邀请欧洲基金与资产管理协会秘书长Peter de Proft先生就“欧盟—成员国外资准入与投资运作的监管差异及政策协调”进行演讲。

2014年10月15日　洪磊同志任中国证券投资基金业协会党委书记，委派为非会员理事、提名为副会长（主持工作）人选。胡家夫同志任协会党委副书记、纪委书记，不再担任协会非会员理事、副会长。

2014年10月16日　中国证券投资基金业协会在京与耿西岛金融发展局召开耿西岛离岸金融研讨会。

2014年10月16日　经中国证券投资基金业协会第一届理事会表决，洪磊同志担任中国证券投资基金业协会副会长（主持工作），胡家夫同志卸任中国证券投资基金业协会副会长。

2014年10月20日~22日　国际基金业协会（IIFA）2014年年会在澳大利亚堪培拉召开，协会副会长钟蓉萨当选为董事会成员。

2014年10月21日~24日　中国证券投资基金业协会党委书记、副会长洪磊，副会长兼秘书长汤进喜同志先后赴银华基金、嘉实基金、工银瑞信等3家在京副会长、理事机构进行专题调研。

2014年10月24日~26日　中国证券投资基金业协会在京举办养老金业务高级管理培训班。培训内容包含美国个人退休产品的行业结构、发展与监管，当代美国养老金产业使用的投资产品的特点与设计，美国退休储蓄危机等。

2014年10月29日　财政部金融司巡视员刘健一行到中国证券投资基金业协会进行私募行业发展调研座谈。

2014年10月30日　中国证券投资基金业协会在京召开资产管理业务座谈会，探讨和细化资产管理业务“八条底线”监管。

2014年10月30日~11月2日　中国证券投资基金业协会在京与中国银行业协会、中国保险行业协会、中国证券业协会、中国金融学会、北京市金融工作局、西城区政府等单位联合主办第十届北京国际金融博览会。

2014年10月31日　中国证券投资基金业协会与芝加哥商品交易所、上海对冲基金园区在上海联合举办商品和管理期货研讨会，共同讨论了商品期货、期权与管理期货基金的投资策略和风险管理问题。

2014年10月31日　中国证券投资基金业协会召开全体党员大会，党委书记洪磊同志主持并传达十八届四中全会精神以及肖钢主席有关学习贯彻会议的讲话精神，提出协会要结合实际，坚决落实依法治市，将法治思维贯穿工作始终。

2014 年 11 月 3 日　中国证券投资基金业协会与道富银行共同举办“全球税务市场发展动态”专题讲座，分享了道富银行在全球税务服务、税务法律法规及如何管理税务风险等方面的经验。

2014 年 11 月 4 日　中国证券投资基金业协会举办第二十六期“专家讲坛”，邀请威灵顿资产管理公司主席 Traquina 先生就“资产管理行业中的投资人才管理”进行演讲。

2014 年 11 月 4 日　曹殿义同志因健康原因不再担任中国证券投资基金业协会党委委员、副会长。

2014 年 11 月 5 日　中华股权投资协会理事代表团拜访中国证监会和中国证券投资基金业协会，共同探讨私募投资基金税收、退出机制及参与混合所有制改革等问题。

2014 年 11 月 6 日　中国证券投资基金业协会举办资产管理机构风险管理系列培训班（第一期）——风险管理概览及最佳实践，介绍了资产管理行业的风险管理、受托人风险管理和最佳实践、境内外风险管理体系对比等问题。

2014 年 11 月 6 日　中国证券投资基金业协会举办第二十七期“专家讲坛”，邀请 KKR 亚洲太平洋区公共事务董事 Steve R. Okun 先生就“环境、社会和企业治理”进行演讲。

2014 年 11 月 10 日 ~14 日　中国证券投资基金业协会党委书记、副会长（主持工作）洪磊一行在北京、上海、深圳等地先后开展公募基金行业发展调研。

2014 年 11 月 13 日　中国证券投资基金业协会发布《中国证券投资基金业协会估值核算工作小组关于 2015 年 1 季度固定收益品种的估值处理标准》。

2014 年 11 月 13 日　中国证券投资基金业协会举办第二十八期“专家讲坛”，邀请天达资产管理投资策略师 Michael Power 先生就“由构建金砖四国到组成投资模块”进行演讲。

2014 年 11 月 13 日 ~14 日　中国证券投资基金业协会在北京举办基金

管理公司公司治理业务高级培训班，邀请卢森堡金融技术转让署（ATTF）Jean－Francois Fortemps 针对卢森堡公司治理原则、行业和监管机构当前面临的挑战、利益相关方的角色和责任等问题进行讲解。

2014 年 11 月 19 日　中国证券投资基金业协会、陕西证监局在西安联合举办《私募投资基金监督管理暂行办法》培训班。

2014 年 11 月 21 日　中国证券投资基金业协会与 MSCI 共同举办“跨境投资新视界研讨会”，讨论了机构投资者面临的资产配置、指数投资和量化权益模型等问题。

2014 年 11 月 21 日　张小艾同志任中国证券投资基金业协会党委委员，委派为非会员理事，提名为副会长人选，贾红波同志任协会党委委员，推荐为秘书长人选。

2014 年 11 月 24 日　中国证券投资基金业协会发布《基金业务外包服务指引（试行）》。该指引于 2015 年 2 月 1 日正式实施。

2014 年 11 月 25 日　中国证券投资基金业协会举行保险资金投资创业投资基金政策座谈会，深入讨论了中国保监会近期拟发布的《保险资金投资创业投资基金等有关事项的通知（讨论稿）》。

2014 年 11 月 26 日　经中国证券投资基金业协会第一届理事会表决，张小艾同志担任协会副会长，贾洪波同志担任协会秘书长，汤进喜同志不再兼任协会秘书长，曹殿义同志不再担任协会副会长。

2014 年 12 月 2 日　中国证券投资基金业协会对深圳吾思基金管理有限公司涉及万家共赢资产管理有限公司和上海金元百利资产管理有限公司 2 家基金管理公司子公司资金挪用等违规事项进行了检查，并决定对深圳吾思作出撤销管理人登记的纪律处分，对有关责任人员作出公开谴责、加入黑名单的纪律处分。

2014 年 12 月 4 日　中国证券投资基金业协会国际会员委员会 2014 年第三次工作会议召开，来自政府和行业机构的 7 位专家作了专题报告。协会党委书记、副会长（主持工作）洪磊肯定了委员会成立以来的主要工作，对委员会的定位、作用提出了新的理解和期待。

2014 年 12 月 5 日　经前期友好磋商，在民政部召开的全国性行业协会商会服务地方经济发展（赣州）工作交流会上，中国证券投资基金业协会与赣州市人民政府正式签署了合作备忘录。

2014 年 12 月 8 日　中国证券投资基金业协会举办第一期“晚间沙龙”，邀请德勤会计师事务所的专家就公募基金私募业务以及艺术品投资问题两个主题进行介绍。

2014 年 12 月 11 日　中国证券投资基金业协会举办固定收益品种估值处理标准培训班，对新估值处理标准政策解读及实施要点、中证估值模型等内容进行讲解。

2014 年 12 月 15 日　中国证券投资基金业协会发布《基金从业人员执业行为自律准则》。

2014 年 12 月 15 日　中国证券投资基金业协会发布《关于期货公司资产管理计划备案相关事项的通知》。

2014 年 12 月 16 日　中国证券投资基金业协会举办第二十九期“专家讲坛”，邀请领航集团董事总经理兼国际业务总裁 James M. Norris 先生就“2015 年全球资产管理瞭望”进行演讲。现场还赠送了协会新出版图书《逐鹿大资管时代》。

2014 年 12 月 18 日　中国证券投资基金业协会、重庆证监局、重庆市金融办在重庆联合举办《私募投资基金监督管理暂行办法》培训班。

2014 年 12 月 18 日、12 月 23 日　中国证券投资基金业协会分别在北京、上海举办国债期货业务培训班，讲解了国债期货市场发展思路、5 年期国债期货运行情况及产品规则优化方案、10 年期国债期货产品规则等。

2014 年 12 月 22 日　中国证券投资基金业协会举办了第二期“晚间沙龙”，邀请美国安富金融工程集团董事总经理、上海高级金融学院客座教授、约翰霍普金斯大学凯利商学院兼职教授陈剑先生进行主题演讲，内容包括美国房地产金融资产证券化的经验与中国资产证券化的未来。

2014 年 12 月 24 日　中国证券投资基金业协会发布《资产支持专项计划备案管理办法》《资产证券化业务基础资产负面清单指引》《资产证券化业务风险控制指引》等自律规则及相关文件。

2014 年 12 月 25 日　中国证券投资基金业协会举办第三十期“专家讲坛”，邀请中国社会科学院世界经济与政治研究所国际投资研究室主任、中国社会科学院国际金融研究中心副主任张明博士就“从卢布暴跌看 2015 年市场方向”进行演讲。

2014 年 12 月 26 日　中国证券投资基金业协会资产证券化业务备案系

统启动试运行工作。

2014 年 12 月 29 日　中国证券投资基金业协会举办“晚间沙龙”活动，邀请清华大学五道口金融学院家族企业课程主任、中国金融案例中心执行主任、家族办公室课题组组长高皓博士，以“家族办公室：超高净值家族财富管理的顶层设计”为题进行了主题演讲。

2014 年 12 月 31 日　中国证券投资基金业协会发布《改进私募基金管理人登记备案相关工作的通知》，在私募投资基金登记备案系统中开设私募投资基金管理人登记备案电子证明功能，并实行私募投资基金管理人分类公示制度。

2014 年 12 月 31 日　中国证券投资基金业协会针对中和农信公益小额贷款资产支持专项计划等 4 只资产支持专项计划出具备案确认函，正式启动资产证券化业务备案管理工作。

2015 年

2015 年 1 月 1 日　为提高登记备案电子化水平和工作效率，便于私募基金管理人办理登记备案事项，中国证券投资基金业协会实行私募基金登记备案电子证明，不再发放私募基金管理机构登记证书。

2015 年 1 月 4 日　中国证券投资基金业协会发布《关于规范私募基金管理人登记填报工作的通知》，对相关机构存在的重大遗漏、虚假陈述、违反“三条底线”等行为范畴进行明确，对相关处理措施作出规定。

2015 年 1 月 9 日　中国证券投资基金业协会与中国期货保证金监控中心在北京联合举办“商品指数及商品期货基金研讨会”，听取行业对商品期货基金的意见建议，推动商品期货基金发展。

2015 年 1 月 12 日　中国证券投资基金业协会举办第四期晚间沙龙活动，邀请了来自加拿大退休金计划投资委员会的 Ted Lee 先生和陈建峰先生（Peter），以加拿大退休金计划投资委员会策略介绍为题进行了演讲。

2015 年 1 月 13 日　中国证券投资基金业协会召开第一届理事会第七次会议暨第一届监事会第四次会议。会议审议通过《中国证券投资基金业协会 2014 年工作总结和 2015 年工作重点》工作报告和《中国证券投资基金业协会 2014 年财务决算和 2015 年财务预算》报告，各专业委员会对 2014 年工作情况进行了介绍。全体理事、监事按照民政部和证监会要求对协会领导班子进行了评议。

2015年1月13~14日、27~28日、2月5~6日　中国证券投资基金业协会先后在北京、上海、深圳举办资产证券化业务培训班，邀请证监会债券部、基金业协会、交易所、行业机构专家对资产证券化业务相关法规和自律规则进行解读，对资产证券化流程、资产证券化案例等进行介绍。

2015年1月14日　中国证券投资基金业协会举办第五期晚间沙龙活动，邀请亨德森多资产负责人Paul O'Connor先生、亨德森集团董事总经理兼亚洲区首席执行官Alexander Henderson先生，以“大类资产配置：2015全球展望”为题进行演讲。

2015年1月19日　中国证券投资基金业协会举办第三十一期“专家讲坛”，邀请道富环球投资管理首席经济学家Christopher Probyn博士就“2015年全球经济展望以及主要投资策略关注点”进行演讲。

2015年1月20日　中国证券投资基金业协会对中益汇金、中财鼎盛等4家私募投资基金管理人和有关责任人员作出纪律处分。全部调查处理程序规范、透明，较好地维护了行业公正，弘扬了行业正气。

2015年1月20日　中国证券投资基金业协会举办第六期晚间沙龙活动，邀请工银瑞信投资管理有限公司产品管理部负责人、中国财富50人论坛特聘研究员、国家“千人计划”专家殷文迅先生，以“财富管理产品分类定位以及对冲基金的风控与发展”为主题进行演讲。

2015年1月24日　中国证券投资基金业协会在北京举办首届私募基金行业“私享汇”。“私享汇”是基金业协会为私募基金行业全新打造的一个高端交流平台，旨在营造私募会员之家氛围，弘扬私募基金投资文化，交流分享市场观点，商讨行业发展大计。

2015年1月26日　中国证券投资基金业协会举办第三十二期“专家讲坛”，邀请特许另类投资分析师协会课程主任Keith Black博士就“另类投资的全球化问题”进行演讲。

2015年1月28日　中国证券投资基金业协会创办协会刊物《声音》，发布首期文章。《声音》旨在打造一个中国资产管理行业的交流平台，交流研究成果、分享工作经验、汇聚行业智慧、凝聚行业共识。

2015年1月28日~30日　中国证券投资基金业协会在广州举办资产管理业务风险管理与创新高级研讨会，基金公司董事长、总经理、督察长以及获得公募牌照的券商资管和部分私募约500位高管出席会议。

2015年1月30日　中国证券投资基金业协会联合中央电视台，首次在新闻联播快讯中以《基金公司去年资管规模超过10万亿元》为题，对证券公司、基金公司及私募基金管理机构发展情况进行专题报道。

2015年1月30日　中国证券投资基金业协会宣布责令注销国民信和等5家私募基金管理人登记，对14家证券公司、基金管理公司及其子公司采取自律管理措施。

2015年2月2日　中国证券投资基金业协会举办第七期晚间沙龙活动，邀请厦门国家会计学院、中国财富管理50人论坛固定收益首席研究员林华博士就“银行贷款证券化CLO”主题进行演讲。

2015年2月6日　中国证券投资基金业协会举办“资产管理公司上市利弊分析”圆桌论坛暨“第三十三期专家讲坛”第三十三期“专家讲坛”，邀请德勤投资管理集团的全球合伙人Cary Stier就“全球资产管理市场动态”进行演讲。

2015年2月7日　私募基金登记备案制度实施一周年。

2015年2月8日　中央电视台新闻联播以《改革激发活力，私募基金迅猛成长》为题，对私募基金登记备案制度实施一年来私募基金管理行业的快速发展作专题报道。

2015年2月9日　《中国证券报》《上海证券报》《证券日报》《证券时报》《第一财经日报》等分别在头版及专题版块以“私募基金登记备案制度实施一周年”为主题进行报道。

2015年2月9日　中国证券投资基金业协会举办微信公众平台建设座谈会，邀请恒丰美林投资管理有限公司、天弘基金、微信公众号“信托圈”“阿尔法工场”“大智慧通讯社”和“金融读书会”等优秀微信公众平台的创始人、负责人进行经验分享。

2015年2月9日　中国证券投资基金业协会举办巴西宏观经济解析研讨会，邀请巴西证券期货交易所国际部总监Marcio Veronese先生就“巴西宏观经济及资本市场概况”进行演讲。

2015年2月9日　中国证券投资基金业协会举办第八期晚间沙龙活动，邀请普华永道亚太区另类投资主管合伙人黎嘉扬先生，以“国际投资者分析和对冲基金发展”为题做了主题演讲。

2015 年 2 月 12 日　中国证券投资基金业协会举办第二期私募基金行业“私享汇”，围绕 2015 年国内外经济形势与衍生品投资机会、中国传统产业转型升级展望与投资机会以及期权上市与私募基金的产品策略创新等三项议题进行深入沟通。

2015 年 2 月 12 日　中国证券投资基金业协会举办“爱尔兰资本市场投资论坛”，邀请爱尔兰发展局、中国工商银行、布朗兄弟哈里曼银行相关专家和代表进行主题演讲，爱尔兰驻中国大使 Paul Kavanagh 出席论坛并致辞。

2015 年 2 月 16 日　中国证券投资基金业协会在官网及微信平台全文公布对上银基金等 6 家公司的纪律处分决定，以案例方式明确了从业底线。

2015 年 2 月 26 日　中国证券投资基金业协会举办 QFII/RQFII 税收政策解读培训班，解读北京地区对 QFII/RQFII 的纳税政策和实施细则，以帮助会员及行业更好落实《关于 QFII 和 RQFII 取得中国境内的股票等权益性投资资产转让所得暂免征收企业所得税的通知》的纳税要求。

2015 年 3 月 4 日　民政部民间组织管理局局长詹成付、副局长（正局级）廖鸿、社团管理一处处长高成运、政策法规处副处长许昀一行到协会调研工作，协会党委书记兼副会长（主持工作）洪磊，纪委书记胡家夫，副会长汤进喜、张小艾，秘书长贾红波参加会议。

2015 年 3 月 5 日　中国证券投资基金业协会制定并发布《证券期货经营机构落实资产管理业务“八条底线”禁止行为细则（2015 年 3 月版）》，进一步明确和细化“八条底线”监管内容，加强对证券期货经营机构私募资产管理业务的自律管理。

2015 年 3 月 5 日　中国证监会副主席姜洋莅临中国证券投资基金业协会，调研私募基金登记备案相关工作，办公厅副主任赵山忠、机构部巡视员谢世坤、期货部主任宋安平、私募部副巡视员刘健钧出席会议。

2015 年 3 月 6 日　中国证券投资基金业协会首次发布《证券公司、基金管理公司私募资产管理业务 2014 年统计年报》。

2015 年 3 月 6 日　中国证券投资基金业协会正式发布实施《中国证券投资基金业协会信息技术管理办法（试行）》。

2015 年 3 月 10 日　中国证券投资基金业协会会长办公会审议决定，向符合条件的私募基金管理人发送了《关于成为中国证券投资基金业协会特别会员的通知》，正式启动私募基金管理人入会工作。

2015 年 3 月 12 日　中国证券投资基金业协会举办卢森堡资本市场投资交流会活动，就“如何通过卢森堡设立公司结构进入欧洲市场”进行深入探讨。

2015 年 3 月 12 日　中国证券投资基金业协会创新与战略发展委员会在北京召开 2015 年第一次会议，审议了 2014 年课题研究成果，讨论 2015 年委员会重点工作安排。

2015 年 3 月 13 日　中国证券投资基金业协会在京举办私募基金防范内幕交易培训班，对防范内幕交易相关政策、交易所异常交易监管情况等问题进行解读。

2015 年 3 月 17 日 ~3 月 30 日　中国证券投资基金业协会与央视财经频道合作推出《私募明星观大市》系列访谈节目，邀请千合资本王亚伟、宏流投资王茹远、重阳投资王庆、东方港湾但斌、朱雀投资王欢、凯石资产陈继武、星石投资杨玲、敦和投资张志洲 8 位私募基金明星录制 8 期节目，在央视财经频道《市场分析室》《交易时间》栏目播出。

2015 年 3 月 17 日　中国证券投资基金业协会举办第三十四期专家讲坛，邀请霸菱资产管理公司战略投资部总经理 Marino Valensise 先生就“资产配置策略在投资管理中的应用”进行演讲。

2015 年 3 月 17 日　中国证券投资基金业协会在深圳成立互联网金融专业委员会，并召开了第一次工作会议。

2015 年 3 月 18 日　中国证券投资基金业协会在深圳召开互联网金融业务培训班，分享资产管理行业互联网金融业务发展趋势、技术变革、资产管理行业大数据应用与人工智能等课题。

2015 年 3 月 19 日　中国证券投资基金业协会发布《关于实行私募基金管理人分类公示制度的公告》，正式启动私募基金管理人分类公示制度，协会官方网站的分类公示模块正式上线。

2015 年 3 月 19 日　中国证券投资基金业协会举办第九期晚间沙龙活动，邀请 Vanguard 中国机构业务总监赵曌女士就“基金中的基金和多重管理人的产品设计和投资管理”进行演讲。

2015 年 3 月 19 日　中国证券投资基金业协会代表协会各会员单位与恒生电子股份有限公司在深圳召开协商会议，就系统升级模块的定价机制与原则等问题进行磋商与讨论，并成功协调恒生交易系统升级费用等行业关心的问题，降低了基金行业信息系统升级成本。

2015 年 3 月 19 日　中国证券投资基金业协会组织召开银行间市场业务讨论会，会议针对货币经纪服务公司收费问题、基金公司参与银行间市场的总体情况、开展银行间市场业务存在的问题以及开展银行间市场业务的建议等进行讨论。

2015 年 3 月 23 日　中国证券投资基金业协会在京举办中英资产管理行业双向开放研讨会，会议围绕中国繁荣基金项目成果总结、英国资产管理市场现状和未来发展、中国资产管理行业新机遇、中国资产管理机构在英国开展业务经验分享等议题进行热烈讨论。

2015 年 3 月 25 日　中国证券投资基金业协会主办、元禾控股承办的“私享汇（第三期）”活动在苏州工业园区举行。本次活动就“创投资本如何服务实体经济”进行了深入探讨。

2015 年 3 月 26 日　中国基金行业协会联席会在南京召开 2015 年第一次工作会议，并围绕行业协会定位、联席会运作协调机制运作、基金行业发展等议题进行探讨。

2015 年 3 月 27 日　中国证券投资基金业协会在北京举办资产管理机构风险管理系列培训班，就“传统资产类别的风险管理”进行了深入讲解。

2015 年 3 月 27 日　中国证券投资基金业协会合规与风险管理专业委员会召开 2015 年第一季度会议。委员会审议了《关于基金业防范利用未公开信息交易的建议报告》《资产管理行业投研人员行为准则》《基金经理长期评价机制研究报告》等文件，讨论了 2015 年合规与风险管理培训班的方案，交流了行业合规风控热点问题，对梳理基金相关条线法规进行了分工。

2015 年 3 月 28 日　中国证券投资基金业协会与杭州市人民政府、中国证券业协会、中国期货业协会、中国证券金融股份有限公司在杭州未来科技城联合主办“2015 中国（杭州）财富管理论坛”。

2015 年 3 月 30 日　中国证券投资基金业协会举办第十期晚间沙龙活动，邀请标普道琼斯指数公司全球交易所交易产品副总裁就“全球 ETF 现状及挑战和中国 ETF 机会”进行演讲。

2015 年 3 月 31 日　中国证券投资基金业协会完成 2014 年度基金业从业人员年检工作。年检总人数 4 938 人，涉及机构 147 家，其中 4 921 人通过年检，通过率 99. 7%。

2015 年 4 月 1 日 ~2 日　中国证券投资基金业协会组织 15 位行业专家，2 位命题顾问在北京召开基金从业人员资格考试第一次命题工作会议。

2015 年 4 月 2 日　中国证券投资基金业协会举办私募基金税收政策课题汇报会，会议结合私募基金近期的发展以及课题组的研究成果，总结了私募基金税收方面存在的问题，并指出了未来私募基金税收问题的研究方向。

2015 年 4 月 2 日　中国证券投资基金业协会举办第三十五期专家讲坛，邀请 CFA 协会总裁兼首席执行官 Paul Smith 先生以“全球对冲基金行业的最新动态”为主题进行演讲。

2015 年 4 月 2 日　对冲基金标准委员会执行董事 Thomas Deinet 一行来访中国证券投资基金业协会。双方就对冲基金行业发展情况及标准制定、行业自律等方面进行了交流，并决定今后将进一步加强基协会与对冲基金标准委员会之间的合作。

2015 年 4 月 3 日　中国证券投资基金业协会官方网站的“基金专户备案信息公示”功能正式上线，投资者及行业可通过协会官网查询完成备案的基金一对多专户信息，补充完善了协会官网信息公示内容。

2015 年 4 月 3 日　财通基金管理有限公司总经理刘未、上海财通资产管理有限公司总裁王军、副总裁龚平一行来访中国证券投资基金业协会，双方就信托项目风险管理及信托业务与基金子公司专户业务监管差异召开座谈会。

2015 年 4 月 7 日　中国证监会与中国证券投资基金业协会共同召开一季度资管行业风险分析联席会，协会汇报了截至一季度末，资管业务、私募基金风险监测相关情况。

2015 年 4 月 7 日　私募基金备案登记系统 2.0 顺利上线。系统上线后为提升系统工作效率、开展分类公示、加强统计监测工作奠定了良好基础。

2015 年 4 月 7 日　中国证券投资基金业协会举办第十一期晚间沙龙活动，邀请 IDG 资本副总裁李丰以“互联网在金融方向的应用”为主题进行演讲。

2015 年 4 月 8 日　中国证券投资基金业协会举办第十二期晚间沙龙，邀请 TVM 资本中国区合伙人兼 CEO 王伟刚以“中国文化创新基金”为主题进行演讲。

2015 年 4 月 10 日　中国证券投资基金业协会召集华夏基金、嘉实基金、易方达基金、工银瑞信基金等 20 家北京地区基金管理公司的投资负责人进行座谈，对近期 A 股市场上涨的原因、可能出现的风险及未来市场趋势进行探讨和预测，并提出了相关意见和建议。

2015 年 4 月 14 日　中央国债登记结算有限责任公司副总经理梅世云一行来访中国证券投资基金业协会，双方就中债登账户证书管理、估值发布时间以及收费等方面进行沟通和交流。双方一致同意，将建立日常沟通机制，持续加强沟通和协作，提升基金行业债券登记托管和估值效率。

2015 年 4 月 14 日 ~17 日　中国证券投资基金业协会与上海市基金同业公会、深圳市投资基金同业公会共同举办合规与风险管理业务培训班。

2015 年 4 月 15 日　中国证券投资基金业协会召开专题座谈会，学习《习近平关于党风廉政建设和反腐败斗争论述摘编》精神。

2015 年 4 月 15 日　鲲行投资及太平洋养老金协会一行来访中国证券投资基金业协会，双方就基金业协会海外发展思路及潜在合作方向等问题展开交流。

2015 年 4 月 17 日　中国证券投资基金业协会与中国证券业协会、上海证券交易所、深圳证券交易所联合发布《关于促进融券业务发展有关事项的通知》。

2015 年 4 月 17 日　为落实《关于大力推进证券投资基金行业创新发展的意见》，支持基金依法参与融资融券、转融通证券出借业务，中国证券投资基金业协会、中国证券业协会制定了《基金参与融资融券及转融通证券出借业务指引》。

2015 年 4 月 17 日　德意志交易所集团基金投资服务亚太地区总裁 Tilman Fechter 一行来访中国证券投资基金业协会，双方就集团业务发展情况以及中港基金互认等相关问题进行探讨。

2015 年 4 月 17 日　PIMCO 太平洋投资管理公司投资总经理兼首席执运官 Douglas M. Hodge 一行来访中国证券投资基金业协会，双方共同讨论了有关亚洲地区业务的开展问题，并就未来共同合作等事宜达成一致。

2015 年 4 月 17 日　中国证券投资基金业协会秘书长贾红波应邀参加“第二届中国机构投资者峰会暨财富管理国际论坛”，并发表“私募基金黄金时代的基业长青之道”为主题的讲话。

2015 年 4 月 17 日　中国证券投资基金业协会与中国工商银行、布朗兄弟哈里曼银行合作，共同举办“海外投资合规和风险管理讲座”活动。

2015 年 4 月 16 日 ~ 19 日　中国证券投资基金业协会在深圳开展调研，召集 20 多家国内知名创投基金管理机构和地方创投协会对设立创投基金举行专题座谈会。

2015 年 4 月 20 日　中国证券投资基金业协会官网发布证券期货经营机构资产管理业务季度统计数据。数据涵盖公募基金、券商资管、基金专户、期货资管、私募基金五大类机构的多项资产管理最新数据，标志着协会向行业发布统计数据的工作逐步标准化、正规化。

2015 年 4 月 21 日　中国证券投资基金业协会举办“从国际经验看新三板投资”培训班，邀请全国中小企业股份转让系统公司以及知名券商机构的高管做了新三板挂牌与投资实务分享。

2015 年 4 月 22 日　中国证券投资基金业协会党委书记、副会长洪磊应邀参加“2015 年度中国基金业峰会”，并发表“公募基金繁荣发展引领财富管理行业标杆”主题致辞。

2015 年 4 月 22 日　香港金融管理局助理总裁李达志一行来访中国证券投资基金业协会。双方相互介绍了私募市场的发展态势，共同讨论了如何为私募搭建良好生态环境等问题。

2015 年 4 月 22 日　中国证券投资基金业协会举办第十三期晚间沙龙，邀请通力律师事务所合伙人吕红律师以 QDLP、QDIE、QFLP 为例，讲解外资机构在中国境内开展资产管理业务的法律实务。

2015 年 4 月 23 日　中国证券投资基金业协会举办互联网金融业务培训班，邀请互联网企业、数据服务商、第三方支付机构、基金管理公司、证券公司到会分享交流资产管理行业互联网金融业务发展趋势、互联网金融技术变革、互联网金融业务实践经验、基金产品设计与开发等课题。

2015 年 4 月 23 日　中国证券投资基金业协会党委书记、副会长洪磊一行赴汇添富基金管理股份有限公司调研互联网金融的发展情况、基金管理公司上市以及实施股权激励情况。

2015 年 4 月 23 日　中国证券投资基金业协会组织召开“分级资管计划指引”起草讨论会，共同讨论分级资管计划现状、存在问题、自律管理建议以及“分级产品指引”起草等事项。

2015 年 4 月 24 日　中国证券投资基金业协会公示首批私募基金外包服务机构。首批机构共 15 家，业务类型包括私募基金份额登记、估值核算和信息系统三类。

2015 年 4 月 24 日　证监会私募部、中国证券投资基金业协会召开私募证券基金专业委员会 2015 年第二次委员会会议，全体委员就设立天使基金进行了专题讨论。

2015 年 4 月 25 日　中国证券投资基金业协会在杭州举办“私享汇（第四期）云计算论坛”。论坛围绕金融、私募行业运用云计算、大数据技术的情况进行了详细讲解和深入研讨。

2015 年 4 月 25 日　中国证券投资基金业协会信息系统基础扩容完成。一是建立了与深证通金融云相链接的数据链路；二是部署的多台虚拟机正式上线使用。

2015 年 4 月 27 日　中国证券投资基金业协会期货公司资产管理业务备案系统正式上线，期货公司资产管理业务由之前低效的手工备案升级到自动化系统备案，实现了在线实时领取产品编码功能，避免手工分配产品编码可能产生的错误，提高了备案工作效率，更好地服务了行业机构。

2015 年 4 月 27 日　中国证券投资基金业协会举办第十四期“晚间沙龙”，邀请东方汇理资产管理机构及主权基金客户全球副主管、主权基金研究倡导创始人 Frederic Samama 就低碳投资方案进行演讲。

2015 年 4 月 27 日　澳大利亚证券交易所 Peputy CEO Peter Hiom 一行来访中国证券投资基金业协会，双方对国外交易所在中国开展有关对冲基金及资产管理业务的相关法规、中国期货业发展现状及开立中国办事处等相关事宜进行了探讨。

2015 年 4 月 28 日　中国证券投资基金业协会、中国保险资产管理业协会共同主办、芝加哥商品交易所协办的“养老金投资与金融衍生品运用研讨会”在北京召开。

2015 年 4 月 28 日　中国证券投资基金业协会举办第十五期“晚间沙龙”，邀请 eVestment 亚太区董事姜漢俊和副总裁繆俊康以“中国投资管理人如何进入国际市场”为主题，就搭建国际基金领域平台、促进跨境基金销售等内容进行了深入讲解。

2015 年 4 月 28 日　中国证券投资基金业协会举办第十五期“晚间沙

龙”，活动以“中国投资管理人如何进入国际市场”为主题，就搭建国际基金领域平台、促进跨境基金销售等内容进行了深入讲解。

2015年4月29日　中国证券投资基金业协会党委书记、副会长洪磊、副会长汤进喜一行赴财政部拜访金融司，与金融司巡视员刘健同志就基金管理公司股权激励相关问题进行沟通。

2015年4月29日　中国证券投资基金业协会钟蓉萨副会长组织召开养老金业务座谈会，介绍协会推动基金参与多层次养老金体系的工作安排，商讨基金管理公司如何更好地参与职业年金投资管理。

2015年5月5日　中国证券投资基金业协会与中国银行业协会联合召开货币经纪公司服务费用问题座谈会，协调解决货币经纪公司向基金管理公司收取服务费用有关问题，并取得了阶段性进展。

2015年5月5日~6日　中国证券投资基金业协会在江西赣州举办“沪港通”业务培训班，对基金参与沪港通投资、沪港通业务规则、结算业务规范等进行了详细讲解。

2015年5月5日　中国证券投资基金业协会举办第十六期“晚间沙龙”，邀请Casey，Quirk&Associates的合伙人兼亚太区总裁Daniel Celeghin先生就“外国成功的资产管理公司的特征以及对中国资管公司的启示”进行演讲。

2015年5月8日　中国证券投资基金业协会召开加快发展公募基金调研会议。证监会主席肖钢同志参加会议。

2015年5月8日　中国证券投资基金业协会举办第十七期“晚间沙龙”，邀请北京东方硅谷科技开发院院长汪斌就高科技企业快速成长之道进行演讲。

2015年5月11日　全国人大常委、财经委副主任吴晓灵应邀到基金业协会调研，协会党委书记、副会长洪磊汇报了行业发展和协会工作情况，吴晓灵同志对协会工作给予了高度认可，并对行业发展和协会工作提出了具体要求。

2015年5月12日　中国证券投资基金业协会召开基金行业营改增税务问题座谈会。会议主要介绍了财政部关于营改增征求意见会议的内容，讨论了营改增给基金公司运营带来的挑战和机遇，并对下一步工作提出了意见和建议。

2015 年 5 月 13 日 ~15 日 天创工作小组组长贾红波同志带队赴上海调研，走访多家私募机构，召开上海地区 PE、VC 投资机构座谈会，并与上交所、中金所、上期所等单位进行沟通。

2015 年 5 月 13 日 中国证券投资基金业协会举办第十八期“晚间沙龙”，邀请凯初合创集团联合创始人兼执行总裁 Grant Kettering、联合创始人及董事初放博士就“欧美资管中人的因素”进行演讲。

2015 年 5 月 14 日 中国证券投资基金业协会在京举办新任基金经理培训班。

2015 年 5 月 15 日 中国证券投资基金业协会主办、上海市国际股权投资基金协会协办“股权投资服务实体经济”座谈会在上海召开。

2015 年 5 月 15 日 中国证券投资基金业协会在北京举办人力资源管理业务培训班暨人力资源总监座谈会。

2015 年 5 月 15 日 中国证券投资基金业协会召开融资融券及转融通运营业务座谈会，会议讨论公募基金参与融资融券及转融通出借业务的估值核算、清算交收等运营问题，研究《转融通业务会计核算方案》，就数据传输、借券权益等问题与证金公司进行沟通。

2015 年 5 月 16 日 中国证券投资基金业协会党委书记、副会长洪磊出席“2015 全球对冲基金西湖峰会”，并发表“专业开创未来”主题致辞。

2015 年 5 月 18 日 中国证券投资基金业协会举办第十九“晚间沙龙”，邀请标普道琼斯指数全球大宗商品指数主管 Jodie M. Gunzberg 就“大宗商品市场的现状、投资商品期货以及商品期货指数的创新”进行演讲。

2015 年 5 月 18 日 中国证券投资基金业协会举办“晚间沙龙”，邀请专家就大宗商品市场的现状、投资商品期货以及商品期货指数的创新进行演讲。

2015 年 5 月 19 日 中国证券投资基金业协会召开座谈会，就天使基金相关情况进行探讨。

2015 年 5 月 19 日 中国证券投资基金业协会举办第二十期“晚间沙龙”，邀请 Cerulli Associates 新加坡分公司负责大中华区基金市场研究业务的黄子伟就“亚洲市场状况以及如何进入亚洲各个市场”进行演讲。

2015 年 5 月 21 日 中国证券投资基金业协会资产管理业务专业委员会

成立大会暨第一次全体会议在北京召开。

2015 年 5 月 21 日　中国证券投资基金业协会在北京举办“私享汇（第五期）节能环保论坛”，论坛就节能、环保行业发展前景和投资策略话题进行了研讨。

2015 年 5 月 22 日　中国证券投资基金业协会从业人员管理系统正式启用。新系统将原有执业证书管理系统、基金经理注册系统、培训管理系统进行整合，有效提升基金从业人员管理水平。

2015 年 5 月 22 日　中国证券投资基金业协会党委书记、副会长洪磊出席在北京召开的博时基金 2015 年养老金管理研讨会，并发表“财富管理与养老体系”的主题演讲。

2015 年 5 月 22 日　中国证券投资基金业协会互联网金融委员会与中国量化投资俱乐部共同举办了 2015 年投资年会。

2015 年 5 月 22 日、26 日、28 日　中国证券投资基金业协会召开协会《章程》《会员管理办法》修订工作讨论会，来自 120 余家会员单位的代表参会并提出相关修订建议。

2015 年 5 月 25 日　中国证券投资基金业协会党委副书记、纪委书记胡家夫应邀参加青岛财富管理基金业协会成立大会暨“资本 + 科技”对接活动。

2015 年 5 月 25 日　中国证券投资基金业协会举办第二十一“晚间沙龙”，邀请门萨国际市场营销和产品咨询委员会主席结合自身丰富经历和个人感悟，就“超级学习”主题进行了分享 2015 年 5 月 25 日　中国证券投资基金业协会举办“晚间沙龙”，活动就专家的自身丰富经历和个人感悟，就“超级学习”主题进行了分享。

2015 年 5 月 26 日　中国证券投资基金业协会与北京证监局联合发布《关于在北京市开展打击以私募投资基金为名从事非法集资专项整治行动的通告》。北京市打击非法私募活动专项整治行动正式拉开序幕。

2015 年 5 月 26 日　中国证券投资基金业协会副会长张小艾受邀参加“山西省投资基金业协会第一届二次会员大会暨专题辅导”会议。

2015 年 5 月 27 日　中国证券投资基金业协会主办，建银国际（控股）有限公司承办的“新时期、新常态，香港投资机会”主题研讨会在北京召开。

2015年5月27日　中国证券投资基金业协会举办第三十六期“专家讲坛”，邀请Highbridge的私募债投资策略创始合伙人Michael Patterson先生就“私募信用债投资－中型企业信用债直接投资”进行演讲。

2015年5月27日　中国证券投资基金业协会秘书长贾红波带队天创小组成员前往红杉资本调研并召开座谈会。

2015年5月27日　中国证券投资基金业协会组织召开“分级产品运作指引”讨论会，对《证券期货经营机构分级私募资产管理产品运作指引（草案）》进行修改。

2015年6月3日　中国证券投资基金业协会召开贯彻落实“三严三实”专题教育工作动员会，深入学习肖钢主席“践行‘三严三实’，建设人民群众满意的监管机构”专题党课精神，对协会开展“三严三实”专题教育工作进行了安排和部署。

2015年6月3日　中国证券投资基金业协会发布《关于做好打击非法私募活动专项整治行动有关宣传工作的通知》，向社会公众充分提示参与非法私募活动的风险，引导社会公众投资合法基金产品，促进行业规范健康发展。

2015年6月3日　中国证券投资基金业协会主办、洪泰基金承办的第六期“私享汇”在北京举行。本期“私享汇”主题为“天使投资服务实体经济”。

2015年6月3日　MSCI副总裁Theodore Niggli一行来访中国证券投资基金业协会，双方就A股纳入MSCI指数的进展情况进行了探讨。

2015年6月3日　中国证券投资基金业协会举办VIE企业回归中国资本市场现状及问题研讨会，红杉资本、中金公司、CHINAVENTURE、清科研究中心以及方达、汉坤、中伦等业内人士参加。

2015年6月4日　中国证券投资基金业协会党委书记、副会长洪磊，秘书长贾洪波陪同证监会主席肖钢一行赴洪泰基金调研，各方就促进天使投资发展相关问题展开了深入讨论。

2015年6月4日　中国证券投资基金业协会副会长张小艾一行赴嘉实基金、嘉实资本调研资管业务开展情况，探讨未来发展方向。

2015年6月5日　中国证券投资基金业协会合规与风险管理专业委员会召开临时会议，提示公募基金关注创业板风险，发布《公募基金价值投资倡议书》，向全行业发出坚持价值投资导向、流动性管理、长线投资、投资者利益优先的倡议。

2015 年 6 月 5 日　中国证券投资基金业协会私募股权投资基金专业委员会、创业投资基金专业委员会成立大会暨第一次全体会议在北京召开。

2015 年 6 月 5 日　中国证券投资基金业协会在深圳举办内地与香港两地基金互认培训班，就两地基金互认问题进行了讲解。

2015 年 6 月 5 日　中国证券投资基金业协会通过官网和微信公众号发布《私募基金严禁违法公开宣传推介——基金业协会有关负责人就上海宝银发表公开信事件答记者问》，向社会表明严禁私募基金违法公开宣传推介的态度。

2015 年 6 月 5 日　中国证券投资基金业协会举办第二十二“晚间沙龙”，邀请清科集团的创始人、董事长兼 CEO 倪正东就“天使投资是否适合中国的土壤”主题进行了分享。

2015 年 6 月 8 日　中国证券投资基金业协会举办第二十三期行“晚间沙龙”，邀请亨德森亚洲股票团队总监 Andrew Gillan 就“亚洲股票市场投资机会”进行演讲。

2015 年 6 月 10 日　中国证券投资基金业协会在杭州举办“私募基金参与交易所债券市场专题研讨班”，证监会债券部、浙江证监局等领导及相关机构人员参加研讨。

2015 年 6 月 10 日　中国证监会在南京组织召开的证券期货行业创新发展工作小组第五次会议，中国证券投资基金业协会副会长钟蓉萨参会。

2015 年 6 月 11 日　中国证券投资基金业协会与百度网讯公司在北京签署战略合作协议。

2015 年 6 月 11 日　中国证券投资基金业协会在上海举办第二十四期“晚间沙龙”，邀请史蒂文斯理工学院金融工程负责人 Khaldoun 和史蒂文斯理工学院金融系的助理教授 Dr. Steve Yang 就“高频交易的前世今生及存在问题的解决方案”进行演讲。

2015 年 6 月 11 日　中国证券投资基金业协会在上海举办“晚间沙龙”，邀请专家就“高频交易的前世今生及存在问题的解决方案”进行演讲。

2015 年 6 月 15 日　《中国证券投资基金业年报（2014）》《公募基金管理公司社会责任报告（2014）》《基金投资者情况调查分析报告（2014 年

度）》《基金管理公司财务分析报告（2014 年）》正式出版发售。

2015 年 6 月 16 日　中国证券投资基金业协会秘书长贾红波在中国证券报发表署名文章《私募基金发展热潮中的冷思考》，指出私募基金行业应始终以服务实体经济、增进人民财富为己任，决不突破诚信道德“底线”，决不踩踏行规行约“黄线”，决不触碰法律“红线”，忠实履行信托责任，始终强化风险意识，不断追求专业精进，实现基业长青。

2015 年 6 月 16 日　中国证券投资基金业协会、河北证监局在石家庄举办《私募投资基金监督管理暂行办法》培训班，助力推动私募投资基金行业健康规范发展。

2015 年 6 月 16 日　中国证券投资基金业协会举办第二十五期“晚间沙龙”，邀请走秀网联合创始人、华丽集团执行董事黄劲就“时尚行业创业与投资机会”进行演讲。

2015 年 6 月 17 日　中国证券投资基金业协会发布《关于基金从业资格考试有关事项的通知》，向公众解释了基金从业资格考试的考试概况、科目设置、考试教材、考试成绩认可与衔接等重点问题。

2015 年 6 月 18 日　中国证券投资基金业协会和青岛市人民政府联合举办“财富管理与多层次养老体系”夏季论坛（2015）。

2015 年 6 月 23 日　中国证券投资基金业协会组编的基金从业资格考试教材《证券投资基金》正式出版发售。

2015 年 6 月 23 日　中国证券投资基金业协会举办第二十六期“晚间沙龙”，邀请磐合家族办公室创办人兼董事长颜怀江先生就：“解密家族信托”进行演讲。

2015 年 6 月 23 日　中国证券投资基金业协会举办“晚间沙龙”，邀请中盟磐合家族财富管理有限公司总裁兼创办人 Andrew Yen 先生就家族信托的架构规划、全球资产配置、家族治理以及境外传承进行演讲。

2015 年 6 月 25 日　中国证券投资基金业协会召开第一届理事会第六次会议。会议审议通过协会上半年工作报告；表决通过《中国证券投资基金业协会章程（修订草案）》《中国证券投资基金业协会会员管理办法（修订草案）》并提请会员大会表决；审议通过《关于完善协会最高权力机构运作模式的议案》《基金业互联网 + 行动计划》《关于将阿拉善盟作为行业履行社会责任平台的议案》；听取关于部分理事变更情况的报告等。

2015年6月25日　中国证券投资基金业协会发布《资产管理行业“互联网+”行动计划》，计划旨在推动资产管理行业服务国家经济结构调整与经济转型，满足社会公众对财富积累的客观要求，引领资产管理机构创新实践。

2015年6月25日　中国证券投资基金业协会与英国贸易投资总署共同举办中英资产管理圆桌论坛，邀请中英资产管理行业监管部门与著名资产管理机构代表，共同探讨行业发展与合作。

2015年6月26日　中国证券投资基金业协会2015年年会暨第一次会员大会临时会议在北京钓鱼台国宾馆召开，大会听取并审议通过了《贯彻落实〈证券投资基金法〉，将基金业协会建设成为现代资产管理机构行业协会》报告，审议并无记名表决通过了《中国证券投资基金业协会章程（修订草案）》《中国证券投资基金业协会会员管理办法（修订草案）》《关于完善协会最高权力机构运作模式的议案》。

2015年6月26日　中国证券投资基金业协会在北京举行2015年度“最美公募基金人”颁奖仪式，表彰基金行业基层员工在平凡岗位上爱岗敬业、努力创新、甘于奉献的职业素养和职业品格，共有十名来自行业的从业人员获得“最美公募基金人”荣誉称号。

2015年6月26日　中国证券投资基金业协会在北京召开“基金子公司专户业务风险防控”座谈会，下发了《关于开展基金管理公司专户子公司风险排查及加强风险防控的通知》，对基金子公司风险排查工作做出安排。

2015年6月30日　中国证券投资基金业协会私募证券投资基金专业委员会发布题为“艳阳总在风雨后”倡议书，展现齐心协力、同舟共济的强大正能量。

2015年6月30日　美国信安金融集团代表来访中国证券投资基金业协会，双方就如何通过FOF形式丰富中国养老金产品，拓宽养老金发展模式进行探讨。

2015年7月1日~13日　中国证券投资基金业协会通过官方网站和微信发布公募基金看大市系列，汇总多家公募基金公司对资本市场形势和基金行业总体态势的观点，维护市场信心。

2015年7月1日　中国证券投资基金业协会举办第二十七期“晚间沙龙”，邀请Lending Club的共同创始人、前技术总监苏海德先生以“中国互联网金融何去何从”为主题进行演讲。

2015 年 7 月 2 日　中国证券投资基金业协会组织召开投资顾问业务调研会议，听取行业代表对发展投资顾问业务的建议。证监会主席肖钢出席会议，肖钢主席指出，要积极推进投资顾问业务，建设百万投顾队伍。

2015 年 7 月 2 日　中国证券投资基金业协会举办第三十七期“专家讲坛”，邀请国家开发银行行务委员，政府和社会资本合作（PPP）委员会主任蒋志刚先生就“以开发性金融方法全方位支持中国企业走出去”进行演讲。

2015 年 7 月 2 日 ~4 日　中国证券投资基金业协会协同中国证监会机构部在京举办 2015 年度机构监管工作培训会，加强机构部、派出机构、自律组织、会管单位之间的监管协调，探索行政监管和自律管理的有机结合。

2015 年 7 月 3 日　中国证券投资基金业协会正式开通官方微信咨询平台，有关私募基金管理人登记备案的问题可以通过基金业协会官方微信得到回复。

2015 年 7 月 4 日　中国证券投资基金业协会根据市场波动情况及时召开 25 家公募基金管理公司座谈会，会议深入分析了当前资本市场形势和基金行业总体态势，并发布《公募基金坚信资本市场能够健康稳定发展——25 家公募基金管理公司会议纪要》。

2015 年 7 月 6 日　中国证券投资基金业协会举办“从资产管理者角度探讨基金监管与投资者保护”专题研讨会，邀请英仕曼集团的首席合规官 Robyn Grew 女士进行主题演讲。

2015 年 7 月 6 日　中国证券投资基金业协会举办第二十八期“晚间沙龙”，邀请伦敦金融城政策与资源委员会主席包墨凯先生及马丁可利投资管理有限公司中国区首席代表宋家雏先生就“国际金融监管政策变化以及对中英在资产管理方面合作的影响”进行主题演讲。

2015 年 7 月 6 日　中国证券投资基金业协会举办“晚间沙龙”，邀请伦敦金融城政策与资源委员会主席 Mark Boleat 先生及马丁可利投资管理有限公司中国区首席代表宋家雏先生就“国际金融监管政策变化”进行主题演讲。

2015 年 7 月 6 日　中国证券投资基金业协会通过微信公众号发布 69 家公募基金公司积极响应 25 家公募基金公司会议纪要情况。

2015 年 7 月 7 日　94 家公募基金管理人发布公告，积极落实 7 月 4 日公募基金公司会议精神，真正做到“责任在心担当在行”，公募基金管理人及高级管理人员与投资者共担风险。

2015 年 7 月 8 日　中国证券投资基金业协会估值小组召开半年例会，讨论停牌股票基金估值问题，旨在解决行业面临的估值难题，稳定资本市场发展，保护投资者的权益。

2015 年 7 月 8 ~ 10 日　中国证券投资基金业协会组织召开基金从业资格考试命题工作会议，完成了从业资格考试试卷的组卷、审卷和试卷定稿，确保了基金从业资格考试能够如期顺利举办。

2015 年 7 月 10 日　中国证券投资基金业协会举办内部培训，邀请证监会纪委监察局纪检监察部仲晖林同志作廉政专题教育讲座。

2015 年 7 月 10 日　中国证券投资基金业协会公募信息系统报送系统上线，并启动基金公司月度财务数据报送。

2015 年 7 月 13 日　中国证券投资基金业协会党委书记、副会长洪磊，副会长钟蓉萨共同出席人力资源与社会保障部组织的基本养老金沟通会。洪磊同志在会上发表《资产管理全面服务多层次养老金体系》讲话。

2015 年 7 月 13 日 ~28 日　中国证券投资基金业协会首次向全社会公开发布了 2015 上半年基金管理公司资管业务总规模排名、公募基金管理机构管理的公募基金规模排名、基金管理公司专户业务规模排名、基金子公司专户业务规模排名，证券公司资管业务总规模排名、证券公司主动管理业务规模排名共 6 项排名数据。

2015 年 7 月 14 日　中国证券投资基金业协会在大连举办“私享汇（第七期）一带一路投资论坛”。本次论坛由中国证券投资基金业协会主办，大连商品交易所承办。

2015 年 7 月 14 日　中国证券投资基金业协会在上海举办第二十九期“晚间沙龙”，邀请南方东英资产管理有限公司总经理、产品策略发展部负责人周晓殷以“中资基金公司如何在香港开展业务”为主题进行演讲。

2015 年 7 月 14 日起　中国证券投资基金业协会通过官方微信以连载方式发布“最美公募基金人”获奖者风采展示，以榜样的事迹和精神，砥砺基金从业人员奋发向上，共谱辉煌。

2015 年 7 月 14 日　中国证券投资基金业协会信息公示系统上线，对私募基金管理人及产品分类公示，并与百度合作推出私募地图功能模块。

2015 年 7 月 15 日起　中国证券投资基金业协会在官方微信以连载形式发布“打击非法私募活动专项整治行动优秀宣传素材展”，以丰富多样的形式展示各类机构对于非法私募活动的警示宣传。

2015 年 7 月 15 日　中国证券投资基金业协会在官方网站公布举报电话、信箱，受理外部对协会党组织、党员，各部门、员工违反党纪政纪问题的举报，以及对协会党风廉政建设和纪检监察工作的批评和建议。

2015 年 7 月 16 日　中国证券投资基金业协会召开会议，由党委书记洪磊同志讲授“三严三实”专题党课，协会全体员工参加会议。

2015 年 7 月 16 日　中国证券投资基金业协会发布《基金从业资格考试大纲》的通知，进一步完善基金从业资格考试制度。

2015 年 7 月 16 日　中国证券投资基金业协会、北京证监局、北京市金融局联合召开北京市打击非法私募活动专项整治行动第二次工作会议。会议对前期工作进行了总结，研究确定非法私募现场检查名单，细化了现场检查工作方案。

2015 年 7 月 16 日　中国证券投资基金业协会组织专业力量对 15 家机构开展场外配资和结构化分级产品调研。

2015 年 7 月 16 日　中国证券投资基金业协会纪检办公室组织召开会议，会议提出，协会自主开展的检查、调查、核查等公务活动应严格落实廉政监督卡制度。

2015 年 7 月 16 日、21 日　中国证券投资基金业协会秘书长贾红波带队赴盛世投资调研，围绕国资的使用和创投行业规范等问题进行了讨论。

2015 年 7 月 17 日　中国证券投资基金业协会举办第三十期“晚间沙龙”，邀请中国科学院天津工业生物技术研究所马延和博士就“白色生物技术市创造财富的新方向”进行主题演讲。

2015 年 7 月 19 日 ~26 日　中国证券投资基金业协会应邀出访英国和法国，全面推介中国资本市场。英国金融时报对协会在伦敦举行的中国资本市场推介会进行了专题报道。

2015 年 7 月 20 日　中国证券投资基金业协会完成《关于近期市场行情下分级基金有关问题的报告》，并以《声音》专刊形式发布。

2015 年 7 月 20 日　中国证券投资基金业协会组织召开证券公司综合托

管问题座谈会，会上，协会与各家证券公司就目前综合托管资格的认定、综合托管与私募外包服务之间的关系等问题进行了交流。

2015 年 7 月 20 日　中国证券投资基金业协会举办第三十一期“晚间沙龙”，邀请工业 4.0 研究院院长兼首席经济学家胡权以“工业 4.0 时代的投资策略”为主题进行演讲。

2015 年 7 月 20 日　中国证券投资基金业协会举办“晚间沙龙”，邀请工业 4.0 研究院院长兼首席经济学家胡权以“工业 4.0 时代的投资策略——关注技术创新及模式变革机会”为主题进行演讲。

2015 年 7 月 20 日　中国证券投资基金业协会副会长汤进喜接见英国标准人寿投资公司总部全球客户总监 Nuala Walsh 及标准人寿亚太区负责人彭宏逖等一行四人来访。

2015 年 7 月 22 日　中国证券投资基金业协会发布《2015 年度基金从业人员资格考试计划》及《2015 年度基金从业资格考试公告（第 1 号)》。

2015 年 7 月 22 日　中国证券投资基金业协会秘书长贾红波带队赴中证机构间报价系统股份有限公司进行调研，中证报价总经理葛伟平、山东黄金集团李国红等参加座谈。

2015 年 7 月 23 日　中国证券投资基金业协会、证监会私募基金部举行私募基金税收问题人大提案讨论会。全国人大常委、财经委副主任委员吴晓灵、财政部税政司副司长张天犁、国家税务总局所得税司副司长刘宝柱、证监会私募部主任陈志强、副主任刘健钧、基金业协会党委书记兼副会长洪磊、副会长钟蓉萨、秘书长贾红波，以及国家发改委财金司、科技部资产管理与配置司的相关同志参加会议。

2015 年 7 月 23 日　中国证券投资基金业协会组织召开整治非法私募专项培训会，邀请北京兰台律师事务所合伙人姚晓敏博士做非法集资专项培训讲座。

2015 年 7 月 23 日　中国证券投资基金业协会召开分级基金座谈会，对目前分级基金运行、销售等方面的问题进行讨论，以促进分级基金持续健康发展。

2015 年 7 月 23 日　中国证券投资基金业协会组织资管业务专业委员会相关成员召开“八条底线”规则评估座谈会，对《证券期货经营机构落实资产管理业务“八条底线”禁止行为细则》（2015 年 3 月版）进行评估并提出建议。

2015 年 7 月 23 日　中国证券投资基金业协会举办第三十二期“晚间沙龙”，邀请 Linedata 大中华地区的业务开发主任姚瑶女士和亚太区项目及顾问服务总监许嘉韵（Karen Hui）女士以“海外基金的系统架构和运营策略”为主题进行演讲。

2015 年 7 月 24 日　中国证券投资基金业协会党委书记、副会长洪磊接受《中国劳动保障报》记者关于基本养老保险基金入市相关问题专访。洪磊同志指出，规范完善的监管制度和市场规则是保障基金安全的“防火墙”，基金行业需要从理念到制度建设全面提升自己，与基本养老保险制度改革全面接轨。

2015 年 7 月 24 日　中国证券投资基金业协会合规与风险管理专业委员会在大连召开 2015 年第三次（总第十一次）会议。会议对近期市场波动中公募基金行业出现的问题进行了总结反思，探讨了创业板定价和其他合规与风险管理等热点问题。

2015 年 7 月 24 日　中国证券投资基金业协会发布《基金从业资格考试管理办法（试行）》的通知，进一步加强基金从业人员资格考试工作的管理工作，完善基金从业资格考试的管理流程。

2015 年 7 月 30 日　中国证券投资基金业协会党委书记、副会长洪磊会见景顺长城基金管理有限公司亚太区行政总裁罗德城、总经理许义明一行来访，双方进行了深入交流。

2015 年 7 月 31 日　中国证券投资基金业协会在上海举办第三十三期“晚间沙龙”，邀请 In Teahouse 联合创始人、Project11 联合创始人兼总裁 Katie Rae 女士以“美国科技行业前期投资的五大新趋势”为主题进行演讲。

2015 年 8 月 3 日　中国证券投资基金业协会组织 25 家基金公司召开会议，对前期市场波动中行业出现的问题进行总结和反思，提出进一步完善法规、清查杠杆配资行为等建议。

2015 年 8 月 4 日　中国证券投资基金业协会组织召开养老金第三支柱顶层设计课题研究筹备会，中国社科院世界社保中心主任郑秉文教授及其研究小组应邀参加会议。

2015 年 8 月 6 ~ 7 日　中国证券投资基金业协会在大连举办 2015 年基金管理公司财务工作会议暨培训班。

2015 年 8 月 10 日　中国证券投资基金业协会开展“十佳基金 logo”评选活动，进一步宣传公募基金行业，展示基金管理公司企业文化，提升公募基金行业品牌认知度。

2015 年 8 月 11 日　中国证券投资基金业协会与中国证券业协会、中国期货业协会联合发布《中国证券期货市场场外衍生品交易商品定义文件（2015 年版）》等文件，进一步完善证券期货市场场外衍生品交易主协议配套文件，满足市场参与者对场外商品衍生品交易的需求。

2015 年 8 月 12 日　中国证券投资基金业协会天使投资专业委员会成立大会暨第一次工作会议在北京召开，并为各位委员颁发了聘任证书。

2015 年 8 月 12 日　中国证券投资基金业协会组织召开基金公司运营高管座谈会，讨论了前期跌停或停牌潮所引发的基金估值调整情况，并就如何建立有效的危机应急机制应对股市剧烈波动可能带来的基金流动性问题提出意见建议。

2015 年 8 月 12 日　中国证券投资基金业协会举办第三十五期“晚间沙龙”，邀请领航投资香港有限公司亚洲客户投资组合管理董事总经理叶家德就“境内外 ETF 交易机制差异比较”进行主题演讲。

2015 年 8 月 12 日起 中国证券投资基金业协会主办，携手华夏基金、易方达基金、海富通基金、农业银行、天弘基金、广发银行等机构共同举办青少年儿童理财文化沙龙，引导青少年从小建立理财观念，培养理财能力，推动亲子财商共同成长。

2015 年 8 月 13 日　中国证券投资基金业协会协助证监会机构部开展基金专户场外配资检查工作。针对所有基金公司及其子公司设计了基金专户参与场外配资业务情况专项报表，摸底专户产品外接系统、以子账户、分账户或虚拟账户形式参与场外配资情况。

2015 年 8 月 13 ~14 日　中国证券投资基金业协会在贵阳召开资产管理专业委员会 2015 年第二次全体会议。会上总结了前期股市异常波动的经验教训，提出了下一步重点工作安排。

2015 年 8 月 14 日　中国证券投资基金业协会组织 9 家基金管理公司的督察长及投资总监、交易总监共 19 人召开投资总监暨合规联席会，总结本次市场波动经验，反思行业在创业板投资方面存在的问题，研究进一步加强行业自律，提高风险管理水平的措施。

2015 年 8 月 14 日　中国证券投资基金业协会发布《关于基金销售机构从业人员资格管理有关事项的通知》及《基金销售机构从业人员资格管理相关问题解答》，就基金销售机构关注的人员资格管理问题进行公告。

2015 年 8 月 14 日　中国证券投资基金业协会召开全体员工大会暨工会成立大会，经投票表决，选举出工会主席、副主席、组织委员、宣传委员、经费审查委员等委员。

2015 年 8 月 17 日 ~21 日　中国证券投资基金业协会联合第一财经电视及会员单位，推出五集分级基金专题节目，连续在第一财经电视市场零距离节目播出，积极搭建会员服务和投资者教育平台，得到投资者好评。

2015 年 8 月 18 日　国务院法制办《私募投资基金管理暂行条例》调研座谈会在中国证券投资基金业协会举行。

2015 年 8 月 19 日　中国证券投资基金业协会召开纪委第一次工作会议，会议审议了《中国证券投资基金业协会纪委工作规则》（草案）、《党风廉政建设责任书》《员工廉洁自律承诺书》，讨论了协会近期纪检监察重点工作等事宜。

2015 年 8 月 19 日　中国证券投资基金业协会举办第八期“私享汇”——智能制造投资论坛，参会各方就资本如何推动智能制造及如何把握其中的市场投资机会等展开积极讨论。

2015 年 8 月 21 日　中国证券投资基金业协会结合证监会对程序化交易的监管要求，对证券期货经营机构 7 月、8 月设立量化对冲产品情况进行监测，了解配资通过量化产品形式进入股市的情况，形成《资管产品 7、8 月新设量化产品情况报告》。

2015 年 8 月 21 ~22 日　中国证券投资基金业协会举办 2015 年基金从业资格考试第三次命题会议，邀请来自行业和高校的专家组成的命题工作组，完成了第一次全国基金从业资格考试的组卷和审卷工作。

2015 年 8 月 24 日　中国证券投资基金业协会为推动《货币市场基金监督管理办法（征求意见稿）》正式发布，召开基金业协会估值小组会议，讨论配套规则《证券投资基金参与同业存单会计核算和估值业务指引（试行）》，并于 8 月 29 日正式发布实施。

2015 年 8 月 24 日 ~8 月 31 日　中国证券投资基金业协会连续在公众微信号发布《B 基金下折特性——分级基金数据日报》，提醒投资者注意风险。

2015 年 8 月 25 日　中国证券投资基金业协会党委书记、副会长洪磊、副会长钟蓉萨、秘书长贾红波一行，赴中国证券登记结算有限公司共议建立基金产品账户数据交换机制、份额和估值数据备份机制等合作事宜。经共同协商，双方就建立基金产品账户数据交换机制、基金产品份额和估值数据备份机制等问题达成一致。

2015 年 8 月 26 日　中国证券投资基金业协会组织华夏、嘉实、工银瑞信三家基金管理公司研究机构投资者程序化交易相关问题，同时征集朱雀投资、富善投资等私募机构，中信建投证券、华融证券、中国国际期货等资管机构关于程序化交易的意见。各方就规范程序化交易问题发表了看法和意见。

2015 年 8 月 26 日　中国证券投资基金业协会召开“远程培训服务项目”邀标评标工作会议，邀请了来自监管机构、兄弟协会、行业机构共 7 名专家成立了评标小组，本着公平、公正、公开的原则，对三家系统服务机构（中国国家人事人才培训网、全美在线（北京）教育科技股份有限公司和捷库动力教育科技有限公司）进行评标。

2015 年 8 月 26 日　韩国投资金融协会总裁 Han Chang Soo 一行来访中国证券投资基金业协会。双方就协会合作等问题进行了沟通，并表达了加强合作的意愿。

2015 年 8 月 27 日　中国证券投资基金业协会完成《证券期货经营机构落实资产管理业务“八条底线”禁止行为细则》修订工作。对《细则》的内容、形式、适用范围进行了讨论、分析，形成《征求意见稿》上报中国证监会。

2015 年 8 月 27 日　中国证券投资基金业协会发布《证券投资基金参与同业存单会计核算和估值业务指引（试行）》，进一步规范同业存单投资的会计核算，为行业内产品参与同业存单投资提供统一的会计核算和估值方法。

2015 年 8 月 27 日　中国证券投资基金业协会举办资产管理机构风险管理系列培训班（第三期）——另类资产及房地产投资风险管理，就另类资产投资、房地产投资、银基合作业务和房地产基金的风险管理专题进行了讲解。

2015 年 8 月 28 日　中国证券投资基金业协会副会长钟蓉萨带队赴中国银行总行调研。与会双方就大资管格局下的行业发展与制度建设、中行各类资产管理产品业务开展情况，基金行业发展、投资顾问业务等进行了深入且具有建设性的探讨。

2015 年 9 月 6 日　中国证券投资基金业协会在微信公众平台发布《2015 年上半年资产证券化备案监测报告》。

2015 年 9 月 8 日　中国证券投资基金业协会党委书记、副会长洪磊受邀参加在钓鱼台国宾馆八方苑举行的纪录片《百年金融》的讨论会。

2015 年 9 月 8 日　中国证券投资基金业协会党委书记、副会长洪磊在《人力资源社会保障杂志》（2015 年第 9 期）上发表署名文章《用专业化和制度化保障基本养老保险基金安全入市》，重点论述了我国基本养老金入市后的风险管理问题。

2015 年 9 月 8 日　中国证券投资基金业协会私募股权投资基金专业委员会主席、弘毅投资总裁赵令欢以及私募股权投资基金专业委员会秘书长、鲲行投资总经理王宏霞一行拜访协会，协会党委书记、副会长洪磊，秘书长贾红波参加会谈。

2015 年 9 月 8 日　中国证券投资基金业协会与中登公司共同讨论数据报送事宜，双方对目前数据质量及报送存在的问题进行探讨，会议确定下一步将着力做实中央数据平台，实现数据的有效集中。

2015 年 9 月 9 日　中国证券投资基金业协会党委书记、副会长洪磊与中国工商银行私人银行部副总经理徐卫东会面，徐卫东就家族基金公司成立事宜进行汇报，并就后期发展方向等问题听取协会指导。

2015 年 9 月 9 日　中国证券投资基金业协会接见安信环球投资有限公司亚洲区 COO 雷福安先生，双方就如何促进双方的了解与合作交换意见。

2015 年 9 月 9 日　天津汉红股权投资基金管理有限公司诉协会侵犯其名誉权一案在北京市西城区法院进行第一次开庭审理，根据法院通知，本案将择时进行第二次开庭。

2015 年 9 月 9 日　中国证券投资基金业协会完成基金公司及其子公司专户产品参与场外配资情况自查工作，撰写《关于基金公司及其子公司专户产品参与场外配资活动有关情况的报告》。

2015 年 9 月 10 日　中央和地方金融双层监管体制研讨会在京举行。会议由中国金融学会、中国普惠金融联席会主办，中国证券投资基金业协会协办。

2015 年 9 月 10 日　汇丰证券服务亚太区主管鲍思贤一行来访中国证券投资基金业协会。双方就目前中国资产管理行业发展现状以及方向问题进行探讨。

2015 年 9 月 10 日　美国道富银行代表一行来访中国证券投资基金业协会。协会根据上海市金融办发布的关于 QDLP 试点工作的实施办法，就外资机构合法开展 QDLP 外包业务的合规性问题进行进一步探讨和研究。

2015 年 9 月 10 日　天使汇举办“天使投资与新三板”私享汇特别活动。中国证券投资基金业协会作为指导单位，协会天创小组全体成员出席会议，与多位业内人士共同探讨“天使投资与新三板”发展面临的新的挑战与机遇。

2015 年 9 月 10 日　中国证券投资基金业协会举办第四十一期“晚间沙龙”，邀请锋瑞资本创始人，国内著名投资人李丰先生就“看资管、金融、股权众筹的发展”进行主题演讲。

2015 年 9 月 10～11 日　中国证券投资基金业协会在上海举办资产配置与投资组合管理高级培训班。就现代资产组合理论（MPT）与资产管理行业、固定收益与股票投资组合管理等进行了详细讲解。

2015 年 9 月 10～16 日　中国证券投资基金业协会纪委书记胡家夫参加中国纪检监察学院“第 36 期纪检监察案件审查业务培训班”。

2015 年 9 月 11 日　中国证券投资基金业协会主办、诚鼎基金承办的第九期私享汇“国企改革投资论坛”在上海举办。会上，各方就国企改革分享了经验及成功案例，提出了建设性意见。

2015 年 9 月 12～13 日　2015 年基金从业人员资格考试全国第一次统考在全国 48 个主要城市顺利举行。本次考试得到社会各界的广泛关注及行业人士的积极参与，共计 14 万余名考生在全国 108 个考站、961 个考场参加考试，总报名达到 27 万科次。

2015 年 9 月 14 日　中国证券投资基金业协会基金专户系统正式上线周报报送模块。

2015 年 9 月 15 日　中国证券投资基金业协会与银河证券在北京签署关于私募基金数据与客户端的合作协议，共建“私募汇 APP”。

2015 年 9 月 15 日　中国证券投资基金业协会副会长钟蓉萨应邀参加财政部税政司组织召开的个人税延养老保险讨论会。会议就个人税延养老保险的重要性、覆盖人群、国外政策趋势、个人税延养老保险的方案意见以及如何管理进行了深入且具有建设性的探讨。

2015 年 9 月 15 日　中国证券投资基金业协会副会长钟蓉萨参加中央国债登记结算有限责任公司组织召开的债券市场税收制度座谈会，就资产管理行业税收制度顶层设计的出发点、目标和实现路径发表了重要见解。

2015 年 9 月 15 日　中国证券投资基金业协会秘书长贾红波带领天创小组前往中关村管委会及创新工场进行调研。针对中关村管委会与协会合作模式以及天使投资母基金建设、VIE 回归、天使投资税收政策、私募行业内部合作等问题进行探讨。

2015 年 9 月 15 日　中国证券投资基金业协会举办第四十二期“晚间沙龙”，邀请 VTB 资本投资管理业务部首席执行官弗拉基米尔·波塔波夫分享主题为“通过 VTB 资本投资管理，投资俄罗斯市场”。

2015 年 9 月 15 日　中国证券投资基金业协会举办“晚间沙龙”，分享主题为“通过 VTB 资本投资管理，投资俄罗斯市场”。

2015 年 9 月 16～18 日　中国证券投资基金业协会举办固定收益业务高级培训班，培训内容包括美国固收市场概况、主要固收机构投资者及其产品特点、影响债券价格和违约概率的因素分析等。

2015 年 9 月 17 日　中国证监会、法国金管局、中国证券投资基金业协会和法国资产管理协会在北京共同举办中法资产管理论坛。本次论坛为中法资产管理行业共同发展搭建了沟通与合作的重要桥梁。

2015 年 9 月 17～18 日　中国证券投资基金业协会在苏州举办信息技术培训班，邀请行业信息技术专家对行业信息技术监督管理规定、安全监测情况通报及分析、行业信息系统审计规范解读、网络攻击与防护实例解析、行业信息系统应急处理经验分享等进行讲解。

2015 年 9 月 17～18 日　中国证券投资基金业协会派员参加 CFA 协会主办的 2015 年 GIPS（全球投资业绩标准）年会。协会与参会各方就 GIPS 在中国的应用与推广、资产管理行业关注焦点与监管重点等话题进行了探讨。

2015 年 9 月 18 日　中国证券投资基金业协会党委副书记、纪委书记胡家夫出席在内蒙举办的第四届（2015）“生态文明·阿拉善对话”会议，并代表基金业协会在会上发布《中国基金业绿色责任倡议书》。同时，经协会理事会审议通过，基金业协会向阿拉善生态基金会捐出 50 万元，作为植树造林资金。

2015 年 9 月 18 日　中国证券投资基金业协会主办、中央国债登记结算有限责任公司协办的“浪漫初秋邂逅爱”单身派对在金融街举行，来自证券、基金、期货、银行、信托以及政府机关等各类机构的 200 余名单身青年男女参加活动。

2015 年 9 月 21 日　中国证券投资基金业协会党委书记、副会长洪磊应邀参加全国社会保障基金境内投资管理人 2015 年座谈会。会上，洪磊同志就“资本市场改革与机构投资者面临的挑战”发表主题演讲。

2015 年 9 月 21 日　中国证券投资基金业协会副会长汤进喜应邀参加卢森堡金融推广署及基金管理协会在京举办的“卢森堡—中国通往欧洲及世界的桥梁”金融研讨会。

2015 年 9 月 21 日　宁波杭州湾新区领导一行三人拜访中国证券投资基金业协会。协会贾红波秘书长接见，双方就国内私募基金现状以及未来发展方向进行了交流。

2015 年 9 月 21 日　中国证券投资基金业协会党委副书记、纪委书记胡家夫同志带领协会新老员工共 50 余人参观了北京市反腐倡廉警示教育基地，推动协会党员干部自重、自省、自警、自励，促进协会反腐倡廉工作深入开展。

2015 年 9 月 22 日　中国证券投资基金业协会与中国保险资产管理业协会在北京共同举办“投资者关系管理国际研讨会”。会上，洪磊同志表示，基金业协会将进一步加强投资者教育与保护工作。

2015 年 9 月 22 日　中国证券投资基金业协会与中证金融研究院联合举办的“买方机构 2015 年三季度宏观经济形势座谈会”在北京召开。与会代表就当前宏观经济形势、下一步的工作建议、市场发展方向等话题进行了深入探讨。

2015 年 9 月 22 ~ 23 日　中国证券投资基金业协会召开资产管理业务综合报送平台建设讨论会。参会各部门代表根据自身业务需求对资产管理业务综合报送平台的建设进行谈论，洪磊同志对相关工作作出重要安排。

2015 年 9 月 23 日　中国证券投资基金业协会副会长钟蓉萨应邀出席招商银行举办的银基合作论坛，并发表“大资管格局下的基金销售”主题演讲。

2015 年 9 月 23 日　中国证券投资基金业协会举办第四十四期晚间沙龙，邀请罗素投资亚太地区多资产投资基金总经理兼投资组合经理 Andrew 围绕如何用多经理人投资方法管理全球多资产策略进行主题演讲。

2015 年 9 月 24 日　中国证券投资基金业协会、中国保险资产管理业协会在北京共同举办“大资管背景下保险私募基金发展研讨会”，境内外私募基金机构的代表就私募投资相关业务进行了经验交流及业务探讨。

2015 年 9 月 24 日　中国证券投资基金业协会工会召开会议，全体工会委员参加，讨论《中国证券投资基金业协会工会经费管理办法》以及组建工会会员小组等事宜。

2015 年 9 月 25 日　中国证券投资基金业协会召开专题座谈会，深入推进“三严三实”专题教育活动，围绕反面典型案例开展研讨。

2015 年 9 月 29 日　中国证券投资基金业协会发布《关于建立“失联（异常）”私募机构公示制度的通知》，建立“失联”私募机构公示制度。

2015 年 10 月 8 ~ 16 日　中国证券投资基金业协会副会长钟蓉萨一行参加基本养老金投资管理专题调研，了解地方基本养老金投资管理方面的进展，梳理当前推进基本养老金市场化投资运作的主要问题，推动基金管理公司做好基本养老金投资管理服务相关准备工作。

2015 年 10 月 9 日　中国证监会副主席李超一行莅临基金业协会调研并听取工作汇报。李超副主席充分肯定了协会在组织建设和业务发展方面取得的成绩，并针对监管部门和自律组织的关系、当前协会工作方向作出重要指示，要求协会找准角色定位，提高风险意识，防范风险外溢。

2015 年 10 月 12 日　中国证券投资基金业协会党委书记、副会长洪磊会见美国房地产投资信托协会总裁兼首席执行官 Steven Wechsler 及奥尔布赖特石桥集团诸小蓓一行。双方就危机与机遇、改革与合作、政府间协调等话题展开探讨。

2015 年 10 月 13 日　中国证券投资基金业协会召开公募基金暂停申购、赎回条款细则讨论会。

2015 年 10 月 14 日　中国证券投资基金业协会召开港股通运营规则讨

论会，就港股通投资持有港币资产估值采用的汇率问题进行深入探讨。

2015 年 10 月 15 日　中国证券投资基金业协会国际会员委员会（IPC）2015 年度工作会议在北京召开。会议就中国资本市场如何借鉴境外经验从个人投资者为主向机构投资者为主转变、境外债券市场风险经验和教训及其对中国债券市场的借鉴展开深入讨论。

2015 年 10 月 19 日　中国证券投资基金业协会金旭副会长参加在巴西里约热内卢召开的国际投资基金协会（IIFA）年会，并在会上介绍了中国证券投资基金业协会的基本情况以及我国资产管理行业的发展现状、基金业协会在国际化进程上所做的工作以及中国资本市场的对外开放情况。

2015 年 10 月 20 日　中国证券投资基金业协会组织召开私募基金业务外包服务机构座谈会。会上，各家机构就外包机构如何帮助私募基金报送相关监测数据，私募基金集中备份数据接口规范以及《基金业务外包服务业务规范》内容修订等议题进行了深入探讨。

2015 年 10 月 21 日，中国证券投资基金业协会副会长钟蓉萨一行应邀前往财政部税政司讨论个税递延养老金运行方案，双方就产品定位、账户开设、额度考虑、税优模式达成框架性共识。协会拟承接财税部门委托，形成第三支柱顶层设计改革方案初稿提交税政司。

2015 年 10 月 22 日　私享汇第十期“FOF 基金投资论坛”在北京举办。与会代表一致认为，作为一种中长期资产配置工具，FOF 在中国的发展正当其时，将推动整个基金行业生态的升级。

2015 年 10 月 22 日　中国证券投资基金业协会联合人社部中国社会保险学会年金分会，在北京举办了“养老金产品：目标日期基金业务培训班”。协会钟蓉萨副会长、年金分会周远航秘书长和 Fidelity 专家为学员讲解授课，为帮助行业深入理解目标日期基金的设计原理，探索更符合中国本土的养老金产品。

2015 年 10 月 23 日　中国证券投资基金业协会张小艾副会长代表协会出席安徽省政府金融办举办的“2015 安徽资本要素对接暨新型政银担企合作推进会”。

2015 年 10 月 26 日　民生加银、金元百利和首创证券代表河北融投债权人联合会来访协会，汇报了河北融投事件的风险处置进程，反映了证券公司、基金子公司在处置风险中遇到的困难。协会针对河北融投事件交流了看法意见，提出了解决建议。

2015 年 10 月 26 日　中国社会科学院世界社保中心主任郑秉文教授带队来访协会，探讨合作课题——养老金第三支柱顶层设计。双方就养老金第三支柱顶层设计课题的初步框架、课题合作时间点、合作协议条款进行了探讨，并达成基本共识。

2015 年 10 月 27 日　贾洪波秘书长带队赴中组部探讨建立私募基金行业党委的可行性。中组部领导指出，支持社会组织加强党建工作的设想，下一步协会要进一步了解私募基金的需求，广泛征求意见。

2015 年 10 月 28 日　中国证券投资基金业协会第一届理事会第九次会议在京召开。会议听取并审议了中国证券投资基金业协会 2015 年三季度工作报告；根据证监会党委提名，投票选举洪磊同志担任基金业协会会长，汤进喜同志不再担任基金业协会副会长；审议并表决通过了《关于观察会员会费标准的议案》及《与赣南开展私募呼叫中心业务合作的议案》。

2015 年 10 月 29 日　中国证券登记结算有限责任公司副总经理范宇及基金业务部有关同事一行拜访协会，就目前与协会开展的相关合作问题进行了探讨。

2015 年 10 月 27 日　美国道富银行及其系统合作伙伴浙江网新恒天软件有限公司代表拜访协会，就恒天软件开展外包业务问题征求协会意见。恒天软件表示接下来将积极采纳协会意见，进一步研究外包业务发展战略，并就接下来的实施细则向协会提交相关方案。

2015 年 10 月 30 日　普信集团公司副总裁及大中华区董事总经理林羿先生拜访协会，就美国养老金保护法案（PPA）的发展历程、相关经验进行分享。

2015 年 11 月 3 日　韩国金融投资协会、来自韩国的证券投资公司及资产管理机构的 14 名首席执行官与总经理在北京召开中韩资本市场研讨会，中国证券投资基金业协会张小艾副会长应邀参加会议。

2015 年 11 月 3 日　中国证券投资基金业协会钟蓉萨副会长主持评价机构会议，讨论基金评价业务开展情况，分析了《公开募集证券投资基金运作管理办法》实施和股价异常波动对行业的影响。

2015 年 11 月 4 日　加拿大鲍尔集团副主席 Peter Kruyt 先生和鲍尔集团

亚太区主席杨一夫先生来访中国证券投资基金业协会，双方就风险准备金归属问题、跨境业务国际化以及互联网金融等问题进行了讨论。

2015 年 11 月 4 日　中国证券投资基金业协会张小艾副会长参加资本市场诚信建设工作培训班。

2015 年 11 月 5 日　中国证券投资基金业协会首次发布《基金从业人员后续职业培训大纲（2015）》。

2015 年 11 月 6 日　中国证券投资基金业协会钟蓉萨副会长在无锡主持召开督察长培训。培训对基金日常监管相关问题、基金公司专户风险情况、证券投资基金交易行为监控等内容进行了讲解，覆盖了基金公司合规与风险管理的多个方面。

2015 年 11 月 6 日　中国证券投资基金业协会私募证券投资基金专业委员会第四次工作会议在北京召开。会议认真研究了《私募基金合同内容与格式指引》《私募基金募集规范》《私募基金信息披露管理办法》《内控指引》《投顾业务管理办法》等行业自律规则。委员们一致认为，这些规则抓住了私募发展的关键问题，立足于推动全行业的规范发展，对于建立“制度健全、监测到位、执纪有力”的自律管理体系有着重要意义，建议尽快出台。

2015 年 11 月 10 日　阿布扎比国际金融服务监管局 CEO Richard Teng 率团访问中国证券投资基金业协会，双方就阿布扎比国际金融中心的建立、发展，及其与中国基金业的合作进行了交流。

2015 年 11 月 11 日　中国证券投资基金业协会张小艾副会长带领投教与国际部赴工银瑞信基金就其国际业务发展现状及面临问题进行调研，张小艾副会长表示，协会将积极协调，帮助行业机构更好地拓展国际业务。

2015 年 11 月 12 日　中国证券投资基金业协会钟蓉萨副会长应邀出席中央结算公司于昆明举办的收益率曲线、债券估值与指数应用培训班，做了题为“基金业协会关于债券相关工作的介绍”主题演讲。

2015 年 11 月 13 日　中国证券投资基金业协会张小艾副会长受邀参加中国不动产金融年会。

2015 年 11 月 16 日　PIMCO 亚太区主管 Eric Mogelof 先生访问中国证券投资基金业协会，双方就外资金融机构以 WOFE 方式进驻中国的政策等问题进行了交流。

2015 年 11 月 18 日　中国证券投资基金业协会成功举办基金互认研讨会，会议主要围绕中港基金互认问题展开了深入探讨。

2015 年 11 月 18 日　中国证券投资基金业协会贾红波秘书长参加大连市基金业协会成立大会。贾红波秘书长发表讲话，希望大连市基金业协会能够充分利用产业集群优势，在配合监管部门做好自律管理工作的同时，为行业发展、地区经济建设贡献力量。

2015 年 11 月 18 日　为进一步完善协会基金从业人员后续职业培训体系，满足行业培训需求，基金从业人员远程培训系统于 2015 年 11 月 18 日上线试运行。

2015 年 11 月 19 日　瑞银资产管理全球首席执行官 Ulrich Korner 先生一行来访中国证券投资基金业协会，双方就外资机构开展境内业务的相关问题进行了交流。

2015 年 11 月 19 日　中国证券投资基金业协会张小艾副会长带领资管产品部、投教国际部赴华夏基金就其国际业务发展现状及面临问题进行调研。

2015 年 11 月 20 日　中国证券投资基金业协会与中国登记结算公司在北京签署《关于建立资管数据合作机制合作备忘录》。通过签署资管数据合作备忘录，双方将开展深层次、大范围的战略合作。

2015 年 11 月 23 日　中国证券投资基金业协会公示首批“失联（异常）私募机构公告”，公示 12 家异常私募机构。

2015 年 11 月 24 日　中国证券投资基金业协会与江西赣南金牛金融配套服务有限公司在京签署《关于私募呼叫中心的合作协议》，合作建立私募呼叫中心。

2015 年 11 月 27 日　中国证券投资基金业协会“创投、天使协同发展座谈会”在北京召开，会议围绕天使投资和创业投资协同发展等主题，深入探讨如何通过税收引导政策推动天使投资在国内的发展，服务“大众创业、万众创新”，助推中国经济转型升级。

2015 年 12 月 1 日　中国证券投资基金业协会张小艾副会长带领投教与国际部赴嘉实基金进行国际业务调研。协会下一步将加强服务，促进行业国际业务的发展。

2015 年 12 月 2 日　经中国证监会和协会党委会批准，中国证券投资基金业协会组建入会核查工作小组，并召开第一次会议。

2015 年 12 月 9 日　中国证券投资基金业协会在北京组织召开《基金管理公司子公司风险管理指引》起草工作讨论会，会议最终决定成立风险管理指引起草工作组，尽快确定指引框架，并对起草工作进行了分工。

2015 年 12 月 14 日　中国证券投资基金业协会发布《关于第一批失联（异常）私募机构最新情况及发布第二批失联（异常）私募机构的公告》，公告第二批共 4 家失联私募机构。

2015 年 12 月 16 日　北京市西城区人民法院对天津汉红股权投资基金管理有限公司（以下简称天津汉红）起诉中国证券投资基金业协会侵犯其名誉权一案作出判决，驳回天津汉红的诉讼请求。

2015 年 12 月 16 日　中国证券投资基金业协会召开估值小组会议暨基金运营座谈会，探讨新机制下的基金运营相关问题，更好地应对基金运营风险。

2015 年 12 月 17 日　中国证券投资基金业协会洪磊会长参加 2 015 金融界领航中国年度论坛，并发表重要讲话。

2015 年 12 月 17 日　中国证券投资基金业协会在北京组织召开公募基金产品座谈会，讨论公募基金产品现状及面临问题，并对产品未来发展趋势提出意见建议。

2015 年 12 月 18 日　河北省国资委副主任王金洲、调研员温志学、河北融投集团总经理梁静、河北融投担保集团董事长程耿一行就河北融投风险事件处置事宜来访中国证券投资基金业协会。协会建议公开透明、公平公正地处置风险，强化投资者信心，树立良好形象。今后双方将进一步加强沟通，相互通报情况，共同探索风险处置的路径。

2015 年 12 月 18 日　中国证券投资基金业协会钟蓉萨副会长赴深圳参加由中信中证投资服务有限责任公司牵头举办的“首届基金外包机构同业交流峰会”。与会人员就私募基金估值模式的演变、行政管理人业务定位及未来发展探讨等议题展开了深入交流。

2015 年 12 月 28 日　为掌握新三板私募资管产品的发展现状，评估、防范风险，完善制度设计，中国证券投资基金业协会召开新三板业务开展情况及风险防范讨论会。

2015 年 12 月 29 日　中国证券投资基金业协会资产管理业务专业委员

会第三次全体会议在北京举行。会议讨论了《八条底线细则》修订、私募投资基金《合同指引》《募集管理办法》《信息披露指引》《内部控制指引》，审议了《证券期货经营机构资产管理业务发展评估报告》，对资产管理业务发展历程和监管规则进行了梳理总结，研究分析现有业务模式、潜在风险及未来发展路径。

后 记

《中国证券投资基金业年报（2015）》在编写过程中，得到了中国证监会证券基金机构监管部、私募基金监管部、市场监管部、会计部和中证资本市场发展监测中心有限责任公司的大力支持，为年报提供了大量基础性数据。

在具体内容方面，上海证券基金评价研究中心、银河证券基金研究中心、天相投顾证券研究二部为公募基金分析提供了专业支持，景顺长城、南方基金、国泰君安、海峰科技、支点投资提供了行业创新案例素材，在此表示感谢！

最后，感谢中国财政经济出版社的大力支持，在她们的努力下，本报告才得以更完美地呈现给大家。